徐福伝説と民俗文化

地域から東アジアとの交流を探る

華雪梅

風響社

序文

徐福は、二二〇〇年も前に秦の始皇帝の命を受けて、数千人もの童男童女を連れて不老不死の薬を探すために東の海に乗り出した、と言われている。徐福は中国に帰らなかったので、どこに着いたのか、さまざまな伝説がある。現在日本の各地にも、その伝説はある。そして、近年徐福伝説が各地で語られ、徐福の祭りまで行われている。二二〇〇年も前の中国の偉人が、なぜ日本の各地で祀られているのだろうか。

いったい日本における代表的な徐福伝説は、何か所にあるのか。南は鹿児島県南さつま市から、北は北海道富良野市まで、ほぼ三〇か所は越える。そのほとんどの地は沿岸部に散在しており、さらに徐福が日本の熊野信仰など山岳信仰と結びついて修験道とも関連を持っている。本書では青森県中泊市、和歌山県新宮市、佐賀県佐賀市の徐福伝説について、中国からの留学生であった華雪梅さんの博士論文としてまとめられている。

青森県中泊市の徐福伝説は、すでに二〇〇年も前の『菅江真澄遊覧記』に書かれている。徐福一行は、九州で嵐に遭ったので、日本海を流されて小泊岬に辿り着いたという伝説がある。小泊岬にある尾崎神社は、熊野権現と因縁があり、そこに航海安全の神として徐福が祀られている。徐福は、この地域で行者ニンニクなどの仙薬を発見したと言われているが、この仙薬は、実際には修験者が山で見つけた薬草である。そして、二〇一三年から「中泊徐福まつり」が行われていて、徐福のシンポジウムがあるだけではなく、郷土芸能やマグロの解体ショーも行なわれている。徐福を通して、町おこしに結びついている。

和歌山県新宮市に伝わる徐福伝説は、古い歴史を持っている。徐福公園には徐福の墓があり、江戸時代に建てられている。大正時代には、熊野青年会員によって徐福保存会が結成され、活動が盛んになっている。戦前には中国との交流があり、中華民国神戸副領事が参拝して、徐福廟が建設された。戦後になると、徐福花火大会が行われ、仏教会とも関連して初精霊供養と水施餓鬼が行われ、さらに徐福の墓碑を中心に盆踊りが行われた。現在は、統合されて「熊野徐福万燈祭」として五万人も参加する大きな祭りになっている。

佐賀県佐賀市の金立山に金立神社があり、そこに祀られる金立大権現が徐福であるという伝説がある。徐福は、農業の神であり、雨乞いの神であるという信仰は、江戸時代からある。徐福が金立山で弁財天女から授かったという、フロフキの仙薬がある。さらに、地元のお辰と徐福は恋仲になったが、フロフキは不老不死の仙薬ではなかったので徐福はさらに他出し、お辰は悲しみのあまり他界した。そして、お辰観音として祀られている。このように、佐賀でも徐福の伝説は多くある。

多くの地域で、徐福の伝説が広がっている。そこには、共通性と地域性がうまく関連している。徐福は仙薬を求めて日本に来たという事は各地で語られるが、その仙薬の内容は各地で異なる。さらに、徐福の伝承地は、海と山に結びつく。私は、鹿児島県のいちき串木野市で、海岸にある徐福上陸の場所と熊野権現を祀る冠岳にある日本一大きな徐福の像を見た。徐福の像は、農耕と五穀の豊作を祈願するという。日本における徐福伝説は、山の熊野権現と結びついている。

他方、徐福は中国から来たわけで、現在では、中国の各地で徐福の出発地としての伝説から、それぞれの地域で像が作られたり活動が盛んになっている。徐福の出発地は、浙江から山東に多く、そこから東海に出ると韓国に行くことが考えられ、韓国では徐福が上陸し、さらに日本に渡ったという徐福の伝説がある。徐福を東アジアの交流の視点で見ると、中国と日本だけでなく、韓国との交流も合わせて中日韓の国際交流ができる。著者の華雪梅さんは、日本の文化を学ぶ中で日本における徐福伝説をまとめたが、中国における徐福の出発伝説も研究をすでに始めている。さらに、韓国での徐福伝説も、本書でまとめている。本書は、日本を中心に徐福が様々な地域の文化と結びつき、現在において民俗学的にも展開していることが興味深く読むことができる、まさに良書である。

二〇二〇年三月

小熊　誠
（神奈川大学歴史民俗資料学研究科　教授）

まえがき

中国と日本は、東アジアに属する一衣帯水の隣国である。両国の人間交流は遥かな古代にまで遡り、現在も続いている。千年以上の中日文化交流史を顧みると、中日間を往復した人間には、遣唐使に代表される入華者と、鑑真らを代表とする入日者がいる。彼らにまつわる史料や日記には、当時の交流の様子が生き生きと描き出されている。遣唐使は「地獄の門」といわれる航路を乗り越え、唐帝国の政治制度や文物などに学ぶため西渡した。だが、航海術が未熟の時代には、さまざまな困難と危険がつきまとっていた。そのことについては、中国の歴史資料や、日本の僧侶である円仁の『入唐求法巡礼行記』などに詳細な記述がある。このような厳しい状況の中で、鑑真は何回もの渡海失敗にもめげず、万里の波濤を乗り越え、自らの弟子と共に来朝した。彼は律宗を日本で広める理想を持ち、弘法のため不惜身命の思いに燃えていたのである。

このような事象は、史料に記録され、建築などで追跡できる事例である。一方、中日交流の佳話として、古くから両国の民間や知識人の間で論じられてきた事例もある。徐福とその伝説は、中日文化交流の美談として語られてきた。これは従来から、東アジアを中心に、歴史・文学・伝説に関わる話題として盛んに取り上げられてきた。このことの歴史的真偽は、不明である。だが、中国・韓国・日本の各地には、徐福に関するさまざまな伝承が残っており、徐福東渡伝説は伝奇色を強め、神秘性を増大させている。

本書では、日本における徐福伝説を中心に、それに関わる民俗文化の展開や役割などを考察した。日本の徐福渡来伝承地に着目し、徐福伝説を懸け橋として東アジアとの交流を探った。まず、歴史資料や筆談資料、日記などの整理を行い、各地域で実地調査を実施した。それらを基に、徐福伝説とそこから生じた祭祀活動や民俗文化などを研究対象として、徐福とその伝説の位置づけを考察した。本書では、歴史学的なアプローチと民俗学的なアプローチという二つの分析方法を採用した。

徐福とその関連文化は、古くから東アジアの文人たちが争って議論してきた話題の一つである。徐福を懸け橋として展開してきた友好交流は、現在も行われている。近年では、徐福故里海洋文化節、国際徐福文化節、徐福文化と海上シルクロード国際学術シンポジウム、徐福映画などの開催と上映が、中国・韓国・日本で相次いでいる。これら徐福をテーマとした文化活動は、三国の徐福文化に対する共感を強め、東アジア諸国の文化交流を促進させている。

現代の徐福伝説は、中国・韓国・日本の各徐福伝承地で活用されている。伝説は、これらの地域間の絆を深め、地域社会の活性化にもつながっている。特に、近年この三国が共同で開催した徐福国際シンポジウムでは、東アジアの徐福東渡伝説を世界無形文化遺産に登録しようとする声が高まった。徐福伝説は、中国・韓国・日本を有機的に接続し、文化・観光・政治などの面で大いに利用されている。こうした伝説を、東アジアの国際的な視点から研究を展開することは、非常に有意義なことであると思われる。

歴史を鑑とし、時代と共に進むことは大事なことである。本書では、歴史資料と民間伝承を結びつけ、歴史学的なアプローチと民俗学的なアプローチを試みた。この二つのアプローチを統合し、徐福伝説とそれに関する民俗文化の研究を行った。特に、「中日韓文化協力」という時代背景の下、改めて歴史・伝説・文学などの分野で話題となった徐福伝説に関する研究を展開することは、今の時代の流れに合っているといえる。それだけでなく、中国・韓国・日本の三国の文化的アイデンティティを向上させることにもつながるであろう。

本書では、各徐福伝承地でフィールドワークを行い、現時点での徐福に関する民俗文化に着目した。そして、徐福伝説と人々との生活の結びつきを考察した。また、歴史書に記された徐福記録と民間に伝承された徐福伝説の比較分析から、その時代ごとの変化や特性などを論じた。

本書においては、いくつかの仮説を提出した。今後のご批判、ご教示を切にお願いしたい。最後に、本書がこれからの中国・韓国・日本の文化交流や、三国の友好発展に寄与できれば幸いである。

なお、本書は二〇二〇年度江蘇理工学院社会科学基金プロジェクト『日本の徐福伝説とその民俗文化に関する研究』（研究代表者：華雪梅、課題番号：KYY20520）の成果の一端である〔本書為二〇二〇年度江蘇理工学院社科基金項目〝日本的徐福伝説及其民俗文化研究〟（主持人：華雪梅、批准号：KYY20520）的階段性研究成果〕。

二〇二〇年二月六日

華　雪梅

●目次

装丁＝オーバードライブ・前田幸江

●徐福伝説と民俗文化——地域から東アジアとの交流を探る

序章

一　問題提起

本書は、徐福伝説の民俗文化を研究するものである。日本における徐福伝説を中心に、それに関する民俗文化の展開と役割を考察する。

徐福《じょふく》は、中国の秦朝（紀元前三世紀）の方士である。方士とは、中国古代において医術・占筮《せんぜい》・天文・神仙の術などの技術に精通する人を指す。徐福の名の初見は、徐福の時代から一〇〇年ほど経って司馬遷が書いた『史記』である。それによれば、徐福は秦の始皇帝の命を受け、三〇〇〇人の童男童女と百工（技術者）を連れ、不老不死の仙薬を求めるために、東海の三神山（蓬莱・方丈・瀛州）へと出航した。しかし、徐福は「平原広沢を得て王となり帰らず」と言われており、故国には帰らなかったとされている。『史記』に記された「平原広沢」の所在については、国内外の歴史学・考古学・民俗学などの学術分野の研究者の間で、盛んに論争が起きている。

徐福が始皇帝の命を受け、東海の三神山に不老不死の霊薬を探す話は、後世の史料編纂に伴い、さまざまな推測が生じていた。その中で、徐福一行が日本に渡来して定住したという伝説は広く伝えられている。このような歴史に基づいて生じた徐福伝説は、日本に止まらず、韓国にもある。徐福らの足跡は東アジアに多く残っているが、さらにアメリカ大陸に辿り着いたという説[1]もある。本書では、主に東アジアにおける徐福伝説の様相を考察する。そのため、アメリカ大陸に辿り着いたという説は除外する。

東アジアを代表する中国・韓国・日本では、徐福伝説はさまざまな形で伝えられている。筆者はまず、徐福に関する史料記録を整理した。そして徐福の東渡に関する考えは時代の経過によって変化していることを見出した。東アジアにおいて、徐福の東渡は二〇〇〇年余りの歴史上でどのように位置づけされてきたのだろうか。このような問題意識を持って、筆者は、中国と日本の徐福伝説伝承地を訪れ、徐福伝説の現在を探ってみた。

中国では、徐福は歴史に登場した実在の人物として認識されている。一方、韓国と日本においては従来から伝説上の人物として取り扱われている。中国歴史に登場した徐福という人物と徐福東渡という歴史上の事件は、徐福伝説の発生と伝播にとって不可欠な起源となるものである。もちろん、中国でも徐福は歴史的に実在する人物という認識だけではない。東部沿海地域を中心に伝説上の人物としても扱われている。徐福一行の渡海について、中国の各地に出航伝説がある。また、韓国では通過伝説として、さらに日本では渡来伝説として多くの地域に存在している。日本では、徐福が立ち寄ったとされる伝説ゆかりの地が、全国で二〇か所以上ある。それは最北の北海道から最南端の鹿児島県まで分布している。その伝説は古くから日本全国で口碑として定着し、民間で伝えられている。また、文人や知識人の筆によって、さまざまな史料に記録されている。これらの史料の痕跡をさかのぼっていくと、古い時代にあった徐福伝説の存在状況も分かってくる。日本では徐福伝説が幅広く伝播し、定着している。その理由を探るには、各地域の徐福伝説のあり方と地元の人々の心意の考察が必要となる。

筆者は日本各地に分布する徐福伝説に着目し、徐福伝説の伝承地に実地調査を行った。各伝承地には、徐福の遺徳を記念する祭祀活動がある。さらに徐福と関連する事物も多く存在する。また、徐福伝説からさまざまな民俗文化が生じている。徐福は紀元前三世紀の中国の人物である。徐福に関することは、現在でも学術界で明白にされていない。だが、民間では徐福伝説は広く伝播している。本書では、その伝説の伝承の形式と方法を分析していく。さらに、徐福伝説が二〇〇〇年を経て、日本各地に語り伝えられている原因と背景を明白にする。

徐福は現在、日本ではロマンを感じさせる伝説上の人物として認知されている。日本列島の北から南に至るまで、幅広い地域に徐福伝説ゆかりの地が点在している。徐福は中国の歴史上の人物であるが、日本人にとっては外来の人でもある。そのような外来の人物である徐福が、伝説として日本に広く伝播した理由は何だろうか。徐福伝説はどのような変遷を経て、現在に至ったのか。また、ある地域では、徐福を神として祀る神社があるが、その理由は何か。同時に、東アジアにおける徐福伝説の変遷を分析し、徐福伝説から生じた民俗文化にも注目した。本書はそれらの調査と分析を基に徐福伝説の実態とその伝承形式を考察するものである。

二　研究目的

本書では、まず文献資料から徐福伝説の歴史上における変遷を捉える。次に日本における徐福伝説ゆかりの地において行った実地調査を基に、徐福伝説とそこから生じた祭祀活動や民俗文化などを探る。このような民俗学的視点から、徐福伝説と日本人の日常生活との結びつきを考察する。本書は以下の四つの課題を究明することを目的とする。

(1) 東アジアにおける徐福東渡の歴史的変遷と徐福伝説の発生・伝播・変化を明らかにすること。徐福東渡という歴史上の事件は、司馬遷の『史記』に記録され、当時大きな騒ぎが起こった。二〇〇〇年余りの文献記録を分析し、この事件は時代に沿ってどのような変化をしたのかを明らかにする。そして、徐福東渡という歴史上の事件から、どのようにして徐福伝説が発生したのか、どのように中国・韓国・日本で伝播したのか、東アジアにおける徐福伝説は、発生と伝播する途中で、どのような変化を起こしたのかを解き明かす。

（2）日本に伝わる徐福伝説の背景と実態を把握すること。徐福伝説は、北海道から鹿児島県に至るまで日本の幅広い地域に分布している。その分布状況に、どのような特徴があるのかを探る。本書では日本全国の徐福ゆかりの地、二〇数か所の中から、青森県中泊町・和歌山県新宮市・佐賀県佐賀市という三つの地域を選定した。そして、それぞれの徐福伝説のあり方を考察し、日本における徐福伝説の発生背景とその現状を明らかにする。

（3）日本での徐福に関する祭祀活動を研究すること。本書で選定した三つの地域では、徐福に関する祭りが恒例的に行われている。筆者は三つの調査地で実地調査を行った。その調査で判明した徐福に関する祭祀活動を手がかりとして、祭祀活動の目的とその担い手を分析する。さらに、祭祀活動の役割などの視点から徐福伝説と地元の人々の日常生活との結び付きを究明する。

（4）調査地の民俗文化から、徐福伝説の伝承方法とその現代的活用を分析すること。各調査地では徐福関連商品の開発などによって、地元の人々の生活を豊かにしようとする事例が多くある。町おこしと地域振興のために、徐福伝説の観光面での活用も無視できない。徐福伝説が現代生活に利用される理由を探り、その伝説の裏に隠されている伝承地の人々の心意を解明する。

三　先行研究と本書の視点

徐福に関連する研究は、紀元前から始まっている。そのような古い時代から、二〇〇〇年以上の長きにわたって数多くの先人に研究されてきた。紀元前三世紀、徐福は三〇〇〇人の童男童女を携えて東渡した。歴史家の第一人者である司馬遷は、徐福東渡のことを歴史書『史記』に記録した。その後、歴史家と文人の間で激しい論争が引き起こされた。この徐福東渡とそこから生じた伝説にまつわる論争は、第一章で考察する。

本節では、二〇世紀に入ってからの中国・韓国・日本における徐福に関する研究を対象とする。紀元前一世紀の『史記』から一九世紀末までに書かれた徐福に関連する書物は、徐福東渡のことを、主に著作・賦詩などの形式で記録している。これらの書物は、徐福東渡を理論的な視点から研究した史料ではない。ただし、これらは、東アジアにおける徐福伝説の発生・伝播・変化を示している。本書では、文献記録を利用しながらも、二〇世紀以来のこれらの史料に基づいて行った先行研究を整理する。

徐福東渡という歴史上の事件とそれに由来する徐福伝説は、古くから現代に至るまで東アジア交流史の研究にとって不可欠な要素である。だが、これまでの研究で十分に解明されたとは言えない。次に、歴史学と民俗学の分野から、徐福東渡とそこから生じた徐福伝説に関する研究を略述する。そして、その内容と問題点について考察を加える。最後に、先行研究の検討を基に本書の視点を提示する。

1　歴史学的研究

徐福とその東渡のことは、中国では『史記』をはじめとした書物に記録がある。しかし、一九五〇年代以前には、学術上の問題として認められず、伝説や物語として取り扱われていた。一九五〇年代以降、徐福研究を専門とする研究者が次第に多くなっていった。それらの研究を整理すると、徐福にまつわる論争は次の三つに分けられる。（1）「徐福一行の渡海先」、（2）「徐福は神武天皇」、（3）「徐福の東渡路線と可能性」である。

1　徐福一行の渡海先

徐福一行の渡海先については、その東渡直後から論争が始まった。日本説・韓国説をはじめ、中国の台湾島説・海南島説、アメリカ大陸説なども提唱されている。二〇世紀に入ると、考古学上の新しい発見がなされ、日本渡来説を主張する研究者が圧倒的に多くなってきた。徐福一行の日本渡来説を提唱する人は、主に中国の研究者である。近年、中日両国の研究者の交流に伴い、この説を支持する日本の研究者も増えている。

汪向栄は「徐福――日本への中国移民」で、徐福一行は日本に移住したと指摘している〔汪　一九九三：七―四二〕。徐福の行動の目的は、始皇帝の苛酷な支配から逃れることであった。始皇帝が不老長寿の薬を欲しがっていることを巧みに利用して政府の支援を得た。若い男女や技術者などを集め、合法的な身分で計画的に海外へ移住したと強調している。また、徐福の一行の東渡と縄文から弥生初期にかける古代日本への二度の中国移民（渡来人）とが関連することは疑いないところであるとする。その日本列島への渡航コースは、朝鮮半島経由と認めなければならないとも述べている。汪は日本各地に伝えられている伝説は中国のように文献と口頭という二つの伝承方法だけでなく、これに関する遺跡の建立や記念活動の開催もあると指摘している。歴史文献に関する分析は厳密で疑う余地がないが、現存する遺跡や記念活動に関する研究は充分とは言えない。徐福伝説の全容を総合的に把握するには、文献と現況を組み合わせて研究することが重要である。

また、汪は「中国の徐福学」で、日本全国各地にさまざまな徐福伝説が残されている理由について、以下のように論じている。「当時の海上交通の条件では、三千人とはいわなくても千人もの人間がひとところに上陸することは不可能だと思われる。しかし、日本の各地――日本海沿岸や太平洋沿岸の各地にばらばらに漂着したであろうことは十分に考えられ」〔汪　一九九〇：二二八―二二九〕ると述べている。汪の論述は徐福一行が日本に渡来したことは史実であるということを前提にした推測である。もし、これが史実でなければ、このような推測は破綻する。今までの研究では、徐福らが日本に漂着した確実な証拠はない。このような推測は説得力が低いと考えられる。本書では、日本にある徐福伝説の発生を文献資料の記録から考察する。汪の論文で論述されなかった伝説発生の背景と伝播について検討する。

一九八二年に中国江蘇省連雲港市贛榆《かんゆ》県で徐福村という徐福の故郷が発見された。これに伴い、中国では徐福を従来の伝説上の人物から、歴史上に存在する実在の人物とする研究が本格的に始まった。四年後の一九八六年に、日本の佐賀県で弥生時代の大環濠集落跡としての吉野ヶ里遺跡が発見された。この遺跡は、縄文時代から弥生時代に移行する際に、それまでの文化が渡来人によって大きく変容したということを裏付けている。この発見を期に、一九八九年四月、佐賀市制一〇〇周年記念行事として、佐賀市主催の「徐福をさぐる」（日中友好佐賀シンポジウム）が行われた。

吉野ヶ里遺跡で発掘された、膨大な数の甕棺は、学術界で激しい論争を引き起こした。このシンポジウムで、梅原猛は「吉野ヶ里遺跡の墳丘墓は亀の甲の形」に並んで、これは「不死の思想と関係がある」［梅原　一九九〇：二七］と指摘している。また、「墳丘墓の真ん中に親分が祀られていた。（中略）そのなかには朱が塗られていた。（中略）不死の考え方が二重構造になっている」［梅原　一九九〇：二七―二八］と述べている。また、佐賀市金立神社の主祭神である「徐福は稲作農耕の始祖として尊崇されると同時に」［梅原　一九九八：二〇］、上宮の巨石信仰がその不死の思想を色濃く残しているとしている。梅原は結論として「徐福一行のユートピア集団がやってきて、平原広沢の佐賀平野を開拓した」［梅原　一九九〇：二八］と指摘する。

一九八九年のシンポジウムの記録は『徐福伝説を探る』という論文集に収められ出版された。その数年後、サガテレビ元副社長の内藤大典は、このシンポジウムを基に、日本の徐福研究と歴史研究の専門家の論文を『虹を見た』という論文集に収めた。この論文集では徐福一行の出航・路線などが検討され、徐福らが佐賀平野に渡来したことの可能性などが考察された。さらに、徐福らが持ってきた先進文明が当時の社会へ与えた影響や、徐福と吉野ヶ里遺跡とのつながりなどについての考察を加えた。また、内藤は『吉野ヶ里と徐福』で弥生文化の源流を中国江南とし、そこから渡来した徐福集団と吉野ヶ里遺跡との関連について一層深い研究を行った。

以上の研究は、地名の発見や考古の発見などの新たな視点からなされたものである。歴史学の観点から、徐福一行の故郷や徐福一行の佐賀平野への到着などを考察した。このような新しい発見は、徐福一行の渡海先などの研究に新たな視点を提供し、論拠をより説得力のあるものとした。しかし、もともと日本には徐福という方士の思想に対応する事物や信仰などがあったのである。それゆえ、徐福らが間違いなく日本に来たという結論に達することは難しい。だが、このような歴史学的な研究は、日本にある徐福伝説の合理性を高めることになった。

2　徐福は神武天皇

徐福は神武天皇であるという説は、衛挺生によって最初に提唱された。一九五〇年に衛挺生の『日本神武開国新考』（『徐福入日本建国考』）は香港で出版された。その後一九七七年に、日本の研究者の意見や討論などを集録した、『神武天皇＝徐福伝説の謎』が日本で出版された。衛は「徐福は神武天皇」という驚くべき論点を支える一〇以上の項目を論証したとする。しかし、国内外の研究者たちからは、徐福と神武天皇とは架空人物であり、二人の生きていた時代も異なるなどの点から、この比較は無意味なことであると指摘された。

一九八〇年代に、台湾の研究者、彭雙松は『徐福即是神武天皇』と『徐福研究』を出版した。彭は『徐福研究』で、徐福が実在の人物であることを指摘し、日本にある関連遺跡・伝説などをまとめた。そして、考古学などの発見を証拠として、徐福が日本へ到達したと述べた。さらに徐福渡来と神武東征の三七の共通点を挙げ、「徐福は神武天皇」であるとする説を提唱した。彭は日本列島各地の徐福伝説地を訪ねた。それを基に、日本に着いてからの徐福に関する五六の遺跡・三二の伝説・四六の文献が残っていることを指摘している。この資料は、日本の徐福伝承地を把握するための有力な参考資料となった。

徐福が神武天皇であるかどうかについて、現在の学術界に統一された意見はない。神武天皇の時代は日本最初の書物である記紀が成立した時期より千年以上古い時代である。それゆえ、神武天皇は実在する人物か、虚構された人物かは、断定できない。一方、徐福は司馬遷の『史記』に記録されている人物である。一九八〇年代の徐福村の発見に伴い、徐福が実在の人物であることは一般的に認められるようになった。

衛と彭の研究は、徐福の研究に新たな視点を提供した。特に、彭は現地調査を通じて遺跡・伝説・文献などの整理を行った。だが、これらの研究も分析が不足している。日本で多様な徐福伝説が全国各地に分布している理由や、これらの文献記録の執筆の目的は不明である。同時に、各地に徐福と関連する遺跡が建立された目的や状況も分かっていない。これらを解明するためには、遺跡・伝説・文献の裏に隠されている人々の心意を研究することが必要である。

3　徐福の東渡路線と可能性

徐福の東渡路線とその可能性を最初に論述した研究者は王輯五である。王は、一九三〇年代に「徐福与海流」、「徐福入海求仙考」、「再論徐福」などの論文を発表した。『中国日本交通史』の「秦以前之中倭交通」では、中国の『史記』・『三国志』の記録をはじめ、日本の『神皇正統記』・『羅山文集』・『異称日本伝』などの記録を分析している。そして、和歌山県新宮市にある徐福墓などの遺跡の考察から、徐福一行が確実に日本に到着したと指摘している。また、その渡来ルートについて、王は、徐福集団は中国山東半島から出航し、日本海の左旋回流を利用し、朝鮮半島を経由して日本の山陰地方に漂着した可能性が高い〔王　一九八四：九―一九〕としている。さらに、徐福一行が日本に渡来した可能性とその東渡路線についても述べている。だが、この路線は徐福に限らず、交通技術が未発達であった古い時代において、中国大陸から来日するための一般的なルートである。徐福が日本に渡来したことが史実であるならば、この路線で日本の北九州に辿り着いた可能性が高い。また、徐福の来日が史実ではないとしても、この路線で伝説が中国大陸から日本に伝播してきた可能性も高い。

茂在寅男は「弥生時代の日中交流の船と航海」という論文で、「弥生時代の航海技術を考察し、縄文晩期から弥生時代にかけて、日本と中国との交流を可能にするだけの船は存在した」〔茂在 一九八九：一六〇〕と述べている。また、日本の徐福「伝説の地がすべて黒潮の洗う地に限られている」と指摘する。これについては、検討する余地がある。日本全国の徐福伝説の伝承地は、黒潮の洗う地に多く存在しているが、全てがそうであるとは言えないからである。徐福伝説が伝わる山梨県富士吉田市や北海道富良野市などの伝承地は、黒潮の流れとは関連がない。だが、それらの地にも古くから徐福伝承がある。それはどう説明すべきであろうか。

いき一郎の『徐福集団渡来と古代日本』は中国・韓国・日本の資料を整理して、古い時代からの徐福にまつわる論争を捉えている。そして、現代の徐福に関する幾つかの論点を提示した。また、日本各地の徐福伝説と日本の徐福文献を整理し、徐福伝説に描かれている常世の世界を分析する。具体的には、日本の記紀に記録されている常世国と浦島子伝説に語られている常世国との関わりを述べている。さらに、徐福伝説に関連する文献記録から、古代日本列島の実像を探っている。いきの今後の研究は、文献史学・民俗学・人類学・医薬学・航海学などの研究の推進に合わせて、「徐福から扶桑国、そして新日本国へと宗教史をふくめに総合的な古代日本史の再構築」〔いき 一九九六：一六二〕することを目標としている。このような学際的な視点からの研究は、徐福東渡や日本の徐福伝説の分析にとって重要なものとなる。

徐福が東渡して日本に辿り着いたことが史実であるかどうかについて、現在でも定説はない。今までの研究は、主に中国と日本の文献資料を収集し、日本全国に分布している徐福と関連がある遺跡などを考察している。その上で、徐福が天文や航海などの技術に精通するので、海流を巧みに利用して日本に渡来したという結論を出した研究者は多くいる。だが、このような研究は、徐福の日本に辿り着く能力とその可能性に関する分析にすぎない。新たな考古学的発見がなされたり、徐福と直接に結びつく事物が発見されたりしないと、こうした結論は根拠不足であり、推測の域を出ない。

このように、徐福伝説は二〇世紀以来中国や日本の研究者の関心を引き、歴史学の視点から論述されてきた。従来からの歴史学の論争では「徐福は実在した人物であるか」・「徐福一行の渡海先はどこか」・「徐福らの出港地」・「徐福らの上陸地」・「徐福らが日本に渡来した可能性」・「徐福一行の渡海ルート」・「徐福は神武天皇」などをテーマにして、研究者たちが多様な形式で徐福東渡の謎を解く努力をしてきた。ただ、徐福の航海について書かれた文章は、司馬遷の『史記』に残されたわずかな文章だけである。そのため、真実を捉えようとしても、推論にならざるを得ない。

現在の歴史研究者の研究成果によると、徐福は秦の始皇帝の暴政から逃れるため、始皇帝の不老長寿への執着を利用したとされる。そして、始皇帝をだまし、数多くの若い男女と技術者などを連れ、海外へ移住した。徐福の東渡については、後に『史記』のわずかな記録に基づき、さまざまな推測が行われた。『史記』と後世の推測などに基づいて、徐福東渡という歴史上の事件を研究することは、根拠が足りず、説得力に欠ける面がある。徐福が日本に辿り着いたことに直接に結びついた事物や書物などが発見されなければ、徐福が日本に渡来したと明言することはできない。それゆえ、単なる歴史学的研究で徐福東渡を明らかにすることは非常に困難である。

2　民俗学的研究

徐福伝説に関する研究を、歴史学の視点から行うケースは多くある。また、近現代のさまざまな徐福伝説に関連する民俗事象の発生に伴い、民俗学的研究も盛んになっている。日本ではさまざまな徐福伝説の伝承地があり、今も語り伝えられている所が多い。各地の伝説や建立された徐福の関連遺跡は、文献資料の不足を補い、徐福伝説の研究に新たな視点を提供する。民俗学の視点から、徐福と関連する民俗事象に着目し、徐福伝説を解明しようとする研究者も少なくない。

日本民俗学の創始者である柳田國男は、昭和二七年（一九五二）に雑誌『心』の一〇・一一・一二月に連載した「海上の道」で、徐福伝説が「支那古代の小説の一つの型」［柳田　一九八九（一九五二）：三七］であると指摘している。また、「秦の徐福が童男女三百人をつれて、仙薬を求めて東方の島に渡ったということは世に知られ、わが邦でも熊野の新宮がその居住地であったとか、あるいは八丈島の人の始めが彼らではなかったろうかとか、いう類の雑説がいろいろと発生しているけれども、それはいずれもあちらの記録を読んでから後に、考え出したことだからちっとも当てにならない」［柳田　一九八九（一九五二）：三六］と述べている。つまり、日本の徐福伝説は中国の文献記録の伝来などの影響を受けて発生したものであると主張する。筆者は、柳田のこの見解を支持する。徐福が東渡してから千年後、彼らが日本に渡来したという説が文献資料に記録され始めた。これは中国での徐福伝説の発展、展開、変化と緊密な関係がある。

徐福伝説に関する柳田の詳細な研究はない。だが、民俗学の視点から徐福伝説について、「徐福伝説の伝播と成長とには、少なくとも底に目に見えぬ力があって、暗々裡に日本諸島の開発に、寄与していた」［柳田　一九八九（一九五二）：三七］という見解を述べている。柳田の指摘した「目に見えぬ力」とは一体どのようなものであろうか。そのことについて彼は深く言及していない。筆者はこの点に注目し、徐福伝説が日本各地で広がった理由を考察し、日本での伝播ルートと徐福伝説の特徴を検討する。

奥野利雄は和歌山県の出身で、元新宮市立歴史民俗資料館長である。新宮徐福協会の理事として、新宮の徐福伝説の研究を進めてきた。奥野は『ロマンの人・徐福』で徐福の生い立ちから徐福の死去までの経歴を整理し、徐福の東渡の動機や方法などについて、詳細な考察を行っている。さらに、和歌山県新宮市の徐福伝説を中心に全国の徐福伝説をまとめている。奥野の研究では、徐福は実在の人物として、確かに日本に到着し、二回の渡海を行ったとされる。この結論を導き出した根拠は、日本各地の徐福伝説と中日の文献資料である。だが、伝説を歴史に混ぜることは非常に危険なことである。研究を行うとき、伝説と歴史を区別して考察しなければならない。

逵《つじ》志保の『徐福伝説考』は中国と日本の歴史文献を取り上げている。その中から徐福に関する記述を抜き出し、若干の分析を加え、徐福伝説成立の背景を考察している。徐福が紀伊半島に辿り着いたという伝説はどのように生まれたのかについて、『朝日新聞』の記述を引用する。その内容は以下のようである。

　『新宮市誌』や新宮市立歴史民俗資料館長、奥野利雄さんの話によると、次のような要素が、長い年月の間に反応しあい、発酵してできあがったそうだ。
　(1)有名な史記の徐福についての記述。
　(2)熊野付近に、中国の船が何度も流れついた記憶。
　(3)修験道などが盛んな紀伊半島の宗教的な風土。
　(4)中国を崇拝する気持ち。〔朝日新聞社　一九八七：三五〕

さらに、逵は『徐福論――いまを生きる伝説』という著書で、福岡県八女市に伝わる「童男山ふすべ」という祭祀儀式を取りあげている。それを手がかりとして、三重県熊野市波田須町の遺跡を考察し、伝承主体の多重性という見解を述べている。また、中国と日本の徐福に関する文献資料を整理し、徐福伝説の歴史的変容を考察している。

達の以上の二冊の著書は、日本の徐福研究を学術的に高度なものとした。その著書では、史料・伝説・祭祀活動の視点から、徐福伝説とその伝承主体が考察され、生き生きとした徐福像が描き出されている。ただし、日本全国にある徐福伝説の発生と伝播については、触れられていない。上の（1）～（4）の要素は、日本に分布する徐福伝説にとって重要な要因である。このことについてより深い研究がなされないと、この結論の説得力はない。

山本紀綱は『徐福東来伝説考』〔山本 一九七五〕で秦の歴史と始皇帝について考察し、中国と日本の徐福に関連する文献を取り上げている。具体的には、紀州熊野の徐福渡来を例として、その伝承と遺跡の研究を行った。さらに、山本は『日本に生きる徐福の伝承』で、日本各地に伝わる徐福伝説の概要をまとめて示している。各地の市史や町誌や郷土誌などの資料を利用して、地域ごとに徐福伝説の文献記録を取り集めた。当該書で、山本は膨大な歴史文献記録を収集し、各地域の徐福伝説のあり方を探った。日本の徐福伝説研究の参考になる図書である。各地域の研究は詳細であるが、地域間の関係についてはあまり述べられていない。

羽田武栄・広岡純は『真説「徐福伝説」』で、徐福その人とその系譜を考察し、その時代と社会背景の研究を行っている。徐福の出航前の準備や航路の可能性を述べ、徐福の思想を検討した。また、日本の徐福伝承の所在と形態に注目し、各伝承地の伝説の考証を行った。この研究は、歴史学と民俗学という二つの視点から考察がなされている。徐福伝説の真実を解明するために多様な角度に着目した研究である。徐福研究にとって参考になる重要な図書である。

日本では、徐福伝説が幅広く分布している。徐福と関連する遺跡だけではなく、口頭で伝承される伝説も多くある。また、今では徐福伝説に関連する商品が作られたり、伝説が観光目的などに利用されたりしている。伝承地に住む人々は、徐福伝説を語り伝えながら、さまざまな祭祀活動を恒例として行っている。このような状況からすれば、民俗学の視点から研究することが必要であり、重要である。現在までの民俗学的な研究では、伝説の内容とそれに関する事物の紹介にとどまっている研究が多く見られる。日本全国の徐福伝承地を比較考証しながら、その伝説をまとめた研究はまだ少数である。さらに、伝説の内容だけでなく、伝説の奥底に隠れたものを究明することが一層重要となる。今までの歴史学と民俗学による徐福研究は多くあるが、研究しなければならない余地は多くある。

3　本書の研究視点

以上、先行研究とその問題点について検討を行った。今までの日本の徐福伝説に関する研究は、各地域の伝説の単なる紹介にとどまる傾向にあった。また、地域間のつながりや伝説の奥底にある人々の考え方も十分には考慮されていない。伝説の源は歴史にある。そのため、中国の歴史書に登場した徐福のことは、さらに検討されなければならない。だが、歴史的な視点から進める徐福研究の余地は少ない。本書では民俗学の視点から日本の徐福伝説のあり方を研究する。そうした方法を通じて、今までの研究の不足を補うことができると考える。それゆえ、「いま」の視点だけではなく、時間軸と空間軸を移行させて徐福伝説の発生・伝播・変化・伝承を考察する。

本書では、日本における徐福伝説を、民俗学的視点から、徐福伝説とは何か、日本人の日常生活とどのように結びついたのかを究明する。その際には、その伝説の背景にある歴史についても十分考慮しなければならない。

従来、日本の徐福研究は歴史学と民俗学において、それぞれ次のような批判がなされた。歴史学においては、徐福の日本渡来を歴史上の事件として研究を行なおうとするとき、史料や証拠が足りないと批判される。また民俗学においては、伝説として民俗学的な研究を深めようとするとき、それは確実な民俗伝説かという疑問が提出される。このため、「これまで徐福伝説は伝説研究の対象とされてこなかったばかりか、伝説としても捉えられてこなかったのである」[逵　二〇〇四：一四]。それゆえ、徐福伝説の伝説という位置づけを証明することは極めて重要なことである。

柳田國男は「伝説」と「木思石語」で伝説の特徴を、（1）具体的な事物（記念物）に結びついて語られる、（2）

人がこれを信じている、（3）伝説は絶えず歴史化・合理化される傾向がある、（4）伝説にはその話し方に定まった形がない、という四点にまとめている［柳田　一九九〇（一九四〇）：三五―三九］。日本に分布している徐福伝説を分析すると、いずれもこれらの特徴を満たす伝説である。そのため、日本における徐福伝説は伝説として取り扱われるべきものである。しかし、日本では徐福伝説を伝説研究の対象とする研究者は少なく、重視されてこなかった。本書では先行研究の補足と補正を試みた。日本の徐福伝説の実態を探り、伝説に派生した民俗文化にも着目する。さらに、書承や口承などの形式で記録され、伝承されてきた徐福伝説の今昔を捉えてみたい。

柳田國男は文書記録に対して、口承を強調している。古家信平は「民俗学の基礎概念である〈常民〉の日常文化にあっては、文字を介さず言語や行為を通して超世代的に伝承された部分がより注目され取り上げられてきた」［古家　二〇〇一：八］と指摘している。確かに、常民の日常生活を研究する際、よく使われる伝承形式である口承は重要な方法である。しかし、徐福伝説の研究を進める場合、従来の口承としての伝説に力を尽くすことはもちろん、二〇〇〇年以来の書承として伝えてきた文献資料も無視できない。徐福伝説は元来、歴史文献の『史記』に記録されたことを源として発展してきたものである。一般的には伝説は歴史化・合理化される傾向がある。どのように歴史と伝説を区別するかは重要な問題である。

伝説と歴史の関係について、柳田國男は「歴史がまだ文筆の士の手にかからず、均しく記憶によって保持され、口から耳へと受け継がれていた時世に遡って考えてみると、これと伝説との差別は、実はどこにもなかったのである」［柳田　一九九〇（一九四〇）：三八―三九］と述べている。つまり、文字の使用がまだ始まらなかった時代には、歴史と伝説との差異は少なかった。もちろん、伝説が歴史化される必要も以前にはなかった。伝説と歴史を分けて後世に伝えるのは、やはり文字が使用されてからのことである。先祖から伝えられてきた話から、後世に伝えるべき事実を選び出して、文字で書き残されたものは書承資料である。また、書承資料の中に史実と認められた部分は歴史として伝承されている。一方、古くからの伝承形式の口頭で伝えるものは伝説に分類される。もちろん、口々相伝による伝説は、当時の人々と聞き手としての子孫たちにとっては、これがこの地域の歴史であり、この地域に対する記憶である。それゆえ、伝説は歴史化・合理化される傾向がある。しかし、伝説を歴史的事実とみるのは非常に危険なことである。

そのため、本書では日本各地に分布している徐福伝説を単に伝説として研究する。もちろん、この伝説の裏には歴史の足跡がある。もし徐福伝説を歴史と伝説の複合産物と見なすなら、歴史の真実性と伝説の虚構性を争う出口のない繰り返しに陥る危険性がある。徐福は秦の始皇帝の命を受けて東海を向けて三〇〇〇人の童男童女を連れて出航したことは、歴史上の事実である。同時にそれは、日本の徐福伝説の背景でもある。

本書ではこのような歴史的背景における徐福伝説の発生・伝播・変化・伝承に注目し、歴史文献の記述を抜き出して分析を加える。また、民間伝承として伝えられている徐福伝説の実地調査を行い、日本の徐福伝説とそれに関連する民俗文化を明らかにする。二二〇〇年前の中国人である徐福は、どのように日本人に受け入れられたのか。徐福に対する祭祀活動や関連する民俗文化の創造などの目的と役割にも考察を加え、徐福伝説の伝承地における人々の心意を解明する。さらに、本書で選定した三つの徐福伝承地の特徴を検討し、徐福伝説が地元に定着した理由と背景を考察する。最後に、二〇〇〇年以上にわたって現在でも語り継がれている徐福伝説の時代的特徴を考察し、その現代的役割を明らかにする。

四　調査地域と研究方法

本書は、歴史学の史料分析の手法と民俗学のフィールドワーク調査の方法で研究を進めていく。次にフィールドワーク調査として選定した調査地と本書の研究方法を述べる。

1　調査地域の選定

日本全国の徐福ゆかりの地は二〇数か所ある。本書では青森県中泊町・和歌山県新宮市・佐賀県佐賀市という三つの地域を選定した。その理由は三つある。（1）地域性。この三つの地域の特性は、それぞれ、日本の北部・中部・南部に位置することである。つまり、この三つの地域を考察すれば、より全面的に日本における徐福伝説の特徴と現状を把握できると考えられる。そのため、地域的な代表性を踏まえ、中泊町・新宮市・佐賀市を本書の調査地として選んだ。（2）共通性。この三つの地域には、歴史文献の記録があるだけでなく、徐福伝説と関連する記念物がある。また、徐福伝説を語り継いでいる人物がいて、徐福をしのぶ祭りがある。（3）異質性。徐福伝説は各調査地でさまざまな形で伝承されている。だが、その祭りの行い方は地域ごとに異なり、開催目的も相異する。

梅野光興は、伝説を思い出す契機になるものを「記憶装置」と呼ぶとしている。また、「記憶装置には、場所とその地名や木や石とその名前など空間認識に属するものと、習俗、儀礼などの集団の行なう身体活動がある。人びとの身のまわりの世界のありとあらゆるものが伝説の記憶装置になりうる」［梅野　二〇〇〇：二二五］とも述べている。つまり、伝説はその信憑性を裏付けるために、しばしば地域の事物（記念物）とつながっている。これも伝説の特徴の一つである。それゆえ、徐福伝説を研究する際に、文献記録に記載された記述の分析はもちろん、各伝承地に存在する地名・木・石・習俗・信仰・祭祀活動などを考察する必要もある。

したがって、本書では、選定した三つの調査地を巡り、徐福伝説と関連する事物を調査する。同時に地元の人々に関する聞き取り調査を行う。さらに、文献資料の調査も踏まえ、現在伝えられている徐福伝説の実像を全面的に捉える。

現在まで、徐福研究の成果は豊富にある。だが、実地調査を通して日本の徐福伝説に関する民俗文化や祭りを研究したものは極めて少ない。本書では、歴史的事実として徐福一行が本当に日本に渡来したかどうかについては検討しない。本書の目的は日本に伝えられている徐福伝説を踏まえ、各地域の徐福伝承の歴史と現状を研究することである。徐福伝説が日本でどのように伝播したのか、各地域での定着の仕方とその原因を検討するのが本書の重要な部分である。具体的には、徐福伝説が各調査地でどのように語り伝えられているのか、どのように地元の人々の生活と融合しているのか、どのような役割を果たしているのか、ということを検討する。したがって、民俗学的アプローチの視点から研究を行うと同時に、その伝説の背景となる歴史についても検討しなければならない。それを歴史学的アプローチとしよう。その研究方法を述べる。

2 研究方法

1 歴史学的アプローチ

日本における徐福伝説を研究する前に、この伝説の歴史的背景を検討する必要がある。徐福は中国の歴史上に登場した実在の人物である。中国・韓国・日本の歴史書や個人文集などには、関連する記述が多くある。それゆえ、二〇〇〇年余りの歴史をさかのぼり、時間の流れに沿って、徐福伝説の歴史的変遷を整理することは、本書の土台となる。

徐福東渡という歴史上の事件が、伝説に変化していった経過や理由については、現存する文献資料にその回答が見出せる。時代の移り変わりに従い、この伝説は徐福らが日本に渡来したと発展し、東アジアの文人の間で語られるようになった。さらに、日本ではさまざまな徐福伝説が生じた。関連する記念物も相次いで建立され、全国に広がっていった。歴史学的アプローチの視点から、こうした徐福伝説の発生と伝播を考察し、その歴史的変遷を捉える。

2　民俗学的アプローチ

紀元前の歴史書である『史記』をはじめ、徐福に関する記録や徐福伝説に関する書籍は古来より存在する。先行研究を見ると、文献資料から徐福伝説を分析する研究も数多くある。もちろん、歴史上の徐福伝説を研究する際には、文献資料を避けることができない。同時に現在にも伝わっている伝説の収集と徐福ゆかりの地の実地調査も重要だと思われる。それゆえ、民俗学的アプローチの視点から、徐福伝説が一体どのように伝承地で定着・変化し、伝承されているのかを明らかにする。

本書では日本での徐福ゆかりの地の代表的な三つの場所、青森県・和歌山県・佐賀県を選定した。フィールドワーク調査を行ったこの三つの調査地は、日本の北部・中部・南部に位置している。それぞれが異なる習俗を持ち、各自の徐福伝説を語り継いでいる。そのため、各調査地の徐福伝説のあり方、徐福伝説と関連する記念物の建立、各祭祀活動を行う目的も異なっている。これらを検討し、各伝承地の地域性を解明していく。

各調査地の徐福伝説は、長い年月を経た歴史的な変遷を通じて、地元の習俗に融合したものである。またその背景には、伝説が定着し、それを伝承してきた各伝承地の土地と密接な関係があると考えられる。各地の徐福伝説のあり方を手掛かりに、伝説の発生・伝播・変化を考察する。そのことによって、伝説の裏に隠れている文化受容と民間伝承の実態を明らかにすることができる。

徐福伝説の虚実を確かめることは確かに重要なことであろう。だが、筆者が解明したいのは徐福伝説が日本でどのように伝えられているのか、そしてこの伝説はどのように日本人の日常生活に影響したのかということである。現在、関連する地域の人々は徐福の遺徳をしのぶために、徐福を記念する石像や石碑などを作り、日本各地でさまざまな祭祀活動を行っている。徐福が日本に渡来したということが事実かどうかという問題とは関係なく、徐福はすでにその地域の人々の伝承と結びついて、民俗文化の一部分になっている。

本書は日本に現存する徐福伝承を手がかりにして、徐福伝説の中日伝播ルートを探る。また徐福に関する祭祀活動の実地調査を通じて、徐福伝説が各地域に定着し、語り伝えられている背景と原因を分析する。各地の徐福伝承の特徴を整理することによって、その類似点と相違点を見つけ、日本における徐福伝説に関する民俗文化とその伝承形式を検討する。本書はまず徐福伝説の発生の検討から始める。次に伝説の日本伝来と日本での伝播に着目し、各地で行われている祭祀活動という新たな視点から考察する。さらに徐福伝説から派生した民俗文化を明らかにしていく。先行研究において不足していた領域を補い、より全般的に日本の徐福伝承を把握することを研究の目的とする。

五　本書の構成

本書は、序章と終章を含め全七章からなる。序章では、本書の研究目的を述べ、先行研究とその問題点を考察し、本書の研究方法を提示する。第一章では歴史学的アプローチから徐福伝説の歴史的変遷を中国・韓国・日本の文献資料などから整理する。第二章では、東アジアの徐福伝説の全体像を述べる。第三章から第五章は、民俗学的アプローチから実地調査を行った三つの調査地の徐福伝説の実態を考察する。なお、調査地の配列は、「日本全国の徐福伝説一覧表」に準拠し、北から南に並べた。終章では、日本の徐福伝説の発生・伝播・変化・伝承をまとめ、三つの調査地の徐福伝承の特徴を整理する。さらに、徐福伝説の時代における特徴を考察し、その現代的役割を検討する。

各章については以下の通りである。

第一章　文献から見る徐福伝説

徐福が渡航してから二〇〇〇年を経て、彼にまつわる文献記録は、時代の移り変わりによって変化している。本章では、文献記録の変化から、徐福東渡伝説の発生と変容を明らかにする。徐福東渡の実像を探るため、中国歴史に登場した徐福の分析から始める。まず、一次資料の『史記』の記録を分析する。さらに、『史記』から派生した歴史文献や漢詩や筆談資料などの文献を整理し、徐福東渡伝説の変容を検討する。これらの作業により、東アジアにおける時代環境の変化に伴い、徐福伝説がどのように変化したのか、歴史上でどのように利用されたのかを明らかにする。

第二章　東アジアにおける徐福伝説の現在

本章は、東アジアの視点から、徐福伝説のあり方を考察する。徐福の出身は中国であるが、韓国や日本でも古くから徐福伝説の伝承地が多くある。中国の徐福伝説について、幾つかの論争を検討する。そして徐福関連事物の建造をはじめ、徐福研究組織を整理することによって、徐福伝説の現代的意義を提示する。韓国の済州島における徐福伝説を対象として考察を行う。徐福公園などの事物の建立背景などを検討し、徐福伝説の現況を捉える。日本の徐福伝説について、地図や図表などを通じて、その広く分布している状況を把握し、伝承地間の関係を検討する。東アジアを代表する中国・韓国・日本の徐福伝説に着目し、国際的な視点で徐福伝説の現在を捉えることが、本章の目的である。

第三章　青森県中泊町の徐福伝説に関する民俗文化

本章は本州最北端に位置する青森県中泊町旧小泊村を調査地とし、二〇一七年八月に行った実地調査に基づき、当該地域の徐福伝説をまとめたものである。本章では、小泊村に語り継がれている徐福伝説と漁民の航海信仰を検討し、それらの行為の裏に隠された住民らの心意を明らかにする。また、地元の徐福伝説に由来する「中泊徐福まつり」の構造を解明し、徐福伝説に関する地元の民俗文化の実態を捉える。

第四章　和歌山県新宮市の徐福伝説に関する民俗文化

本章では歴史ある和歌山県新宮市の徐福伝説を手がかりとして、地元での徐福伝説から展開した徐福顕彰活動の状況を究明する。筆者の関心は、今まで伝えられてきた徐福伝説がどのように新宮市の人々の日常生活と結びついているのか、地元の徐福伝説がどのような形で伝承されているのか、という今まで徐福研究で見落とされてきた点にある。筆者は二〇一六年と二〇一七年、和歌山県新宮市の徐福ゆかりの地を訪れた。そこで「熊野徐福万燈祭」の実地調査と、地元の人々に対する聞き取り調査を行った。本章では、和歌山県新宮市に伝えられている徐福伝説を踏まえ、地元の徐福伝説を伝承する実態とその背景を明らかにする。事例として二〇一九年時点までに五六回の開催を数える「熊野徐福万燈祭」を取り上げる。

第五章　佐賀県佐賀市の徐福伝説に関する民俗文化

本章は佐賀県佐賀市の徐福伝説にまつわる事物の調査や、地元の人々に対する聞き取り調査を基に分析していく。その分析から徐福伝説が佐賀市で定着し、語り継がれている背景や要因と、その伝承形式を明らかにする。本章では一九八〇年に開催された金立神社例大祭の構造を考察する。また、現存する資料や動画などから、例大祭の役割を検討する。地元に伝わるさまざまな徐福伝説は、語り継がれる過程で、地元の歴史と符合させたり、あるいはその合理性を高めたりするために、次第に変化していく。佐賀県佐賀市の徐福伝説は歴史の波に洗われながら、今も語り継がれている。その伝承形式と、それに端を発した民俗文化の実態を明らかにすることが、本章の目的である。

注

（1） アメリカ大陸にたどり着いた説について、ジョゼフ・ニーダムは『中国の科学と文明』第一一巻「航海技術」で、「徐福の失踪の物語には、少なくともアメリカ大陸へ一航海が秘められているという説にも、それとほとんど同じくらいの可能性があるだろう」［ニーダム 一九八三：二一二］と述べている。

第一章　文献から見る徐福伝説

はじめに

徐福の名の初見は、中国前漢時代の歴史家の司馬遷が書いた『史記』である。『史記』は紀元前九一年ごろに成立した歴史書である。徐福東渡のことは、『史記』以降の歴史書にも登場するが、時代の移り変わりにしたがって、その記録も変化している。

徐福一行の渡海先を具体的に日本であると最初に述べたのは、中国五代後周の僧侶義楚である。彼が書いた『義楚六帖』（九五四年）の中に、徐福一行が日本の富士山に渡来したと記されている。それ以降、徐福は朝鮮半島を経由して日本列島に漂着してきたという伝説が生まれ、東アジアに伝播していった。徐福東渡という歴史的事件は、歴史家や文人などの力によって、伝説として発展していくことになる。

本書は日本における徐福伝説に関する研究である。そのため、徐福伝説が日本でどのように発生したのかを解明することは極めて重要なことである。徐福は日本人にとっては外来の人物である。それゆえ、徐福にまつわる伝説の謎を解く場合、徐福に関する一次資料と共に、そこから派生した二次資料も併せて研究の資料にしなければならない。

本章では、文献記録の変化から、徐福東渡伝説の発生と変容を明らかにする。徐福東渡の実像を探るため、中国歴史に登場した徐福の分析から始める。まず、一次資料の『史記』の記録を分析する。さらに、『史記』から派生した歴史文献や漢詩や筆談資料などの文献を整理し、徐福東渡伝説の変容を検討する。以上の文献に対する考察を通して、東アジアにおける時代環境の変化に伴い、徐福伝説はどのように変化したのか、歴史上でどのように利用されたのかを明らかにする。

一　『史記』に登場した徐福

徐福自身を検討する前に、徐福の生きていた時代の背景を述べる。紀元前五世紀から紀元前三世紀の戦国時代、秦・斉・楚・魏・趙・韓・燕という七つの国が中国を分割していた。紀元前二二一年、秦王嬴政《えいせい》は他の六国を滅ぼし、歴史上初めて中国統一を成し遂げた。彼は最初の皇帝となり、後に「始皇帝」と名乗った。始皇帝は中国を統一した後、多くの経済活動を行い、政治改革を実行した。始皇帝は貨幣・度量衡・文字・車軌などを統一し、全国に通ずる馳道(1)を建設した。これらの改革と政策は中国の国家としての進歩を速めたと考えられている。

しかし、始皇帝が実行した政策は賞賛すべきことだけではなかった。大土木工事・焚書坑儒・天下巡遊のような非難すべきこともあった。大土木工事の中では、現在、世界遺産に登録された万里の長城と兵馬俑がよく知られている。焚書坑儒とは、医薬・卜占・農事関係以外の書物を焼き捨てさせた事件である。これは、紀元前二一三～二一二年に、始皇帝が行った思想弾圧であった。翌年、方士の盧生らが始皇帝を誹謗して、逃亡した。その結果、批判的な言論をなす儒教学者（方士も含む）四六〇余人を咸陽で穴に生き埋めにして殺した。天下巡遊と言えば、封禅と神仙への傾倒がよく知られている。封禅は天地を祀る儀式であるが、あらゆる帝王が封禅を行う資格を持つわけではない。十分に功（業績）と徳を備えた帝王、天下を統治して、太平をもたらした天子だけが封禅の有資格者である［陳　二〇一〇：九―一二］。始皇帝が行った封禅は天下の泰平を祈禱するために行った祭祀活動であれば、非難されることではなかった。しかし、吉川忠夫の研究によると、始皇帝の泰山封禅は「政治的な成功を天地に報告するための公的で国家的な儀式であるとともに、いなそのことにもまして、皇帝個人の不死登仙を祈願する祭りであった」［吉川　二〇〇二：二〇〇］とされる。また、大形徹は始皇帝が全国を巡察することは、「秦が天下を統一したことを誇示するためであろう。だが、途中より、その目的が仙人と不死の薬の探索となってしまうのである」［大形　二〇〇〇：五四］と述べている。このような時代背景の中、徐福は歴史に登場したのである。彼は秦の始皇帝の不老長寿の夢を叶える役割を担った。

徐福は中国の歴史に登場する実在の人物である。本節では、歴史上の徐福の実像を探るため、一次資料としての『史記』にある記述を掲げ、若干の考察を加える。『史記』には、徐福に関連する記述が五か所ある。「秦始皇本紀第六」に三か所、「封禅書」に一か所、「淮南衡山列伝」に一か所である。本節では、その代表的な三か所を掲げ、司馬遷が見た徐福の姿を考察する。

1　徐福上書

秦の始皇帝は、中国を統一した翌年（紀元前二二〇）から、視察や祭祀を目的として、天下巡遊を始めた。それは皇帝としての権威を見せるものでもあった。『史記』の記録によると、秦の始皇帝は紀元前二二〇年から紀元前二一〇年にかけて、約一〇年の間に五回の東巡を行っている。徐福が始皇帝に謁見したのは、第二回目と第五回目である。

始皇二八年（紀元前二一九）、徐福は始皇帝に上書し、海の中に三神山があると進言した。『史記』・「秦始皇本紀第六」

は、その内容を以下のように記録している。

齊人徐市等上書、言海中有三神山、名曰蓬萊、方丈、瀛州、僊人居之。請得齋戒、與童男女求之。於是遣徐市發童男女数千人、入海求僊人。〔司馬　一九六三a：二四七〕

徐市は、徐福と同じ人物である。中国語では、「福」と「市」は共に「fú《フ》」と発音する。本書では、一般的に用いられている「徐福」に統一して表記する。

徐福は、始皇帝に「海の上に蓬萊・方丈・瀛州《えいしゅう》という三つの島からなる三神山があり、そこには仙人が居住している。斎戒して心身を潔め、汚れのない童男童女と三神山へ行くことを請い願う」と具申した。始皇帝は、徐福を遣わし、童男童女数千人を出発させ、海に出て仙人を求めさせた。

始皇帝の命を受け、徐福は数千人の童男童女を連れ、神秘に富む三神山への探査を行った。徐福は方士という身分の知識人であった。そのような身分にも関わらず、ただ一本の上申書で数千人の童男童女が賜られ、海に乗り出す許可を得たのはなぜだろうか。王金林はその理由を以下のように指摘している。

斉、燕地方で永い間流行した不老不死の薬をさがす風習と仙人信仰が、秦の始皇帝の時代まで伝わっていたのは、不思議なことではなかった。中国の帝王は高位にあって、食・住・行は皆一般の人よりずっと高く、人生はもう他に求めるものがなく、ただ不老不死を願うだけであり、これは情理に合ったことであった。徐福は斉国の人で、方士（当時の知識者）の一人であり、秦の始皇帝の不老不死の願望に迎合して、海に出ることを要求したのもありうることである。〔王　一九九二：一八二〕

確かに、不死登仙の憧れを抱く始皇帝は、徐福の要請を承諾した。数千人の童男童女を与えただけでなく、巨万の費用もかけて、徐福を仙薬探しに行かせた。史料によると、始皇帝の命を受け、不老不死の霊薬を探す人は徐福だけでなく、韓終・侯公・盧生などという人もいた。しかし、徐福集団は他より規模が数倍大きいものであった。そのことから、徐福は始皇帝に信頼されていたことがうかがえる。

2　徐福弁明

始皇帝の命により、船出した徐福一行は数年をかけて、莫大な旅費を使い、仙薬を探索した。しかし、結果的に不老不死の奇薬を得ることはできなかった。徐福の上書から一〇年後（始皇三七年、紀元前二一〇）の一〇月、始皇帝は五度目の東巡を行った。一一月湖北省雲夢に至り、湖南省九疑山にて舜を望祀した。その後、銭唐に至り、浙江に臨んだ。会稽に登り、禹を祭った。揚子江を渡り、海に沿って北上し、琅琊《ろうや》（旧琅邪）に至った。ここで、徐福を呼びつけ、仙薬探しの結果を問うた。当時のことについて、司馬遷は以下のように記録している。

並海上、北至琅邪。方士徐市等入海求神藥、數歳不得、費多、恐譴、乃詐曰「蓬萊藥可得、然常爲大鮫魚所苦、故不得至、願請善射與倶、見則以連弩射之。」始皇夢與海神戰、如人狀。問占夢博士、曰「水神不可見、以大魚鮫龍爲候。今上禱祠備謹、而有此悪神、當除去、而善神可致。」乃令入海者齎捕巨魚具、而自以連弩候大魚出射之。自琅邪北至栄成山、弗見。至之罘、見巨魚、射殺一魚。遂並海西。

至平原津而病。始皇悪言死、羣臣莫敢言死事。（中略）七月丙寅、始皇崩於沙丘平臺。〔司馬　一九六三a：二六二―二六四〕

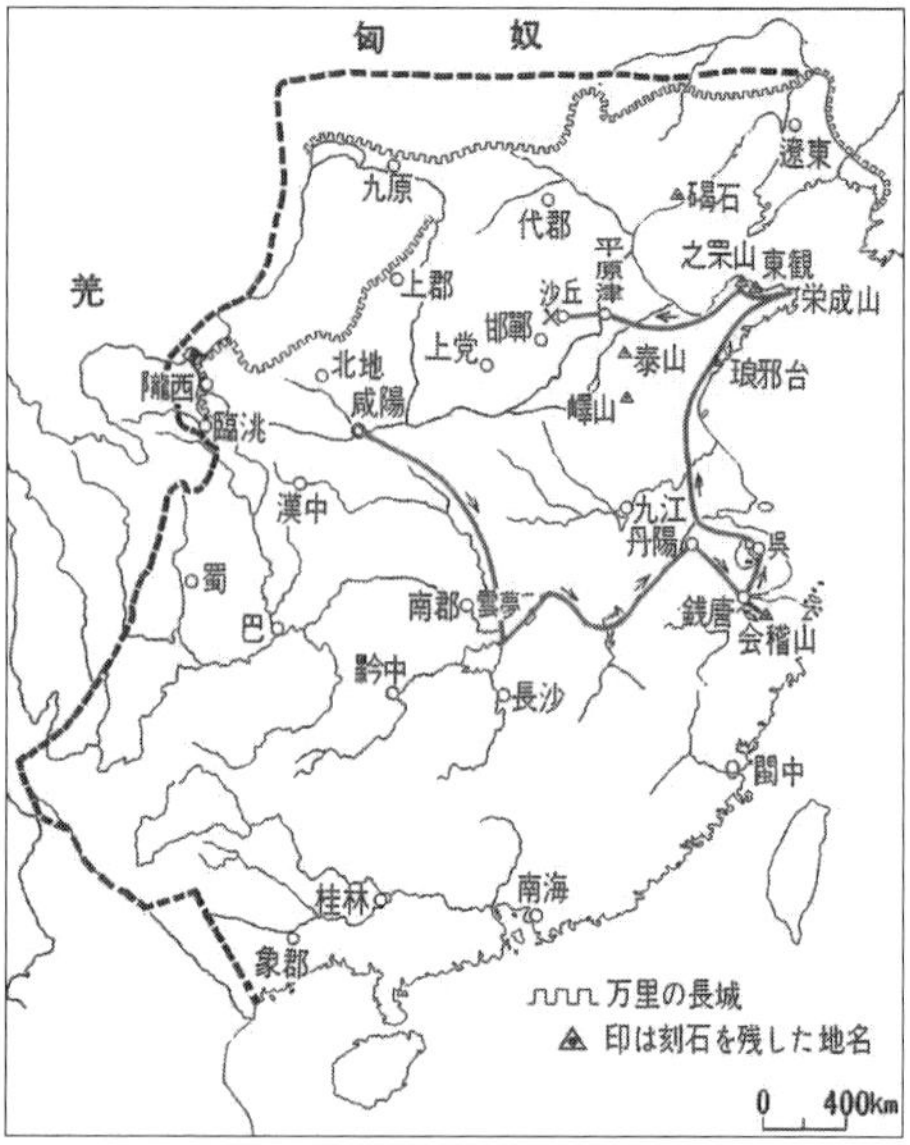

図 1-1　第 5 回巡行経路
（『中国秦・兵馬俑』116 頁より）

海に沿って北上して山東の琅琊に至った。方術の士の徐市らは海中にはいって神薬を求めたが、数年たっても入手できず、使った費用も多大であったので、譴責されるのを恐れて、詐《いつわ》って奏上した。「蓬莱山の薬は入手できます。しかし、いつも大鮫に苦しめられるために、蓬莱山まで至ることができません。どうぞ、弓の名手を同道させてください。大鮫が姿を見せたら、石弓を連射してこれを射とめましょう」と。たまたま、始皇は海神と戦う夢をみた。海神は人間と同じようであった。夢を占う占夢博士に問うと、博士がいうには「海神は目では見られません。大魚・蛟龍をもってその兆候とします。いま、陛下の祈禱祭祀は欠けるところなく備わり謹んでおられますのに、しかもこの海神があるのですから、当然除去なさるべきです。そうされて始めて善神が来られるでしょう」と。そこで、海上に出る者に命じて、巨魚を捕える道具を携行させ、始皇みずからも連発できる石弓をもって大魚の出現をうかがってこれを射止めようとした。琅琊から北上して山東の栄成山まで至ったが、大魚を見なかった。更に進んで之罘《しふ》に至って大魚を発見したので、射てその一魚を殺した。ついに山東半島の海岸に沿って西に進んだ。［吉田　一九七三：三六二―三六三］

徐福東渡の話の始まりと結末を、『史記』の記録に基づいて整理すると、以下のようになる。紀元前二一九年、徐福は不死霊薬を探す上申書を提出した。始皇帝の命により探索を始めたが、霊薬を手に入れることはできなかった。始皇帝の譴責を恐れ、始皇帝を偽った。九年後、始皇帝は人生最後の巡行を行った。紀元前二一〇年一一月、東巡の隊列は湖北省雲夢に至る。ここを出発し、中国古代の伝説的な帝である舜と禹を祀った。その後、揚子江を沿って北上した。始皇帝の崩御は徐福と会見した後、翌年（紀元前二〇九）七月のことである。つまり、徐福が始皇帝に謁見したのは紀元前二一〇年一一月から紀元前二〇九年七月の間である。また、始皇帝の巡行の経路（図1―1）から勘案すると、徐福と会見したのは、始皇三八年（紀元前二〇九）の可能性が高い。

「秦始皇本紀」にある徐福に関する記述は以上である。徐福が「大鮫の妨害で霊薬が手に入れず」という報告を出したのは、紀元前二〇九年の可能性が高いと推測される。山東半島の之罘にて始皇帝は、自ら大鮫を射止めた後、数か月後「沙丘で崩じた」。その当時の徐福の行方に関する記録はなかった。

3　徐福不帰

徐福一行の行方については、『史記』「淮南衡山列伝」という項目に記録されている。この項目には、淮南王劉安（漢高祖劉邦の孫）の反乱事件に関する記述がある。淮南王劉安は反乱を計画し、臣下の伍被を呼びつけて相談した。そのとき、伍被は伍子胥が呉王に諫言した典故を利用して、劉安を諫めた。伍被は秦の亡国を事例として取り上げている。始皇帝の暴政で劉邦らの反乱が成功したと劉安に諫言した。その中で、秦の始皇帝が徐福に不死の霊薬を求めさせたことが例として挙げられた。その内容は、以下のようである。

昔秦絶聖人之道、殺術士、燔詩書……遣蒙恬築長城、東西數千里……死者不可勝數……欲為亂者十家而五。又使徐福入海求神異物、還為偽辞曰：『臣見海中大神、言曰：「汝西皇之使邪？」臣答曰：「然。」「汝何求？」

曰：「願請延年益壽藥。」神曰：「汝秦王之禮薄、得觀而不得取。」卽從臣東南至蓬萊山、見芝成宮闕、有使者銅色而龍形、光上照天。於是臣再拜問曰：「宜何資以獻？」海神曰：「以令名男子若振女與百工之事、卽得之矣。」秦皇帝大説、遣振男女三千人、資之五穀種種百工而行。徐福得平原廣澤、止王不來。於是百姓悲痛相思、欲爲亂者十家而六。〔司馬　一九六二b：三〇八六〕

昔秦は聖人の道を絶ち、術士を殺し、詩書を焼き……蒙恬を遣わして長城を築かせ、東西数千里……死者は数え切れない……乱を起こそうとする者が一〇軒のうち五軒ある。また、徐福に海へ出て不死の霊薬を求めさせたが、帰って偽りの報告をした。徐福は海上で大神に会った。その会話内容は以下のようである。(2)

海神：汝は西の皇帝の使者ですか。
徐福：はい、そうです。
海神：汝は何を求めますか。
徐福：延命長寿の薬をお願いします。
海神：汝の秦王の礼物は足りないので、薬を見ることはできるが、手に入れることはできません。
（そこで徐福は再び神を拝み、問いかけた）
徐福：何を献上すればよろしいのですか。
海神：育ちのいい少年少女にいろいろの道具、技術を献上すれば神薬を得ることができます。

始皇帝は非常に喜んだ。徐福に童男童女三〇〇〇人や五穀の種や色々の道具、技術者を与え、東方に行かせた。

徐福は平原広沢（広い平野と湿地）を得て、王となり戻らなかった。それゆえ、百姓は悲しみ、乱を起こそうとする者が一〇軒のうち六軒あった。

徐福は三〇〇〇人の童男童女などを連れ、東海に船出し、「平原広沢」に定住した。そのことは、秦の百姓にとって、始皇帝の長城の建築や焚書坑儒などの暴政よりも悲痛なことであった。中国に伝わる伝説によると、徐福は渡海以前、河北省塩山県千童鎮にて三〇〇〇人の童男童女を集め、衣食や船などを準備したと言われている。彼らは渡海してから二度と中国に戻ることはなかった。地元の人々は若い男女たちを記念するため、「千童鎮」とこの地を命名した。現在、千童鎮では、「前漢から六〇年に一回、甲子の年の農暦の三月二八日に、東の方に向き、大声で童男童女の魂が故郷に早く戻るよう、呼びかける信子節祭りが行われている」［張　二〇〇三：九〇］。

4　東渡実像

徐福集団の東渡は二回あった。紀元前二一九年と紀元前二一〇九年のことである。

「秦始皇本紀」には具体的な渡海先が記録されていない。それに対し、「淮南衡山列伝」には徐福一行が「平原広沢」に辿り着き、徐福が王となったと記述されている。紀元前一二二年、淮南王劉安の反乱計画が発覚し、劉安が自殺した。これは、徐福一行の渡海から約九〇年を経て起こった事件である。だが、淮南王劉安が反乱を起こした時代は、司馬遷の生きている時代であった。司馬遷が『史記』に記録した歴史の叙述範囲は、伝説上の黄帝から前漢の武帝までである。司馬遷の生きている時代の記録は、その信憑性を疑う余地がないと考えられる。

では、徐福が三〇〇〇人の童男童女を連れ、数多くの技術者を携え、「平原広沢」に辿り着いたのは、いつのことであろうか。徐福が始皇帝に二回目の謁見をしたのは紀元前二一〇九年のことである。始皇帝はその数か月後、病気になって死んでしまった。つまり、「淮南衡山列伝」に記録された徐福不帰のことは、始皇帝に謁見した以降のことだと推測される。また、「秦始皇本紀」に記載されている徐福上書の内容を見ると、始皇帝は徐福を派遣し、童男童女数千人を出発させ、海に出て仙人を求めさせたとされる。だが、数千人という数字は具体的な人数ではない。それと比較すると、「淮南衡山列伝」に記録されている三〇〇〇人の童男童女や五穀の種や技術者らを携え、海に出たとすることは具体的である。

以上の文献記録と分析から、徐福が二回の航海をしたことは明らかである。一回目は、紀元前二一九年、始皇帝に上書した後、童男童女数千人を連れ、仙人を求めに行った。しかし、徐福らは膨大の人力と財力をかけたにもかかわらず、不死の霊薬は手に入らなかった。始皇帝に再謁見したという記録から、徐福は一回目の仙薬探しが順調ではなかったものの、秦の地に戻ったのは間違いない。だが、始皇帝に責められることを恐れる徐福は、嘘をつき、「大鮫の妨害」という言い訳で始皇帝をだました。それを聞いた始皇帝は徐福の提案を受け入れ、船団や弓の上手な人を連れ、大鮫を射殺することを決めた。始皇帝は之罘にて大鮫の姿を発見し、自ら連弩で大鮫を射止めた。

以上のことから、「淮南衡山列伝」に記録された徐福不帰のことは、始皇帝に再謁見した後のことだと推測される。また、出航した時期は、始皇帝の死亡以前のことであろう。なぜなら、三〇〇〇の童男童女と五穀の種を準備して海に出ることは、始皇帝の命令と支援がなければ、進められないからである。仙薬入手の邪魔となった大鮫が殺されたため、今度きちんと準備すれば、不死の霊薬がきっと入手できると始皇帝は深く信じていたのである。これは、始皇帝の不死の霊薬に対する強い執着心をも反映している。だが、始皇帝の許可をもらった徐福は、二回目の入海で、平原広沢を得て、王となり戻らなかった。

『史記』の記録によると、徐福が三〇〇〇人の童男童女と百工などを連れ、東渡して戻らなかったため、それを悲しんだ人の六割が反乱を起こそうとしたと言われている。一方、始皇帝の暴政に対し、反乱を起こそうとする人は五割もいた。なぜ徐福や童男童女らの不帰が、始皇帝の暴政より人に与えた衝撃が大きかったのか。これにはおそらく、次のような事情が考えられる。始皇帝の暴政は、大人にとっての苦難であった。それに対し、徐福が連れて渡海した三〇〇〇人の童男童女は、これらの苦労な日々を過ごしていた百姓の子供であったからである。子供は彼らの未来への希望である。徐福は平原広沢を得て、王となり、戻らなかった。そのことは、当時の百姓にとっては、将来の希望が破壊されたように感じられたのである。反乱が起こっても不思議ではなかった。

以上の記録を分析すると、徐福東渡について、「秦始皇本紀」では不明確であったものが、九〇年後の「淮南衡山列伝」では「徐福平原廣澤を得て、止り王となりて来らず」〔司馬　一九二七：二七二〕と具体的になったことが分かる。ただし、「淮南衡山列伝」の記述の真実性については、論争が起こった。吉田靖雄は「列伝の史料は本紀史料に比べ、史料価値は極めて低いと評価せざるをえない」〔吉田　二〇〇四：六二〕と指摘している。それに対し、福永光司や汪向栄などの研究者は、「淮南衡山列伝」の記録を「秦始皇本紀」と同じような史料価値があると認めている(3)。

なぜ同じ司馬遷の執筆した『史記』に異なる内容が記されたのだろうか。それは徐福のことを語る主体の差異によるものであろう。「秦始皇本紀」は秦の始皇帝と秦二世の一生の主要なイベントと発生した重大な事件を記載したものである。「秦始皇本紀」での主役は始皇帝である。始皇帝にとって、三神山に仙薬を求めることが重要であり、徐福はその一環として登場するにすぎない。それゆえ、徐福一行の行方に関する詳細な記述がないのである。一方、「淮南衡山列伝」にある徐福関連の記録には、伍被の口を借りて、徐福東渡の歴史事件が語られている。さらに、それだけでなく、その事件が引き起こした社会的反響も記載されている。司馬遷の『史記』は、編纂に厳格で、慎重な取材であるために、歴史書として最高の評価を得た。徐福の生きていた時代は、司馬遷の時代とわずか一〇〇年の時間差しかない。そのため、その真実性を疑う余地はないと考えられる。司馬遷の『史記』に記載された徐福の記録は数か所だけである。しかし、その記録は徐福東渡という事件の全ての要素を網羅している。

始皇帝が徐福に三神山にある仙薬を求めさせたことについては、『史記』にはこれ以上の詳細な記録がない。この点については人々が想像できる余地を多く残している。したがって、『史記』以来、徐福一行の渡海先や童男童女の現状などについて、さまざまな推測が行われてきた。誇張と神秘の色彩に富む描写も多く存在する。いずれも『史記』の記録に基づき、徐福東渡の話を発展させていったものである。

二　史料から見る徐福東渡伝説の変容

徐福東渡は、司馬遷の『史記』に記録されているように、疑う余地のない歴史的事実である。『史記』には徐福に関する記録が五か所ある。それらの記録には、徐福が東海に派遣されて仙薬を求めたことの発生・経過・結果が述べられている。司馬遷は徐福東渡の物語を分けて叙述している。その叙述の主体は始皇帝であり、淮南王劉安である。いずれも徐福を主体にする記述ではない。また、各叙述の内容には多少の差異がある。しかし、それらの記録を総合して検討すると、徐福東渡の事件を構成する各部分が欠落することなく述べられている。それらが、相互に補い合い、物語の全貌を具体的に伝えたことが分かる。『史記』には徐福が王となったとされる「平原広沢」については、明確に書かれていない。そのため、想像と推測の余地を後世に残し、さまざまな渡海先に関する説が浮かび上がっている。

1　歴史文献の記録

『史記』の記録を基に発展してきた徐福の渡海先に関する論争は、三つの段階に分けられる。第一段階は、徐福の渡海先そのものの推測である。第二段階は、徐福の日本渡来説の模索である。第三段階は、渡海先を日本に定着させる論争である。本節では、歴史文献に記録された徐福一行の渡海先の変容を整理する。

1　中国文献にみる渡海先の推測

紀元前一世紀に成立した『史記』には、徐福は平原広沢を得て、王となって留まり、戻らなかったという記録がある。約二〇〇年が経ち、一世紀に成立した『漢書』の「郊祀志」の中では、「秦始皇初并天下、甘心於神僊之道、遣徐福、韓終之屬多齎童男童女入海求神采藥、因逃不還、天下怨恨」〔班　一九六四a：一二六〇〕と記されている。秦の始皇帝は初めて天下を併合して、神仙の道に夢中になり、徐福・韓終などの方士を派遣し、童男童女を伴い海へ出させて、神を求め不老不死の仙薬を採らせた。だが、方士らが逃亡して帰らず、天下はこれを怨んだ。この記録は司馬遷の『史記』での記述と、あまり変わるところはない。

それに対し、三世紀に成立した『三国志』の「呉書・呉主伝」は、『史記』と『漢書』にある記録を発展させ、以下のように述べている。

（黄龍）二年春正月……遣将軍衛温、諸葛直将甲士萬人浮海求夷洲及亶洲。亶洲在海中、長老傳言秦始皇帝遣方士徐福將童男童女數千人入海、求蓬萊神山及仙藥、止此洲不還。世相承有數萬家、其上人民、時有至會稽貨布。會稽東縣人海行、亦有遭風流移至亶洲者。所在絶遠、卒不可得至、但得夷洲數千人還。〔陳　一九六四：一一三六〕

（黄龍）二年の春正月……将軍衛温・諸葛直を遣わし、甲士万人を将て、海に浮び、夷洲及び亶洲を求めしむ。亶洲は海中に在り。長老伝え言う、秦の始皇帝、方士徐福を遣わし、童男童女数千人を将て、海に入りて、蓬萊の神山、及び仙薬を求めしむ。此の洲に止まりて還らず。世相い承けて数万家有り。其の上の人民、時に会稽に至りて布を貨うこと有り。会稽東県の人海行し、亦た風に遭いて流移して重洲に至る者有り。在る所絶遠

し、卒に至るを得べからず。但だ夷洲の数千人を得て還る。〔陳　一九七二：七七一―七七二〕

徐福一行の渡海先は亶洲であることを明確に述べている。さらに、それらの子孫は数万家にのぼると指摘している。また、五世紀に成立した『後漢書』の「東夷列伝・倭伝」の中では、以下のような記述がある。

會稽海外有東鯷人、分爲二十餘國。又有夷洲及澶洲。傳言秦始皇遣方士徐福將童男女數千人入海、求蓬萊神仙不得、徐福畏誅不敢還、遂止此洲、世世相承、有數萬家。人民時至會稽市。會稽東冶縣人有入海行遭風、流移至澶洲者。所在絶遠、不可往来。〔範　一九七三：二八二二〕

『後漢書』「東夷列伝・倭伝」の内容は、基本的に『三国志』「魏志・倭人伝」の記録を踏襲している。しかし、徐福の渡海先について『三国志』で亶洲となっていたものが、『後漢書』では夷洲と澶洲に書き直されている。この二つの書には徐福一行が日本に辿り着いたという記載はない。ただし、注目すべきことは、徐福集団の記載が「東夷列伝・倭伝」という項目に記録されているという点にある。このことは、徐福一行の渡海地と言われる夷洲と澶洲が、日本とのつながりを持っていることを暗示している。

六世紀から一一世紀に成立した『北斉書』・『旧唐書』・『新唐書』などの歴史書には、徐福一行の渡海先に関する具体的な記録はない。また、以前の歴史記録と大きな変化もない。中国の歴史書にある徐福に関する記録を整理すると、徐福一行の渡海先は、紀元前三世紀から一〇世紀前後までは、「平原広沢」から「澶州」に具体化している傾向がある。また、澶州の所在地については、範曄の『後漢書』の記述から、日本とのつながりがあるであろうと推測される。

次に、李白と白居易の二つの唐詩を事例として、当時の徐福伝説の様態を考察してみよう。李白は中国の盛唐で最も有名な詩人である。彼の『古風五十九首』・其三に、「徐市載秦女、楼船幾時廻」〔李　一九九〇：三八〕という一句がある。「徐市、秦女を載せ、楼船、幾時か廻る」と李白は吟じた。後世に「詩仙」と呼ばれる李白だが、この詩では李白従来の変幻自在な詩風が見えず、ただ心の奥底の質問を投げかけている。李白の詩と比較するため、数十年後、中唐の詩人である白居易の詩を見てみよう。新楽府五十首（其四）『海漫漫　戒求仙也』という詩には、「不見蓬萊不敢歸、童男丱女舟中老」〔白　一九八九：二四六〕という一句がある。「蓬萊を見ずんば敢えて歸らず、童男丱女が舟中に老ゆ」と白居易は童男童女が船中で老いたことを述べている。李白が疑問に止まっているのに対し、白居易は船中の人々の様子に至るまで想像を広げているのである。このような詩文は数多くあるが、いずれも『史記』や他の歴史書の記録を基に、展開したものである。

徐福の渡海先に関する推測は、歴代歴史書の編集者の注目を集めた。さらに、李白や白居易などの文人も興味をそそられていた。唐の時代には、徐福東渡のことを詠った唐詩が数多くある。筆者は『全唐詩』に収録された唐詩の中から、徐福と関連があるものを選び出し、その内容を表1―1にまとめた。

この表から、中国唐の時代、知識人の徐福への関心の高さがうかがわれる。徐福一行の渡海先は言うまでもなく、同行した三〇〇〇人の童男童女にも心を惹かれている。唐詩にある徐福にまつわる内容を分析すると、当時李白を代表する知識人たちが、徐福一行の行方についての関心を強く持っていることが読み取れる。また、「童男童女らが乗った楼船はいつ還ってくるのだろう」という疑問を表した詩も多くある。これは当時神仙思想の流行や人々の不死登仙に対する見方などと密接な関係がある。

唐の時代から千年ほどさかのぼってみよう。始皇帝は群雄割拠を終わらせ、全国の統一を成し遂げた。しかし、徭役・賦斂などの暴虐的な支配で、人民は生活に苦しんでいた。このような社会環境に苦しむ人々を救うため、

表 1-1　徐福に関する唐詩

番号	年代	著者	題名	徐福関連内容
1	701-762	李白	古風五十九首（其三）	徐市載秦女、楼船幾時回。
2	725-777	独孤及	観海	徐福竟何成、羨門徒空言。
3	727-815	顧況	行路難三首	淮王身死桂樹折、徐福一去音書絶。
4	727-815	顧況	送従兄使新羅	管寧雖不偶、徐市倘相邀。
5	772-846	白居易	新楽府五十首（其四） 海漫漫　戒求仙也	雲濤煙浪最深處、人傳中有三神山。 山上多生不死薬、服之羽化爲天仙。 秦皇漢武信此語、方士年年采薬去。 蓬萊今古但聞名、烟水茫茫無覓處。 海漫漫、風浩浩、眼穿不見蓬萊島。 不見蓬萊不敢歸、童男丱女舟中老。 不見蓬萊不敢歸、童男丱女舟中老。
6	779-831	元稹	和楽天送客遊嶺南二十韻（次用本韻）	島夷徐市種、廟覡趙佗神。
7	806	鴻漸	奉送日本国使空海上人橘秀才朝献後却還	人至非徐福、何由寄信通。
8	812-858	李商隠	海上	石橋東望海連天、徐福空来不得仙。
9	832-912	貫休	了仙謠	始皇不得此深旨、遠遣徐福生憂惱。
10	833-909	羅隠	始皇陵	六国英雄漫多事、到頭徐福是男儿。
11	836-910	韋荘	咸陽懐古	李斯不向倉中悟、徐福應無物外游。
12	840-873	胡曽	咏史詩・東海	東巡玉輦委泉台、徐福楼船尚未回。
13	？-877	汪遵	東海	漾舟雪浪映花顔、徐福携将竟不還。
14	841-？	陳陶	蒲門戍観海作	徐市惑秦朝、何人在岩廊。 惜哉千童子、葬骨于眇茫。
15	935 前後	熊皦	祖龍詞	平呑六国更何求、童女童男問十洲。 滄海不回應悵望、始知徐福解風流。

注：引用した唐詩は、彭定求の『全唐詩』（1980 年）を参考にした。（筆者作成）

徐福は始皇帝の神仙への憧れを利用して、国外逃亡を企てたと言われている。徐福が莫大な人力と金銭をかけて、始皇帝をだますほどの行為をして入海したとすることも理解できる。

その後千年を経た唐の時代には、徐福が始皇帝をだましたことは、貴族や知識人などが創作した漢詩に詠まれ、一般庶民にも物語として語られるようになった。その漢詩と物語の奥底に潜む神仙思想は、時代を経るごとに、次第に強くなっていった。神仙思想は中国で古くに発生した思想である。ただし、歴史上に姿を現すのは戦国時代のことである。特に、山東半島の北部沿岸地域である斉・燕の地方で神仙思想が発達した。この思想は長生の術のみならず、不死の境界に達するものとして民衆の間で信じられてきた。

また、神仙思想は中国伝統宗教の道教の中心的教説を取り入れ、一層民間の中に浸透していった。その結果、唐の時代には、不死登仙への祈願がより強まり、金丹を服用して延命する方法が盛んになった。唐穆宗・武宗・宣宗などでは金丹を飲んで、中毒を起こして死亡した〔横手　二〇〇八：四九〕ことが、後世に伝わっている。このような時代の状況の中、知識人は詩を通して自分の考えや関心などを表した。これらの唐詩から、徐福一行が渡海してから千年後の時代にも、彼らの渡海先などに関する想像や憶測が、途切れることなく続いていたことが想像できる。

神仙思想が流行していた時代に、徐福が仙薬を求めた物語は、文人・詩人などの知識人をはじめ、一般庶民の間で興味深く語られていたのである。それは徐福の渡海先の詳細が不明であったことも大きな原因であった。このような時代、神仙への憧れが強い社会環境において、人々は徐福東渡という歴史的事件に、想像と幻想の作り話を加え、実像と虚像を混ぜ、神秘の色彩に富む伝説を生み出していった。ただ、徐福が日本に渡来したという説は、唐代まではなかった。

2　徐福の日本渡来説の模索

日本の徐福伝説の成立について、王勇は「中国の唐代に入って、中日の交流がより頻繁になり、日本の文化制度は中国の文化制度と頗る類似しており、中国上古の遺風がかなり残っている。徐福東渡の目的地（上陸地）は次第に日本に定められていった」[4]〔王　二〇一六：四八〕と指摘している。しかし、唐代には徐福が日本に渡海したという説は、唱えられていない。

徐福一行の渡海先を具体的に日本であると最初に述べたのは、中国唐以降の五代後周（九五一〜九六〇）の斉州（今の山東省済南市のあたり）開元寺の僧侶義楚である。彼が書いた『義楚六帖』（九五四年、『釈氏六帖』とも呼ぶ）第二一巻「国城州市部」第四十三「日本国」の項目において、徐福一行が日本に渡来したという説が述べられている。当時、徐福一行が仙薬を探すために出航したことは知られていたが、渡航先に関する詳細な記録はなかった。『義楚六帖』［義楚 一九九〇：四五九］の内容は、以下のようである。

日本國亦名倭國、東海中。秦時、徐福將五百童男五百童女、止此國也。今人物一如長安。又顕徳五年、歳在戊午、有日本國傳瑜伽大教弘順大師賜紫寛輔、又云、本國都城南五百餘里、有金峯山。頂上有金剛蔵王菩薩、第一靈異。山有松檜・名花・軟草。大小寺數百、節行高道者居、不曾有女人得上。至今男子欲上、三月斷肉欲色、所求皆遂。云、菩薩是弥勒化身、如五臺文殊。又東北千餘里有山、名富士、亦名蓬萊。其山峻、三面是海、一朵上聳、頂有火煙。日中上有諸寶流下、夜即却上、常聞音樂。徐福止此、謂蓬萊、至今子孫皆曰秦氏。(5)

日本国は亦た倭国と名づく。東海の中にあり。秦の時、徐福は五百の童男、五百の童女を将いて、此の国に止まれり。今人物一にして長安の如し。又顕徳五年、歳は戊午に在り。日本国伝瑜伽大教弘順大師賜紫寛輔有り、又云う。本国の都城の南五百余里に金峰山有り。頂上に金剛蔵王菩薩有り、第一の霊異なり。山に松檜・名花・軟草あり、大小の寺は数百、節行高道の者之に居る。曾て女人有りて上ることを得ず。今に至って男子上らんと欲すれば、三ヶ月に酒肉欲色を断つ。求むる所皆遂げて云う。菩薩は是れ弥勒の化身にて、五台の文殊の如し。又東北千余里に山有り、富士と名付け、亦蓬萊と名づく。其の山峻しく、三面に是れ海、一朵上聳して、頂に火煙有り。日中に上に諸宝の流下する有り、夜に則ち上に却る。常に音楽が聞こゆ。徐福此に止まって蓬萊と謂う。今に至って子孫皆秦氏と曰う(6)。

この記録は、日本の徐福伝承・金峯山・富士山という三つの要素からなっている。従来、この記録は徐福が日本に渡来した証拠として取り上げられてきた。しかし、その金峯山と富士山の部分は見落とされてきた。この記録の最初と最後の部分では、日本の徐福伝承が述べられている。なお、中間に挟まれている金峯山と富士山に関する記述は、この記載の信憑性を証明するものだと考えられる。

延長五年（九二七）、奈良興福寺の法師である寛建は、五台山巡礼のため、従僧の寛輔・澄覚・超会らと共に商船に乗って唐（中国）に渡った。顕徳五年（九五八）、日本僧の寛輔は斉州開元寺の義楚と出会い、日本の仏教聖地の金峯山と富士山のことを義楚に話した。また、日本の風土と伝説なども口述した。それゆえ、『義楚六帖』という仏教の専門書には「国城州市部」が設けられ、「日本国」という条目に寛輔の口述した内容がまとめられた。二人の出会いは顕徳五年（九五八）のことである。寛輔が中国の地を踏んで約三〇年が経っていた時期になる。

王勇は、寛輔の身分について、『在唐記』や『義楚六帖』の記録の分析から、寛輔は「真言宗の僧侶であることに、まず間違いはなかろう」［王勇　二〇〇二：四七］と指摘している。また、金峯山に関する「蔵王信仰」・「女人禁制」などの実状と符合する描写から、寛輔が金峯山で修業していた僧であると推定した［王勇　二〇〇二：四八］。

寛輔は真言宗の僧侶であり、瑜伽大教（密教）を広めるため、中国で布教を行った。『奝然在唐記』や『参天台五臺山記』などの記録によると、寛輔は九二七年に中国商船に便乗して福州から上陸した。その後、五台山をはじめ、各地の仏教聖地を巡礼した。九三二年に後唐の明宗に謁見して、弘順大師号と紫袈裟を賜った。九三八年以後、汴京（河南省開封市の旧称）に移住し、瑜伽大教を広め、弟子三〇余人に灌頂を授けた。九五八年に、済州開元寺の義楚と出会い、日本の徐福伝承・金峯山・富士山のことを語った。九八〇年前後に、汴京で死去した(7)。

こうして、寛輔は入華して約三〇年の間に、日本で修業して知り尽くした金峯山のことを語っている。さらに、中国人の関心を持っている富士山麓に伝わる徐福伝承も義楚に語った。彼は日本に戻れず、五〇年余りの布教を行って中国で亡くなった。「寛輔は日本で成熟した真言宗を本場の中国に逆輸出したのみならず、本国の宗教事情や名所霊跡などを熱っぽく中国の知人に語りかける姿に、望郷の心情を露わにしているとも見受けられる」[王麗萍 二〇〇二：五七]。

寛輔は金峯山で修業したことがあるので、金峯山に詳しいことは理解できる。しかし、なぜ、徐福と富士山麓に居住する秦氏のことについて詳しく知っていたのだろうか。そのことについて、前田豊は以下のように述べている。

真言宗僧侶の弘順大師寛輔は、弘法大師の教えを受けて、日本の徐福伝承の情報を得た可能性がある。それも、相模大山寺の住職経験をもつ弘法大師が、秦野において「徐福伝承」を聞き知ったことに、原因がありそうである。大山寺の開山は、良弁僧正である。良弁は秦氏である。良弁を通じて秦氏のもつ徐福情報が、弘法―弘順と伝わり、中国の后周の僧・義楚「六帖」に掲載されることになった。[前田 二〇一六：七七]

以上の文献記録と研究内容を吟味すると、義楚は日本僧寛輔が提供した情報に基づき、徐福一行とその子孫たちが富士山の周辺に居住していることや、富士山が蓬萊であることを記録した。この記録は、徐福一行の渡海先は日本であると断定している。しかし、それ以前の史料を考察すると、寛輔の語った日本の徐福伝承は、中日の頻繁な交流による結果、もたらされたものだと考えられる。平安時代と鎌倉時代においては遣唐使の派遣や入宋僧の渡海などにより、中国との交流が頻繁になり、情報の交換も速いスピードで行われていた。『史記』などの歴史書は日本に伝えられ、貴族層をはじめ、知識人によく知られていた。約三〇〇年の中日交流を通じて、古くから中国の知識人に論じられてきた徐福東渡のことも、日本に伝わった可能性が高い。

その間に出された作品や史料を整理してみよう。『義楚六帖』が世に出る前、中国の歴史書や唐詩などの作品には、徐福らが日本に定住したという記録は一切なかった。この点について、中国だけでなく、隣国の日本の八世紀に成立した『古事記』・『日本書紀』にも、徐福の名前は見当たらない。だが、その後の『宇津保物語』・『平家物語』・『今昔物語』などの作品には、『白氏文集』と『史記』の影響を受け、徐福一行の渡海先と童男童女の状況について幾分かの憶測が加えられた兆候が見られる。しかし、それでも徐福らが日本に辿り着いたという説はなかった。

これらの作品からヒントを得て、富士山麓で徐福伝説が生じたのではないだろうか。また、富士山を蓬萊山と呼び、徐福一行の子孫が富士山周辺に居住しているということは、真言宗の僧侶である寛輔によって初めて提唱された。徐福が留まった所を富士山とする説について、五来重は以下のように指摘している。

『義楚六帖』日本伝において徐福は日本へ来たという説に固定した。（中略）この書は専ら日本を紹介するのに富士山と金峯山（大峯）の山岳宗教をのべている。したがって日本を神仙の蓬萊山とする説は、日本の修験道から出たものとすることができよう。これは役優婆塞の初期修験道が道教の神仙術にきわめて近かったから、中国東海中にありとした想像上の神仙世界を日本、ことに富士山としたのである。すなわち『日本書紀』（雄略天皇二十二年七月）や『万葉集』（巻九）や『丹後風土記』（逸文）に見える浦島子の常世を蓬萊とする思想は、平安時代の修験道では日本の富士山ということになった。これにともなって徐福の留ったのも富士山とされたのである。［五来　一九八三：三六〇―三六一］

真言宗の僧侶である寛輔は、山から山へ回る厳しい修業を行っている。その際に、富士山麓の徐福伝説を聞いたということは考えられる。寛輔は中国で過ごした三〇年の間に、仏教霊山をめぐりながら、当時の僧侶や知識人の興味を持つ徐福東渡のことを耳にしたことだろう。そして、瑜伽大教を広める修業の折に、富士山麓に住んでいる秦氏と徐福の話を伝播したと推測される。このように、徐福が日本に渡来したという説は、日本僧の寛輔が提唱したものを、義楚が筆をとって書に記録した。このようにして、東アジアに広がっていったのである。
徐福の日本渡来のことが広く知られるようになったのは、中国北宋の欧陽修（一〇〇七―一〇七二）の『日本刀歌』からである。この作品は、『欧陽修文集』・「居士外集」と『温国文正公司馬集』に収録されている。司馬光の作であるという説もある。なぜなら、『欧陽修文集』・「居士外集」は、後世に編集された可能性が高いからである。この作品の著者については、本書では検討しない。いずれにせよ、中国北宋時代の文人の作品であることに、間違いはなかろう。『日本刀歌』は精巧な日本刀をモチーフとした詩である。この作品で重要なことは徐福が焚書坑儒以前の書物を日本に持っていったという話を取り上げていることである。その内容は以下のようである［欧陽二〇一五：二六九―二七〇］。

日本刀歌

……

賓刀近出日本國、越賈得之滄海東

……

傳聞其國居大島、土壌沃饒風俗好
其先徐福詐秦民、採薬淹留丱童老
百工五種與之居、至今器玩皆精巧
前朝貢獻屢往來、士人往往工詞藻
徐福行時書未焚、逸書百篇今尚存
令嚴不許傳中國、擧世無人識古文

……

日本刀の歌

……

宝万　近ごろ日本国より出で、越賈　之を得たり　滄海の東

……

伝え聞く　其の国は大島に居り、土壌　沃饒にして　風俗好し
其の先　徐福は秦民を詐り、薬を採りて掩留し　丱童老ゆ
百工　五種　之と居り、今に至るまで器玩皆な精巧
前朝には貢献して屢しば往来す、士人は往往にして詞藻に工なり
徐福の行きし時　書未だ焚かれず、逸書百篇　今尚お存す
令厳しく中国に伝うるを許さず、世を挙げて人の古文を識る無し

……

『日本刀歌』にある「徐福行時書未焚、逸書百篇今尚存」という一句は、徐福が日本に渡海し、秦の始皇帝の焚書坑儒以前の逸書も日本で所蔵されているということを暗示している。中国の歴史に登場した徐福は実在する人物である。しかし、徐福が日本に渡来したということは確かなことではない。これが史実かどうかは本書では検討しない。ただ、この漢詩に当時の中国文人が強く関心を示したことは考えられる。

（前漢）司馬遷の『史記』の記録に基づく徐福東渡は、千年間の論争を経て、北宋前後には徐福が日本に東渡した

となり、一般的に受け入れられている。唐代に書かれた漢詩と北宋に書かれた漢詩を比較すると、そこには唐代の一般認識から北宋の文人の考え方への変化が見られる。唐代の李白と白居易の漢詩では、ただ徐福一行の行方についての推測を行っているにすぎない。それに対し、北宋の欧陽修（一説には司馬光）の漢詩では、徐福一行の渡海先が日本であることを確認している。さらに彼らが持ち出した書物にも注目していた。このような変化は、当時の学界、あるいは知識人が、徐福の日本渡航を広く認知していたことを表している。また、知識人は不死登仙という幻の夢よりも、焚書坑儒以前の逸書の方に関心を寄せ始めていた。

その後、徐福一行が日本に渡来したという説は、一般的に認められ、数多くの漢詩が詠まれた。その代表的な詩は、欧陽修より二〇〇年ほど遅い無学祖元（一二二六―一二八六）の『献香於紀州熊野霊祠』という漢詩である。紀州の徐福祠を詠んだ漢詩は、無学祖元の語録『仏光録』に収録されている。このことは、紀州に徐福祠が存在していたことを裏付けている。

また、無学祖元から約一〇〇年後、入明した絶海中津と明太祖の漢詩がある。この漢詩を見ると、当時の僧侶と皇帝の徐福への関心がうかがわれる。絶海中津の「熊野の徐福の古祠」を主題とする『応制賦三山』と明太祖の次韻『御製賜和』は、中国明代と日本室町時代の知識人が持っていた徐福に対する熱情の一端を示している。現在和歌山県新宮市の徐福公園の境内に、この二首の漢詩の詩碑が建立されている。地元の人々に徐福伝説を伝える記念物として用いられている。紀州熊野の徐福祠を詠んだ以上の三首の漢詩の詳細については、本書の第四章で詳しく分析する。

3　日本文献にみる徐福渡来説の定着

徐福一行が日本に渡来して定住したという説は、一〇世紀に日本の真言宗僧侶の弘順大師寛輔によって唱え始められた。だが、日本で公に文献資料に記録されたのは、一四世紀以降のことである。その後、徐福が膨大な船団を携えて日本に永住したという伝説は、日本をはじめ、中国と韓国にも広まっていった。次に、日本における徐福渡来伝説の起源とも言える代表的な文献資料を整理し、考察する。

（1）北畠親房の『神皇正統記』

南北朝時代、南朝の延元四年（一三三九）に公卿北畠親房（一二九三～一三五四）は即位した新帝後村上天皇の正統性を述べるため、『神皇正統記』という歴史書を著した。第七代孝霊天皇の条に、徐福が日本に渡来したという記録がある。これが徐福の日本渡来が歴史書に登場した最初の史料である。その内容は次のようである。

第七代、孝霊天皇ハ孝安ノ太子。（中略）四十五年乙卯、秦ノ始皇即位。此始皇仙方ヲコノミテ長生不死ノ薬ヲ日本ニモトム。日本ヨリ五帝三皇ノ遺書ヲ彼国ニモトメシニ、始皇コトゴトクコレヲ（オ）クル。其後三十五年アリテ、彼國、書（ヲ）焼、儒ヲウズミニケレバ、孔子ノ全経日本ニトドマルトイヘリ。此事異朝ノ書ニノセタリ。（中略）凡此国ヲバ君子不死ノ国トモ云也。孔子世ノミダレタル事ヲ歎テ、「九夷ニヲラン。」トノ給ケル。日本ハ九夷ノ其一ナルベシ。異国ニハ此国ヲバ東夷トス。（中略）孔子ノ時スラコナタノコトヲシリ給ケラバ、秦ノ世ニ通ジケンコトアヤシムニ足スコトニヤ。［岩佐　一九六五：七〇―七二］

この天皇の正統性を述べる著書における徐福渡来の記録は、その政治的な目的が強く感じられるものである。始皇帝は日本に長生不死の薬を求めたため、日本の要求を受け入れ、五帝三皇の遺書の全てを送ってきた。そして焚書坑儒という政策の実施により孔子の全経は日本だけに保存されることになった。また、「此事異朝ノ書ニノセタリ」という記述は、欧陽修の『日本刀歌』を指すと理解される。一一世紀に創作された『日本刀歌』は、当時頻繁に行われた両国の交流の中で、日本に伝えられてきた可能性が高い。『神皇正統記』の記録は、その可能性を裏付けている。

北畠親房は天皇の正統性を述べる著書に、孔子の全経が中国から日本に呈上されたと記録した。その目的は、日本の立場を優位に置こうとするものであろう。この記録を通して、北畠親房の政治的な意図がうかがえる。『神皇正統記』は、徐福が焚書坑儒以前の孔子の全書を日本に持ってきたことを初めて述べたものである。この記録は後世の日本人に徐福伝説を知らせる基盤になったと言える。

(2) 林羅山の『羅山林先生文集』

江戸初期の朱子学派の儒者林羅山(一五八三〜一六五七)の『羅山林先生文集』五六巻「本朝編年」の項目に、孝霊天皇の時期、秦の徐福が日本に渡来し、焚書坑儒以前の書物を携えて来日したという記録がある。その内容は次のように記されている。

孝靈七十有二年秦徐市來。

秦始皇二十八年東遊海上、遣方士徐福將童男女數千人入海、求蓬萊神仙不死藥、遂不得。徐福畏誅、不敢還、遂止此邦、子孫皆曰秦氏。

書法繫徐氏以秦何也、秦人也。曷為不稱使、非行人也。來者何也、來奔也。徐氏之來、以其私也、非秦王之命也。徐氏若不誑秦王、以神仙之事、而有泛海之舉、則當時之隱逸與桃花源等矣、惜哉!神仙之詐也。

發明秦政二十八年、徐福入海。三十四年、燒詩書、百家語。三十五年、坑諸生四百六十餘人。世傳徐福齎來經書皆孔氏之全書也、福之來日本、在燒書坑儒之前六七年矣。想科斗篆籒韋漆竹牒、時人知者鮮矣。其後世世兵燹、紛亂失墜、未聞其傳、嗚呼惜哉!讀書好古之人、於是乎、未嘗淚之不下也。(8) [林 一九一八b:二一三—二一四]

林羅山の記録の内容は、「徐福は秦の始皇帝の命で蓬萊（日本）にある神仙不死薬を探すことになった。しかし、不死薬を手に入れることができなかったため、始皇帝に殺されることを恐れ、戻らずにここに定住した。その子孫は秦氏である。また徐福は自分自身の私的な考えから、仙薬のことを巧みに利用して始皇帝をだました」というものである。この見解は司馬遷が『史記』に書いた所見と一致する。また、徐福が日本に渡来した時期は、焚書坑儒の六、七年前のことであり、徐福は孔子の全書を日本に持ってきたと指摘している。ただし、その内容は中国の古代文字で書かれているため、当時読める人は極めて少なかった。その後、戦乱が頻発し、貴重な孔子全書は行方不明となり、後世に伝わらなかった。文人である林羅山にとって、孔子全書の紛失は非常に残念なことであった。林羅山は中国の『日本刀歌』などの文献も読んだことだろう。また、当時の日本の状況を考え、孔子全書が存在していないとの推測を行った。こうした林羅山の記録は、江戸初期の知識人が徐福や孔子全書に注目していたということを示している。

（3）松下見林の『異称日本伝』

江戸前期の儒医・歴史家の松下見林（一六三七～一七〇四）は三〇余年を費やして、元禄元年（一六八八）に『異称日本伝』という歴史研究書を書き上げた。この史料は外国史料を用いて国史を研究したものである。序の始まりに、徐福のことを以下のように記載している。

粵若稽、大日本國者、神霊所扶。自開闢、神聖出、而崇尚其道、神明其位、拓土貽統、傑於百派千流朝宗之中。中華以為、禮義之国、質直有雅風。呉敗姫氏來奔、秦暴徐福逃入。至若、任那斯盧屈膝。魯侯赤帝之後、

莫不依歸。此豈得非神道文明、有仁民愛物之政哉。[9] 〔松下　一九〇一：一〕

松下見林は、徐福が日本に渡来した理由を「秦暴徐福逃入」と解釈していた。つまり、徐福は秦の暴政を逃れるため、日本に避難して来たとするものである。松下見林は徐福亡命説を唱える一人である。徐福の東渡に関して、『史記』には明確な記録がない。そのため、中国・韓国・日本の知識人に想像の余地を残したと言えよう。徐福移民説・徐福亡命説・徐福海外開発説などの論争は、二〇〇〇年の時を経た現在でも続けられている。

（4）新井白石の『同文通考』

江戸中期の儒学者・政治家の新井白石（一六五七～一七二五）は、徐福と徐福が持って来た逸書に対する関心を強めていた。彼の著書には徐福が多く登場する。『同文通考』は宝暦一〇年（一七六〇）に成立し、日本の文字を研究する書物である。第二巻の「神代文字」で、新井は焚書坑儒の政策が実施される以前に、徐福の日本渡来に伴って孔子の全書が伝えられたと主張している。さらに、徐福が住んでいたと言われている秦住という地名について考察を加えた。その記録は、以下のようである。

今熊野ノ近クニハダスト云處アリテ、文字ニハ秦住ト書クトナン。土人相傳ヘテ徐福ノ住ル舊地ナリト云フ。ソレヨリ七八里ヲ隔テ、徐福ガ祠アリ。其間所々ニ古墳アリテ、家臣ノ塚ナリト云。カヽル舊跡今ニ傳ハリ、且又秦ノ氏アレハ秦人ノ来リ住コトハ必定ナルヘシ。[10] 〔新井　一九〇六：四四二〕

新井白石によると、熊野（今の三重県熊野市）にはハダスという所があり、文字には「秦住」と書かれ、徐福の住み着いた場所と言われている。現在、その地名は波田須と書かれ、その伝説は、今でも地元で語り継がれている。また、七、八里を隔てる所に、徐福の祠がある。現代の距離単位に換算すると、約三〇キロメートル離れている。徐福の祠は、現在隣県の和歌山県新宮市阿須賀神社の別宮に祀られている。徐福に仕えた家臣の塚があるとも記録されている。現在、新宮市には徐福の塚と徐福の家臣と言われる七重臣の塚がある。新井の記録によると、徐福が日本に渡来したことは確かなこととされている。熊野地域は、徐福一行が住みついただけではなく、終焉の地ということになる。

このように、徐福東渡という歴史的事件は、中国と日本の知識人によって、伝説として発展してきた。また、歴史文献の記録から分かるように、徐福一行の渡海先は、東海の三神山という不明確な記述から、日本に渡来したという明確な記述になってきた。これらの記録は、日本全国の徐福伝説の歴史性や合理性の根拠を提示している。

2　逸書にまつわる「筆戦」

江戸時代に入ると、中国・韓国・日本などの東アジアにおいて、知識人の徐福伝説に対する関心は、欧陽修の『日本刀歌』の「逸書は今なお日本に存する」という点に向かっていった。当時、徐福一行が日本に渡来したことは、広く認められていた。また、秦の始皇帝が焚書坑儒という政策を行う以前に、徐福がこれらの貴重な書物を日本に運び出したとも考えられていた。これが史実であるかどうか、今に至ってもはっきり分からない。しかし、当時「逸書は日本に所蔵する」という考えが敷衍したのである。その代表的なものが、江戸時代に日本に派遣されてきた朝鮮通信使と日本の知識人が筆談で行った、「筆戦」である。それは徐福が持ってきた逸書に関するものであった。

今日の「筆談」は耳や口の不自由な人と会話をするときに使われる。だが、昔の東アジア諸国では、筆談は欠くことができない交流の方法であった。周知のように、漢字は古代中国で作られた文字である。数千年にわたる東アジアの文化交流によって、周囲の諸国家でも公的文字として用いられ、「漢字文化圏」が形成された。ただし、諸国家は固有の言語を持っており、音声による言葉だけでは互いに通じ合うことはできない。そこで、音声の代りに、文字や文章を紙などに書いて意思を伝え合う「筆談」という交流方式が生まれたのである。それは数千年間、続けられた。朝鮮通信使と日本の文人・学者との交流形式は、彼らの文集などの記録から、筆談で行われていたことが分かっている。

日本の天下統一を果たした豊臣秀吉は、大明帝国の征服を目指し、その途上にある朝鮮半島を侵略した。文禄・慶長の役（一五九二―一五九八）という戦役である。朝鮮は文禄・慶長の役で日本に拉致された捕虜の奪還を図った。そのため、一六〇七～一八一一年の約二〇〇年の間に、日本へ一二回の公式使節を派遣した。これらの公式使節が、江戸時代の朝鮮通信使である。室町時代と豊臣秀吉の時代にも、通信使の派遣がある。ただし、本書では、江戸時代に派遣された一二回の通信使を研究対象とする。

今までに残っている朝鮮通信使と日本文人との筆談文献には、徐福を話題として論争したものが多い。筆者が収集した筆談史料にも、朝鮮使者と日本知識人が中国北宋の詩人欧陽修の『日本刀歌』の「徐福行時書未焚、逸書百篇今尚存」という一句、つまり「日本には焚書坑儒以前の逸書を所蔵する」ことを話題にするものがある。他にも徐福が日本に伝えたという逸書について話し合っているものが多くある。例えば、日本の正徳元年（一七一一）に来日した第八回朝鮮通信使（正使は趙泰億・副使任守幹・従事官李邦彦）と江戸時代の儒者新井白石との間で交わされた徐福に関する筆談史料は、『江關筆談』[11]に収録されている。その内容は以下のようである。

通政大夫吏曹参議知製教趙泰億 輯

辛卯（正徳元年）十一月五日、在江戸時、白石源與君美（新井筑後守）來訪館所、敘寒暄訖。

平泉取紙筆書示曰：筆端自有舌、可以通辞、何必借譯。（平泉正使之號）
白石曰：敬諾。
南岡曰：貴邦先秦書籍獨全之説、曾於六一鏽刀之歌（歐陽永叔『日本刀歌』云：徐福行時書未焚、逸書百篇今尚存。令嚴不許傳中國、擧世無人識古文。先王大典藏夷貊、蒼波浩蕩無通津。『文忠公集』巻十五）見之矣、至今猶或有一二流傳耶？（南岡從事號）
白石曰：本邦出雲州、有大神廟、俗謂之大社。嘗聞神庫所藏竹簡漆書、盖古文尚書云。
青坪曰：其書想必以科斗書之、能有鮮之者。亦有謄傳之本耶。（青坪副使號）
白石曰：本邦之俗、深秘典籍、蓋尊尚之也、況似有神物呵護之者、亦可以恨耳。
平泉曰：或人傳、熊野山徐福廟、有科斗之書。古文厄于火而不傳云、此言信否？
白石曰：此俗人誣説。
青坪曰：有書不傳、與無同。果有此書、則當與天下共之。深藏神廟、意甚無謂。何不建白謄傳一本耶？（此下當有白石之荅）
白石又曰：尾張州熱田宮、諸君所経歴也。此宮中、亦有竹簡漆書二三策云。蓋科斗文字。
南岡曰：歸時可能得見否。
白石曰：神府之秘、不可獲観矣。
（後略）

筆談の中心的な内容に入る前に、正使趙泰億は紙に「筆の端に自ら口があり、お互いに通じることができ、翻訳者に頼る必要はない」と書いた。次に、従事官の李邦彦が北宋詩人欧陽修の『日本刀歌』の漢詩を取り上げ、「徐福が日本に行ったとき、焚書坑儒の政策が未だ実施されなかったので、焚書坑儒でなくなった貴重な〈尚書〉百篇は日本に伝えられた」と書いている。また、「現在の日本に、その貴重な書物の一つか二つが流伝せられていないだろうか」と尋ねた。この問題に対し、新井は「出雲大社の神庫には竹簡漆書が所蔵されている。おそらく古文尚書であろう」と答えた。

それから、副使の任守幹が「この史料の書体はきっと科斗文[12]であろう、謄写版などで伝えていたのか」と尋ねた。この問題に対して、新井は「貴重な史料を隠すことは日本の風俗で、それは史料に対する尊敬である。しかも、出雲大社に所蔵した古文尚書は、何か神様に守護されることがあるらしい、見せられなくて残念だ」と返事した。

その後、正使の趙泰億が「熊野山には徐福廟があると言われるが、科斗文で書かれた書物がある。しかし、これらの古文は火災に遭い、後世に伝えることができなかった。この話は信じるや否や」と聞いたが、新井は「これは俗人の嘘だ」と答えた。朝鮮使者にとっては何回ものやり取りによって、日本における徐福が伝えたと言われる逸書の状態がようやく分かるようになった。それは、逸書はあるが、神廟に隠され、見ることはできないという状態であった。

これに対して、副使の任守幹は「珍書が残っていたとしても、見ることができないのと、もともとないのと何か異なることがあるのか」と論争した。これは音声の代わりに、紙に書いた文字だが、朝鮮使者の失望と憤懣が文字を通して今でも読み取れる。資料の末尾の「この下に白石の答えがあるはず[13]」という付注から、三人の筆談資料の保存は完全ではなかったことが分かる。また、新井白石は一人で三人の朝鮮使者の質問に対応していたのである。資料の一部が欠けるため、筆談の全貌を把握できない。ただ、現存する資料だけでも、当時の緊張感に富む雰囲気が感じられる。

朝鮮通信使は文禄・慶長の役の失敗によって派遣された使者である。彼らは国書を手交する任務や日本の国情を偵察する目的など、政治上の使命を持っていた。もちろんそれだけではない。文人として学術や貴重な史料などに対する熱情は大いにあり、戦争があってもお互いに磨きあう気持ちは少しも冷めることはなかったであろう。特に、朝鮮半島は、従来中国大陸の先進文化を日本に伝える重要な経路である。朝鮮は文禄・慶長の役で負けたが、当時の知識人にとっては、ただ武力で負けたにすぎない。文化の面では、日本より先に中華文化に接触し、勉強している。彼らの筆談の記録には、朝鮮の文人が文化の面で勝とうとする様子が見られる。つまり、武力で負けても文化で勝つ理念である。

朝鮮通信使は派遣されていた約二〇〇年の間に、日本の儒者・文人たちと筆談唱和や詩文贈答などを行っている。その中で、徐福のことに言及することは珍しくなかった。筆者が収集した史料のうち、以下の五点の史料を整理した。

（1）日本側：臨済宗の僧侶三要元佶（一六〇七年）

朝鮮側：正使呂祐吉、副使慶暹、従事官丁好寛（第一回朝鮮通信使）

内容：

慶長十二丁未年五月辛亥（按するに、辛亥は廿日なり、信使この月十四日江戸を発し、この日駿府に着す）、登城、拝神君而退、三使又入正純宅、賜飲食而去。

是時、僧元佶（自注、號三要）、稱足利學校、三使聞其名寄書曰：「昔秦徐市載上古墳典來於此、想其書猶留到今、願一見之。且聞老師纂出『貞觀政要』、欲一閲之云云」。

佶報曰：「徐市所傳來經籍、藏在秘府、不許縱觀。政要纂抄草稿未成、故不能應來意云々」。

三使食於正純宅、時林忠（按するに、林民部卿法印道春、はしめ惺窩の門に入りし時、惺窩これに名つけて忠字子信ごいへり）、邂逅、筆語未半而相引。［林　一九一三：二六四］

（2）日本側：江戸期の儒者林羅山（一六五五年）[14]
朝鮮側：第六回朝鮮通信使（正使趙珩、副使俞瑒、従事官南龍翼。筆談者具体不詳）
内容：
逸書
朝鮮來貢使表請曰：仄聞徐福來日本時、齎先秦之書以往、故歐陽脩詠日本刀詩有云「徐福往時書未焚、逸書百篇今猶存」。想夫其科斗篆字之典謨訓誥、并諸經傳亦有之乎。使臣幸觀國光所望請者、許一窺其古書、何幸加旃、平生所念在茲。今表請以聞、不堪懇歎之至。
居諸　　　　　　　　　　　　箕子國聘禮使
日本國玄蕃寮下［林　一九一八a：四〇九］

（3）日本側：江戸期の儒者新井白石（一七一一年）
朝鮮側：正使趙泰億、副使任守幹、従事官李邦彦（第八回朝鮮通信使）
内容：前述

（4）日本側：江戸期の儒者雨森芳洲（一七一九年）
朝鮮側：製述官（書記官）申維翰（第九回朝鮮通信使）
内容：
青泉申維翰之入日本也。

問雨森東（案雨森姓、東名、日本對馬州書記）曰：「徐福入海、在秦皇燔書之前、故世傳、日本有古文真本。至今數千年、其書不出於天下者、何也」。

東曰：「歐陽子亦有所言、皆不近理。聖賢經傳、自是天地間至寶、神鬼之所不能秘。故『古文尚書』或出於魯壁、或見於舫頭。日本雖在海中、自有不得不出之理。日本人心好誇耀、若有先聖遺籍、獨藏於此、而可作千萬歳奇貨。則雖別立邦禁、當不能遏其轉賣、況初非設禁者乎」。〔李　一九九七ａ：四四〕

（5）日本側：江戸期の儒者・医者亀井南冥（一七六四年）

朝鮮側：副使書記元重擧（第一一回朝鮮通信使）

内容：

乾隆癸未、朝鮮書記元重擧、問倭儒亀井魯等、以古文六經徐市齎來否。

答曰：「僕亦見歐陽公『日本刀歌』、然本國無此事。且國俗好夸矜、与貴國通使久矣。假使國有禁、必無不洩之理。且國中今日尚不能真知六經之貴。如其知貴、當与天下萬國共之。如不知貴、何必秘之禁之也」。〔李　一九九七ｂ：四五〕

以上の筆談資料から、江戸時代に朝鮮通信使と日本の文人が、いかに徐福と徐福が持ち出した逸書に対し高い関心を持っていたかがうかがえる。このように日朝の文人の間では、文化の歴史の古さを争っていた。本書では、これを「文化争古」と略して称する。その戦いの中で、『日本刀歌』にある徐福と関連の一句は、その切り口として利用され、論争のテーマとなっていたのである。逸書にまつわる「筆戦」は、実は当時の両国の文化の古さに関する争いであった。つまり、江戸時代には、日本と朝鮮の知識人は、徐福らの渡海先に対する関心よりも、徐福が持っていた逸書へ注目を向けていたのである。

このような時代の情勢の中、当時東アジアのトップと認められていた中国では、数多くの留日学者が逸書の探索を行った。中国清朝の学者は朝鮮通信使と日本の文人の影響を受けていた。そのため、楊守敬・黎庶昌を代表する留日学者や駐日公使などは、積極的に日本が所蔵する古書を収集し、『日本訪書志』・『古逸叢書』などを編纂した。当時の東アジアでは、徐福が逸書を日本に持ってきたことは、一般的に認知されていた。また、朝鮮通信使らは日本の国学者・儒学者らに、日本で所蔵する逸書を閲覧させて欲しいという要望を何回も出している。逸書が日本に存在するという説は、徐福伝説から派生して、当時の東アジアで生じたものである。それは日朝の筆戦や駐日公使の日本での逸書の探索活動を導いた。このように、日本で逸書を探す風潮が引き起こされた。

おわりに

徐福が東渡して約一〇〇年後の西漢司馬遷の『史記』では、徐福一行東渡の事件は、「秦始皇本紀第六」・「封禅書」・「淮南衡山列伝」に分けられ、互に補い合い、その全貌が描き出された。しかし、『史記』に述べられている徐福が王となった「平原広沢」の所在は不明確であった。それゆえ、後世において『史記』の記述の基にしながら、さまざまな想像と推測がなされた。その結果、徐福一行の渡海先について、さまざまな説が浮かび上がった。

その後、千年が経った平安時代中期、中国五代後周の僧侶義楚の書いた『義楚六帖』に、日本真言宗の僧侶の寛輔の話が記録された。徐福一行が日本に渡来し、彼らの子孫が富士山周辺に居住していると書き留められている。日本の徐福渡来伝説は日本の修験者によって提唱されたと記している。それから約一〇〇年後、中国北宋の欧陽修が書いた『日本刀歌』では、徐福一行の渡海先を日本に特定した。さらに、秦の始皇帝が焚書坑儒の政策を行う以前の尚書百篇を日本に伝えたとも述べている。その後、欧陽修の『日本刀歌』に書かれた逸書をめぐり、中国・朝鮮・日本の知識人の間で、激しい論争が起った。

　朝鮮通信使と日本の文人との筆談には、徐福が持ってきた逸書という話題がよく出て来る。これは、日本と朝鮮との文化の歴史の古さを争うため、徐福を利用したと考えられる。朝鮮通信使は、『日本刀歌』の「逸書が日本に存する」ことを切り口として、逸書の有無を日本の筆談相手に尋ねた。それに対し、日本の文人らは、徐福が持ってきた尚書百篇は確かにあるが、秘蔵されて閲覧することができないと述べている。筆者は朝鮮通信使と日本の文人との間で交わされた五点の筆談資料を整理した。その記録を見ると、日本に秦の始皇帝の焚書坑儒以前の失われた尚書百篇がある可能性は極めて低い。また、東アジアにおける徐福伝説に対する関心は、徐福の渡航先から逸書の有無に移っていたことが分かる。

　徐福伝説やそこから派生した逸書に関して行われた江戸時代の論争は、徐福の渡来からすでに約二〇〇〇年を経過していた。徐福は中国人だが、日本と朝鮮の知識人の心にも影響を及ぼした。なぜなら、文化の検討は文化の共感に基づいているからである。東アジアにおける徐福に関する論争は、おそらく同根同源の東アジア諸国家にしか現れない現象であろう。日本に伝わる徐福伝説は、中日の間で頻繁に行われた交流の結果だと考えられる。また、日朝の知識人の論争によって、その内容は一層発展して多様化した。徐福伝説と徐福の持ってきた逸書にまつわる論争の背景には、東アジアにおける文化の歴史の古さへの争いがあった。

注

（1）馳道《ちどう》とは、中国秦・漢時代の皇帝専用の道路。秦の始皇帝が天下を統一してから、領土内の巡幸のために建設した道路である。

（2）［いき　一九八四：四二―四四］の現代語訳を参考にして筆者が加筆修正した。

(3) 〔福永　一九九〇：一九五―一九七〕、〔汪　一九九三：一一―一三〕。

(4) 原文は中国語で、筆者翻訳。

(5) 原文のまま引用したが、句読点は読みやすいように適宜、筆者が付した。

(6) 〔義楚　一九九〇〕の原文を参考し、読み下し文は筆者作成。

(7) 寛輔の入華とそれ以降の活動は、王麗萍〔二〇〇二〕の「入華僧寛輔に関する二三の史料」「寛輔関連略年表」を参考にした。

(8) 原文のまま引用したが、句読点は読みやすいように適宜、筆者が付した。

(9) 原文のまま引用したが、句読点は読みやすいように適宜、筆者が付した。

(10) 原文のまま引用したが、句読点は読みやすいように適宜、筆者が付した。

(11) 『江關筆談』は朝鮮通信使の正使趙泰億により整理しまとめられたものである。現存する版は早稲田大学図書館が所蔵する大槻文彦蔵「竹窓主人清崇」（大槻磐渓）の謄写本〔趙　一八一一〕と、国書刊行会が公刊した『新井白石全集』第四巻〔新井　一九〇六〕に収録された『江關筆談』などがある。本書の引用文は、早稲田大学の所蔵本によるものである。句読点は謄写本の朱点に基づき、筆者が付した。

(12) 科斗文は、中国古代の文字の書体である。「蝌蚪文」とも呼ぶ。

(13) 筆者は〔新井　一九〇六〕に収録された『江關筆談』と『明石藩朝鮮国信使接伴記録』下巻に収録された内容を比較したが、いずれも「此下當有白石之答」と書かれていなかった。すると、この文はおそらく大槻磐渓が謄写した際に、付注したものであろう。ここで、新井白石の副使任守幹の質問に対する返答は見られない。次の尾張州熱田宮の竹簡漆書の話題に移っている。したがって、「此下當有白石之答」は確かなことである。

(14) 一六五五年という年は、『通航一覧』〔林　一九一三：二八三〕の「明暦元年」を参考にした。

第二章　東アジアにおける徐福伝説の現在

はじめに

　徐福伝説は中国・韓国・日本の三国にまたがる伝説である。徐福は中国の人物であるが、徐福伝説は中国に限らず、同じ東アジアに属する日本と韓国にも分布している。それゆえ、国際的な視点で徐福伝説を検討することは非常に必要であるが、従来見落とされた点でもある。本章では、共通する徐福伝説を有する中国・韓国・日本において、徐福伝説にまつわる幾つかの点を取り上げ、東アジアにおける徐福伝説の現在を捉えてみたい。徐福伝説は国の壁を乗り越え、三国間で広く語り継がれている。その伝説の底にある力について考察を加えたい。

　近年中国・韓国・日本が集まる徐福の国際会議が開かれた。その場において、この三国で徐福伝説を世界非物質文化遺産に登録しようという提案が出された。「日本、中国、韓国の徐福関連団体などが協力して徐福文化の発展、および、世界遺産登録をめざし、その活動を推進することを目的[1]」として、二〇一六年四月一日に日本徐福協会が正式に発足した。また、それに先立ち、二〇一六年三月一九日に佐賀市徐福長寿館で開催された日本徐福協会総会において、今後三国の国名を表記する際は「中国・韓国・日本」の順に記すことが決まった。それは徐福東渡の行程（移動方向）を考慮したものである。その後、徐福研究家である逵志保は「こうした表記の統一が、三国の徐福関係者が徐福を中心に考える姿勢を示していることにも繫がる」［逵　二〇一七：九八］と指摘している。本書でも中・韓・日の表記順番を踏襲する。本章では、東アジアを代表する中国・韓国・日本の徐福伝説に着目し、国際的な視点で徐福伝説の現在を捉えてみる。

一　中国の徐福伝説

徐福伝説の源は中国である。徐福に関しては、従来の『史記』をはじめ、歴史書には詳細な記録がなかった。そのため、古くから知識人の関心を引き、さまざまな推測や憶測が行われた。徐福伝説は虚々実々であり、歴史と文学の間を漂うものとして、一般の間にも人気のある話題である。中国の東部沿海の地域では、徐福に関する多彩な物語が歴史と伝説を混在させて、残っている。中国では古い時代から徐福の話が物語・伝説として語り継がれてきた。だが、学問的な対象としては取り扱われなかった。近年、徐福研究が盛んになり、伝説の研究にとどまらず、歴史の研究も進むようになった。その結果、中国では徐福にまつわるさまざまな論争が行われている。

中国の徐福伝承地（図2―1）は、東部の渤海・黄海・東シナ海の沿岸に分布している。東海岸にまたがる伝承地の省名は、北から遼寧・河北・山東・江蘇・浙江となる。これらの伝承地は、徐福の故郷・徐福らの出港地・徐福らの集合地などに分けられる。本節では、中国における徐福の故郷と出港地という論争を取り上げ、これらの地域にある徐福伝説を検討する。また、近年徐福伝説に関連する物を建造する動きも踏まえて、中国の徐福研究組織、中国の徐福伝説の現在を解き明かしてみたい。

1　徐福故郷の論争

司馬遷の『史記』には、徐福は「斉人」であると記録されている。だが、この「斉」が統一以前の戦国時代の「斉国」なのか、統一以降に置く「斉郡」なのかについては不明である。一九八〇年代に徐福村の発見があった。それにより中国では徐福の出身地をめぐって論争が起きた。現在は主に二説ある。一つは江蘇省連雲港市贛楡県[2]金山鎮徐福村、もう一つは山東省黄県（今の龍口市）徐郷である。

一九八二年、中国で全国地名調査が行われた。その際に、江蘇省連雲港市贛楡県金山鎮の「徐阜《じょふ》村」という村がかつて「徐福村」と呼ばれていたことが明らかになった。後に、羅其湘・汪承恭は一九八四年四月一八日、中国『光明日報』の史学版で共著の「秦代東渡日本的徐福故址之発現和考証[3]」という論文を発表した。この論文には、「江蘇省連雲港市贛楡県徐阜村は徐福の故里」であると記されている。これ以降、中国では徐福は単なる伝説上の人物ではなく、歴史上に実在した人物として、本格に研究されるようになった。

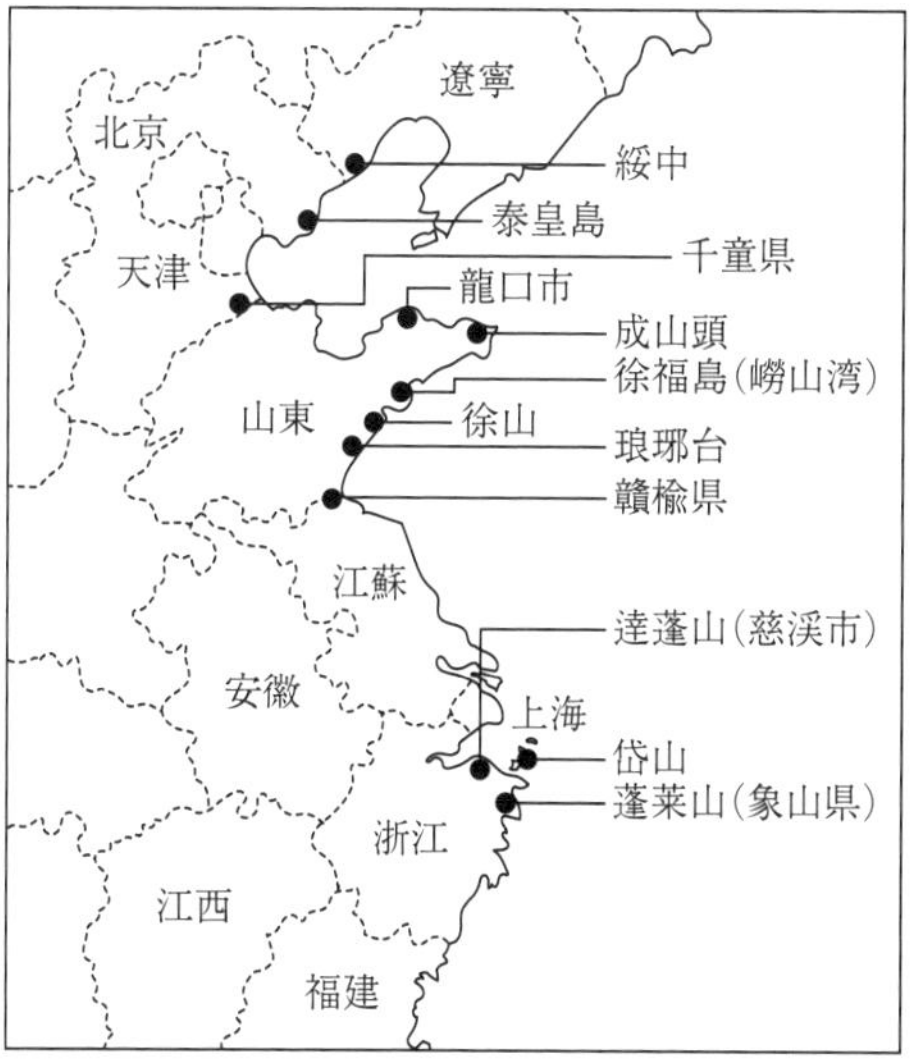

図 2-1　中国の徐福伝承地（筆者作成）

羅と汪両氏の論文は、中国の歴史家の関心を引いただけでなく、韓国・日本の専門家と研究者にも注目された。この論文が発表された翌日、朝日新聞北京特派員の横堀克己は「不老長寿の薬求めて来日した伝説の道士〈徐福〉は実在」という記事を社会面に掲載した（写真2―1）。

二〇一七年三月、筆者は連雲港市贛楡県を訪れた。ここで中国徐福会副会長と連雲港市徐福研究所の所長を務める張良群先生（徐福研究の専門家）をはじめ、連雲港市贛榆区党史地方史の陳博林副主任のご案内を頂いた。さらに、贛榆区図書館（徐福文化陳列館）の銭強館長のご協力で数多くの大切な史料を入手した。

徐福の故里と言われる贛榆県（区）金山鎮徐福村は贛榆区政府から約三〇キロ離れている。現在、村の入口にある村碑（写真２―２）は、一九八五年一二月一日に建立されたものである。趙樸初によって「徐福村」と揮毫された。石碑の裏には「金山郷徐福村、秦方士徐福之故里。徐福相傳我國最早東渡日本者、為中日通交建立偉績、特立斯碑、以誌紀念。贛榆縣人民政府　一九八五年六月[4]」という説明文がある。一九八二年、中国地名調査が行われ、徐福の故里と言われる「徐阜村」が発見された。その直後に研究者と専門家はシンポジウムを開き、このことについて充分な検討を行った。そうしたことを基にして、贛榆県は一九八五年に村碑の建立を始め、村名を正式に「徐福村」と変更（回復）した。

この説が主張された数年後（一九九〇年前後）、また別の説が唱えられた。それは徐福の故郷は山東省の黄県徐郷であるという説である。山東省徐福研究会と龍口市徐福研究会が主張したものである。「（山東省の）黄県、今の龍口市は、古莱国の地として、春秋時代、魯の襄公《じょうこう》二年（紀元前五七一）に斉に併合された。紀元前二二一年、秦の始皇帝

不老長寿の薬求めて来日した
伝説の道士「徐福」は実在
中国紙報道

写真 2-1　1984 年 4 月 19 日『朝日新聞』（『朝日新聞』データベースより、筆者加筆）

写真 2-2　徐福村村碑（2017 年 3 月 2 日撮影）

が中国を統一し、初めて黄県を置き、斉郡に属した」〔安　一九九一：一〕。『辞海』によると、黄県は「旧県名、山東省の東部にある……一九八六年に廃止され、龍口市と改称された」〔夏・陳　二〇〇九：九六七〕。さらに、以前黄県に属する徐郷は、現在徐福街道となったとされている。

徐福の故郷は黄県である説を主張する研究には、王大均の『徐福里籍是秦斉郡黄県徐郷』[5]、李永先の『黄県為徐福故里新証』[6]、山東徐福研究会と龍口市徐福研究会が編輯した『徐福研究』（一九九一）・『徐福研究（二）』（一九九三）などがある。黄県が徐福の故郷であるとする論点は三つにまとめられる。（1）「斉国」・「斉郡」・「斉地」のいずれも黄県（今の龍口市）を含む。（2）秦の始皇帝は五回にわたって東巡を行ったが、そのうちの三回は黄・腄（今の龍口市一帯）を訪れている。（3）龍口市は渤海に臨み、三神山（蜃気楼）に最も近い場所である。

徐郷の名の初見は、『漢書』「地理志」の「東萊郡」という項目である〔班　一九六四b：一五八五〕。地名としての記録は後漢の時代からあった。だが、徐福と関連を持つとされたのは、元代于欽の『齊乘』の記述からである。『齊乘』は、中国元代の齊の山川・風土・人物・古跡などの情報を記録した貴重な地方志である。その中に、「徐郷城、漢の県。蓋し徐福が求仙するを以って名と為す」[7]〔于　一九九〇：五八二〕との記載がある。徐福がここから求仙にいったという伝説は、今もなお地元の人々に語り継がれている。このような文献資料と民間伝承に基づき、徐郷が徐福の故里であるとされ、徐福らの出港地であるという説が主張されるようになった。

徐郷は元々斉国の士郷であった。秦の時代に徐福が仙人と仙薬を求めた故事に基づき、徐郷と名付けられた。当時、徐郷には徐福の故郷である説がすでに存在していた。徐郷は秦の時代に斉郡の黄県に属した。さらに、後漢初期に黄県から分離され、黄県と同級する徐郷県に昇格した[8]。徐郷県は一九九八年に徐福鎮と改称され、二〇一〇年に廃止された。その直後、徐福街道と名付けられ、街道の事務所はこの地域の行政を行う。二〇一七年三月、筆者は龍口市徐福研究会の秘書長を務める曲玉維氏のご案内を頂き、徐福街道を訪れた。

写真 2-3　徐福街道楼門（2017 年 3 月 10 日撮影）

写真 2-4　徐福小学で曲玉維氏（左）との記念写真
（2017 年 3 月 10 日撮影）

徐福街道周辺の大通りには、高さ約六メートル、横幅一二メートルの赤・青・黄の三色で塗り上げられた鳥居のような形をしている楼門（写真2―3）がある。楼門の扁額に「徐福街道歓迎您」[9]という七文字が鮮明に書かれている。周りには徐福の名を利用して命名された「徐福大酒店」・「徐福洗浴中心」・「徐福茶荘」・「徐福餃子館」・「徐福小学」（写真2―4）などの店舗や施設などが見られる。近年、龍口市は徐福の故郷として、徐福像や徐公祠や徐福園や登瀛門遺跡などを整備し、「徐福故里文化祭り」を開催している。

　このように、中国には徐福の故郷が二か所存在する。江蘇省連雲港市の徐福村と山東省龍口市の徐福街道である。どちらが真正の故郷かは今でも論争がなされているが、定論はないままである。歴史の真実を求めて、研究者たちは中国における徐福の故郷に関する研究を展開している。しかし、このような争論の根本には、徐福の故郷という説を支えるその土地と人々に深い関連がある。歴史の事実にかかわらず、この二か所の人々が徐福とその伝説に注いだ情熱は注目に値する。筆者は故郷とされる二つの地で、聞き取り調査と実地調査を行った。その調査から分かったことは、政府の支持を得て、従来伝説として存在している徐福とその物語が、地元の人々の生活に結びつき、地域文化のシンボルとして用いられていることである。徐福は古代から中国の有名人として扱われてきた。そうであるからこそ、このような特定の地域を超えて、複数の故郷を持つようになったのである。

2　徐福集団の出港地

徐福集団の出港地は中国東海岸に広く点在している（図2―1と図2―2）。これを北から南へ列記すると、遼寧省綏中《すいちゅう》県・河北省秦皇島市・河北省千童県（鎮）・山東省龍口市、成山頭、徐福島、徐山、琅琊台・江蘇省連雲港市・浙江省達蓬山、岱山（舟山群島）、蓬莱山となる。これらの地域は、徐福らの出港地と言われ、「入海」・「求仙」・「東渡」・「啓航」（発進）の地などとして地元に伝えられている。

徐福一行の出港地は、大きく二種類に分けられる。これは徐福の東渡が二つの航行ルートを持つことと深く関わっている。一つは、「山東半島の先端まで北上して、それから東に転じる」［池上　二〇〇七：一一二］という「北コース」である。この航路は、さらに二つの路線に分けられる。遼東半島を沿って迂回して東へ進むルートと、直接に黄海暖流に乗って東へ進むルートとの二つである。「北コース」は、いずれも、その出発点は戦国時代の斉国であり、到着点は朝鮮半島である。それから朝鮮半島を経由して対馬海流に乗って日本の北九州に到達する。

もう一つは、「かなりの危険を覚悟して、ダイレクトに東を目ざ」した［池上　二〇〇七：一一二］「南コース」である。五代十国時代の呉越国のあたりを出発点としている。つまり、中国浙江省の東海岸から出港して、東シナ海を直接渡って、日本に到達する。この航路も、「北コース」と同じように、二つの路線に分けられる。日本列島の西側にある対馬海流に乗って北九州を通過して北上するルートと、東側にある黒潮に乗って紀伊半島を通過して北上するルートとの二つである。このように、中国では徐福一行の出港地が東海岸に広く分布し、韓国の南の方には彼らが通過したという伝説と遺跡が数多く存在する。一方、日本における彼らの上陸地は北から南にかけて、対馬海流と黒潮の流れる地域に点在するのである。

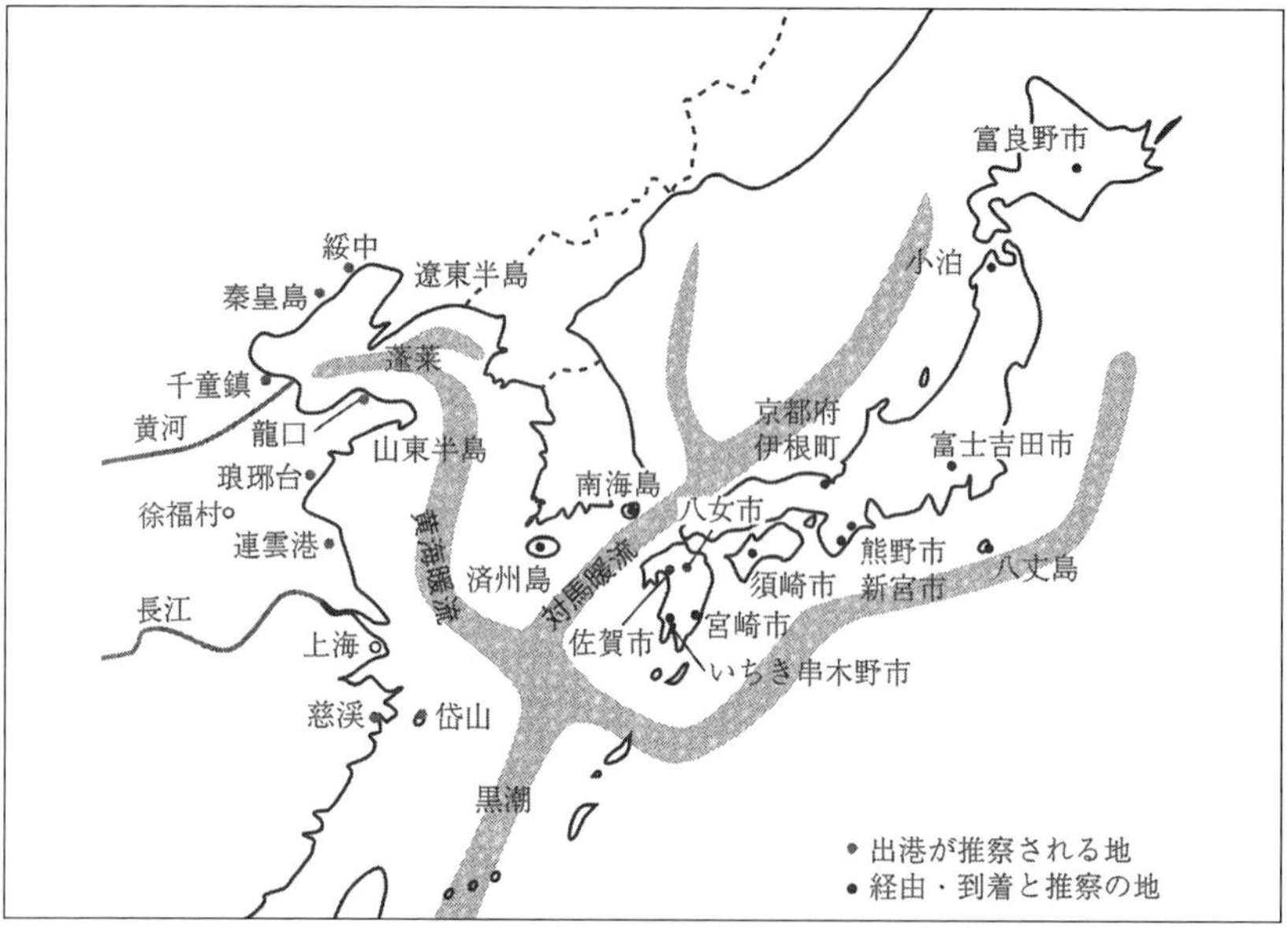

図 2-2　黒潮の流れと徐福ゆかりの場所（池上正治 2007『徐福』110 頁より）

次に、徐福集団の出港地と言われている中国の渤海・黄海・東シナ海の沿岸に分布している伝承地を取り上げる。各地域にある徐福伝説と関連する記録を整理し、中国における徐福集団の出航について考察する。

山東省青島市黄島区には、琅琊台という古代から有名な港がある。『史記』の記録によると、秦の始皇帝は三回この地を巡幸した。始皇二八年（紀元前二一九）、東方の郡県を巡る際に、「南登瑯邪、大樂之、留三月。乃徙黔首三萬戸瑯邪臺下、復十二歳。作瑯邪臺、立石刻、頌秦徳」〔司馬　一九六三a：二四四〕とされる。つまり、南にある山東省の瑯邪山に登り、大いにその風光を楽しんで三か月も逗留した。そこで、民三万戸を琅琊台の麓に移住させ、一二年間の賦税を免除して生活を楽にさせた。ここに琅琊台を作らせ、石を建てて銘を刻んで秦の徳を讃えた。さらに、徐福は琅琊台にて秦の始皇帝に東海の三神山に不老長寿の仙薬があるという書状を差し出した。一九九四年、この歴史記録に基づき、徐福が秦の始皇帝に上奏する場面を再現し、海抜一八三メートルの琅琊台の頂上に花崗岩の彫像一四基からなる彫像群（写真2―5）を建てた。

青島市黄島区膠《こう》州《しゅう》湾《わん》は黄海に面する半閉鎖湾である。古来より天然の良港として知られている。膠州湾の西にある徐山は、標高八七メートル、面積一平方キロメートルの小山である。この山の名は、ここが往古から徐福一行の啓航地であったとされることから名付けられた。また斉の長城の遺跡を有し、小山であるが国内外でも有名な観光地である。徐山の名の由来については、中国晋代（二六五～四二〇）の『三齊記』に記録されていたというが、ある時期に紛失してしまい、逸書となった。現在、徐山に関する記録は、その後に世に出た北宋楽史の『太平寰宇記』や元代于欽の『齊乘』、清代宋文錦の『膠州志』などの史料に書かれた引用文で確認するしかない。これらの地理書には、各地の有名な人物や山河などの情報が詳細に記録されている。現在の研究にも大いに参考になる史料である。

写真2-5　山東省青島市琅琊台の徐福上書彫像群（2017年9月25日撮影）1994年建立

北宋楽史の『太平寰宇記』第二四巻の「諸城県」という条には、『三齊記』にある徐山に関する記述が引用されている。「徐山。三齊記：〈始皇令術士徐福入海求不死薬於蓬萊方丈山、而福將童男童女二千人於此山集會而去、因曰徐山〉」〔楽　二〇〇七：四九四―四九五〕と述べている。つまり、徐山は方士徐福が童男童女二〇〇〇人を集めた場所である。また蓬萊山と方丈山にある不死薬を求めるために船出した場所でもある。このような故事から、この山を徐山と呼ぶようになった。徐山は徐福一行の出港の地として古くから知識人に知られていた。その歴史と伝説を地名という形で語り継いでいると言える。

二〇一七年九月、筆者は青島徐福研究所の王鐸所長のご案内を頂き、青島市琅琊台の徐福伝承地を訪れた。そして、日本徐福研究協会の伊藤健二氏・津越由康氏、徐福研究家の池上正治氏と一緒に、徐山の頂上に登った。徐山は

写真 2-6　中国徐福文化園（2017 年 2 月 26 日撮影）

写真 2-7　徐福東渡の摩崖石刻（2017 年 2 月 26 日撮影）

高い山ではないが、地元に伝えられているように、風水が非常に良い所である。近くに膠州湾という港口がある。避風条件および水深などの利点があり、船舶の停泊条件も良好である。それゆえ、集合地および出発地に選ばれたという。

　青島市の東部には、嶗山湾という山を背にして海に臨む海湾がある。嶗山湾には数多くの小島が散らばっている。その中に面積〇・五平方キロメートルの小さな徐福島がある。この地の言い伝えでは、徐福はここで木を切って船を造ったとされる。また、徐福島の名は徐福がここで求仙活動を行ったことに由来するという。徐福島の北部には登瀛村がある。二〇一七年九月、筆者は登瀛村で実地調査を行った。村の入り口に建てられている村碑や案内人の話は次のようなものであった。ここは徐福が数千人の童男童女を集め、船に乗って（登って）瀛州に東渡した場所であると言われている。そのことから、一九三四年に村名を登瀛村とした。さらに、一九六〇年にこの村は「前登瀛村」と「後登瀛村」という二つの村に分けられた。北に位置する村を「後登瀛村」、南に位置する村を「前登瀛村」と名付けた。

　浙江省寧波市慈渓市三北鎮には、標高四二一メートルの達蓬山《たつほうざん》がある。中国南宋時代の宝慶三年（一二二七）に編纂された浙江省寧波市（旧慶元府、四明とも呼ぶ）の地方志である『宝慶四明志』には、「香山舊名大蓬山、又名達蓬山。縣東北三十五里（中略）或云上多香草、故以為名。又云秦始皇至此、欲自此入蓬山、故號達蓬[10]」［胡・方・羅　一九九〇：五二〇七］と書かれている。さらに、古老の言い伝えによれば、達蓬山は二二〇〇年前に徐福一行が出航した場所である。無事、蓬萊山到達に成功した啓航地（出港地）だと言われている。ここから船出した徐福たちは、仙人が住んでいる三神山の一つである蓬萊山に到着した。そのため、この地の地名は「達蓬山」と名付けられたという。二〇〇六年に、中国徐福文化園（写真2―6）が開園した。達蓬山の徐福遺跡などを中心に周辺が整備されている。

中国徐福文化園で、最も古い建物は中国唐の天寶元年（七一八）の秋に建てられた秦渡庵《しんとあん》である。秦渡庵は元々「東渡庵」と呼ばれていた。徐福の子孫が先祖の東渡を記念するために建てられたものと言われている。秦渡庵の近くには崖があり、その上に徐福東渡の摩崖石刻《まがいせっこく》（写真2―7）が刻まれている。摩崖石刻とは切り立った崖に刻まれた彫刻のことである。この石刻は、高さ一・二メートル、横に三・五メートルで、中国宋・元代に出来上がった。刻まれた絵は「神様が鹿に逆乗りする」、「人と馬が金の橋を歩く」、「鯉が竜門を飛び越える」などの場面からなる。風雨の浸食によって、石刻の一部は不明瞭になったが、人物・波濤・船舶・神獣などの模様はぼんやりと見える。この石刻には徐福が東に渡る様子が生き生きと描かれている。

秦渡庵と摩崖（天然石と懸崖など）石刻は、今まで中国で発見された、徐福の出港地に建てられた唯一の歴史遺跡である[11]［羅　一九九五：一七］。秦渡庵は唐代に建造された建物である。そのため、老朽化などによる破壊・再建が繰り返されてきた。この庵には、元々数人の僧尼がいた。彼女たちは徐福東渡の故事を詳細に伝えることができた。一九世紀四〇年代、日本の軍隊は達蓬山に登って秦渡庵を破壊した[12]［盛ほか　二〇一四：二二一―二二三］。現在、達蓬山の山腹にある秦渡庵（写真2―8）は、中国徐福文化園を整備した際に、再建されたものである。一九九五年に慈渓市徐福文化交流団は日本を訪問した。その際に日本の元首相羽田孜氏から「秦渡庵」の庵名の揮毫（写真2―9）を賜っ

写真 2-8　達蓬山の「秦渡庵」(2017 年 2 月 26 日 撮影)
2006 年建立　日本前首相羽田孜氏の題字

写真 2-9　羽田孜氏揮毫の秦渡庵石碑（2017 年 2 月 26 日撮影）

た。後に、羽田孜氏が題字した秦渡庵の石碑は、その旧跡に建立された。

このように、中国では徐福の出港地は幅広く分布している。同時にそれらの地域では、さまざまな形式と方法で往古からの徐福伝説を語り継いでいるのである。近年、徐福研究はブームを迎えている。そのため、徐福一行の出港地にまつわる論争も盛んに行われるようになった。各出港地では徐福の出航に関する遺跡の発掘・再建などの活動を行い、新しい建物も数多く造られた。徐福一行東渡の航行ルートは、山東半島から朝鮮半島を経由して対馬海流に乗って日本に到着する路線と、浙江省寧波市付近から出港して直接に東シナ海を越えて日本に到着する路線の二種類が存在している。この南北の二つの渡海ルートは、中国の東部沿海地域に伝わる徐福伝説や関連する遺跡や文献記録などから導かれたものである。船団は膨大な人数にのぼった。そのことが、出港地を一か所に集中できなかった原因だと考えられる。『史記』によれば、徐福の出航は紀元前二一九年と紀元前二〇九年の二回である。一〇年の時間差がある二回の船出を考えると、航行ルートは北コースだけでなく、南コースもあると考えられる。近年、数多くの研究者がこうした説を提唱するようになった[13]。

3　関連事物の建造

近年、中国の徐福伝承地では、徐福像をはじめ、徐福祠や徐福公園などの建造物が建てられている。また、徐福に関連する地域性に富んだ活動も行われている。このように、各地ではそれぞれの考えに基づいて、さまざまな形式で徐福伝説を語り継ぎ、徐福に関連する事物を建立している。

次に、北から南へ順に、徐福に関連する建造物を取り上げ、中国の徐福記念物一覧表（表2—1）にまとめた。それを手がかりにして、徐福伝説を基に発展してきた各地の徐福顕彰を考察する。

表2—1に示したように、中国における徐福に関する記念物の建立は、一九九〇年代に入ってから盛んになった。これは中国の徐福研究がブームになった時期と重なっている。中国では、江蘇省連雲港市贛榆県金山鎮徐福村の発見に伴い、徐福伝説の伝承地は徐福研究と地元の徐福に関する文化の発掘に力を尽くしていた。この時期は中日友好の時期であり、中日両国を結び付ける徐福とその伝説は、地域文化と地域交流の面で注目された。徐福関連事物の建造の目的の一つには、徐福とその事績を顕彰するという目的がある。中国の徐福関連事物の建造の流れに合わせて、韓国と日本の各伝承地でも積極的に徐福像などの建立が始まった。

4　中国の徐福研究組織

徐福村の発見以降、地元の徐福伝説の発掘や、研究の目的で多くの徐福研究組織が作られた。これには地方政府の支援もなされた。江蘇省贛榆県徐福研究会は一九八四年に設立され、翌年に江蘇省連雲港徐福研究会と改称した。それ以降、中国では二二の研究組織が設立された。その概況は表2—2の通りである。

表 2-1　中国の徐福記念物一覧表

	名称など	所在地	
1	「徐福出航碑」	遼寧省綏中県	写真 2 － 10
2	「徐福像」	河北省秦皇島市	写真 2 － 11
3	「千童祠」	河北省塩山県千童鎮	写真 2 － 12
4	「離別図」	千童鎮	写真 2 － 13
5	「望親台」	千童鎮	写真 2 － 14
6	徐公祠	山東省龍口市	写真 2 － 15
7	「秦方士徐福故里」石碑	山東省龍口市 徐公祠内	写真 2 － 16
8	徐福石像	山東省龍口市 徐福苑	写真 2 － 17
9	「徐福と童男童女像」	山東省龍口市 徐公祠内	写真 2 － 18
10	徐福東渡啓航地の石碑	琅琊港	写真 2 － 19
11	徐福石像	琅琊台風景区徐福街広場 *	写真 2 － 20
12	江蘇省連雲港市金山鎮徐福祠	金山鎮徐福村北	写真 2 － 21
13	徐福故里石碑	徐福祠前の広場	写真 2 － 22
14	「徐福石立像」	徐福広場	写真 2 － 23
15	「日中友好始祖徐福」	徐福広場	写真 2 － 24
16	金山鎮徐福廟	徐福広場	写真 2 － 25
17	石碑	徐福廟の碑廊	写真 2 － 26
18	「徐福聖蹟図」	徐福廟	写真 2 － 27
19	「徐福――韓中親善の先駆者」石碑	徐福広場	写真 2 － 28
20	「徐福木造坐像」	徐福廟	写真 2 － 29
21	「徐福像」	浙江省慈渓市達蓬山	写真 2 － 30
22	徐福東渡成功啓航地石碑	達蓬山	写真 2 － 31
23	祈福閣	達蓬山頂上	写真 2 － 32
24	「秦の始皇帝と徐福」彫刻群	達蓬山	写真 2 － 33
25	「童男童女」彫刻群	達蓬山	写真 2 － 34
26	「徐福記念館」	慈渓市三北鎮	写真 2 － 35
27	「徐福像」	浙江省岱山徐福広場	写真 2 － 36
28	「徐福像」	浙江省象山蓬萊閣	写真 2 － 37

注：筆者が収集した資料に基づいて作成した。写真については、筆者の実地調査で撮影したものである。また、日本の徐福研究家の池上正治氏にご提供して頂いたものもある。記念物の建造年や面積などの情報は、張良群［二〇一六］の『当代中日韓徐福文化交流図志』と万松浦書院編［二〇一五］の『徐福辞典』などの資料を参考にした。

*元山東省膠南市に属したが、2012 年に膠南市は新制の青島市黄島区に区画された。

表2-2　中国の徐福研究組織一覧表

研究組織	成立年	初代会長	現役会長	秘書長
中国徐福会	1993年10月20日	李連慶	張雲方	張美栄 （副会長）
中国国際徐福文化交流協会	1993年9月19日	馬　儀	張　煒	曲玉維
山東省徐福研究会	1992年4月20日	苗楓林		李永先
山東省龍口市徐福研究会	1991年4月24日	孫祚正	初元民	曲玉維
山東省胶南琅琊暨徐福研究会	1992年11月23日	潘盛国	鐘安利	徐忠強
山東省平度市徐福研究会	2003年5月	李志明	李志明	王建平
山東省黄島徐福研究会	1995年10月	蔡可卿	郝継明	
河北省徐福千童会	1996年10月20日	李文珊	李文珊	鄭一民
河北省塩山県千童徐福会	1989年7月20日	張連栄	胡麗萍	範洪勝
河北省秦皇島碣石暨徐福研究会	1995年10月	李書和	王广新	李　瓊
江蘇省贛楡県徐福研究会	1984年9月14日	徐増倹		
江蘇省連雲港徐福研究会	1985年7月	周克成	邵長亮	王　淙
連雲港市徐福研究所	2006年6月5日	張良群	張良群	
江蘇省蘇州市徐福研究会	1995年10月31日	管　正	唐元生	陳昆萍
浙江省慈溪市徐福研究会	1995年11月28日	柴利能	畢徳祥	
浙江省慈溪市三北鎮徐福研究会	1994年11月	王新高	宋祝明	呉章裕
浙江省慈溪市龍山鎮徐福研究会	1994年10月12日	楊騰飛		章明岳
浙江省慈溪市範市鎮徐福研究会	1996年1月6日	方韻鑫	楽勝利	
浙江省岱山県徐福研究会	1993年10月14日	戴秀開	潘海涌	金昌専
浙江省象山県徐福研究会	2007年11月17日	洪賢興	黄敏求	盛鑫夫 （副会長）
江西省臨川市徐福研究小組	2005年8月	徐恒堂	徐恒堂	
香港徐福協会	1992年5月	席正林	李子文	
（台湾）世界徐氏宗親総会	1986年3月23日	徐慶鐘	徐　福	徐鴻進 （理事長）

注:2019年4月に中国徐福研究家の張良群氏と曲玉維氏に提供した資料を参考として作成した。江蘇省連雲港市贛楡区図書館の銭強館長、浙江省慈溪市徐福研究会の畢徳祥会長などの関係者の確認と修正を頂いた。

写真 2-11　河北省秦皇島市「徐福像」（池上正治氏提供）1992 年前後

写真 2-14　千童鎮「望親台」（池上正治氏提供）1992 年

写真 2-10　遼寧省綏中県「徐福出航碑」（池上正治氏提供）1993 年前後

写真 2-12　河北省塩山県千童鎮「千童祠」(池上正治氏提供)1997 年 5 月落成式

写真 2-13　千童鎮「離別図」（池上正治氏提供）1994 年前後

写真 2-16 「秦方士徐福故里」石碑（2017 年 3 月 10 日撮影）周谷城の題字、漢白玉の石碑、1998 年落成

写真 2-15　山東省龍口市徐公祠（2017 年 3 月 10 日撮影）1998 年落成

写真 2-18 「徐福と童男童女像」（2017 年 3 月 10 日撮影）1997 年に天津「泥人張」に造られた彩塑の泥人形。天津泥人張とは天津にある張式泥人形を指す。天津泥人張の彩塑は、清代の道光年間に創始され、今まで 180 年の歴史がある。

写真 2-17　徐福石像（2017 年 3 月 10 日撮影）龍口市図書館の前にある徐福園には、同じ石像がある。徐福園の石像は 2005 年、徐福苑のものは 2016 年に建立された。像高 3m、台座 1.35m。

写真 2-19　琅琊港にある徐福東渡啓航地の石碑（2017 年 9 月 25 日撮影）

写真 2-20　琅琊台風景区徐福街広場の徐福石像（張良群氏提供）2002 年建立、像高 5.8m。

写真 2-21　江蘇省連雲港市金山鎮徐福祠（2017 年 3 月 2 日撮影）1988 年落成　金山鎮徐福村北の徐福廟の元の場所に再建。徐福廟は漢の時代に建てられた。

写真 2-22　徐福祠前の広場にある徐福故里石碑（2017 年 3 月 2 日撮影）1992 年建立　全国人大副委員長彭沖の題字

写真 2-23　徐福広場の「徐福石立像」(2017 年 3 月 2 日 撮影) 1990 年建立、像高 8.5m、台座 3.5m。

写真 2-24 「日中友好始祖徐福」（2017 年 3 月 2 日 撮影）2002 年日本前首相羽田孜揮毫、2007 年建立

写真 2-25　金山鎮徐福廟（2017 年 3 月 2 日撮影）
2007 年落成　敷地面積 2.4 万㎡、建築面積 4000 ㎡。
第 1 期工程の投資 700 万円以上。

写真 2-26　徐福廟の碑廊にある石碑（2017 年 3 月 2 日撮影）2005 年神奈川県日中友好協会三田満・河野通広揮毫

写真 2-27　徐福廟の「徐福聖蹟図」の浮彫（2017 年 3 月 2 日撮影）2007 年建立

写真 2-28 「徐福――韓中親善の先駆者」石碑（2017 年 3 月 2 日撮影）
2010 年韓中親善協会寄贈

写真 2-29　徐福廟の「徐福木造坐像」（2017 年 3 月 2 日撮影）2007 年建立

写真 2-33　達蓬山の「秦の始皇帝と徐福」彫刻群（2017 年 2 月 26 日 撮影）2006 年建立

写真 2-34　達蓬山の「童男童女」彫刻群（2017 年 2 月 26 日撮影）2006 年建立

写真 2-35　慈渓市三北鎮「徐福記念館」（池上正治氏提供）2000 年開館　日本人の田島孝子と須田育邦が 1000 万円を投資して建造した。敷地面積 1300 ㎡以上、建築面積 342 ㎡。

写真 2-30　浙江省慈渓市達蓬山「徐福像」（2017 年 2 月 26 日 撮影）2007 年建立

写真 2-31　達蓬山徐福東渡成功啓航地の石碑（2017 年 2 月 26 日 撮影）2006 年建立

写真 2-32　達蓬山頂上の祈福閣（2017 年 2 月 26 日撮影）2006 年建立

写真 2-37　浙江省象山蓬萊閣の「徐福像」（張良群氏提供）2010 年建立

写真 2-36　浙江省岱山徐福広場の「徐福像」（池上正治氏提供）像高 10m、2003 年建立

以上のように、中国の徐福伝説は、悠久の歴史を有する。また、この伝説は東部の沿海地域を中心に広く分布している。中国の徐福伝説の研究と関連する記念物の建立は、一九世紀八〇年代に入ってから盛んになった。江蘇省連雲港市徐福村の発見に伴い、中国では徐福研究がブームとなった。各地で往古から語り継がれている徐福伝説を整理し、古くからの遺跡などを再建した。さらに新たな記念物も建立された。徐福公園や徐福祠や徐福廟などが徐福伝承地で相次いで造られた。それらは地元の徐福伝説をモチーフとして整備されたものである。各地の徐福研究会は百万円以上の莫大なお金をかけて、積極的に徐福の記念物を建立している。中国各地の徐福研究会は、一般的には行政の文化局や宣伝文化部などに所属している。これらの部門にいる公務員は、研究会の会員であり、徐福に関する研究やシンポジウムなどの活動を行っている。

二　韓国の徐福伝説

徐福伝説における中国・韓国・日本の役割を見ると、中国は徐福一行の出港地、韓国は通過地、日本は目的地ということになっている。こうした考えは、近年徐福伝説の研究が進み、三国の研究者の間では、広く認められる考えになってきた。韓国における徐福伝説は、中国・日本と同様に、多くの地域に伝わっている。済州島《チェジュド》の正房瀑布《チョウバンポッポ》の岸壁には「徐市過此」（徐福がここを経過した）という刻字があり、慶尚南道南海《キョンサンナムドナムヘ》郡錦山《クムサン》には「徐市起礼日出」（徐福がここに立ち朝日を拝んだ）の刻字が残る。また、慶尚南道巨済島《コジェド》には「徐市過此」と刻まれているものがある。さらに全羅南道《チョルラナムド》などの地域にもさまざまな徐福伝承がある。このように、秦の始皇帝の臣下である徐福が不老長寿の仙薬を求め、中国から船出して韓国を通過したという伝承は韓国の幅広い地域に伝えられている。

ただし、韓国の徐福に関する伝承に共通しているのは「通過」という点である。つまり、韓国は徐福が仙薬探しのために中国から日本に渡る、通過点としての位置づけである。本節では韓国全土の徐福伝説ではなく、済州島の徐福伝説を対象として考察を深める。ここでは済州島の徐福伝承と関連遺跡などを踏まえ、徐福一行が上陸してから離れるまでの移動ルートを探ってみる。徐福公園などの事物は古くからの伝承に基づいて建立されている。これらの建立の背景について、現代の社会情勢などを含めて考察し、徐福伝説の現況を捉えてみよう。

1　徐福一行の移動ルート

済州島に伝わる徐福伝説では、徐福一行が韓国に上陸した場所、通過した地域、最後に日本へ向かって出発した場所などが語られている。それによると徐福一行は「朝天浦《チョチャンポ》に上陸」、「漢拏山《ハルラサン》で仙薬探し」、「正房瀑布で刻字」、「西帰浦《ソギポ》から出発」というルートで移動したという[14]。

済州島は韓国本土南岸から約一〇〇キロメートルに離れた火山島である。韓国最大の島で、約二〇〇〇平方キロの面積がある。朝天浦という港は島の北側にある。伝説はこう伝えている。徐福らが苦労して長い航海をし、ある朝ようやくこの港に到着した。万里の波濤を乗り越え、朝日が上がるのを見た徐福は、無事にこの海岸に辿り着いたことに謝意を表し、「海岸にある岩のもとで、朝日に向かって、祭祀をとり行いました。ともかく瀛州かと思われる場所に上陸できたことを天に感謝し、その岩に〈朝天〉という大きな二つの文字を刻みこんだ」〔洪 二〇〇三：一三二〕。朝天浦の名は徐福が海辺の岩壁に「朝天」という文字を刻み入れたことに由来するという。このようにこの地名は徐福の漂着にちなんだ名である。また、「朝天」は「朝の天」と「天に朝《むか》って」という二つの解釈がある。この二つの解釈はいずれも地元に伝わる徐福伝説に合致する。

朝天浦から上陸した徐福一行は、不老長寿の霊薬を探すために、済州島の中心にある標高一九五〇メートルの漢拏山へと進んでいった。漢拏山は韓国の最高峰である。火山であるが多種多様な薬草が生えていることで有名である。伝説では、徐福は漢拏山で自生しているシロミ（岩高蘭）とヒジリダケ（芝草）を探し当てたと言われている。これらの薬草にはいずれも不老草の別名があり、現在では抗ガン作用や食欲増進作用などの薬効を持つことが確認されている。仙薬を手に入れた徐福一行は、済州島の西帰浦で十分な休養をとった。この後には中国に帰らなければならない。徐福らは西帰浦を離れ去るとき、海に面した崖にある正房瀑布（写真2―38）に感動し、その岩壁に「徐市過之」（「徐福過此」と同義）（写真2―39）という四つの文字を刻み込んだ。西帰浦は「昔から、〈徐市一行が帰った浦〉または〈徐市一行が西方へ帰った浦〉として付けられた名だと伝えられている」〔洪 一九九六：一二五〕。このように、西帰浦は徐

写真 2-38　正房瀑布（伊藤健二氏提供）

写真 2-39「徐市過之」石刻模造（逵志保氏提供）

福にちなんだ地名である。この正房瀑布は落差二三メートル、幅八メートルである。直接海に落下する滝としてはアジア最大の海岸瀑布である。

徐福が刻んだと言われる「徐市過之」という四文字は、秦の始皇帝が統一した標準書体の小篆《しょうてん》ではなく、その以前に斉国に一般的に使用されていた大篆《だいてん》である。この書体は籀文《ちゅうぶん》とも呼ばれている。韓国では、このような徐福に関連する籀文の石刻は、済州島の正房瀑布の他、慶尚南道の南海島の錦山にも残されている。さらに、慶尚南道の巨済島の海金剛・慶尚南道の統営の小毎勿島にもこのような石刻があったと言われている。[15]

正房瀑布の刻字は海岸に位置していた。そのため、海風の浸蝕によって、岩石が風化して脱落し、刻字はすでにない。韓国徐福研究家である洪淳晩は正房瀑布の刻字について、子供のころからよく聞かされてきたと話す。一九五〇年代にその刻字を見たと証言する人もいた［洪　二〇〇三：一三五］。現在、正房瀑布の岩壁にある石刻は金《キム》正喜《ジョンヒ》が作った拓本によって複製されたものである。金正喜（一七八六～一八五六）は「朝鮮王朝後期の実学者・金石学者・書芸家。字は元春、号は秋史、阮堂。（中略）晩年、前後一二年の流配（済州島に八年）にあった」［伊藤ほか　二〇一四：九七］。その拓本は、済州島に流刑に処されたときに摺り取ったという。明治末期に日本人の塚原熹が執筆した「済州島に於ける秦の徐福の遺蹟考」には、徐福の刻字として知られた「徐市過之」を金正喜が拓本を取っていたと記載されている。さらにその拓本を大韓帝国末期の書道家の夢人丁鶴喬が考証したとの記録もある。その拓本の横幅は「縮写一尺九寸強」で、縦幅は「韓尺約一尺一分弱」である［塚原　一九一〇：四〇―四一］とされる。その大きさを現在の単位に換算すると、横幅は約五一センチメートル、縦幅は約二七センチメートルである。金正喜が作った拓本は、その後多くの紆余曲折を経てきた。だが、それは正房瀑布の「徐市過之」の文字の実在を裏付けるものとなっている。

一方、慶尚南道の南海郡尚州面《サンジュミョン》良阿里《ヤンアリ》の錦山にも徐福の題名刻字がある。この刻字の横幅は約一〇〇センチメートル、縦幅は約五〇センチメートルである［張　二〇一二：四四］。錦山は閑麗海上国立公園に属している。「南海金剛」とも呼ばれ、標高六八一メートルの山である。錦山の山腹の岩に刻まれている岩刻文字は「徐市起礼日出」（徐福はここで朝日を拝んだ）と解読されている。この刻字は風を近寄せない山中にあり、「近所の村ともかなり離れ、人家の見えないところに位置している」［許　二〇〇五：八二］。このように正房瀑布の海岸環境とは異なり、「錦山の刻石は山の中腹の一年中に乾燥した南向きの、海湾を眺めるところにあり、それゆえ保存された」[16]［曲　二〇〇七：一二六］のである。

伝説では、徐福一行は西帰浦の正房瀑布の絶壁に刻字をしてからこの地を去ったとされている。その後の行方については二説ある。一つは、西にある母国の中国に帰ったという説。もう一つは、東へ向かって日本に渡ったとする説である。韓国の徐福伝説に関する研究者の間では、この二説のどちらが正しいのかについて、現在論争が起きている。その中で、日本に渡航したという説の方は、中国・韓国・日本にある徐福伝承地の人々や多くの研究者から支持を受けている[17]。このルートは、韓国の徐福伝説を説明しているだけでなく、日本の幅広い地域にある徐福伝承の妥当性も証明している。

では、済州島と日本の地理的な位置を考慮すると、日本への渡海は「西帰」ではなく、正に逆の「東渡」そのものである。では、「西帰」とは何を意味しているのだろうか。韓国の徐福研究家である洪淳晩は、もし当時徐福が西に帰ると言わなければ、「ストライキが始まった」［洪　二〇〇三：一三三］可能性が高いと述べている。しかし、実際には船団は西にある中国に帰らずに、東にある日本へと引き続き航行した。

最後に済州島にある徐福伝説のルートとストーリーをまとめると次のようになる。北東にある朝天浦から上陸し、漢拏山を登って仙薬を探した。次に南西にある西帰浦の正房瀑布にて刻字をして、ここから再び船出して日本への旅を始めたということになる。

2　徐福記念公園の建造

伝説によると、徐福は三神山の一つと言われる瀛州山（漢拏山）に登り、シロミなどの薬草を見つけた。さらに、正房瀑布の岩壁に「徐市過之」の文字を刻み残した。このような民間説話に基づき、済州島では徐福伝説とそれに関連する遺跡などが観光資源として開発された。西帰浦市は、地元の徐福伝説を活用し、さまざまな徐福を記念する活動を行っている。また徐福伝説に関わる建物も多く建てられた。その代表的な建造物が西帰浦に位置する徐福公園である。

徐福公園は秦の時代に不老草を探すために済州島に来たと言われている徐福とその伝説を記念するために造られた公園である。二〇〇二年に済州島西帰浦の正房瀑布の西側で建造が始まった。翌年、建築面積一五〇〇平方メートルの徐福展示館（写真2―40）が落成し、九月二六日に開館式が行われた。徐福展示館の建物は中華風に設計され、素朴であるが中国の古代建築の趣がある。石碑には『史記』の「秦始皇本紀」・「淮南衡山列伝」に記録された徐福に関連する内容が、漢字で刻まれている。これらの石碑は館内の重要な展示物であり、徐福伝説の起源が書かれている。また、徐福の故里と言われている連雲港市と龍口市で出版された図書や論文なども館内で展示されている。さらに、館内では『済州島徐福伝説――西帰浦の由来』というアニメが中国語・韓国語・日本語・英語という四か国語で上映されている。

徐福公園の入口には古風な中国式の鳥居の形をしている楼門がある。楼門の扁額には「徐福公園」（写真2―41）の四文字が刻まれ、裏には「徐市過之」の籀文のレプリカがある。徐福公園の建設により、中国の徐福伝説ゆかりの地との友好交流が深まった。そして、これらは中韓の外交の面にも役に立っている。

韓国の徐福公園が中国で広く知られるようになったのは、当時の温家宝総理（首相）が「徐福公園」の題字を書

写真 2-40　徐福展示館（伊藤健二氏提供）

写真 2-41　徐福公園（逵志保氏提供）

写真 2-42　徐福公園の泰山石石刻（曲玉維氏提供）

いたためである。二〇〇七年は中韓国交正常化一五周年の年に当たっていた。韓中親善協会の会長である李世基は、韓国を訪問していた温家宝総理に公園の名前を書くよう懇請した。温家宝総理は現役時代に中国にもあまり墨宝を残していない。だが、彼は題字を書くことが中国と韓国の友好関係に役立つと思い、李世基の要求を受け入れたのである。現在、徐福公園の園内に温家宝総理が揮毫した石刻がある。高さ三メートル、重さ二〇トンの泰山石で彫刻された石刻（写真2―42）で、山東省政府から寄贈された［張二〇一二：五二］。二〇〇八年一二月二六日、中国と韓国の代表が参加し、この石刻の除幕式が行われた。

　徐福公園には『徐福東渡図』という壁の彫刻がある。中国河北省秦皇島市が友好と交流を強化するために、済州島の西帰浦に寄贈したのである。高さ二・六メートル、幅四・三メートル、奥行〇・二五メートルの彫刻で、その製作には六か月を要した。この彫刻には秦の始皇帝が徐福に童男童女を携えて不老長寿の仙薬を探すように命じたシーンが鮮やかに描かれている。さらに園内には、二〇〇五年に中国山東省龍口市政府・龍口市徐福研究会が寄贈した像高三メートルの徐福石像や、二〇一〇年に中国江蘇省贛楡県人民政府・連雲港徐福研究会が贈与した徐福記念碑もある。以上のように、徐福とその伝説は記念物の建立や寄贈などを通じて、中国と韓国の友好を深め、両国の民間団体の交流を大いに促した。

3　韓国の徐福研究団体

韓国の徐福研究団体の発足は、中国と日本の研究団体より遅れる。すでに中国と日本では徐福に関連する研究や文化交流が進展していた。そのような中で、徐福伝説を共有する韓国では、一九九九年に済州徐福文化国際交流協会が設立された。また巨済市と南海郡の徐福伝説の伝承地でも徐福研究団体が設立された。これらの団体は、地元の徐福伝説を研究し、徐福伝説を通して国際交流を促進する目的を持っている。筆者は韓国の徐福研究団体の設立目的や研究活動などの情報を収集し、表2—3にまとめた（一一一頁）。

以上のように、韓国では徐福伝説に関連する遺跡を保存する目的で徐福の研究会が設立されている。済州島の西帰浦をはじめ、慶尚南道の南海郡・巨済市・咸陽郡では、現存する徐福関連遺跡や口頭説話などに基づき、徐福伝説の発掘と保存に努めている。そのために、さまざまな研究活動や交流活動が活発に行われるようになった。中国・韓国・日本が共有する徐福伝説は、文化交流と観光の面で大きな役割を果たしているのである。

三　日本の徐福伝説

日本の徐福伝説の伝承地は二〇か所以上にのぼる。そこで本節では、日本全国の徐福伝説を把握するために、徐

北海道富良野市
青森県中泊町大字小泊
秋田県男鹿市
山梨県富士吉田市
富士河口湖町
京都府伊根町
東京都北区
広島県廿日市町宮島町
神奈川県藤沢市妙善寺
秦野市宝蓮寺
山口県上関町祝島
静岡県島田市
福岡県八女市
筑紫野市
愛知県名古屋市熱田区
豊川市小坂井町菟足神社
佐賀県佐賀市
伊万里町
武雄市
三重県熊野市波田須町
東京都八丈町八丈島
青ヶ島村
高知県佐川町
和歌山県新宮市
鹿児島県いちき串木野町
南さつま市坊津町
宮崎県延岡市

図 2-3　日本代表的な徐福伝説の伝承地（筆者作成）

研究活動	会員数	備考（住所）
・巨済での徐福と不老長生草（2008.10.11） ・巨済での徐福伝説と不老長生草（2009.9.26） ・巨済島葛島磨崖刻の真実（2010.10.22） ・徐福東渡文献的考察と巨済島葛島磨崖刻（2011.9.20） ・徐福東渡と巨済島、伝説の中の隠れた歴史、徐福と達城徐氏、徐福の縁（2012.9.9） ・巨済と徐福（2013.12） ・扶蘇の死と扶蘇岩（2014.11.11） ・慶南徐福文化資源考察（2016.9.25） ・徐福東渡と慶南徐福文化資源活用（2017.10.28）	25 人	慶尚南道巨済市一運面巨済大路 2454-6（巨園アパート 1008）
・南海郡学術シンポジウム「徐市と南海」（2006.10.20） ・中国琅琊台、徐福村など遺跡踏査（2007.4.11 ～ 14） ・『南海徐市過此』出版記念会開催（2012.3.15） ・南海徐市過此不老長生プロジェクト推進委員会結成（2013.3.22） ・キム・イクジェ長編小説『徐市も』出版支援（2013.12.30） ・2014 南海徐市過此国際学術シンポジウム開催（2014.11.11 ～ 12） ・南海徐市過此韓中日国際学術セミナー開催（2016.11.10） ・「徐市の日」記念第 1 回ストーリーテリング大会開催（2017.10.9） ・南海徐市過此中韓日国際学術大会（2018.11.11）	146 人	慶尚南道南海郡南海邑マンウルロ 9 番路 13-1
・中国、山東省龍口市を訪問して徐福文化交流合作協議書を締結（1999 年） ・韓・中・日大学者達を招請、国際学術討論大会を開催（2001 ～ 2018 年度） ・徐福芸術団をスタート（2008.5） ・中国江蘇省徐福会員訪問（2015.5） ・徐福活性化方案討論会開催（2015.7） ・西帰浦アカデミー（2017.10） ・第 16 回韓中日学術セミナー（2017.12） ・第 1 回韓中日国際徐福文化祭（2018.10）	140 人	済州島西帰浦市七十里路 156-13 号（徐福展示館内）（郵便番号 697 -810 ） 初代会長：辺聖根
・2016 年咸陽山参祭り国際学術シンポジウム ・2017 年韓・中・日徐福文化咸陽国際学術シンポジウム ・2018 年韓・中・日徐福国際学術シンポジウム	22 人	慶尚南道咸陽郡、馬川面白武洞路 354
		初代会長：洪淳晩
		副会長：朴炅浩、文浩成、李英根

＊筆者が収集した資料と韓国巨済徐福会の徐化睦事務局長の提供資料に基づき作成した。徐化睦事務局長から提供された資料の原文は韓国語であったため、日本福岡県八女徐福会の赤崎敏男副会長に日本語に翻訳して頂いた。

表2-3　韓国の徐福研究団体一覧表

名称	成立年	会長	事務局長	設立目的
巨済徐福会	2007年 7月15日	朴炅浩	徐化睦	巨済市に残っている徐福伝説地を研究発掘して徐福文化を通じて韓・中・日の文化友好交流を推進する。
㈳南海徐福会	2006年 4月17日	朴昌鍾	金聖哲	慶尚南道記念物第6号と指定された南海郡尚州面、良阿里石刻は、中国秦始皇の方士徐福が不老草を求めて南海にきて刻んだと推定される世界唯一の徐福関連遺跡で、韓中日を連結する国際交流の跡なので、これをよく保存してこれを通じて南海郡を国際的な観光地に跳躍させようという目的で設立された。
㈳済州徐福文化国際交流協会	1999年 3月30日	李英根	チョ・ギョン	西帰浦市を国際説話文化交流の中心地で確立するために設立した。人文資源として「徐福文化」を関係国らと一緒に研究し、特に韓国・中国・日本間の文化交流に一翼を担当して相互訪問を通じて西帰浦市の地位を高めよう。
咸陽郡徐福研究会	2016年 7月3日	文浩成	許相玉	徐福に関する崔致遠、パク・チウォン、渦流山川、馬川郷土史に智異山を探したという記録などで2020年自然人参エキスポ開催を控えて国際シンポジウムに寄与して伝説にともなう文献を確立しよう。
韓国徐福文化協会	2011年	李世基	金恒燮	
済州道徐福学会	2000年4月	高応三	玄秦庸	
韓国徐福会	2018年 11月10日	朴昌鍾	金聖哲	巨済徐福会、㈳南海徐福会、㈳済州徐福文化国際交流協会、咸陽郡徐福研究会という4団体によって発足。

福伝説の伝承地を地図に表記し、伝説の分布や伝播方法などを検討する。また、日本各地の徐福伝説の一覧表を作成し、各伝承地の伝説や関連する建造物などに全国的視点から考察を加えることにする。さらに、各地に伝わる徐福伝説を話型に分けて分析し、その伝播ルートも検討する。

1　地図から見る日本全国の徐福伝説

日本の徐福伝説は、北海道から鹿児島にかけて、南北にまたがり、ほぼ日本の全域に分布している。これらの伝承地を地図で表記すると、その分布地の特徴と徐福伝説の伝播ルートが浮かび上がってくる。日本の代表的な徐福伝説の伝承地は、図2―3に示した通りである。

日本における徐福伝説の伝承地の分布には二つの特徴がある。

（1）日本列島沿海に散在している。これは徐福一行が持っていた内的要因と徐福とは関係しない外的要因の二つの側面から解読できる。内的要因としては、徐福一行が膨大な人数と船団を抱えていたことにある。そのため、中国から出発して万里の波濤を乗り越えて日本に到達することは元々困難であり、不確定要素が多く存在していた。安全に日本に辿り着くかどうかは不明であり、さらに同じ所に上陸することは困難であった。こうして徐福一行は分散して複数の海岸地域に辿り着いたとも考えられる。外的要因とは、徐福の日本渡来説の提唱が一〇世紀以降であるという点にある。一〇世紀以降、中日の交流が頻繁になり、両国で往来する人々によって伝説が伝えられた可能性が高いと推測される。一般に使者・僧侶・商人・漂着民などが往来する場合、日本で最初に上陸する場所は対馬海流か黒潮の流れる島々、海辺である。つまり、渡来人や外来の情報は、こうした海辺の町に最初に伝来するのである。このことが、渡来人と関わる徐福伝説が海辺の町に多く存在する要因の一つになったと考えられる。

（2）山岳信仰の強い社寺と関わりがある。徐福伝説の伝承地はその多くが海辺に散在している。だが、山梨県富士吉田市や北海道富良野市などのような内陸にも徐福の伝承地がある。日本の紀伊半島は従来から外来船舶の漂着地であった。そしてその地にある熊野信仰は日本全土に伝わっているのである。日本各地の徐福伝承地の多くが、地元の山々や寺院や神社などと結びついている。これは徐福伝説が山岳を修験の場とする修験道と深く関係していたからである。従来自然に恵まれている日本列島では、山・川・海などを対象にする自然崇拝があった。それは、古くからの祖先崇拝とも融合してきた。民衆の信仰を集める社寺において、その寺の由来や歴史を徐福と結びつけて語ることがよくある。

徐福や徐福と同行した童男童女や百工などは、当時の最先端の文明を持っている集団であった。それゆえ、徐福は多くの伝承地で農業・医薬・航海の神として祀られている。このような神としての徐福を、修験者たちが各地の山岳で修業を行いながら、伝播させていったと考えられるのである。

2　日本各地の徐福伝説

日本の徐福伝説の伝承地は、北海道から鹿児島県まで幅広い地域に分布している。また徐福伝説に関する遺跡や建造物は古い時代から存在している。これらの遺跡は、徐福伝説の存在を示している。また徐福伝説が各地域で根付いている表れでもある。徐福に関する建造物には、近年に建造されたものも多くある。それらは徐福伝説を町おこしや地域振興に活用するという目的も有している。近年には中国の徐福研究が進み、韓国と日本でも新たに徐福像を建立する風潮が見られるようになった。このような日本における徐福関連建造物の建立には、各伝承地の人々の思いが示されている。徐福顕彰事業を推進することを目指しているものもある。

日本全国の徐福伝説をより全般的に把握するため、そして各地域の古くから語り継がれてきた徐福伝説の実態を明らかにするため、筆者は日本各地に分布している徐福伝説を収集した。それを北から南へ順に並べ、徐福伝説のあり方と関連する事物などを整理した。それが巻末に示した資料1である（三八一頁参照）。

次に、資料1「日本全国の徐福伝説一覧表」に整理した各伝承地の徐福伝説をその内容と話型によって分類し、日本の徐福伝説の種類を考察する。さらに、図2―3の伝承地分布図と伝説内容とを結合させて、各地の伝説の伝播の形式を探っていく。

1　上陸に関する伝説

日本の徐福伝説の伝承地の中で「上陸の地」とされている地域は、北から南へ列記すると、次のようである。青森県旧小泊村権現崎、愛知県名古屋市熱田神宮、京都府伊根町、三重県熊野市波田須町、和歌山県新宮市熊野川、宮崎県延岡市今山、佐賀県伊万里市の波多津、佐賀県佐賀市浮盃、鹿児島県いちき串木野市の照島となる。これらの伝承地は、日本列島の日本海と太平洋側の沿海海岸にある。また、ここは従来から海流の影響を受け、外来船の漂着が多い地域でもある。こうした日本列島の沿海地域に徐福の上陸伝承があるのは、自然な現象である。

2　「蓬萊」にちなんだ地名伝説

日本の徐福伝説を構成する一つの重要な要素は、「三神山に不老長寿の仙薬を探す」とされることである。それゆえ、徐福伝説に関連する地域では、「蓬萊山」と呼ばれる山や「蓬萊」にちなんだ事物などが多く存在する。山梨県富士吉田市富士山は蓬萊山、愛知県名古屋市熱田神宮の地は蓬萊島、三重県熊野市波田須町丸山は蓬萊山、宮崎県延岡市今山は蓬萊山と呼ばれている。さらに、静岡県島田市蓬萊橋、和歌山県新宮市蓬萊山、広島県宮島町蓬萊岩、佐賀県武雄市蓬萊山などもある。これらの山には、いずれも「徐福が登った」、「不老不死の仙薬を探した」という伝説がある。三神山の一つとして蓬萊山と名付けられる。これは徐福が伝来したという神仙思想と関連がある。蓬萊山と呼ばれる地域には、神仙思想と関係の深い浦島太郎伝説も多く見られる。中国の神仙思想とは、三神山に住んでいる不老不死の仙人に対する憧れであり、自らの修業によって不老登仙を祈願する思想である。徐福の追究した蓬萊の世界と浦島太郎が行った常世の世界が同一であるとは、断言できない。だが、二つの伝説の伝承地が同じ地域に重なって存在することは注目すべきことである。

3　仙薬探しの伝説

徐福伝説は日本の幅広い地域に点在している。だが、あらゆる伝承地に徐福が見出したと言われる仙薬があるわけではない。さらに、一つの地域で徐福が見つけたという仙薬は、一種だけではない。各地の伝説を整理し、仙薬に関する内容を抽出して並べてみると、以下のようである。青森県旧小泊村（行者ニンニク・トチバ人参・権現オトギリ草）、東京都八丈町八丈島（明日葉）、山梨県富士吉田市（苔桃）、京都府伊根町（黒茎蓬・九節菖蒲）、三重県熊野市波田須町（明日葉・トチバ人参・天台烏薬）、和歌山県新宮市（天台烏薬）、山口県上関町祝島（シナカズラ）、宮崎県延岡市（浜木綿）、福岡県筑紫野市（愛媛アヤメ）、佐賀県佐賀市（寒葵）となる。これらの薬草は、現代医学が未発達の時代に、民間薬として用いられていた。さらに、それらの成分や薬効などを分析すると、現在でも健胃・解熱・利尿・鎮咳・消炎などの薬効がある。不老延命の効用はないが、民間薬として今でも服用されている。

4　技術の伝来伝説

徐福と彼が携えてきた童男童女や百工は、先進文化の伝播者とされる。日本全国に分散して、さまざまな技術を原住民に教えたという伝説が多く見られる。その技術の内容は、漁法・航海術・農業・医薬・養蚕・機織り・天文・占い・製鉄・捕鯨・製紙などの技術である。それゆえ、地元の人たちは先進の技術をこの地に伝えた徐福に感謝し、徐福を神として崇めたのである。こうした信仰は古くからある。徐福を神として祀る伝承地を、北から南へ列記すると、青森県旧小泊村（航海安全の神）、山梨県富士吉田市（機織りの神・雨乞いの神）、京都府伊根町（産土神）、和歌山県新宮市（医薬の神）、佐賀県佐賀市（農耕の神・雨乞いの神）となる。徐福と関連する行事には、古くから伝承されてきたものがある。一方、近年に復活されたものや最近開催し始めたものも見られる。

5　徐福に関する遺跡の伝説

徐福に関する遺跡とは、徐福一行が上陸した後の行方と生活に関連する事物のことである。それは「徐福が渡ったという蓬莱島」、「徐福が登ったという蓬莱島」、「徐福が住んだという屋敷」、「漂着したハコ岩・蓬莱岩」、「上陸の際に使ったという基盤石・徐福岩・船繋石」、「手を洗ったという御手洗井戸」、「徐福が植えたというビャクシンの木」、「徐福が発見したという古湯温泉・武雄温泉」などからなる。このように、徐福一行が行った仙薬探しの活動は日本の幅広い地域にその足跡を残したのである。現在各地に存在する遺跡は、徐福一行の通過の足跡であり、その地に特有な伝説の基となっている。

近年には、徐福像、童男童女像、徐福の七重臣の七塚之碑、徐福公園、徐福堂、徐福碑、徐福上陸地記念碑などの記念物が次々と建立されている。古くから存在する遺跡だけでなく、このような新たな記念物が各伝承地の独特の徐福伝説を描き出している。さらに、往古から伝わる徐福伝説に基づき、地元の徐福研究会や行政などが、それぞれの顕彰活動を行っている。

6　永住して死亡した伝説

徐福一行の仙薬探しの旅は日本の広範囲に渡り、通過したと言われる地も広くまたがっている。また、徐福の終焉の地と言われる場所は数か所ある。徐福は一人しかいないので、その終焉の地が数か所もあるというのは、理論的にはありえない。徐福の墓と塚のようなものを、北から順に挙げると、秋田県男鹿市徐福塚、山梨県富士吉田市徐福墓・鶴塚、三重県熊野市波田須町徐福の墓、和歌山県新宮市秦徐福之墓の五つが存在する。山梨県富士吉田市だけでも、徐福墓と徐福が化した鶴の塚の二つがある。また、古くから徐福を神また祖先として祀る徐福祠・徐福宮などもある。さらに、神奈川県藤沢市の妙善寺の福岡家の墓碑には、室町時代後期に建立された徐福の子孫の墓碑がある。

以上に述べたように、各地に伝わる徐福伝説は幾つかの類型に分けられる。日本列島の日本海側と太平洋側には、徐福一行の上陸の地が点在している。また、仙薬を探すために数多くの蓬萊山と呼ばれる山を登り、多種の薬草を見出した。注目すべきことは、徐福伝説の伝承を有する山々は、古くから仏徒らが足繁く入る山岳である点である。その山頂に鎮座する社寺は、山岳信仰の長い展開の過程において、修験者などの移動によって新たな情報と信仰要素を吸収していった。そして神仏習合の影響により、徐福伝説を社寺縁起などに取り込んだものと考えられる。

日本の徐福伝説は最北端の北海道から最南端の鹿児島まで、一九の県にまたがり、二〇か所以上の伝承地がある。また、その地に伝わる伝説は数十種類にのぼる。徐福伝説の伝承地では、従来から伝説と結びつく遺跡が存在している。筆者は各地に現存する遺跡と地元に語り継がれている伝説から、日本の徐福伝説を六種類に分類した。その内容は上陸・蓬萊・仙薬・技術・遺跡・終焉の六種類である。各地にある類似する伝説は、宗教者の伝播が介在した結果だと考えられる。また、それぞれ異なる伝説は、各地の風俗や地元の伝説などと融合して発展してきたものである。

3　日本の徐福研究会

現在、日本各地の徐福伝承地には、それぞれ徐福研究会がある。それらの研究会は地元の徐福伝説を研究し、徐福に関する建造物の建立や民俗文化の創造などに力を注いでいる。日本の徐福伝説を世界に発信するためには、各地の徐福研究会の協力が必要不可欠である。現在、この伝説が再び取り上げられる背景には、各地の徐福研究会の設立と活発な活動がある。それゆえ、そのような研究会を取り上げて研究する理由がある。日本全国の徐福研究会の設立や活動などを中心に、徐福伝説を広める有志からなる団体の組織を紹介する（巻末の資料2、三七三頁参照）。日本における徐福研究会は二一にのぼっている。今の時点で四つの団体は活動を停止している。現在活躍している一七の研究会は、徐福伝説を地元の住民に広める役割を果たしている。さらに、中国と韓国との交流を深める団体でもある。

資料2に示したように、日本の代表的な徐福伝説の伝承地には、民間の有志からなる徐福研究会があるケースが多い。現在活躍している一七の研究会において、民間団体としての組織が圧倒的な数を占める。青森県の小泊の歴史を語る会は、徐福研究を中心に設立されたものではないが、小泊の徐福伝説を研究することもあるという。三重県熊野市と鹿児島県いちき串木野市は、市役所の観光課に徐福の事務所が設置されている。その他は、一般的に地元の徐福伝説を契機として設立されたもので、徐福の研究や顕彰などを目的としている。

既述したように、かつて徐福伝説は各伝承地の人々に語られてきた。だが、近年では徐福研究会と研究家の活動・協力が無視できないものとなっている。また中国や韓国との交流の際には、三国が共有する徐福伝説は、市民を結びつける掛け橋の役割も果たしている。日本の徐福伝承地に建つ徐福像の中には、中国の徐福伝承地から寄贈されたものが数基ある。また、中国の彫刻家に頼んで中国産の岩石で刻んだ石像も数基ある。徐福とその伝説は、日本において、外交や観光や地域振興などに活用されている。各地の伝説は、日本という地に根を下ろし、それぞれの地域に根差した特性を持つようになった。これらの伝説は今も生きる伝説であり、永遠の生命力を示している。

おわりに

本章は、東アジアにある中国・韓国・日本の徐福伝説に若干の考察を加えた。三国の徐福伝説はそれぞれ異なる特徴と役割を持っている。中国は徐福伝説の発祥地・出航地である。東部の沿海地域に徐福一行の出航にまつわる伝承が多く存在する。韓国は、徐福一行の仙薬探しの旅の通過地である。徐福が刻んだと言われる刻字が済州島をはじめ、数か所に存在する。日本は徐福一行の出航の目的地である。北海道から鹿児島県にかけて、ほぼ日本の全域にそれらの足跡が存在し、さまざまな様子で伝わっている。

中国の徐福伝説は歴史文献から分かるように、二〇〇〇年以上の歴史の中で、知識人の創造や外来文化の輸入などによって形成された。韓国の徐福伝説は、刻字を中心に発展してきたものであり、外来文化の影響は見られない。日本の徐福伝説は、中国との頻繁な交流によって発展してきた。さらに宗教者の布教活動を通して全国に伝播していった。中国・韓国・日本の三国の徐福伝説はそれぞれに異なる。だが、徐福の日本渡来説に関する「北コース」と「南コース」の存在が三国を密接に結びつけたことは疑いない。

中国・韓国・日本という三国で、徐福とその伝説を切り口として、各地に隠された文化が発掘され始めた。さらに、徐福伝説を文化資源として利用し、文化旅行の視点から世界中の観光客を呼び込んでいる。三国に共有されている徐福伝説は、政府の外交や民間の交流などに活用され、伝承地の間の国際交流を深めている。この面から考えると、徐福伝説は地域交流のキーワードとして、異文化の理解を促進する役割を果たしている。このように、三国の徐福伝説の伝承者の心の動きを読み取れるばかりか、異文化理解に新たな見方を提示している。徐福伝説は二〇〇〇年以上の年月を経て、現在でも強い生命力を保っている。これは地域が歴史文化を包容する力を持ち、さまざまな要請に応じて変化できる能力を有しているからであろう。

注

（1）日本徐福協会の会則による。日本徐福協会ホームページ参照。

（2）二〇一四年、贛楡県は贛楡区に改正された。本書では、贛楡県と贛楡区の両方を使う。改称以前のことは、贛楡県と表記し、改称以後のことは、贛楡区と表記する。

（3）論文の日本語訳「秦代に日本へ東渡した徐福の故里の発見と考証」。

（4）説明文の日本語訳「金山郷徐福村は秦方士徐福の故里である。徐福は我が国の最初の日本に東渡した者と言われ、中日の通交に偉大な功績を残した。そのため石碑を建立して記念をする。贛楡県人民政府 一九八五年六月」。

（5）日本語訳『徐福の故里は秦の斉郡に属する黄県の徐郷』。

（6）日本語訳『黄県が徐福の故里であることを証明する新証拠』。

（7）原文は中国語の古文で、筆者訳。

（8）安作璋［一九九一：一―二］を参照した。

（9）日本語訳「徐福街道はあなたを歓迎する」。

（10）日本語訳「香山の旧名は大蓬山であり、達蓬山とも呼ばれている。県の北東の三十五里に位置する（中略）山の上に香草が多いので、その名となった。また、秦の始皇帝がこれから蓬萊山に入ろうとしたので、達蓬と呼ばれている」。

（11）原文は中国語、筆者訳。

（12）原文は中国語、筆者訳。

（13）第一回の東渡は紀元前二一九年で、北コースで出航した。第二回の東渡は紀元前二一〇九年で、南コースで出航した。この説を支持する著書には、盛鑫夫［二〇一二：二一一―二一八］、池上正治［二〇〇七：一〇九―一一五］、羽田武栄・広岡 純［二〇〇〇：二一二六―二三二］などがある。

（14）洪淳晩［二〇〇三］の「済州島の徐福伝説について」一三一―一三五頁を参照した。

(15)　許玩鐘［二〇〇五］の「韓国の〈徐福伝説〉考」八二―八九頁を参考にした。
(16)　原文は中国語、筆者訳。
(17)　近年、中国・韓国・日本が集まる徐福の国際会議では、三国共同で徐福伝説を世界非物質文化遺産に登録する提案が提出された。また、徐福一行は中国から出発し、韓国を経由して日本に渡来したという渡海路線は、三国における多くの徐福研究者と徐福伝説伝承者から支持されている。

第三章　青森県中泊町の徐福伝説に関する民俗文化

はじめに

徐福が立ち寄ったとされる伝説の地は、日本の広い地域に点在している。本章は、その中で本州最北端に位置する青森県中泊町旧小泊村を調査地とし、二〇一七年八月に行った実地調査に基づき、当該地域の徐福伝説をまとめた。

小泊村の人々は昔から漁業をなりわいとしてきた。地元には権現崎という岬がある。権現崎は漁民が漁に出たとき、船の位置を確認する目印であった。権現崎の頂上には古くから飛龍大権現を祭神として祀る尾崎神社がある。また、尾崎神社の脇侍に当たる徐福は、航海安全の神として祀られている。筆者の実地調査によると、小泊村では古い時代から徐福の伝説は一般的に庶民に知られており、徐福は航海安全の守り神として地元の人々の信仰を集めているのである。

中泊町小泊村は徐福信仰を持ち、祭祀活動が行われている日本最北の地域である。尾崎神社が「航海安全の神」として祀る徐福に対し、地元の有志は近年、「中泊徐福まつり」という形で祭祀活動を行っている。「中泊徐福まつり」は地域振興という目的があるのみならず、徐福伝説を一層地元の生活に融合することもその重要な役割である。

徐福伝説に由来する食物や郷土芸能などからなる民俗文化は、地元の人々の生活を充実させている。

福田アジオは日本の民俗学について、「語りを手段として行為を把握しようとするのが日本の民俗学であるといえよう。そして、それらの事象を把握して、それらの行為を行う人びとの心意に達しようとする」ものである〔福田　二〇一六：二〇六〕と述べている。本章では、青森県中泊町小泊村の調査を通して、語り継がれている徐福伝説と漁民の航海信仰を検討し、それらの行為の裏に隠された住民らの心意を明らかにする。また、地元の徐福伝説に由来する「中泊徐福まつり」の構造を解明し、地元の徐福伝説にまつわる民俗文化の実態を捉える。

一　調査地概要

青森県中泊町小泊村には、古くから徐福伝説の言い伝えがある。本章の調査地である小泊村は、津軽半島の北西に位置する（図3―1）。当該村の西は日本海に面し、南には日本海に突出する権現崎（小泊岬）があり、東部の大部分は山地で占められている。また、「土地の大半が山岳で、全面積の九〇パーセントが国有林、わずか二・四パーセントの農耕地のうち、平地は小泊川流域のみで、多くは山の傾斜面にある」〔平凡社　一九八二：五七〇〕。

明治二二年（一八八九）市制町村制施行により、小泊村は単独の自治体として形成された。昭和二八年（一九五三）の町村合併促進法により隣村市浦村との合併計画があったが、実現されなかった。平成一七年（二〇〇五）、北津軽郡の中里町と小泊村が合併し、中泊町となった。「町名は合併前の両自治体名から一字ずつを採用」したと言われている(1)。その後、旧小泊村は小泊地区に、中里町は中里地区に改称された。だが、古くから伝えられてきた徐福伝説の所在地は、小泊村という名で日本全国に広く知られていた。したがって、本章ではこの地の名称を合併される以前の呼び方の小泊村に統一して表記する。

「小泊は、日本各地で見つけられる地名でもあるが、これもアイヌ語のポン・トマリを語源とし、〈小さな（ポン）港（トマリ）〉を意味する」［学研パブリッシング　二〇一五：四二］と言われる。江戸後期の旅行家の菅江真澄は、寛政八年（一七九六）に津軽半島を巡歴した際、小泊村に一泊したことがある。「小泊」という地名の由来について、菅江は「ここを紀井の那智の大泊村にたぐえて小泊というのだ」［菅江　一九六七：二〇三］と記している。また、地元では小泊は「奥の港」という意味もあると言われている。実は、小泊港は古い時代から日本海を航行する際の船の避難場所であった。そのため、ここは本州日本海最北端の避難港とも呼ばれている。

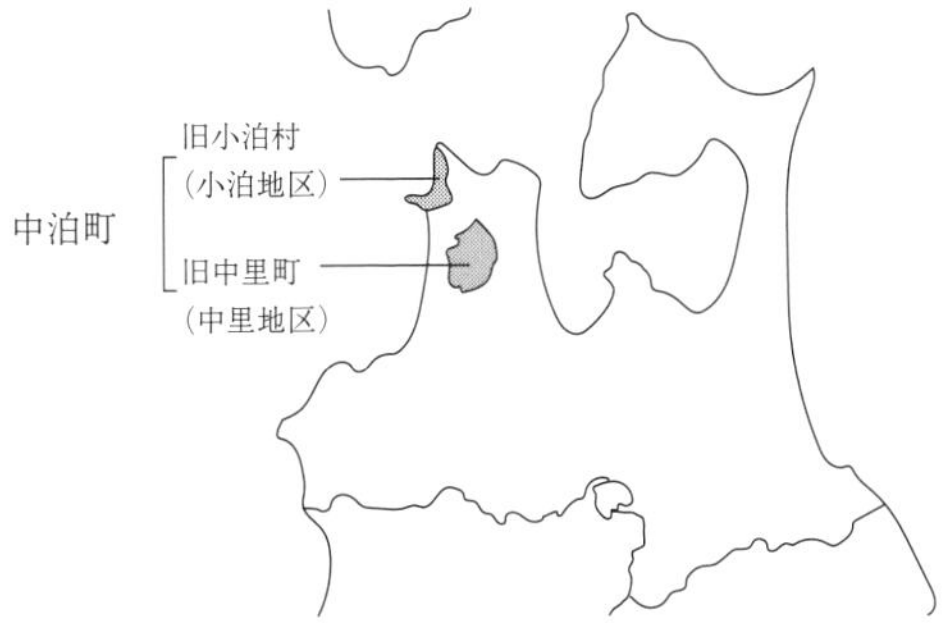

図 3-1　中泊町地図（筆者作成）

　小泊村の大部分は山地であり、平地は非常に少ない。集落は主に日本海に突出した権現崎の北にある小泊港と、南にある下前港の二つの港の付近に集まっている。漁業が小泊村の中心産業である。中でもイカ漁は全体の七〇パーセントを占める。津軽半島の北西部に位置する小泊村は、昔から漁業の盛んな港として有名である。「産業は日本海を漁場とする水産業が基盤で就業人口の約五十五パーセントを占めている」［平凡社　一九八二：五七〇］。

　青森県中泊町ホームページによると、平成三〇年（二〇一八）一〇月、中泊町の世帯は五一二四世帯、人口は一万一一九五人である。そのうち、小泊村の世帯は一四五八世帯、人口は二八九二人である。[2] 昭和五五年（一九八〇）の国勢調査では、小泊村の人口は五六九八人であった。三八年の間に人口は年々減少し、現在は当時の半分ほどの人口となった。

　このように人口が減少する中でも、小泊村では、徐福伝説を町おこしとして活用する取り組みが行われている。例えば、徐福伝説を語る徐福像・徐福の里公園・徐福上陸の岬などの記念物が近年建立された。徐福伝説に関連する事物は、観光資源として活用されているばかりか、地元の文化的シンボルとして展開されているとも言える。こうした取り組みは地元の人々の生活を一層、豊かにするものでもある。

筆者は青森県中泊町小泊村に伝わる徐福伝説を基に、徐福伝説ゆかりの地を幾つか訪ねてみた。その調査から判明したことなどを通して、伝説に由来する航海信仰について、考察を加えてみたい。

二　青森県中泊町の徐福ゆかりの地とその伝説

『菅江真澄遊覧記』の記録によると、約二〇〇年前の寛政年間、小泊村にはすでに徐福に関する口碑があり、地元の人々の間で言い伝えられていた。本節では、筆者の実地調査に基づき、古い歴史を持ち、今日でも伝えられている徐福伝説の実像を捉えたい。特に徐福一行が権現崎に漂着したという点に着目してみる。小泊村に伝わる徐福伝説の歴史と現状を把握する上で、地元で航海安全の守り神として祀られている徐福にまつわる航海信仰の考察は重要である。

1　権現崎に漂着した徐福一行

小泊村の象徴である小泊岬には、古くから徐福渡来の伝承がある。小泊岬は、津軽半島の西側に飛び出し、権現崎とも呼ばれ、熊野権現にちなんだ名と言われている。権現崎の上には、飛龍大権現を祭神として祀る尾崎神社がある。尾崎神社は、元来熊野神社と称して祀られていた。熊野権現との因縁があるため、地元の人々は小泊岬を権現崎と呼んでいる。権現崎は、日本海に飛び出す二二九メートルの断崖絶壁である。海岸一帯は断崖の景勝地として有名で、昭和五〇年（一九七五）に津軽国定公園の一部に指定された。

筆者は小泊村で徐福伝説に関する実地調査をした際に、「小泊の歴史を語る会」の会長を務める柳澤良知氏（八〇代、男性）のご協力を頂いた。柳澤氏は地元の徐福伝説について、以下のような話をしてくれた。

小泊には、昔からこういう伝説があります。今から二二〇〇年以上前、秦の始皇帝の命を受けた徐福という人は数千人の若い男女と五穀の種、各種の技術者を連れて、東海の日本にあると言われている不老不死の仙薬を求め、中国を船出しました。徐福は朝鮮半島の済州島を経由して、対馬海峡を横断した。でも、対馬海流で風浪に遭いました。それで、日本海に沿って北上しました。その時は航海の目印は津軽半島の尾崎です。つまり、現在の小泊村です。小泊村には昔から徐福が権現崎に漂着してきた伝説があります。今我々が徐福上陸の権現崎にいます、徐福は二二〇〇年前、ここから上陸しました。(3)

柳澤氏が語ってくれた話、つまり、徐福が権現崎に漂着してきたという話は、小泊では口碑として言い伝えられていた。また、一九九八年に出版された『小泊村史』下巻には、小泊村に伝わる徐福伝説に関する紹介があるのみならず、徐福一行の小泊に辿り着いた渡海図（図3—2）も描かれている。この渡海図では、中国江蘇省連雲港市徐福村が中国側の出発地とされ、朝鮮半島を経由して日本の北九州に辿り着いた路線と、徐福村から南下し、浙江省寧波市の辺りから、東シナ海を横断し、九州に漂着した路線の二つの路線が描かれている。また、九州からは対馬海流に乗って北上する路線と、九州から黒潮に乗って紀伊半島を経由して八丈島などに漂着した路線が描かれている。この渡海図が示した路線を通過する地域は、日本全国に分布している徐福伝説の所在地と大体一致している。そのため、日本海側と太平洋側には、さまざまな徐福伝説が伝えられていたのであろう。また、九州から対馬海流に流され、日本海に沿って北上した路線は、柳澤氏の話とほぼ同じである。

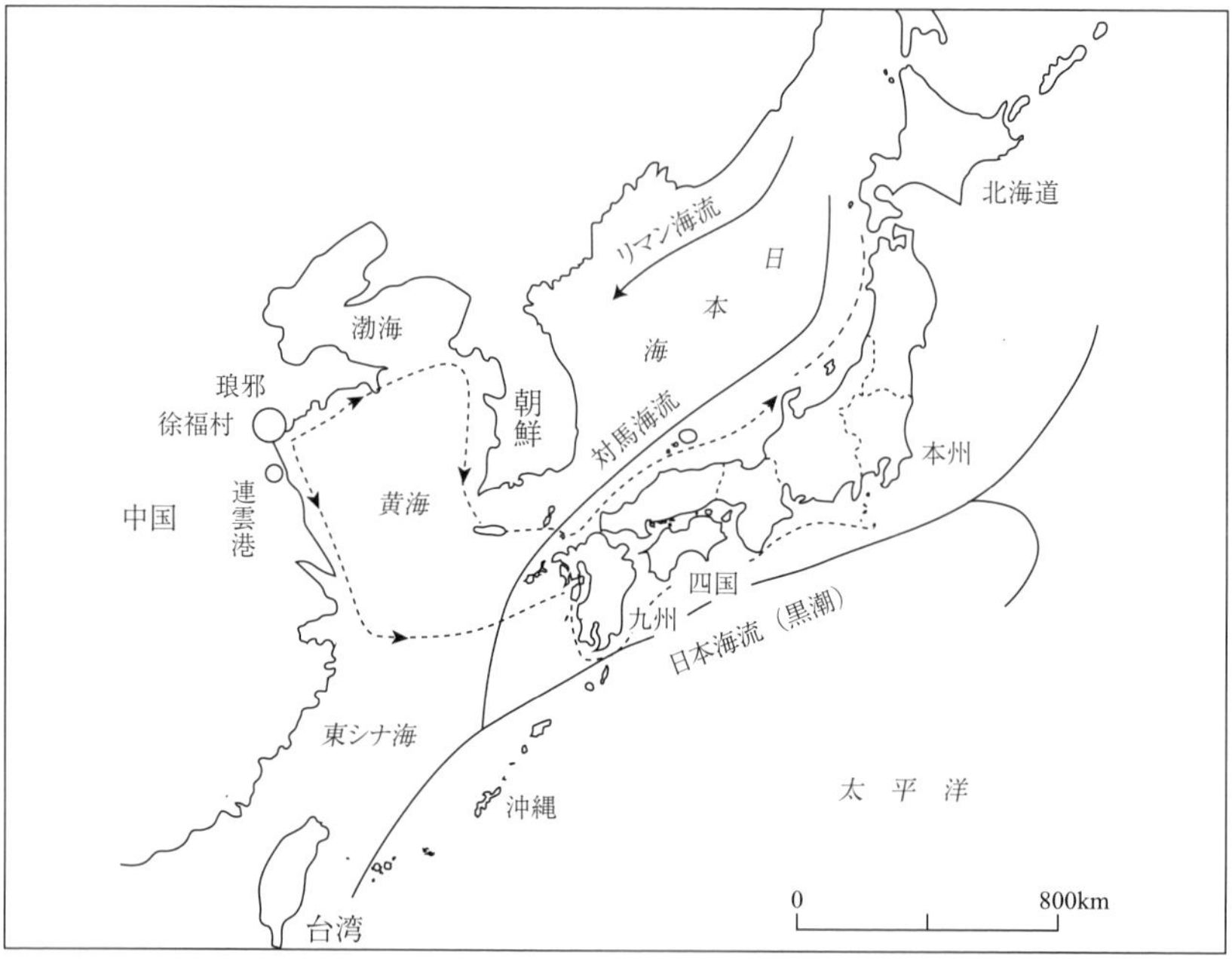

図3-2　徐福渡海図（『小泊村史』下巻556頁より）

実は、古い時代に中国大陸から東シナ海を横断して日本に渡来することは稀ではなかった。これらの人は、一般的には渡来人と呼ばれている。『小泊村史』下巻に描かれた徐福渡海図は、往古から海を渡ってきた渡来人の移動ルートとほぼ同じである。つまり、日本列島の日本海側と太平洋側には、古くから渡海人が辿り着いた痕跡がある。小泊村に語り伝えられている徐福渡来の路線は、従来の渡来人の移動ルートと一致する。そのため、本章では徐福渡来ルートのことについては検討しない。小泊村に伝わる徐福の伝説の中で、九州で嵐に遭ったため、日本海に流された徐福一行が北上して権現崎に辿り着いたということは注目すべき話である。徐福一行が九州で嵐に遭ったという話やこれに類似する伝説、資料記録は、九州の徐福伝説のゆかりの地を代表する佐賀県にはなかった。

また、二〇〇〇年以上の歴史がある中日人物の往来をさかのぼってみると、中国大陸から東シナ海を横断する方法と同時に、朝鮮半島を経由して日本に辿り着く方法もある。一般的には九州や南西諸島、紀伊半島など日本南部の地域に漂着している。小泊村の伝説によると、徐福一行は九州で嵐に遭ったので、日本海に沿って北上し、小泊村の権現崎に漂着してきたと言われている。これはおそらく、徐福が権現崎に漂着してきた伝説をより合理的に解釈するために作られた可能性が高いと考えられる。また、先述したように、小泊村は日本海を航行する際の船の避難場所として有名な場所であった。小泊村に、古い時代から徐福一行が権現崎に渡来してきた伝説があるのは、小泊村が地理的に避難港として有利な位置にあったためである。そして、そのことが徐福渡来伝説の信憑性を一層高めたと考えられる。本書では歴史上の徐福一行が本当に日本に渡来してきたかどうかについては、検討しない。

徐福一行が東海に渡海して仙薬を探しに行ったことは、司馬遷の『史記』に記載されているが、具体的な渡海先が不明だった。その後、約千年が経ち、徐福一行の渡海先を具体的に日本であると最初に述べたのは、中国五代後周の僧侶義楚である。彼が書いた『義楚六帖』（九五四年）の中に、徐福一行が日本の富士山に渡来したと記されている［義楚　一九九〇：四五九］。また、現在日本各地の徐福伝説ゆかりの地の分布図を見ると、日本海流（黒潮）と対馬海流沿岸には、数多くの伝説が残されている。これはおそらく徐福一行の膨大な船団の渡来と緊密な関係があると推測される。

徐福集団の渡来は紀元前三世紀のことである。その千年後の平安時代に中国に派遣された遣唐使の船出の遭難記録を考察すると、当時海難事故が頻発し、漂流も多発したことが考えられる。それと比較してみると、航海技術が未発達の時代、徐福が約五〇〇〇人の膨大な船団を連れて渡海することが、どれほど困難なことであるかが分かるであろう。徐福渡海のことについては、歴史的記載が不充分であったため、伝説上で色々な想像をたくましくする余地が残された。それゆえ、日本全国にはロマンあふれるさまざまな徐福伝説が存在するのであろう。

徐福一行が小泊岬に漂着してきたという小泊村の伝説は、その実現の可能性を考えてみると、あり得ないわけではない。一九九八年二月三日の『東奥日報』の新聞記事によると、防衛大学の山口晴幸教授は一九九七年二月から一九九八年一月までの約一年間に、北海道・オホーツク海沿岸から沖縄県・西表島にかけて、海岸に漂着したごみについて調査をしている。山口は、「対馬海流や日本海流など、大きな海流に近いところほど漂着量も増加する傾向が浮かび上がった」[4]と述べている。また、記事に載せられた地図によれば、海外から漂着してきたごみの漂流コースには、青森県中泊町小泊村を経由する二つのコースがあることが分かる。一つは九州対馬海流から潮流に乗って北上し、津軽海峡を通って太平洋に至るコースである。二つ目は小泊岬から北上し、リマン海流に流れて行くコースである。この二つのごみ漂着の経路を分析すると、九州対馬海流から潮流に乗ると、自然に小泊岬へ辿り着くことが分かる。

以上の分析は、地元の柳澤良知氏が提供された『東奥日報』の新聞記事に基づき、幾つかの考察を加えたものである。漂着ごみに関する調査からは、徐福渡来が史実かどうかはこの場で考察しないが、徐福一行が小泊岬に渡来した可能性を裏付けたと考えられる。いずれにしても、徐福が権現崎に上陸した伝説が地元で伝えられるのは事実である。しかも、小泊では、以上の伝説をベースとして、徐福を顕彰し、町おこしのために、徐福伝説を活用している。近年では、観光や地元の生活を豊かにさせるために、徐福の祭りが開催されている。

2　目印としての権現崎

二〇一七年八月二五日、筆者は、柳澤氏に案内頂き、日本徐福協会の田島孝子会長（七〇代、女性）と一緒に、小泊村にある徐福伝説にまつわる場所を訪れた。柳澤氏の車で小泊下前地区に整備された徐福の里公園から権現崎に向かう。権現崎は徐福の里公園から約二・五キロメートル離れた所にあり、車で約一〇分で到着した。標高二二九メートルの権現崎は地元では徐福上陸の地と言われている。権現崎の頂上の周りは断崖絶壁で、非常に魅力的な景勝地であった。日本海に浮かぶ津軽富士と呼ばれる岩木山（標高一六二五メートル）を望んでいると、「権現崎徐福上陸の岬」（写真3―1）という標柱が目に入った。柳澤氏はこの標柱を指しながら、以下のように説明してくれた。

ここは、徐福上陸の岬です。この標柱を見てください。下前地区に住んでいる成福さんが書いたのです。成田福好という人で、九〇歳で亡くなりました。名前は、成と福で、徐福の子孫だと説明してくれました。平成七年五月、徐福漂着海岸の権現崎駐車場に、徐福上陸の岬の記念標柱を建てました(5)。

ここでまず、権現崎の概要を述べておこう。前述のように、権現崎は熊野権現にちなんだ呼び方である。つまり、熊野信仰を背景にして名付けられた名称だと考えられる。元々の名は小泊岬である。小泊は地名で、岬はその地形である。漁業を主産業としている小泊村にとっては、小泊岬は特別な存在である。特に、沖合漁業をする際に、船の位置を確認する重要な目印である。川島秀一はこの目印の重要さについて、「漁師たちが、櫓こぎ船の時代から、どんなに遠い沖合まで生活の場を広げていたかが推し量れるであろう。さらに、リアス式海岸の地形の複雑さは、船の位置を、針の穴に糸を通すような、きめ細やかさで定めていくことが必要であった」［川島　二〇〇三：七四］と指摘する。

写真 3-1　権現崎徐福上陸の岬（2017 年 8 月 25 日撮影）

現在の航海術では、衛星などの技術に頼り、遠洋漁業の船がナビゲーションを搭載することは稀なことではない。しかしながら、かつて漁船が櫓を漕いで航行していた時代は、沖合に出る距離も限られていた。そうした時代に、漁師らは沖合から陸地を見て自分の位置を確認しながら漁撈をしていた。その際の目印になったのは、岬や山などのようなものである。岬や目印の山が視界から消えると、これ以上航行することは危険であることが分かった。また、沖合での漁撈を終えて帰港する時、見慣れた岬を目指して進んでいった。したがって、陸地の目印として用いられている岬は、信仰の対象となり、後に信仰媒体としての神社が造られるなど、その岬信仰が展開してゆく。このような神社は日本全国にあり、さまざまな名前で呼ばれるが、いずれも大漁と海上安全の神を祭っている。

小泊村の場合、権現崎は古くから漁船の位置を割り出す「山あて」・「山たて」として漁民に利用されている。さらに、権現崎の先端に鎮座する尾崎神社は、昔から権現崎を媒介として、地元の岬信仰を集め、豊漁と航海安全の神を祭っている。尾崎神社の祭神などについては、後述する。

筆者は権現崎と漁民の生活との結び付きについて、地元のM氏（五〇代、女性）から次のような話を伺った。M氏の夫と舅は漁師である。

今は旦那さん（夫）が海に行ったとき、女性は権現山に登り、山頂の尾崎神社で、旦那が無事に帰られることを拝むことができるが、昔はできなかった。権現崎の神様は女の神様で、女性が山を登ると、神様は嫉妬するから。うちの旦那のお父さんは、海に行くときは、お弁当の中に、肉と卵は絶対入れない。海のものと山のものだけ、弁当に入れる。海の神様だから、肉は絶対ダメ。年を取った人は、今でもそういう習慣を守っている。[6]

M氏の話によると、昔から尾崎神社は航海安全の霊験がある神を祀り、地元の漁師らに崇められているという。地元では古い時代から、漁師らが出漁するとき、必ず権現崎の方角を向いて拝む。これは、海上安全と大漁を祈願するためだと伝えられている。前述のように、権現崎は岬という地形から、従来漁師らに船の位置を割り出す山あてとして利用され、航海信仰を集めてきた。権現崎の頂上に航海安全の神を祭っていることは、権現崎の神秘性を高めていると言える。

3　「航海安全の神」徐福を祀る尾崎神社

尾崎神社（写真3―2）の創立年代については不詳だが、『小泊村史』には次のように記載されている。「第十七代尾崎貞夫宮司の話では、平安時代の大同二年（八〇七）または元暦元年（一一八四）といわれ、阿部一族を頼って紀州から来た尾崎一族が、この地に定住し熊野大権現を祭ったという言い伝えがある」［小泊村史編纂委員会　一九九八：五五四］。

写真 3-2　尾崎神社（2017 年 8 月 26 日撮影）

現在尾崎神社は村社として祀られている。明治時代の神仏分離令により、尾崎神社の祭神は、日本記紀神話に登場した伊邪那岐命と伊邪那美命に変わった。尾崎神社の由緒と以前の祭神などの歴史と変遷について、昭和初期に出版された『北津軽郡神社誌』には以下のように述べられている。

由緒

人皇七代孝霊天皇七十二年秦の徐福東日流の尾崎（権現崎）に漂着せしが後ち国に帰りて死せり。其の追慕の為め観世音一躰・徐福の霊を勧請し、熊野大権現として祭りしものと傳へらる。後ち飛龍大権現と改む。正應元年尾崎坊再建、天保二年八月十七日藩主信順公御參詣遊ばされ御最花金百疋を捧呈せり。明治三年尾崎神社と改め、同六年四月村社に列せられ大正二年八月二六日指定神社に列格せらる。
因に小泊、下前の村民は尾崎様の嫌ひ物として、昔より鶏卵を食せざるの習慣あり。
祭神と縁故ある家
往昔より修験（山伏）として代々奉仕せし尾崎坊は、秦の徐福の後裔にして今の尾崎神職は其の子孫なりといふ。［北津軽郡教育会　一九三七：六五］

筆者は二〇一七年八月下旬に小泊村で実地調査を行った。残念ながら、同年八月二日に尾崎神社の宮司を務めていた第一七代尾崎貞夫氏は病気のため亡くなられていた。享年八四歳と柳澤良知氏から伺った。そのため、面談の機会が得られなかった。柳澤氏は「小泊の歴史を語る会」の会長であり、同会は地元の歴史を詳しく研究されている会である。調査をした際には、柳澤氏と当該会のメンバーたちと一緒に、権現崎で最も高い尾崎山に登ることができた。その際に、柳澤氏は徐福渡来の伝説を以下のように語ってくれた。

文字記録がないが地元の口碑によると、尾崎神社は、平安時代（大同二年〔八〇七〕年）、紀州和歌山からこの地に尾崎一族が移住して創建されたと伝えられている。そのとき、ここに熊野大権現が祀られていた。神社も紀州の熊野神社と同じ社名であった。しかし、明治初年の神仏分離の政策で、社名を尾崎神社と改称した。尾崎神社は昔から修験者の聖地だと言われていた。神仏分離まで、飛龍大権現は祭神として祀られていた。権現崎の名もこれに由来すると言われている。尾崎神社には、昔から徐福の伝説がある。中国の秦の始皇帝に仕えたという徐福が、不老不死の薬草を求めて、小泊の権現崎に漂着したと言われている。そのため、徐福は航海安全と海の神様として飛龍大権現と共に祀られてきた。そのときは、飛龍宮とも呼ばれ、飛龍大権現を祭神、徐福を脇侍として祀られていた。だが、明治初年の神仏分離令により、元来の神様を伊邪那岐命と伊邪那美命とすることになり、神号を尾崎神社と改称し今日に至っている(7)。

「小泊の歴史を語る会」のメンバーは尾崎神社の創建由緒や地元の歴史に詳しい人たちである。彼らに対する聞き取り調査に基づき、尾崎神社と徐福との関連は明らかになった。次に、前述の内容を簡潔にまとめてみよう。小泊地域には古い時代から徐福が権現崎に漂着した伝説があった。徐福伝説に敬慕を持つ人は紀伊和歌山で観世音一体と徐福の霊を勧請して、これを熊野大権現として、神社で祀り始めた。後に、祭神を飛龍大権現と改めた。明治まで、徐福は航海安全の神と海の守り神として、飛龍大権現と共に地元の神社に祀られていた。明治の神仏分離令の実施に従い、祭神と神社名も現在のように変わった。

尾崎神社の創建時期について、詳細な年代は不詳である。しかし、往古から山岳修験による熊野信仰と密接な関連があると考えられる。山本紀綱の研究によると、尾崎氏の祖先である尾崎豊隆（津軽では為信と称した）は、「文禄年間（一五九二〜一五九五）豊臣秀吉に会い、その後紀州那智に行って那智大社の宮司となった。慶長十九年（一六一四）津軽に帰って、津軽南部の尾崎村の寛昌寺に居った……（中略、その後、国の政策で）各地に土地をあたえて神社を建立した。尾崎氏の先祖はそこの講師となり、津軽五代の館藤原ノ八代麻呂（津軽美作守信牧）の娘みつと結婚したという」［山本　一九七九：二三二］と述べている。つまり、尾崎氏の先祖は、熊野那智大社から小泊岬の先端に建てられた熊野神社（後の尾崎神社）の宮司になり、その子孫代々が当該神社の神官を継承している。

前述の経緯から、尾崎神社が古い時代から飛龍大権現を祭神として祀る由緒も推測される。尾崎一族の先祖は既述のように、紀伊の和歌山県に在住した際、熊野三山の一つである熊野那智大社の宮司を務めたことがある。筆者は那智大社で実地調査した際、日本一の一三三メートルの御滝を見たことがある。那智山青岸渡寺は西国三十三ヶ所第一番札所と呼ばれ、如意輪観音を祀っている。「美しい那智滝がそばにあり、その崇高幽玄な景観を観音の化身とみた〈瀑布信仰〉にちなみ、〈飛瀧権現〉とも呼ばれたのである」［山上　一九七三：四六］。つまり、那智の御滝は那智大社の千手観音の化身と認められ、また別宮の飛瀧神社のご神体として祀られている。かつて神仏習合の時代、那智の御滝は、仏の化身である神という姿で現れ、そのため「飛瀧権現」とも呼ばれていた。しかし、明治時代の神仏分離令によって、元々の神仏習合の信仰形態が壊され、その名も「飛瀧神社」となった。

このような背景を踏まえると、尾崎神社が創建されてから飛龍大権現を主祭神として祀っていたのは、おそらく尾崎一族の先祖が那智大社から尾崎神社に移住してきたとき、その信仰を持ってきたと推測される。那智の飛瀧権現と小泊の飛龍大権現は、いずれも航海の神として地元の住民の間で信仰を広げていた。また、那智大社の所在地である那智勝浦町と尾崎神社の所在地である小泊村は、いずれも漁港で、主産業は漁業である。このような地理的な共通点を持ちながら、神官の移動により、その信仰を持ち歩いたと考えられる。それゆえ、和歌山の那智大社と青森の尾崎神社は、地理的な位置が遠いにも関わらず、航海安全と豊漁の飛瀧権現と飛龍大権現という類似の信仰を集めているのである。このようなことを考慮すると、尾崎神社に祭神として祀られている飛龍大権現は、那智の飛瀧権現が訛ったものであろう。

尾崎神社の由緒にせよ、地元の口碑にせよ、徐福が権現崎に漂着してきたという伝説は、尾崎神社の創建より古いと推測される。特に、小泊村は古くから漁師の町であり、航海の安全に対する信仰はあついものであった。そのような信仰を基に、海を渡ってきた徐福は航海安全の神として、遥か以前から尾崎神社に祀られてきた。そのことは、地元の住民らの徐福に対する敬意を示していると思われる。また、小泊の徐福伝説が語るように、徐福が万里の波濤を乗り越え、無事に津軽半島の権現崎に辿り着くことは非常に困難なことであった。そのため、徐福は航海安全の神として祀られ、地元の信者を集めているのであろう。

また、尾崎神社には徐福の木像（写真3―3）が秘蔵され、歴代の宮司を務める尾崎一族が保管している。徐福像は古い厨子の中に収められていた。御厨子の外観は黒塗りで、両扉の内側と背面は金箔が施され、その中に徐福の木像は入っていた。厨子の高さは一三・五センチメートル、横七センチメートル、奥行き四・五センチメートルである。中に収められた徐福像は、一本造りの木彫の立像である。像高六・五センチメートル、波浪台二・五センチメートル、台座二センチメートル。徐福の木像は、緑・黒・朱色などが所々に着色され、高貴な中華風の服装で波浪台に立っている。

柳澤氏の話によると、初めて徐福木像のことを聞いたのは昭和二八年（一九五三）のことであった。『菅江真澄遊覧記　五』にある「男鹿の秋風」の部分の記録によると、秋田県男鹿市門前町にある赤神山の中には、「徐福塚」がある。しかし、いつのことか分からないが、徐福塚が失われた。現在、赤神神社（前身は「赤神山　日積寺　永禅院」）五社堂入口の付近に建立されている徐福塚は、平成一七年（二〇〇五）、地元の有志により、菅江真澄の記録を参考し、地産の門前石を用いて復元されたものである。しかし、注目すべきなのは、昭和四三年（一九六八）に発行された『菅江真澄遊覧記　五』（東洋文庫　一一九）に付された訳者内田武志・宮本常一の「徐福の塚」の注である。その内容は以下のようである。

写真 3-3　尾崎神社の秘蔵徐福木像
（柳澤良知氏提供）

徐福の塚　秦の始皇帝の命をうけて、徐福が不老不死の仙薬をもとめて東海の三神山に航海した記録は『史記』『漢書』にみえている。日本では紀州の熊野に徐福の墓といわれるものがあり、また男鹿にもあるのは、おそらく熊野修験がもたらしたものであろう。津軽半島小泊の権現崎の尾崎神社の御神体は、秦の徐福の肖像だと言われている。［菅江　一九六八：

徐福塚に関する注の前半の部分は、男鹿の徐福塚の由来についての分析である。古くから山岳信仰として有名な永禅院の敷地にある徐福塚は、熊野の修験者が持ってきた可能性が高い。注の後段の部分に、「小泊の権現崎の尾崎神社の御神体は、秦の徐福の肖像だと言われている」という記述は、興味深いし、注目すべきことである。尾崎神社は徐福に由来する神社であり、徐福を祀る神社であると考えられる。徐福の肖像が神社のご神体として祀られていることは、その由緒（前述）を裏付けている。これはまさに尾崎神社に伝えられている由緒と一致し、地元に口碑として定着した伝説にも合致する。詳細な時期は分からないが、少なくとも平凡社版の図書が出版された際には、つまり一九六八年までは、小泊地域には徐福の肖像を尾崎神社のご神体として祀っているという言伝えがあったと推測される。

さらに、山本紀綱は「徐福の木像が祀られているのは、寛永二年（一六二五）頃ではないかと思う。――紀州熊野の阿須賀神社（新宮市）には、寛永の初め頃までは徐福木像があったが、それを誰かが小泊に持ってきたのではないか」［山本　一九七九：二三一―二三二］と指摘している。昭和五二年（一九七七）九月、山本は小泊村の徐福伝説の伝承地を訪れ、尾崎義男氏（宮司ではない、義男氏の弟常雄氏が宮司である）と徐福の木像について語り合った。尾崎氏は「寛永初年頃まで、徐福木像は熊野阿須賀神社にあったが、寛永二年の頃、誰かが小泊に持ってきて尾崎神社に記ったのではないか」［山本　一九七九：二三四］と山本に語った。いずれにせよ、尾崎一族が秘蔵する徐福木像と尾崎神社は、共に熊野信仰の修験道と深い関連があると考えられる。

だが、注目すべきことは、尾崎神社の祭神の変化である。元来の観世音と徐福の霊からなる熊野大権現から、後に飛龍大権現となり、現在は伊邪那岐命と伊邪那美命となった。このような祭神の変化から、徐福は当初の大権現から、現在の脇侍として祀られるようになった。前述のように、飛龍大権現はおそらく那智大社で宮司を務めた尾崎豊隆が尾崎神社に移動した際に伝えられてきたのであろう。徐福の尾崎神社における位置づけは、従来の祭神の御神体から現在の奥の院の脇侍となった。明治時代の神仏分離令により、従来の祭神は日本記紀神話に登場した伊邪那岐命と伊邪那美命となり、徐福の御神体と祭神の位置づけも下がっていった。しかし、尾崎神社の祭神がどのように変わっても、徐福が航海安全の神と海の守護神として地元の人々に祀られていることは変わらなかった。このように、徐福伝説が小泊地域で定着したことは、地元の住民の間で徐福があつい信仰を集めていることと深い関係があると考えられる。信仰として心の奥底に信じられていることにより、徐福伝説は生き生きと伝承され、形を変えて地元の人々の生活に融合していった。

4　尾崎神社の航海信仰

小泊村の権現崎に対する信仰は、古い時代からあった。特に、権現崎という岬の頂上に鎮座している尾崎神社は、中国大陸から漂着してきた徐福を航海安全と海の守護神として祀ってきた。次に、尾崎神社にまつわる航海信仰について、具体例を挙げて説明してみよう。

弁財船は江戸時代から明治時代にかけて、国内海運に広く使われていた大型木造帆船である。その弁財船には小泊港に入って、権現崎に通過するとき、尾崎権現を参拝するという慣例があった。この習慣について、和歌森太郎は『津軽の民俗』の中で、以下のように述べている。

この港に入ったベシジャ（弁財船）はママタキと番人を残して船中一同が絵馬や神酒をもって尾崎権現へ参拝するのが慣例であった。神に供えた酒をおろして船霊様に捧げておき、荷役や風待ちがすんで出港し、権現崎を通るとき（これは上り航路の場合）神酒をおろしていただきながら権現様を拝み、通過する（小泊に寄港しない船もこの沖合を通過するときは帆を下げ、神酒をささげて遥拝する）。［和歌森　一九七〇：一四四］

この記録からは、以前の船乗りらの権現崎や尾崎権現に対するあつい信仰が垣間見える。さらに、古くから伝えられてきた権現崎にまつわる参拝慣例の構造もうかがえる。弁財船が小泊港に寄港する時、ママ炊きと番人を除き、船の関係者一同は絵馬や神酒などを持って、尾崎神社に参拝する習俗がある。尾崎権現は小泊地域の航海安全の守り神である。地元の漁民らは無事に沖合から帰ってくると、尾崎神社に神酒などの供え物を持って参拝に行くのが古くからの習わしである。地元の漁民は、漁船を寄港させると、感謝の気持ちを込め、尾崎神社に供え物を奉納に行くのが慣例である。だが、弁財船のような外から入ってきた船にとっては、小泊港は一時的に寄港する港である。船員らが地元の尾崎神社を参拝する目的は、寄港の感謝の気持ちと共に、これからの出港・航海も順調に進めるようにという祈願も込められている。

尾崎神社は航海安全に霊験のある神を祀っている神社である。弁財船のような外来船であっても、その神社の近くを通過する際には、地元の神を拝まないといけないと言われている。尾崎権現は小泊地域に鎮座している土地に根付いた神として扱われていた。地元の船も弁財船のような外来船も、この領域を安全に通過するために、古くから伝えられてきた習俗を守り、寄港や出港の際に、必ず権現様を拝むのである。また、小泊港に寄港しない船であっても、権現崎を通過するときは、帆を下げて、神酒をささげながら遥拝する仕来りがある。このように、権現崎と頂上に鎮座している尾崎神社は、地元の漁民だけでなく、この地域を通過する船乗りにも、航海安全の神として崇められていた。

また、神に供えた酒を下ろしてから、船霊様にささげていくという参拝の慣例は、注目すべきものである。日本全国の船霊様を祀る方法は、地域によって異なる。小泊地域では、入港した漁船の船員が無事に海上から帰還した際、地元の尾崎神社に絵馬や神酒などを持って奉納に行くのが、一般的な作法である。尾崎権現に奉納した神酒を下ろして、船霊様に捧げるという作法は興味深い。地元では、船霊様は船の守り神であり、権現様として祀られている神は豊漁を守る神であると言われている。船員らの参拝慣例から、陸地に鎮座している権現様は船霊様より重視されていることが分かる。

筆者は柳澤氏のご紹介により、小泊で地元の漁師のD氏とH氏らと話し合う機会を頂いた。柳澤氏と漁師らの話によると村に古くから伝えられてきた漁撈習慣は以下のようなものであった。

権現崎は漁師たちにとって航海の目印であり、神々が宿る岬と言われている場所である。その権現崎の沖合いで、春の初出漁の際に漁船からお神酒を海に注ぎ、海上安全と豊漁を祈願して旋回する風習がある。漁船が権現崎の沖合いを通るときは海上安全を願い、洋上から遥拝する習慣は今も昔も変わらない。また、出港と帰港の際にも安全と感謝の意を表し、尾崎神社に遥拝している。海上の仕事は危険だから、漁師の人たちはとても神仏を大切にし、信仰している。権現崎を航海の神として崇めている。漁師たちにとって尾崎神社は心のよりどころである。(8)

前述のように、尾崎神社は紀州の熊野神社と深い因縁がある。特に、熊野権現に由来する権現崎は、その信仰の媒介として地元の人々に認知されている。権現崎の頂上に鎮座している尾崎神社は、徐福という航海安全の神を祀ることにより、地元の漁民らの信仰を集めていた。古い時代から伝えられてきた漁撈習俗と現在の民俗伝承を統括して分析すると、権現崎は岬という地形から航海の目印として使用されているだけではなく、熊野信仰を包容し、岬神（岬信仰）・航海信仰の媒介として地元の住民に祀られているのである。

このような歴史背景と民間伝承に基づき、尾崎神社が地元と周辺の船乗りらの信仰を集めてきた源泉は、古くから万里の波濤を乗り越え、無事に権現崎に辿り着いた徐福の伝説とその航海信仰だと考えられる。尾崎神社の由緒が述べているように、当該神社が創建された要因は秦の徐福がここに漂着してきたということであった。尾崎神社の祭神は創建以来、変化している。しかし、航海安全と海の守護神として地元に認められているのは、以前の尾崎神社のご神体の徐福の肖像と、現在尾崎神社の奥の院の脇侍として祀られている徐福である。徐福伝説が、尾崎一族によって紀州和歌山からもたらされてきたかどうかは、資料が足りないため十分に把握できない。だが、徐福の子孫が和歌山で徐福の霊を勧請し、尾崎神社に奉納したという話は、地元において、神社の由緒のような文字記録や民間口碑など多様な形式で伝承されている。

5　尾崎山で発見された仙薬

徐福伝説は、秦の始皇帝の命を受け、東海にある三神山に不老不死の仙薬を探す話であると言われる。このことは、中国・韓国・日本の徐福伝説を構成する共通のモチーフとして認められている。日本全国に分布する徐福伝説を見ると、その伝説の内容は多様であるが、薬草を探すという要素は、伝説を構成する一番肝心な要素として認められる。ただし、それも地域ごとに異なっている。

小泊村に伝わる徐福伝説では、徐福一行が権現崎に上陸し、この地域で最も高い尾崎山に登ったと伝えられている。地元に伝わる口碑によると、徐福が権現崎で「求めたのは行者ニンニク（別名アイヌねぎ、アイヌ語ではキトピロ）、トチバ人参（別名竹節人参）、権現オトギリ草といわれ、いずれも健胃、精力、神経痛、各臓器など延命長寿の薬草」［柳澤　二〇〇五：一四］である（写真3―4）（写真3―5）（写真3―6）。特に、行者ニンニクの「球状をしたのは根、滋

写真 3-4 行者ニンニク

写真 3-5 トチバニンジン

写真 3-6　権現オトギリソウ
（いずれも柳澤良知氏提供）

養強壮の薬効があり、山岳で修業する行者が好んで食べたことから、その名があります。薬酒にもします」［池上　二〇〇三：五〇］とされる。

柳澤氏が述べているように、徐福が尾崎山で見出した仙薬は、いずれも体力を増強させる薬草である。これはおそらく修験者との関わりがあると推測される。よく知られているように、修験者は山伏とも呼ばれ、山で修行して山を歩き回り、山から山へ村から村へ回る。平安時代に入ると、仏教が元来の山岳信仰と結びつき、これに由来する修験道も日本全国でブームになった。修験者（山伏）は、仏教の知識を有するだけではなく、薬草の知識も持っていた。また、修行しながらさまざまな民俗習慣を地元の人々に教えるのが一般的であった。

日本の修験道は飛鳥時代に役小角によって開創されたと言われている。平安時代には神仏習合の動きの影響を受けた。仏教の一派である密教（天台宗・真言宗）は、「山岳の地に伽藍を営み山中を修行の場としていたから、在来の山岳信仰とも結びついて修験道の源流となった。修験道は、山伏にみられるように山岳に登って修行することにより呪力を体得するという実践的な信仰であり……（中略）またとくに熊野三山（熊野の本宮・新宮・那智の三社からなる）は、続く摂関時代・院政期に、多くの天皇・法皇・上皇・摂関家をはじめとする貴族たちの参詣を得るほどの信仰を集めた」［佐藤　二〇〇八：九六］。

つまり、修験道は日本古来の山岳信仰を仏教に取り入れ、厳しい山岳での修行を通して悟りを得る宗教である。日本特有の宗教である修験道は、修験者（山伏）が全国の山岳を巡礼することによって、仏教の教義を伝え、さらに地域間の情報交換の役割も果たしていたのである。小泊地域の尾崎山全体は、昔から修験道の聖地と言われている。また、尾崎神社と因縁がある熊野那智大社は、修験道の中心地の熊野三山の一つとして広く知られている。既述のように、尾崎一族は紀州和歌山から小泊に移住し、その際に熊野信仰を小泊地域に伝えてきた。紀州和歌山には古くから徐福に関する伝説や祠などがあった。それらは知識人により書物や漢詩として書かれていた。徐福伝説が小泊地域に伝来したこと、また、これに由来する体力増強の仙薬を発見したとされることは、当時の教義を伝播する修験者が伝えた可能性が高いと考えられる。

6　徐福と船の右櫓伝統

「日本の漁船はほとんど左櫓（左漕ぎ）で、右漕ぎはきわめて稀である。右櫓は中国と日本では長崎の一部で、あと有明海に面した漁港の船に右櫓が多い」［内藤ほか　一九八九：九］と内藤大典は述べている。二〇一七年八月、筆者が中泊町で実地調査をした際、地元の漁師から下前地区には船の右櫓伝統があることを聞いた。

漁業を主産業としている小泊村では、小泊地区は左櫓だが、隣の下前地区は右櫓である（写真3—7）。地元の口碑によると、中国には右櫓で漕ぐ仕来りがあり、小泊村下前地区の右漕の習俗は徐福が伝えてきたのだと言われている。日本では左櫓が一般的であるが、本章で言及した小泊村下前地域の他、九州の有明海の一部と長崎の一部も右櫓で漕ぐ伝統がある。これらの地域はいずれも古い時代から徐福伝説の伝承地として有名な所であり、中国と古くから頻繁な交流があった地域である。

徐福上陸の地と言われている佐賀県有明海地域には、青森県小泊村下前地区と同じように、船の右櫓伝統が伝わっている。佐賀県の伝説によると、有明海から上陸した徐福一行は、地元の人々に船の右櫓の漕ぎ方を教えたと言う。そのため、有明海周辺では、漁船の右櫓で漕ぐ風俗が今も残っている。本州最北に位置する青森県と九州にある佐賀県は、地理的には遠距離にある。産業の面でも漁業と農業の差異があり、従来受けた外来文化の影響もそれぞれ異なる。しかし、共に徐福にまつわり類似する伝説や習わしなどが伝えられている。それは、これらを伝播する人々の力によって当該地域に定着し、一方で、地元の信仰などと結びついたからであろう。元来の信者らは意識的に、地元の住民らは日常生活の無意識のうちに伝承してきたのである。

実地調査の際、漁船の漕ぎ方について、地元の漁師K氏（七〇代、男性）は、以下のように語ってくれた。

同じ小泊村でも、小泊地区と下前地区でそれぞれ漁船の漕ぎ方は違います。距離は近いが、小泊地区は漁船の左櫓で、下前地区は右櫓です。左櫓の漕ぐ伝統は、日本全国にも通じるが、どうして下前地区だけが違うかというと、地元の言い伝えによりますと、徐福一行が権現崎に漂着してきたとき、この伝統を地元の人々に伝えたと言われています。下前地区だけこの伝統を伝えてきたことは、この地域の地理的な位置とも関係がありますよ。権現崎の頂上の尾崎神社には、漁業の守り神としての海上安全の神を祀っている。下前地区の漁師たちが出航のとき、右櫓で漕ぐと、尾崎神社の神に感謝の姿を表している。逆に、もし左櫓だったら、神様に背を向けるようになります。これは失礼なことだから、地元の漁師たちが昔から右櫓で漁撈をしていました。[9]

写真 3-7　船の右櫓伝統
（漁師太田勝太郎氏）

漁船を右櫓で漕ぐ習俗は、青森県の西海岸地域（西津軽郡鰺ヶ沢町・深浦町）でも見られる。だが、右櫓を主としているのは青森県中泊町小泊村の下前地区だけである。西海岸地域では、左櫓と右櫓の両方が使用されている。下前地区には漁船の右漕ぎの仕来りは徐福一行が伝えたという言い伝えが古くからあった。下前地区の磯舟の右櫓、小泊地区の左櫓は尾崎神社に感謝し、安全を願うという表現の仕方である。地元では漁業の守護神に感謝を表すために右櫓で漁船を漕ぐ。そのことは、漁撈の際の決まりとなり、漁民は常にそれを守っている。これらの仕来りは、地元の漁業を主産業とする人々にとっては、先祖から伝えられてきた漁撈の姿勢である。同時に民間信仰として伝承されている。

小泊村における徐福伝説の定着にせよ、徐福を尾崎神社の航海安全の神として祀ることにせよ、いずれも地元の民間信仰と切っても切れない関係がある。徐福伝説は地元の人々に熱心に語られている。そのことは、豊漁と航海安全の神として尾崎神社に祀られている徐福が、従来から霊験があり、人々に信じられていたからなのである。この地域の漁民らにとっては、海上の仕事は非常に危険である。先祖たちが伝えてきた漁撈の技術は言うまでもなく、漁撈のルールや禁忌なども正しく伝承されなくてはならない。目印として用いられている権現崎はもちろん、元来漁業の守護神を祀る尾崎神社は、古くから地元の漁師らに大切にされ、信仰されてきた。地元の口碑に伝えられているように、船の右櫓伝統は徐福伝説と深い関係がある。また、尾崎神社に祀られている徐福は航海安全の神として、往古から住民らの信仰を集めていた。このように、ロマン的な伝説とあつい信仰の基に、船の右櫓伝統は、古くから当該地域に根付き、地元の人々に伝承されていたのである。

7　最北端の徐福石像

日本全国に分布している徐福伝説には、さまざまなパターンがある。各地域の人々は、徐福の遺徳をしのび、徐福とそれに関連する伝説を町おこしの文化要素として活用したり、さまざまな目的を持ち、徐福の石像や石碑などの記念物を建立したりしている。青森県中泊町小泊村には、日本最北端に位置する徐福の石像[10]（写真3—8）がある。

筆者は、二〇一七年八月、小泊村で徐福の里公園にある立派な徐福の立像を訪れたことがある。その際、柳澤氏に「日本全国には、さまざまな徐福の石像があるが、なぜ小泊の徐福の石像はお爺さんの格好をしているのか、また徐福像を建立する契機は何か」などについて尋ねた。柳澤氏は筆者を案内しながら、徐福の里公園の設備や小泊村の徐福石像の建立の経緯などについて、以下のように語ってくれた。

二二〇〇年前、中国の徐福が権現崎に不老不死の仙薬を求めて来たと言われている。最初は権現崎直下に平成七年（一九九五）「徐福上陸の岬」という標柱を建てた。その後、徐福ムードが盛り上がり、平成一〇年（一九九八）村の議会議員一行一二名が、文化観光活性の起爆を願い、中国に研修に出向き、その後、議会で徐福像を建立することを議決し、建立の運びとなった。平成一四年（二〇〇二）一一月一一日権現崎キャニオン下の駐車場に徐福像建立除幕式を挙行し、日中（台湾含む）韓の研究家が参列した。日本およびアジア最北端の徐福漂着地として、全国から注目される。平成一六年（二〇〇四）台風一四号により小浜海岸崩壊のため、徐福像を「徐福の里公園」に移設、今日に至る。[11]

写真 3-8　最北端の徐福石像
（柳澤良知氏提供）

柳澤氏の話によると、徐福石像の原画の製作者は、青森県で有名なねぶた師の竹浪比呂夫氏である。平成九年（一九九七）八月の青森ねぶた祭に、竹浪氏（竹浪魁龍とも呼ばれる）が製作した約一〇メートル四方の大型ねぶた「秦の徐福と権現崎」（後掲の写真3―15）が出陣した。残念ながら竹浪氏の作品は受賞しなかった。しかし、郷土文化としての徐福伝説と権現崎を結合させ、小泊地域の特有な文化が青森ねぶた祭で全国に披露されたのである。
徐福の里公園に建てられている徐福の石像は、ねぶた師竹浪比呂夫氏の原画に基づき、中国福建省の朱炳総氏が彫刻したものである。像高二・八メートル、台座〇・六メートル、重さ一一トン、白御影石の立像である[12]。柳澤氏はこの徐福像について、「徐福像の左手をかざして、徐福はこれから不老不死の仙薬を探そうと固い決意を持っています。右手には中国のシンボルの龍を携えてきました。それで、右手には龍の杖を持っている。この龍は尾崎神社の主神の飛龍権現となり、村人を守る守護神となりました[13]」と語ってくれた。地元の人々は徐福の石像に敬意を払い、徐福の遺徳を顕彰している。さらに、その像には地元の飛龍権現の信仰も込められて建立されたのである。

徐福像の台座の三面のレリーフには、徐福が権現崎で見出したという薬草が刻まれている。平成一四年(二〇〇二)一一月に権現崎キャニオン下の駐車場で徐福石像の除幕式が行われた。中・韓・日(台湾含む)の徐福研究家が参列した。小泊における徐福の石像は、東アジアにおける徐福研究と顕彰のブームという状況の中で建立された。なお、平成一六年(二〇〇四)三月の台風一四号により、「小浜海岸崩壊のため、徐福像をライオン岩公園に移設」[中泊町合併記録誌編さん委員会 二〇一六:五二五]した。同年七月、「徐福の里公園」が開園した。そのときから今日に至るまで、徐福の石像は場所を変えずに「徐福の里公園」に建っている。徐福の里・物産品直売所には、アジア各地の伝承地と徐福像のパネルが展示され、大勢の人が訪れている。柳澤氏は各伝承地の徐福伝説と徐福像を紹介しながら、「これは国交友好の始祖徐福さんのお陰であると大感謝しています」と語ってくれた。

徐福の石像は飛龍権現の飛龍をイメージする杖を持ち、静かに地元の住民の生活と漁師らの安全を守っている。近年、徐福の石像を囲んで、「中泊徐福まつり」が開催されている。二〇一七年八月、筆者は日本徐福研究協会の田島孝子会長と一緒に、第五回「中泊徐福まつり」に参加した。徐福伝説のロマンと現実社会の喜びが完璧に融合し、生き生きと展開された祭りの様子が思い出される。

三　「中泊徐福まつり」の構造

日本全国には数え切れないほどの祭りがある。京都の祇園祭のような巨大な祭りから、農村にある素朴な村祭りまで、多様な祭りが各地域で行われている。祭りの目的を見ると、大部分は五穀豊穣の祈願、あるいは豊作への感謝、豊漁や航海安全の願い、疫病神の退散などを祈願する行事である。だが、本章で「中泊徐福まつり」の構造を考察すると、この祭りは単純な豊漁や航海安全を祈願する行事ではないことが判明する。行事の中で、徐福伝説が語られ、地元の郷土芸能などと融合した作品が演じられる。こうしたことが祭りの独特な雰囲気を作り出している。

「中泊徐福まつり」は、地元の有志が提案して開催された新しい祭りである。日本全国に徐福伝説ゆかりの地は二〇か所以上あるが、徐福祭りを行っている所はわずか四、五か所しかない。祭礼の都市化に従い、町おこしや観光などの目的で行う祭りは近年増加する傾向にある。中泊町で行われている徐福まつりがいつまで続けていけるのかは不明である。それゆえ、現在行われている祭りの内容を記録することは非常に重要だと考えられる。徐福伝説に関する研究は多くあるが、徐福伝説と地元の郷土文化が融合して生み出された祭りの研究は、極めて少ない。したがって、本節では、その祭りの外側にいる研究者という立場から、二〇一七年八月に行われた第五回「中泊徐福まつり」の過程を振り返り、祭りの背景と由来・仕組み・役割という三つの側面から、「中泊徐福まつり」の内容を読み取っていく。

1　祭りの背景と由来

「中泊徐福まつり」は平成二五年（二〇一三）から、スタートした。中泊町で徐福を記念する祭りを開催することになった経緯について、筆者が収集した資料と地元の人々に対する聞き取り調査に基づきまとめると、次のようになる。[14]

まず、柳澤良知氏が、徐福まつりの開催前に、徐福伝説を学ぼうということを提案した。このアドバイスに従い、学習会などが行われることになった。次に中泊町の水産観光課（リーダー　三上晃瑠氏）が中心となって、話し合いが行われ、中泊町が徐福まつりを開催することが決定された。徐福まつりの目的は、平成二五年（二〇一三）、徐福最後の東渡（紀元前二一〇年）[15]来町二二二二周年記念事業として徐福伝説の継承すること、また、二〇一五年北海道新幹線「奥津軽駅」（当時の仮称、現在の「奥津軽いまべつ駅」）開業前に、津軽半島奥津軽を広報することであった。

徐福来町二二二二周年記念事業として第一回徐福まつりの事業が平成二五年（二〇一三）、七月から始まった。その主な事業は次の四つの内容になる。

（1）徐福伝説の学習会。「小学生、中学生、高校生、一般（町内会長他）による学習会・ワークショップ（七月二〇日、二七日、八月一日）」［中泊町合併記録誌編さん委員会　二〇一六：五八七］、毎土曜三時間、三回行うことを発表した。

（2）徐福の軌跡をたどる。八月二五日、蓬莱・方丈・瀛州を北海道の小島・大島・奥尻島に見立て、下北から遊覧船をチャーターし、一一〇名参加の徐福航海ツアーを実施した。しかし、当日はあいにく波が高く荒れていたため、残念ながら途中からUターンし、権現崎と下前海岸を遊覧した。さらに「ライオン海道」を散策して遊歩道の「徐福のレリーフ」八枚を鑑賞するなどして徐福伝説学習と顕彰に努めた。

以上の準備段階を終え、第一回「中泊徐福まつり」が開催された。徐福の基礎学習を終え、権現崎ロマンの岬から世界に向けて中泊の徐福伝説を発信しようと、二〇一三年九月二一日(土)と二二日(日)、第一回「中泊徐福まつり」が開催された。

(3) 徐福ウォーク、および右櫓船漕ぎ競争。九月二一日の午前は徐福が歩いたと言われている権現崎を四〇人が歩いた。柳澤良知氏が尾崎神社や徐福についての解説をしながら、「徐福ウォーク」(四キロメートルと一四キロメートルコース)が行われた[え　二〇一三:二]。午後は徐福が伝えたと言われている世界初の二〇〇メートルの右櫓船漕ぎ競争が開催され、二人一組で八チームが参加した。

(4) 徐福フォーラム、および芸能祭りなどの披露。九月二二日、「世界に繋ぐ徐福学」という題目で柳澤良知氏が基調講演を行い、徐福の学習、徐福フォーラムが行われた。その後、徐福音頭など民俗芸能、音楽祭(中学校の吹奏楽、地元下前地区出身の青森大学准教授・声楽家 白岩貢氏によるクラシックコンサート)が開催された。食感・体感・心感のイベントが徐福の里公園で盛大に実施された。

このように、「中泊徐福まつり」は徐福来町二二二二周年の記念事業をきっかけに、二〇一三年から毎年の八月前後に開催されている。これは、徐福を記念する仕来りとなった。地元の民俗芸能などが祭りの場を借りて公開され、中泊町の特色に富む徐福まつりが行われている。

2　第五回「中泊徐福まつり」の仕組み

二〇一三年、徐福渡来二二二二周年を記念するために、柳澤良知氏をはじめ、地元の有志らの提案により発足した「中泊徐福まつり」は、毎年八月前後に開催されている。二〇一七年八月、筆者は日本徐福協会の田島孝子会長と一緒に、日本最北に位置する徐福を記念する祭りを開催する青森中泊町を訪れた。第五回「中泊徐福まつり」の開催に当たり、中泊町の人たちは渡来人としての徐福をどのように思い、徐福伝説に関してどのように受け止めているのだろうか。筆者はそのような疑問を持ち、祭りに参加した。柳澤良知氏によると、徐福まつりは開催された当初から、毎年ほぼ同じような流れで行われているという。ただし、アトラクションは出演団体の都合で毎年多少変わることもある。本節では、二〇一七年に開催された第五回「中泊徐福まつり」を事例に、青森県中泊町における徐福伝説の伝承について考察を行う。

二〇一七年八月二七日（日）、第五回「中泊徐福まつり」は、小泊観光協会の主催、中泊町の後援により、徐福の里公園、徐福像前の特設会場で開催された。ステージの設営は業者に依頼した。その他の会場準備は主催の観光協会、役場の職員たちが行った。祭りは午前一〇時から午後二時半までに行われ、体感イベント・食感イベント・心感イベントからなる。次に、第五回「中泊徐福まつり」の開催目的と仕組みなどについて、地元で収集した資料や祭りの参加者などに対する聞き取り調査を踏まえ、整理してみよう。

第五回「中泊徐福まつり」の開催目的について、当該祭りの開催要項に次のように書かれている。「中泊町には、今から約二二二六年前に秦の始皇帝の命を受けて、当時の木造船で上陸し、漁業・農業等を伝えたという言い伝えがある。第五回目の今年度も、未来の世代に徐福の功績や郷土芸能を伝えると共に、徐福が伝えたであろう〈音楽〉と〈食〉を現代の我々が磨きをかけ、津軽半島内外に発信する」とある。開催目的に書かれているように、祭りは体感・食感・心感という三つの部分に分けられる。こうして古くから伝えられてきた徐福伝説のロマンを現代社会の新しい形式で示した。また、徐福を顕彰する目的を含め、多様な活動を通して、地元の人々の生活を豊かなものにするのである。

1　【体感イベント】徐福フォーラム（10：00～11：45）

中泊町の歴史・徐福伝説・地域の伝統文化・芸能活動に取り組んでいる団体の発表を行うものである。内容の詳細は、表3―1に示した通りである。

体感イベントの中の「網おこしはやし」（昭和六二年一〇月一日、小泊村の無形民俗文化財に指定）は、中泊町の「網おこしはやし保存会」により舞台に上演された（写真3―9）。『子はたき音頭』という民俗歌曲と共に行われている。「網おこしはやし」は、かつて小泊地域に伝えられたもので、鰊漁作業の際に眠気を覚まし、活気を付けるために歌われた漁撈歌であった。徐福まつりで演じられた「網おこしはやし」は、その漁撈歌を基にした伝統芸能である（詳細後述）。

このような地元の民俗性に富む芸能の中には、徐福の遺徳をしのぶ舞踊や若者の青春を示すダンスなどがある。これらの郷土伝統芸能（写真3―10）は、一三歳前後の少女から七〇代前後の年配の男女によって演じられている。

写真3-9　網おこしはやし（2017年8月27日撮影）

写真3-10　郷土伝統芸能の舞踊（2017年8月27日撮影）

徐福像を囲んで設置された臨時舞台には生き生きと演じる人たちの姿があった。このように地元の人々の生活に徐福伝説が違和感なく、融合していることに中国人である筆者は特別な思いを抱いた。徐福の里公園に立つ穏やかな表情をしている徐福像の前で、地元特有の伝統舞踊が行われた。「徐福音頭」の踊りは、二二〇〇年前渡来したと言われる徐福一行が地元の人々と一緒に平穏に生活している場面を表しているようである。こうしたことが徐福伝説に由来する

表 3-1　体感イベントの詳細内容

時刻	所用時間	内訳	摘要	
			発表者	演目
10:00	10 分	開会式	主催者代表　小泊観光協会会長 川山光則 来賓祝辞　中泊町長　濆舘豊光	
10:10	10 分	郷土伝統芸能等発表①	網おこしはやし保存会	網おこしはやし 子はたき音頭
10:20	10 分	郷土伝統芸能等発表②	権現漁火会	大漁祝い節 桜小町
10:30	10 分	郷土伝統芸能等発表③	小泊婦人会 下前婦人会	小泊音頭 徐福音頭
10:40	5 分	郷土伝統芸能等発表④	小泊婦人会 下前婦人会	小泊小唄 共済音頭
10:45	5 分	休憩および会場準備		
10:50	25 分	基調講演 シンポジウム	「徐福から学ぶ未来の中泊町」 小泊の歴史を語る会　柳澤良知会長（徐福研究家） 「中国と日本の徐福」 田島孝子氏（日本徐福協会会長） 華雪梅氏（神奈川大学大学院生）	
11:15	5 分	休憩および会場準備		
11:20	10 分	郷土伝統芸能等発表⑤	健康ダンス「べえ子ちゃん」と謎の美女軍団	親子花笠 リンゴの唄
11:30	10 分	郷土伝統芸能等発表⑥	花柳穂紀桜会	二人でお酒を 五山の送り火
11:40	4 分	郷土伝統芸能等発表⑦	小泊婦人会	徐福音頭 （小泊地区の振付で）
11:44	1 分	司会挨拶（締めの挨拶とグルメイベントの宣伝）		
11:45		フォーラム終了		

（現場で収集した資料に基づき、筆者作成）

表 3-2　参加団体と販売品目一覧

番号	出演団体	販売品目
①	小泊 Vic・ウーマン	徐福カレー
②	津軽鉄道応援直売会	ブルーベリーサイダー・コンニャクおでん
③	下前婦人会即漁協婦人部	イカめし
④	徐福の里物産品直売所	えびカツバーガー　他
⑤	アクトプラン・SBP	メバ焼き・産直野菜　他
⑥	こどまり新鮮朝市実行委員会	いくら丼　他
⑦	小泊漁協婦人部	海鮮お好み焼き
⑧	小泊婦人会	稲荷ずし・海苔巻き

（現場で収集した資料に基づき、筆者作成）

中泊町の民俗文化の一番魅力的な所であろう。

2【食感イベント】海山食感グルメ（11：45～終了まで）

郷土伝統芸能などの発表と徐福シンポジウムの開催と同時に、来場者は、伝統舞踊を見たり、郷土音楽などを聞いたりしながら、地元の特産食品を味わうこともできる（写真3―11）。この食感のイベントは、今から二〇一六年前に「徐福」が伝えたという「食」をキーワードに、中泊町のグルメを選りすぐった「旨いもの」コンテストである。町内で活躍している団体が、中泊町に伝わる「旨いもの」を来場者に提供し、県内外に津軽半島中泊町の味覚をPRする。八つの団体が地元産物を活用し出品した（詳細は表3―2を参照）。来場者は現金か引換券（写真3―12）で商品を購入する。八団体が準備した品目を試食し、気に入った商品に投票して（写真3―13）、地域のグルメを掘り起す。

一一時四五分から一三時、人気のグルメコンテストが行われた。地元特産の食材で作られた料理には、水揚げされたイカを使った海鮮お好み焼きやカレー、イカめしなどが並ぶ。来場者はその料理を味わって、気に入った料理に投票する（投票と引き換えに徐福大ビンゴ大会のビンゴカードがもらえる）。その投票数によって一位と二位を決定し表彰する。特に徐福が伝えた「長寿食」をキーワードに、中泊産の海山材を使用した作品が好評であった。このあたりに中泊「徐福まつり」の特色が現れている。

同時に、津軽海峡特産の本マグロ解体ショーとマグロ丸ごと振舞いが行われた。この「マグロ解体ショー」は今回が初めてということであった。祭りを主催する役場職員に確認すると、毎年の「中泊徐福まつり」の内容は多少の違いがあっても、一般的には大きな変化はないという。その中、今回初めて「マグロ解体ショー」が行われたのである。解体されたマグロは、ビンゴ大会の賞品として使われている。

3 【心感イベント】津軽半島徐福交流祭（13：00～14：20）

クラシック音楽祭が地域に関わる人たちの力で開催された。徐福が伝えたであろう「音楽」が時をつなぎ、現代人の心を癒している。当日、心感イベントとして、津軽半島徐福交流祭が、中泊町立中里中学校吹奏楽部（顧問：本間先生）を中心に行われた。一三時から一三時四五分の間にはクラシック音楽祭が開催された（写真3―14）。

その後、魚介類が当たるビンゴ大会が開催され、遊び心を満喫させると共に、参加者相互の交流を深めた。閉会式では、グルメコンテストの結果が報告された。第五回中泊徐福まつりグルメコンテストで優勝団体として受賞したのは下前婦人会即漁協婦人部である。

小泊観光協会の川山光則会長は「来年も再来年もずっと続けていきたいと思いますけれども、予算の続く限り、

写真 3-11　特産食品を購入する人々（2017 年 8 月 27 日撮影）

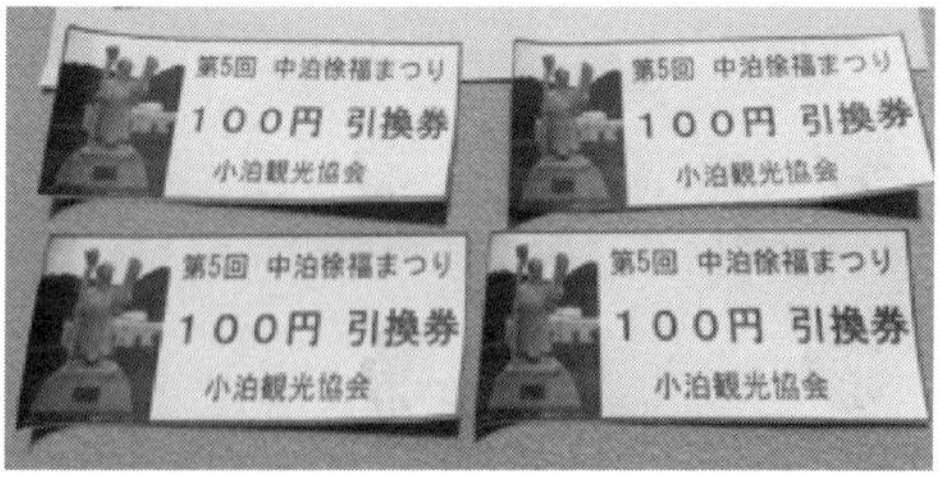

写真 3-12　100 円引換券（2017 年 8 月 27 日撮影）

写真 3-13　投票する田島孝子会長（2017 年 8 月 27 日撮影）

下前の祭りとして定着していきたいと思っております。皆さんの協力、役場の皆さんの御苦労に感謝しまして、これで締めたいと思います」という閉会の言葉を述べた。

以上のように、第五回「中泊徐福まつり」は、二〇一七年八月二七日（日）、中泊町下前地区の徐福の里公園で、約四時間半にわたって開催された。来場者は、郷土伝統芸能の舞台や地元食材を使って作られた料理などを楽しんだ。また、シンポジウムや徐福音頭などを通して、地域に残る徐福伝説を味わった。筆者らが中泊町で実態調査を行ったのは二〇一七年である。この年は徐福まつりが開催されて五年目に当たる年である。筆者と田島孝子会長が同行して参加したのは初めてであった。我々は、中泊町の徐福伝説が他の徐福伝説伝承地と違い、中泊町に特有の形式で行われ、違和感なく地元に融合している様子を感じることができた。「中泊徐福まつり」は体感・食感・心感という三つの側面から構成されている。これらは参加者に徐福伝説を理解させるだけでなく、地元の郷土芸能などと完璧に結びつき、合一をなしている。これが中泊の徐福伝説に対する特有の伝承形式であろう。

写真 3-14　中泊町立中里中学校吹奏楽部によるクラシック音楽祭（2017 年 8 月 27 日撮影）

3　「中泊徐福まつり」の役割

「中泊徐福まつり」の役割を検討する前に、徐福まつりはどのような祭りなのかという定義を考える必要がある。一般に祭りは、神社や寺院などの関与によって執行される場合が多い。しかし、中泊町で開催されている徐福まつりが、このような祭りではないということは明らかである。徐福を主題とする中泊町の祭りの目的とその役割は、正に園田稔の「祭りの現象学」という観点に符合する（特に、都市祭礼化してゆく際のものであろう）。園田は、全国におびただしい祭りがあるが、その存在理由と目的は以下のようであるとする。

なにか日常生活にない新鮮さと楽しさとを期待して人びとが群れ集まり、何らかの形でそれに参加することによって、互いに快い興奮と開放感とを味わい合うことのできる催しを、われわれ日本人はよく「〇〇祭」と言う。それほどに祭りはわれわれに身近な文化であり、さまざまな形で再生産されている。しかし、祭りと名づけられても〈祭り〉ではないものもあり、祭りと言われなくとも十分に〈祭り〉であるものもある。そこに、特殊な文化としての祭りがあり、また一方、現象的にみて人間社会に普遍的な集団表象としての〈祭り〉があるということになる。〔薗田　一九九〇：四九〕

本節で考察した「中泊徐福まつり」は、薗田が述べている「日常生活に新鮮さと楽しさとを期待している」地元の人々が群れ集まり、徐福を記念するという形でそれに参加する祭りである。「中泊徐福まつり」の構造を考察すると、神社や寺院などは祭りに携わっていないことがわかる。徐福まつりは明らかに地元の人々が集まることを目的として開催されているのである。

前述のように、「中泊徐福まつり」は二〇一三年の徐福最後の東渡（紀元前二一〇年）来町二二二二周年記念事業として開催された。徐福伝説の継承および津軽半島奥津軽を世に知らしめることを目的としている。このような時代背景と実施動機の関係からすると、当初から、当該祭りの役割の一つに、徐福伝説の伝承という役割があったと考えられる。筆者は「中泊徐福まつり」の開催が決められた時の中泊町の資料や実態調査を通して収集した資料を保有している。また、地元の人たちに対する聞き取り調査も行ってきた。そのような調査資料を基に、「中泊徐福まつり」を開催した人や参加した人たちの心意を考察する。徐福まつりの役割を、以下の五つの側面からまとめてみよう。

1　徐福伝説の伝承

中泊町にある徐福伝説は、次のように語られている。今から二二〇〇年以上前、秦の始皇帝の命を受けた徐福という人が、数千人の若い男女と五穀の種、各種の技術者を連れて、東海の日本にあるという不老不死の仙薬を求めて中国を船出した。徐福らは九州で嵐に遭い、対馬海流に流され、日本海を北上し、津軽半島小泊の権現崎に上陸したというのが伝説である。この伝説をベースとして徐福を顕彰するため、徐福まつりを開催することとなった。

「中泊徐福まつり」では、毎回柳澤良知氏らにより、徐福伝説を語るシンポジウムが行われている。そのシンポジウムでは、往古からこの土地の祖先に伝えられている伝説を忘れずに、若者たちに伝えていくことが、祭りの一番肝心な構成部分だと言われる。また、中泊には、徐福伝説をモチーフに作成された徐福音頭や地元の婦人会などによりアレンジされた舞踊がある。それらは生命力あふれる郷土芸能として徐福立像の前で上演され、中泊の徐福伝説の独特な伝承形式となっている。

2　徐福の顕彰

徐福研究と東アジアにおける徐福顕彰のブームに伴い、中泊町でも一連の徐福顕彰活動を行った。「中泊徐福まつり」はその顕彰活動の大切な一環であった。既述したように、中泊における徐福まつりは、二〇年ほどの蓄積を持っている。その間、平成七年（一九九五）には「徐福上陸の岬」という標柱を権現崎に建てた。その後、平成一四年（二〇〇二）一一月一一日に権現崎キャニオン下の駐車場で徐福像建立除幕式を挙行した。平成一六年（二〇〇四）

台風一四号により小浜海岸が崩壊したため、徐福像を「徐福の里公園」に移設し今日に至る。二〇年間にわたる中泊町の徐福顕彰の歩みを考察すると、その伝説のロマンは地元の風土に融合して文化シンボルになった。それゆえ、「中泊徐福まつり」では徐福伝説がこの地域に定着し、伝承されている証しとして、徐福を顕彰しているのである。

3 郷土文化の継承

「中泊徐福まつり」の体感イベントには、昭和六二年（一九八七）に小泊村の無形民俗文化財第一号に指定された「網おこしはやし」という伝統芸能がある。「網おこしはやし」は、元々、鰊漁作業の中で人々の眠気を覚ませ、作業を活気づけるための漁撈歌である。古くから小泊村に伝わっているものである。徐福まつりで演じられた「網おこしはやし」は、その漁撈歌を基にした伝統芸能である。この伝統芸能は、「平成二年（一九九〇）七月二二日、三沢市漁港で開催された〈第一〇回全国豊かな海づくり大会〉において、天皇、皇后両陛下の前で披露し、全国に〈鰊網おこしはやし〉の勇壮で哀調のある海の男達の雄叫びをPRした」［小泊網おこしはやし保存会　二〇一八：七］とされる。

青森県と北海道を中心とする鰊漁は、江戸時代や明治時代に盛んであった。しかし日本海にあるニシンの数量が減少するにつれ衰退していった。その鰊漁の衰退について、服部亜由未は「鰊は北上する習性をもつことが影響してか、日本海側の南の地域から獲れなくなり、一九六〇年には北海道西海岸の鰊漁業は幕を閉じた」［服部二〇一二：三〇四］と述べている。

それゆえ、鰊は「幻の魚」と称されるようになった。鰊漁の担い手たちは今、姿を消しつつある。地元では、昭和六一年（一九八六）鰊漁経験者を中心に「小泊村網おこしはやし保存会」が結成された。体感イベントとして冒頭に上演された「網おこしはやし」は、中泊町に古くからある鰊漁に関する郷土文化の現代的な継承形式である。このような形式で、鰊漁経験者の記憶の中に眠っていた体験がよみがえってきたのである。徐福まつりでは、以前の網おこし作業の姿が生き生きと表現されている。

また、第五回「中泊徐福まつり」には登場しなかったが、その前の徐福まつりに「右櫓船漕ぎ競争」という項目があった。これは他の地域には見られない、中泊町下前地区に特有の船の右櫓漕ぎ伝統を継承する競争である。地元では、下前地区にある船の右櫓漕ぎ伝統は、徐福が渡来したときに伝えられたと言われている。特に、徐福を主題とする祭りでは、この競争は徐福をしのぶだけではない。地元に特有な伝統風俗を伝承し、世に知らしめる形式だと考えられる。

4　町おこしと地元生活の豊潤化

中泊町は徐福とはどのような人物なのかをこの土地に住んでいる人々に知ってもらうために、「中泊徐福まつり」を開始した。二〇世紀末、中国をはじめ、東アジアにおいて、徐福ブームが盛り上がりを見せた。その中で徐福伝説は各国に共通する話題として政治・文化・観光などの分野で活用されてきた。中泊町の役場職員らは、文化観光を振興、活性化させるため、徐福像の建立や徐福の里公園をオープンするなど、徐福の顕彰活動を行った。二〇一三年には徐福来町二二二三周年記念事業として、「中泊徐福まつり」が開催された。この祭りは中泊町の徐福伝説を後世に継承するためのものである。同時にこの伝説を国内外に発信し、友好を広め、町おこしを行い、文化・観光振興に役立てる目的があった。

平成三〇年（二〇一八）一〇月の人口調査によると、中泊町は一万一一九五人の人口を有する。その中で、小泊地区（旧小泊村）の人口は二八九二人である。「中泊町徐福まつり」は下前地区にある徐福の里公園で開催されるが、その参加者は小泊地域の住民がメインである。昭和五五年（一九八〇）から平成二二年（二〇一〇）の統計によると、中泊町の労働力率は六〇・一％から五二・九％に減少した。(16) このように労働力率は減少しつつある。現在、中泊町小泊地域の人口の半分は高齢者である。

筆者が二〇一七年に参加した第五回「中泊徐福まつり」では、参加者は主に高齢者・婦人・一六歳以下の子供であった。つまり、祭りに出られる人は、労働の必要がない人が中心となる。その代わりに、労働の担い手である男らは、ほぼ漁業関係の仕事していた。また、彼らは遠洋漁業などのため出稼ぎをし、年に二か月から六か月、北海道などの出稼ぎ先にいる人が少なくない〔和歌森　一九七〇：一八九〕。特に、現在中泊町を訪れる観光客の人数は少ない。そのため徐福まつりの開催により、観光客を呼び込み、当該地域住民の生活レベルを向上させることは重要なことなる。徐福伝説は町おこしの文化要素として活用されている。そして、伝説が地元の郷土芸能などと組み合わされることによって、人々の生活も豊かにしたと言えよう。

5　住民と徐福との交流

徐福は現在、尾崎神社の奥の院の脇侍である。航海安全の神として地元の信者を集めている。特に漁業を主産業とする漁民たちにとっては、徐福は出航の守り神である。もちろん、権現崎に漂着してきたという徐福一行の伝説は、祖先から子孫へ、代々語り継がれている。特に、それに由来する尾崎神社と、岬としての権現崎は、地元の漁師らの航海信仰を集めている。つまり、地元では徐福は伝説のロマンを持っている人物というだけでなく、航海の守護神としても認知されてきたのである。

「中泊徐福まつり」では、神として祀られている徐福を、地域の住民が、地元の食材で作った料理や歌舞などで饗応し、徐福を喜ばせる。このように、住民たちは徐福と一緒に料理を食べながら舞踊を鑑賞する。これらのことによって神としての徐福との交流を達成する。つまり、人々は徐福との一体感（交流）を実感するのである。さまざまな郷土芸能を徐福像の前で上演しているときに、徐福は舞踊の出演者と一緒に踊っていると地元の人は言う。

筆者は会場で、参加者のA氏（六〇代、男性）に「中泊徐福まつり」と他の祭りとの差異について聞いてみた。A氏は「人形や笛、太鼓などがないので、普通のねぶた祭りとは違う。皆が会場に集まって、体感・心感・食感イベントを徐福と共に、楽しく喜び合い、交流を深めることが重要だ。徐福まつりは中泊独自の祭りだ」と語ってくれた。つまり、「中泊徐福まつり」は地元の住民らが徐福と交流する場であった。人々が徐福まつりに参加する目的の一つは、徐福と精神的な交流をすることだと考えられる。人々は神との交流を求めながら、祭りの場で徐福伝説を語り合う。そして、徐福伝説を地元の郷土文化と融合させることによって、郷土文化を伝承しているのである。これこそ、「中泊徐福まつり」が二〇一三年に開催されて以来、中断せずに行われている原因であろう。

四　中泊町の徐福伝説に関する民俗文化

中泊町小泊村の徐福伝説は、地元の風土と融合し、特有の民俗文化を創り出している。これらの民俗文化は、徐福伝説を語り合いながら、村おこしの一環として活用されている。平成以降、小泊村にある徐福伝説に関する民俗文化は、発掘され、創造されるようになった。当時、小泊村（後に中泊町に合併された）の役場職員たちは、さまざまな形で徐福の顕彰活動を行い、徐福伝説を地元の文化要素として利用し始めた。そして、徐福伝説から発生した多様な民俗文化や民俗事象は、観光や町おこしの要素として利用された。こうしたことが中泊町住民の生活を豊かにさせた。そのため、地元の人々はこれらの民俗文化に対し情熱を持って接しているのである。

1　徐福ねぶたの登場

ねぶたは、東北地方を代表する夏祭りの一つで、神社や寺院とは、ほとんど関係を持たない民俗行事である。特に、「青森ねぶた」は全国的に有名で、青森県の津軽地方を中心として行われる七夕行事の一類型である。「おもに武者

写真 3-15　「秦の徐福と権現崎」（「ねぶた画廊」より）

写真 3-16　徐福ねぶた（柳澤良知氏提供）

を題材とした人形や扇形の灯籠を作り、町内を笛・太鼓の囃子で練り歩くもの」［小島ほか　二〇〇九：一三五〇］である。青森ねぶたの発展と定着について、小松和彦は「青森ねぶたは、青森開港以降に、町方の人たちによっておこなわれていた〈七夕〉行事が、政治的、経済的あるいは宗教的な様々な影響を受けつつ巨大な都市祭りに発達したものである」［宮田・小松　二〇一六：四―五］と指摘している。昭和五五年（一九八〇）青森県の青森ねぶたと弘前ねぷたは、重要無形民俗文化財に指定された。

徐福ねぶたは、徐福伝説と地元の郷土文化ねぶたが融合して生み出されたものである。地元には、徐福伝説を題材とするねぶたが、二つある。一つは、平成九年（一九九七）八月二～七日まで行われた青森ねぶた祭に出陣したものである。これは平成九年度、青森菱友会がねぶた師竹浪魁龍に依頼して製作された約一〇メートル四方の大型ねぶた「秦の徐福と権現崎」[17]（写真3―15）である。もう一つは、平成一〇年（一九九八）の小泊村権現まつりに出陣した徐福ねぶた（写真3―16）である。このねぶたは、役場職員によって製作されたものである。絵柄は徐福が不老不死の仙薬を求めるために秦の始皇帝に進言している場面を表現している。

平成九年（一九九七）、ねぶた師の竹浪魁龍氏が製作したねぶたと、その一年後に役場職員によって作られた徐福ねぶたは、いずれも徐福伝説と郷土文芸と民間信仰の融合の産物だと考えられる。ここでは、竹浪魁龍氏が製作したねぶたを例として、ねぶたの裏に隠されたねぶた師の想いとその由来などについて、述べてみよう。

ねぶた師の竹浪魁龍氏が製作した「秦の徐福と権現崎」は、徐福が小泊村の権現崎に漂着してきた場面を表現している。徐福伝説は日本全国各地にあるが、権現崎の徐福伝説の特徴は、徐福伝説が権現崎の航海信仰と結びついている点にある。徐福が小泊村の権現崎から上陸した場所、つまり漁師らが航海安全の神として徐福を祭っている場所こそが、竹浪魁龍氏の「秦の徐福と権現崎」を主題にした大型ねぶた製作の源泉だと考えられる。

平成九年（一九九七）、「秦の徐福と権現崎」は青森ねぶた祭に出陣した。このことは、徐福と権現崎の伝説と物語が、小泊村にとどまらず、青森県ひいては日本全国に披露されたことを意味する。「秦の徐福と権現崎」の出陣当時の活況について、『小泊村史』下巻では、以下のように指摘している。

ねぶたは不老不死の仙薬を求め蓬萊山、権現崎をめざし、日本海の荒波を航海中の場面である。大きな楼船上には魔物を追い払うため憤怒の相で赤面の鬼が牙をむき出しにしてにらみつけて怖い。三〇〇〇人の大ロマンを達しようと舵をとる徐福は精悍にして勇壮そのもの、左手には権現崎の守護神飛龍大権現が大空を駆けめぐり荒波を鎮める。「ラッセラー　ラッセラー」の掛け声に合わせ、躍動する若い跳人は三〇〇〇人の童男女に見え、乱舞する白い群れは大海の波のようにも見えた。また、笛、太鼓の囃子は百工楽士のようであった。極彩色あざやかな徐福ねぶたは、夜の闇に一際大きく映え、その迫力に圧倒された。威風堂々と運行する雄姿に、沿道は興奮の渦に包まれフラッシュ、歓声、拍手の嵐だった（期間中の人出は三八〇万人）。［小泊村史編纂委員会　一九九八：五六一］

竹浪魁龍氏が徐福ねぶたを作ったことにより、徐福と権現崎の伝説は地元のねぶたという伝統行事と結びついた。このように地元に特有の形式で小泊村の徐福伝説は語られることになった。二二〇〇年前のロマンの人徐福は、謎のような人物として、ねぶたに託され、その伝説や物語をより多くの人々に語り継いでいる。青森ねぶた祭が終了した後、徐福ねぶたの面は、出陣記念として上陸地の権現崎キャニオンハウスに運ばれ、「航海の神」として展示されていた。だが、台風により道路が崩壊されるなどの被害を受け、かつて下前漁港直営で営業していたキャニオンハウスは、今は廃墟となっている。その後、徐福ねぶたの面（写真3―17）は、中泊町博物館下前分館（旧下前小学校）に運搬され、展示されている。そこには有名な太宰治の小説「津軽」の像も共に展示されている。

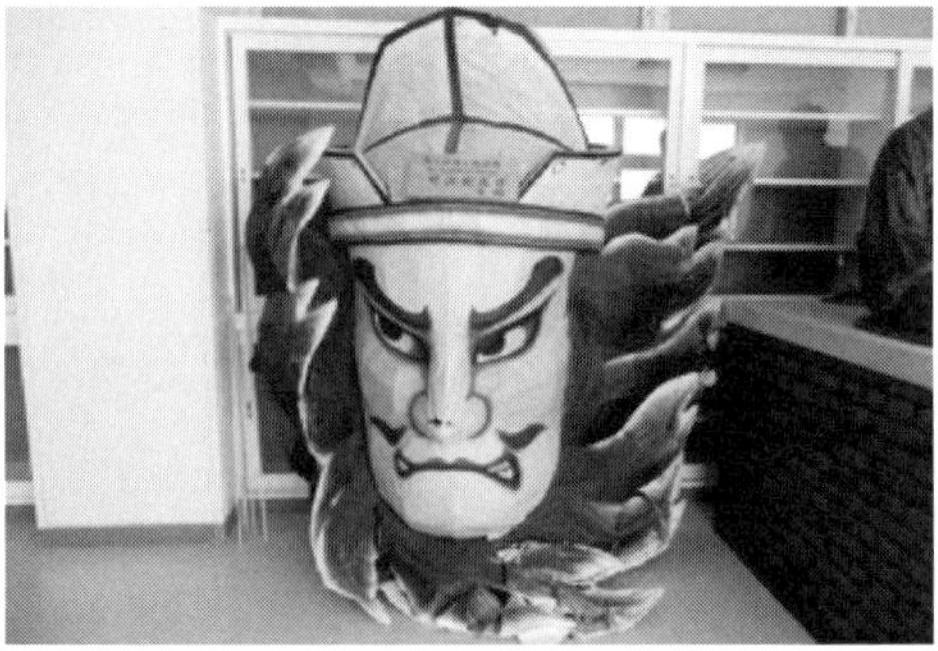

写真 3-17　徐福ねぶたの面（2017 年 8 月 25 日撮影）

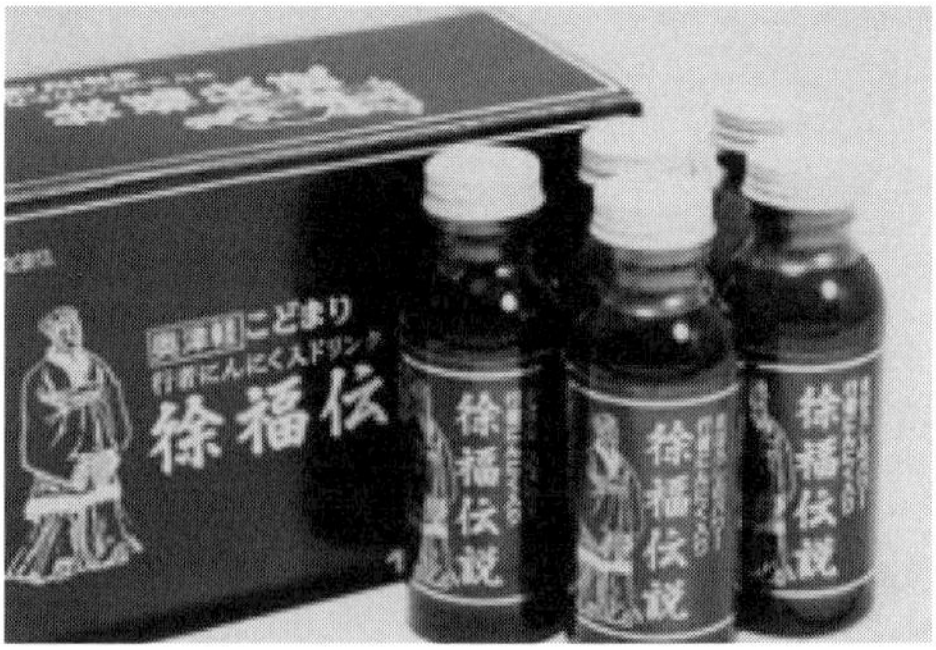

写真 3-18　徐福伝説パワードリンク（「小泊村プレゼントコーナー」より）

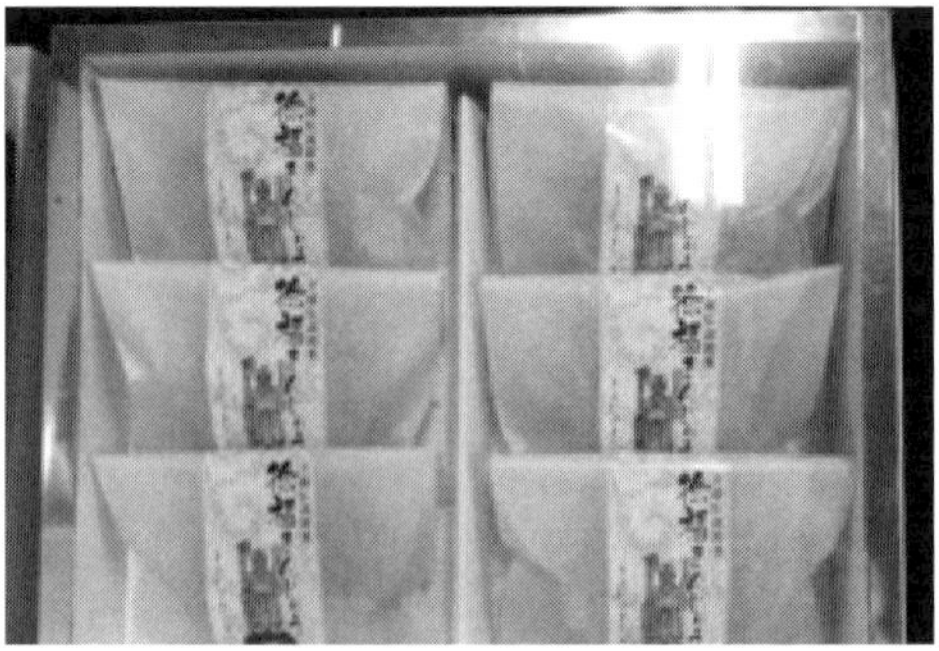

写真 3-19　徐福まんじゅう（2017 年 8 月 25 日撮影）

小泊村の徐福伝説は、地元の郷土文化と融合した。その結果、特色豊かな郷土民俗であるねぶたという形で、青森ねぶた祭と小泊権現祭に出陣したのである。こうして地元特有の方式で徐福伝説と権現崎と小泊村との関わりが生き生きと表現された。現在、徐福ねぶたの面と他の関連品は、中泊町博物館や徐福の里・物産品直売所などで展示され、漁師らの海上安全祈願や徐福伝説の啓蒙に役立っている。

2　徐福関連商品の開発

平成七年（一九九五）、権現崎直下に「徐福上陸の岬」という標柱が建てられた。それ以来、小泊村（現在中泊町に合併された）役場の職員や、地元の有志の提案により、徐福関連商品が次々と開発された。「徐福伝説」（写真3—18、小泊村プレゼントコーナー参照）という名称の健康ドリンクをはじめ、「徐福そば」・「徐福まんじゅう」（写真3—19）・通行手形の「徐福見参」（写真3—20）などの関連商品がある。それらは小泊村の徐福伝説を広めるために役立っている。「徐福伝説」という健康ドリンクの開発について、柳澤良知氏は、以下のような話をしてくれた。

平成九年、小泊村商工会では村おこしの一環として、一〇〇㏄の清涼飲料水「徐福伝説」を開発した。同年四月から発売し、小泊村での販売を始め、徐福伝説の研究者らにも送り、好評である。「徐福は長寿、長寿は健康」ということで、この健康ドリンクを飲んでいつまでも長寿でいてほしいことから作られた。主成分は徐福が権現崎で探した薬草「行者ニンニク」である。「行者ニンニク」は、徐福伝説を伝播したと言われる修験者が、厳しい修行に耐える体力維持のために常用したものである。ドリンクのフタを開けると幻のパワーであるニンニクの香りが漂い、とても美味しいドリンクだ。

写真 3-20　徐福像と徐福見参　柳澤良知氏のご自宅にて撮影（2017 年 8 月 25 日撮影）

小泊村における徐福伝説を広報する最初の行動は、一九九一年から七年間かかり編纂された小泊村史編纂委員会発行の『小泊村史』下巻に「徐福伝説」を書き加えたことである。村史編纂の期間に、「徐福上陸の岬」などが建立された。これは小泊村における徐福顕彰の黎明期だと考えられる。徐福伝説を公式村史へ記載したということは小泊村が全国初である。また、当時の徐福伝説の小泊村における認知度について、柳澤氏は「まだ村全体の盛り上がりにはなっていないが村おこしにつながれば、いつの日か小泊村が〈徐福物語発信地〉として全国に知られる日が来るかもしれない」〔毎日新聞社　二〇〇〇〕と語っている。

小泊村では、徐福伝説だけでなく、徐福そばや徐福定食、さらに徐福まんじゅうというお菓子もある。現在、これらの関連商品は、徐福の里・物産品直売所で販売されている。徐福の里公園の近くには、徐福そばを販売している店がある。筆者は小泊で実地調査をした際に、柳澤良知氏のご案内を頂き、一回徐福そばを食べたことがある。地元産のそばを使って、もずくが入っており、新鮮な味がした。徐福そばは、長寿食と言われ、地元でかなり人気がある食べ物である。八月二八日、小泊での調査を終えた筆者と田島会長を、柳澤氏は空港まで送ってくれた。その途中で、柳澤氏は徐福まんじゅうを買って、お土産として我々に渡してくれたのである。徐福まんじゅうは、小泊地区のじゅうもんじ屋というお菓子屋で開発され、下前伝説銘菓として地元の人々や観光客などに親しまれている。

徐福伝説を基に開発された商品の通行手形「徐福見参」（写真3―20）は、地元でお土産として販売されている。

その通行手形には「徐福上陸の岬　権現崎　徐福見参　津軽国定公園小泊」と書かれている。通行手形とは、江戸時代の関所で発行された旅や参詣などを許可する証明書である。現在、観光地の土産物店では、通行手形と称して地名や人名などの入ったさまざまな形をした土産物が販売されている。その多くは木製である。小泊では、徐福という名前を通行手形に書き、地元の土産物として、小泊の徐福伝説を広めている。徐福は地元の有名人として、あるいは代表者として、地元の人々に活用されている。徐福伝説にある長寿などの要素をベースに、村おこしと地域振興に役立てている。つまり、徐福伝説に関連する商品の開発は、商品という方法で村おこしをしながら当該地域の徐福伝説を世界中に発信する方法であると言える。

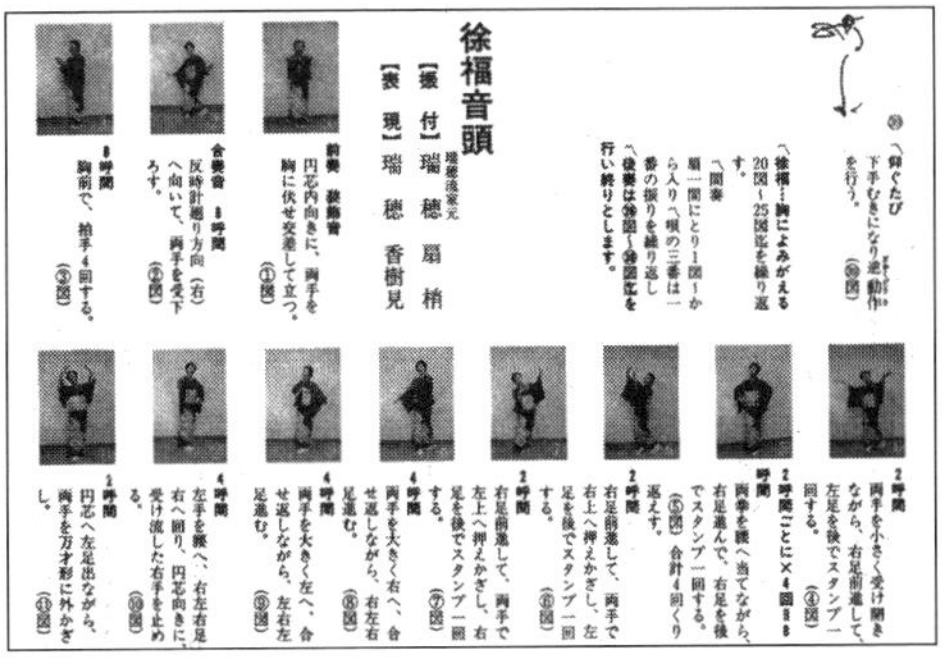

写真 3-21　『徐福音頭』振付（鳥羽一郎 CD より）

3　郷土芸能への影響

「中泊徐福まつり」で上演された『徐福音頭』は、元々和歌山県新宮市の徐福伝説に題材を取った作品である。『徐福音頭』は、平成六年（一九九四）二月二一日に発売された演歌歌手・鳥羽一郎の歌曲である。これは、新宮の徐福伝説をテーマにした民謡で、秦の始皇帝の命を受け、三〇〇〇人を引き連れて不老長寿の薬を求める旅に出た徐福が、熊野から上陸したという物語である。作詞は星野哲郎、作曲は中村典正、編曲は丸山雅仁による。

当時、瑞穂流家元の瑞穂扇梢が『徐福音頭』の振付をした。一九九四年に発売された『徐福音頭』のCDには、舞踊の動きを記録した舞踊譜が付いている。その踊り方は写真3—21［鳥羽　一九九四］に示したようなものである。二〇一七年の第五回「中泊徐福まつり」では、この『徐福音頭』が青森県中泊町下前地区の徐福像の前で流された。徐福像の前に設置された舞台で、地元の小泊婦人会や下前婦人会などによる『徐福音頭』の踊りが上演された。

小泊地区においては『徐福音頭』舞踊が行われている。舞踊を始めたきっかけは、新宮市の奥野利雄氏から鳥羽一郎の歌ったCDがプレゼントされたことにあった。小泊婦人会では新宮の『徐福音頭』の振付通りに踊られている。一方、下前婦人会では下前地区にマッチしたように振付を一部アレンジしている。平成六年（一九九四）から、この二つの婦人会による舞踊が、祭りや各イベント、町民芸能祭で踊られている。

筆者は当時の踊りを録画している。この踊りを写真3―21の踊り方と比較してみよう。すると、踊りの基本的な動作は似ているが、メロディーの流れに従い、多少の身振りと手振りに変化がある。単一の前後の動きではなく、舞台の上を回る動作などが加えられたことが分かる。このように、下前地域では『徐福音頭』を自分らしい踊り方に変えて、徐福伝説を表現している。このような変化により、郷土芸能は刺激を受け、地元に特有の民俗文化が生み出されていく。

保存会の『徐福音頭』に対する解説に興味深い記述がある。「今から二二〇〇年ほど前、中国の徐福という人が、船で小泊の権現崎へ不老不死の仙薬を求めて来たという徐福伝説があります。徐福を長寿の神、航海の神として尾崎神社に奉り、婦人達は徐福音頭を踊り、よい汗を流しながら健康保持と徐福伝説を継承しています」〔小泊網おこしはやし保存会　二〇一八：四四〕というものである。小泊地域に伝えられた『徐福音頭』は新宮市の徐福伝説を歌詞として歌っているのだが、地元にアレンジされた舞踊である。その舞踊という身体活動で小泊の徐福伝説を語っていると言えるだろう。

おわりに

本章では青森県中泊町小泊村の徐福伝説をめぐって、昔から伝えられてきた徐福伝説の由緒とその内容を整理した。さらに「中泊徐福まつり」の構造を考察し、地元の徐福伝説に関する民俗文化を検討した。本州最北に位置する徐福伝説ゆかりの地として、中泊町には古くから徐福一行が権現崎に渡来した伝説がある。また、それらの伝説に由来するさまざまな徐福顕彰活動も近年相次いで行われている。「中泊徐福まつり」は徐福伝説を伝承する場として柳澤良知氏をはじめとする有志者によって利用されている。だが、これは単に徐福伝説を語る活動ではない。地元の郷土芸能が祭りの場で上演され、徐福伝説と融合した多様な舞踊が行われることが重要である。こうした形態が徐福伝説を継承する中泊特有のあり方を示している。このような包容力により、徐福伝説は地元で村おこしに利用され、地域振興の文化要素として活用されているのだ。

小泊村に伝わる徐福伝説によると、九州で嵐に遭い、対馬海流に流された徐福一行は、日本海を北上し、津軽半島小泊の権現崎に漂着した。徐福はこの地に留まり、地元の人々に農業や漁撈などの先進的な技術を教えたと言われている。権現崎の頂上に鎮座する尾崎神社には、航海の神として秘蔵されている徐福の木像がある。地元の漁民は、尾崎神社に祀られている徐福を、豊漁と航海安全の神として崇めている。彼らは古くからの仕来りにより、出港と帰港の際に、安全と感謝の意を込め、尾崎神社を遥拝する。この習俗は、現在でも守られている。

元来、尾崎神社の祭神は、観世音と徐福の霊からなる熊野大権現であった。その後に飛龍大権現となり、現在は伊邪那岐命と伊邪那美命となった。これはおそらく熊野信仰の伝播と明治時代の神仏分離令によって、変化したものである。地元の口碑では、尾崎神社は熊野大権現を祭神とする時代、その社名は熊野神社であった。後に、那智大社の飛瀧信仰の伝来に従い、祭神は飛龍大権現となり、社名も飛龍宮と改称された。明治時代の神仏分離令の実施に従い、従来の祭神は記紀神話に登場した伊邪那岐命と伊邪那美命になり、社名も現在の尾崎神社となった。

尾崎神社は創建以来、さまざまな外来信仰の影響を受けた。時代を経るに従い、祭神は変化した。しかし、徐福は祭神の一つとして古くから祀られ、現在でも祀られている。古くから信仰上、重要であった徐福は、現在に至っても航海安全の神と海の守護神として地元の人々に祀られている。権現崎は徐福の上陸地と言われている。岬として海に突き出しているため、地元の漁民たちは、漁船の位置を割り出す「山あて」・「山たて」として権現崎を利用している。また、権現崎の先端に鎮座する尾崎神社は、岬にある信仰媒体である。神社に脇侍として祀られている徐福は、豊漁と航海安全の神として地元の漁民らの信仰を集めている。人々の心の奥底に潜むこうした民間（航海）信仰は、徐福伝説を伝承し、世界中に発信する原動力の役割を果たしている。

小泊地域では、徐福伝説を村おこしに活用している。この伝説と地元の郷土芸能などが融合して「中泊徐福まつり」が始まった。この祭りは、近年、中泊町の徐福顕彰活動としても開催されている。祭りでは徐福伝説を語るシンポジウムや『徐福音頭』、さらに地元婦人たちが演じる日本舞踊が行われる。これらは地元の住民たちの生活を豊かにしていると言えるだろう。尾崎神社の宮司をはじめ、地元の人々は自分が好むやり方で徐福伝説を伝承している。特に、ねぶたという地元の住民たちに熟知されている行事で、徐福伝説と権現崎の物語が語られる。このねぶたによって小泊地域の徐福伝説は世界中に発信されるのである。

民間信仰から発生した徐福伝説は、違和感なく小泊地域の郷土文化と融合した。筆者は小泊で実地調査を行い、人々と交流することによって、このことを実感することができた。日本における徐福伝説の伝承形式はさまざまある。小泊地域では権現崎の徐福伝説を自分たちの意志で子孫や周囲の人に語り継いでいる。特に、尾崎神社前宮司、第一七代尾崎貞夫氏の話は「尾崎家のルーツは熊野の山伏系統である」と言っている。尾崎一族は古くから徐福を祭神として祀る尾崎神社の神職を務め、静かに神社を守っている。

小泊地域に語り継がれている徐福伝説や、漁民らに守られている航海ルールは、いずれも往古から伝わる徐福のロマンと祖先の航海信仰の伝承だと考えられる。祖先たちは古くから口碑や文字や動作などの形式でさまざまな知識を持っていた。それらが伝承されることによって人々は安全に漁撈と航海ができるのだ。つまり、徐福伝説の伝承は、地元の郷土文化の伝承と同じである。この地域の人々が誇りを持って大事に受け継いできた徐福まつりや郷土芸能は、この地域の個性的な魅力を示している。住民たちは情熱を傾け、「中泊徐福まつり」を開催し、徐福伝説に関連する民俗文化の開発してきた。こうしたことは古くからこの土地に存在する民間信仰や民間文化に敬意を表す方法であると思われる。

注

（1）中泊町の命名方法については、Japan Knowledge Lib 日本大百科全書〈中泊町〉項目による。中里町と小泊村が合併されたのは二〇〇五年のことであり、『日本大百科全書』は一九八四～一九九四年に小学館により出版されたものである。出版された全書には中泊町の項目がないので、本章は最新の情報に更新した電子資料の Japan Knowledge Lib 日本大百科全書〈中泊町〉項目を参照した。

（2）人口数は青森県中泊町ホームページを参照した。

（3）二〇一七年八月二四日、徐福の里公園での、柳澤良知氏からの聞き取り調査による。

（4）［東奥日報社　一九九八］を参考にした。

（5）二〇一七年八月二五日、権現崎での、柳澤良知氏からの聞き取り調査による。

（6）二〇一七年八月二六日、権現崎を登りながら、M氏からの聞き取り調査による。

（7）二〇一七年八月二六日、尾崎山を登りながらうかがった「小泊の歴史を語る会」の柳澤良知会長と当該会のメンバーたちの話から、筆者が加筆しまとめた。

（8）二〇一七年八月二七日、地元の漁師らに対する聞き取り調査と柳澤良知氏から聞いた話などの内容に基づき、筆者が加筆しまとめた。
(9) 二〇一七年八月二八日、下前地区の漁師K氏に対する聞き取り調査による。
(10) 二〇一七年八月、筆者が実地調査をした際、徐福まつりの準備のため、徐福石像の周りに舞台が設置された。それゆえ、徐福石像全体の写真が撮れなかった。本写真は柳澤良知氏より提供された。
(11) 二〇一七年八月二四日、徐福の里公園での、柳澤良知氏からの聞き取り調査による。
(12) 『中泊町合併記録誌』[中泊町合併記録誌編さん委員会編 二〇一六:五二―三]の記録によりまとめた。
(13) 二〇一七年八月二四日、徐福の里公園での、柳澤良知氏からの聞き取り調査による。
(14) 二〇一三年の徐福記念事業の発足と活動について、当時の参加者や執行者などに対する聞き取り調査に基づき、二〇一三年一〇月に刊行された『広報 なかどまり』[中泊町役場 二〇一三]などの資料を参考に整理した。
(15) 徐福一行の東渡が紀元前二〇九年のことである論は、第一章で考察を加えた。紀元前二一〇年渡来したという説は、青森県中泊町での実地調査と聞き取り調査による。ここでは、調査結果を忠実に記録する。
(16) 「あおもりポテンシャルビューホームページ」を参照した。
(17) 「秦の徐福と権現崎」の写真は、「ねぶた画廊」ウェブサイトによる。

第四章　和歌山県新宮市の徐福伝説に関する民俗文化

はじめに

徐福伝説ゆかりの地は日本全国に分布しているが、和歌山県新宮市に伝わる徐福伝説は日本で最も古く、かつ同地には、徐福伝説にまつわる事物（公園・墓・碑・宮など）が多く存在する。また、日本で書かれた徐福に関する最古の文献は熊野[1]（旧新宮町）の徐福に関する記録である。このように、新宮市の徐福伝説はかなり古い歴史を持っていると言える。そのため、徐福伝説は従来から知識人の関心を集め、話題になってきたのである。

それゆえ、本章では古い歴史を持っている和歌山県新宮市の徐福伝説を手がかりとして、地元での徐福伝説から展開した徐福顕彰活動の状況を究明する。筆者が関心を持っていることは、今まで伝えられてきた徐福伝説がどのように新宮市の人々の日常生活と結びついているのか、地元の徐福伝説がどのような形で伝承されているのかという今までの徐福研究で見落されてきた点である。筆者は二〇一六年と二〇一七年、和歌山県新宮市の徐福ゆかりの地を訪れ、「熊野徐福万燈祭」の実地調査を行い、地元の人々に対する聞き取り調査をした。本章では、和歌山県新宮市に伝えられている徐福伝説を踏まえ、二〇一九年現時点まですでに五六回が開催された「熊野徐福万燈祭」

を中心に、地元の徐福伝説を伝承する実態とその背景を明らかにする。

二〇一六年、筆者が新宮市で初めて実地調査をした際には、新宮市観光課の津越紀宏係長のご案内を頂いた。さらに翌年、二回目の補充調査をした際には、後任の須川康広氏のご案内を頂いた。御二人の協力を得て、新宮市での調査は順調に進み、実り豊かな成果を収めることができた。本章では、二年間の実地調査で収集した資料と地元での聞き取り調査を併せ、和歌山県新宮市における徐福伝説にまつわる事物を糸口として、「熊野徐福万燈祭」の変遷から徐福伝説の伝承実態を検討する上で、地元の徐福伝説に由来する民俗文化などについて考察する。

一　調査地概要

新宮市は、和歌山県南東部、熊野川河口の南岸に位置し、熊野灘に臨む都市である。（図4—1）熊野三山の一つである熊野速玉大社はここに鎮座し、新宮市はその門前町として発展してきた。和歌山県田辺市の熊野本宮大社に対して、ここは昔から新宮と呼ばれた。それにより、新宮という地名が古くから定着した。国土交通省国土地理院の『平成二七年全国都道府県市区町村別面積調』によると、新宮市の面積は二五五・二三平方キロメートルあり、『平成二七年国勢調査報告』の統計によると、総人口は二万九三三一人ある。

江戸時代に入って、元和五年（一六一九）徳川家康の従弟水野重仲が新宮の城主となった。御付家老として水野氏が代々居城としたので、新宮町は城下町と速玉大社の門前町とが一体化して発展した。水野家が新宮領主としてこの地を幕末まで支配した。[2]明治二二年（一八八九）四月一日、町村制施行に伴い、新宮町が成立した。昭和八年（一九三三）一〇月一日、市制施行により、新宮と三輪崎両町が合併し、人口一万三一九四人の新宮市が誕生した。平成一七年（二〇〇五）、熊野川町との合併により、新市制での新宮市が発足した。[3]

新宮市の三輪崎地域では、古い時代から捕鯨が盛んである。地元の人々は捕鯨の技術は秦の徐福が伝えてきたということを深く信じている。新宮港は、古くから開発され、以前は捕鯨の基地として有名であったが、江戸時代や明治の初めごろ、商船が往来し、非常に賑やかな交易港となった。二〇〇四年に、熊野古道や熊野速玉大社が「紀伊山地の霊場と参詣道」として世界文化遺産に登録されて以来、新宮市は観光都市としての性格が強まっている。

筆者は二〇一六と二〇一七年の二年間連続で、新宮市にある徐福伝説ゆかりの地を訪れ、徐福伝説が地元でどのように一般市民に受け入れられ、伝えられているのかという質問を持ち、実地調査を行った。新宮市には、古い徐福伝説の言い伝えがあるのみならず、それらの伝説に関する大切な史料も多く存在する。古い時代から、新宮という土地に住む文人や有識者などは、地元の徐福伝説を収集し、個人文集や地元の風習を語る風土記などに記録した。現在地元の市民は、古くから伝えられてきた伝説の基で、徐福公園を建立し、さまざまな建造物を造っている。二年間の実地調査は、新宮駅前にある徐福公園を中心に展開した。次に、徐福公園にある徐福伝説ゆかりの建造物の建立とその由来などをさかのぼりながら、地元の徐福伝説の伝承方法を考察してみよう。

図 4-1　新宮市地図（筆者作成）

二　徐福公園にある徐福伝説を語る事物

徐福公園（写真4―1）はＪＲ紀勢本線の新宮駅の東、約一〇〇メートルの所に位置し、平成六年（一九九四）に開園した。入口には高さ九メートル、幅一一メートルの伝統的な中国風の楼門があり、楼門の前に二つの石獅が鎮座し、独特な雰囲気を作り出している。この徐福公園は新宮市民が徐福の遺徳をしのぶために造られたと言われている。

実は、現在の徐福公園の所には、かつて徐福廟・楼門が建てられていた。しかし、昭和二一年（一九四六）一二月二一日の南海道大地震で、その徐福廟・楼門（写真4―2）［前　二〇〇四：八二］は倒壊した。「平成元年財団法人新宮徐福協会が創立され、徐福の墓の復旧に着手し、凡そ六億円を投じて平成六年八月に中華風の華麗な楼門を始め周辺の土塀、礼品店、駐車場などを整備し、徐福公園としてオープンした」［奥野　二〇〇五：五五］。徐福公園の境内の面積は二〇一四平方メートルある。この立派な楼門から中に入ると、数本の楠木の大樹が聳え立っている。樹陰に秦徐福之墓、秦徐福顕彰の碑、七塚之碑などが並んでいる。また、徐福像、不老の池、由緒板など徐福伝説にまつわる事物が徐福の墓を囲んでいる。このような伝説を語る事物について、梅野光興は以下のように述べている。

写真 4-1　徐福公園（2017 年 8 月 9 日撮影）

写真 4-2　徐福廟『新宮・熊野今昔写真帖』より

写真 4-3　徐福立像（2017 年 8 月 9 日撮影）

キクンバの岩のような、伝説を思い出す契機になるもののことを、ここでは伝説の「記憶装置」と呼ぶことにする。記憶装置には、場所とその地名や木や石とその名前など空間認識に属するものと、習俗、儀礼などの集団の行なう身体活動がある。人びとの身のまわりの世界のありとあらゆるものが伝説の記憶装置になりうる。

［梅野　二〇〇〇：二一五］

和歌山県新宮市の徐福伝説は往古からあった。江戸時代ごろから、地元の住民たちが徐福の遺徳をしのぶために徐福伝説を思い出す事物を作り始めた。時が経つにつれ、事物の崩壊と紛失などがあり、当時の有識者によって作り直されたことがよくあったと言われる。また、政治などの影響を受け、各時期における制作の背景と目的も異なる。徐福公園には昔からある徐福の墓をはじめ、近年に造られた記念物も多くある。このような記念物は徐福伝説を呼び起こす機能があり、徐福伝説を語る事物だと言える。梅野光興の述べているように、「場所や風景はそれ自体では伝説の内容を記録しているわけではない。あくまで、伝説の内容がその場所によって喚起させられるというだけである」［梅野　二〇〇〇：二一五］。徐福公園にある徐福伝説にまつわる事物は、その場で静かに徐福伝説を語って、徐福伝説を喚起させる役割があると考えられる。以下では、徐福公園にある事物の由緒を述べ、新宮という土地での徐福伝説から展開した徐福顕彰活動の歩みをさかのぼり、地元での徐福伝説の伝承形式を探りながら、これらの事物を造った人々の目的とその時代背景を検討してみたい。

1　徐福立像

徐福公園に入ると、最初に目に入るものは非常に温かい表情をしている徐福の立像（写真4―3）である。像高一・

九メートルで、〇・五メートルの台座に据え付けられている。重さ一・五トンの御影石に彫られた石像である。徐福公園の開園後、平成九年（一九九七）に公園の中心部に建てられた。この石像は新宮市地元の仲石材店で制作され、仲弘一氏が彫刻した徐福の立像である。

2　不老の池

徐福像の右隣りには、徐福公園が整備された後、平成九年（一九九七）に造られた不老の池（写真4—4）がある。歴史書によれば、徐福集団は不老不死の仙薬を探すために東海に船出したと言われている。従来から徐福伝説が伝わる新宮では、不老不死の伝説が流行していた。この不老の池は地元の人々の願いが込められたもので、徐福伝説を思い出す事物だと考えられる。不老の池の建造について、池の隣に設置されている案内板には、以下のように書かれている。

七重臣と三千人の童男童女を従え、渡来した徐福は、この地で不老長寿の霊薬「天台烏薬」を発見しました。七人の重臣は、徐福とともにこの地を拓いた祖として敬われ、その品性、人格は道徳的価値から今なお語り継がれています。不老の池は文字どおり「不老長寿」を得る泉であります。池の傍らには七本の天台烏薬が植えられ、その根本から生命の水がしたたり落ちています。生命の水を受け、ゆっくりと泳ぐ七匹の鯉は、優雅さと生命の力強さを象徴しています。傍らに立つ徐福（像）とともに、今なおこころに生き続ける七人の重臣といえましょう。また、七重臣の塚を結べば北斗七星を描いたことから、石橋を北斗七星の形に渡し、石柱には七重臣が有していた品性、人格の徳を刻んでいます。（石橋をゆっくり渡り、七本の石柱に触れてみてください、きっとあなたにその徳が授かることでしょう。）

案内板に書かれているように、この不老の池には、七重臣を象徴する七匹の鯉が泳ぎ、また七本の石柱には七重臣が有している七つの徳、つまり「和」「仁」「慈」「勇」「財」「調」「壮」が刻まれている。七重臣が持っている七つの徳を象徴する石柱は、「秦徐福之墓」を中心（北極星）として、北斗七星の形に並べられている。これはおそらく、徐福に随行した七重臣の魂を生命力の強い鯉に託し、永遠に生き続けてほしいという祈願を込め造られたのであろう。

七重臣を敬う目的を持って造られた池であるが、現在は人々の遊び場として人気を集めている。筆者は新宮市で実地調査をした際、徐福公園に来た人々に聞き取り調査を行った。その中に、ある祖父と孫の興味深い話があった。

写真 4-4　不老の池（2017 年 8 月 9 日撮影）

祖父のT氏（六〇代、男性）は、徐福公園の近くに住んでいたので、時々、徐福公園に散歩に来ていた。この日は、東京からお盆休みに実家に帰ってきた孫を連れ、徐福公園の不老の池に遊びに来て、不老の池で錦鯉に餌をあげる遊びをした。徐福公園に設置されている売店には、錦鯉の餌を販売している。餌やりの遊びが終わり、祖父は「孫を連れ、七つの徳を刻んだ石柱に触りながら、七本の石柱に繋がる石橋を渡る体験をした」と語ってくれた。このように、その徳を授かるために石橋を渡る人が多くいる。前述の祖父と孫だけでなく、新宮市の熊野三山を観光するためにきた夫婦二人も、不老の池の石柱を触って、石橋を渡っているのを筆者は見た。

不老の池は徐福に付き従ってきた七重臣の遺徳を追憶するために造られたものである。しかし、錦鯉への餌やりをはじめ、石橋を渡ることは地元の人だけでなく、遠方から来た人々の興味もそそっている。どちらも自分の身で体験しようという考えを持って実行されている。このように自身の体験を通して七重臣の徳を授かろうとすることによって、現在新宮の七重臣伝説が伝わっていると言えるだろう。地元に住んでいる人々にせよ、観光客にせよ、体の記憶（身体活動）でその伝説を呼び起こすことが、現在の伝説を継ぐ方法であろう。

3　秦徐福之墓

秦の始皇帝の命により、不老長寿の霊薬を求め、新宮では「徐福は熊野浦に漂着、当地で没したという伝えがある[4]」。それで、地元では古くから徐福を祀る「徐福墓」と「徐福宮」がある。徐福墓は現在徐福公園の境内に祀られ、徐福宮は約四〇〇メートル離れる阿須賀神社に祀られている。

徐福公園にある最古の事物は「秦徐福之墓」（写真4―5）である。現在の徐福公園は元々徐福の墓を中心として建造されたものである。それゆえ、徐福伝説を語る事物を研究する場合、徐福の墓が最も重要な対象だと考えられる。

徐福の墓が建てられた場所は、「古くは楠藪と呼ばれ、楠が茂り、水田に囲まれた小丘であった[5]」。現在は数本の楠の大樹が徐福の墓を囲んで立っている。徐福の墓の周辺は、昔は辺鄙な場所であった。しかし、市街化が進むと共に、現在では新宮駅前の正面の目立つ所に位置している。昭和初期から、徐福という地名が通称名として利用されている。現在徐福という地名は、国鉄紀勢本線新宮駅の東に位置する、徐福公園正門の道路によって分けられ、徐福公園側の徐福一丁目と向こう側の二丁目からなる。新宮駅は徐福二丁目に所在する。だが、徐福公園は新宮市の大字新宮に所在する。大字新宮は幕末にすでに存在した新宮町から後に合併された東牟婁郡新宮町と同区域である。

徐福墓建立の経緯は非常に複雑である。徳川家康の一〇男である徳川頼宣（一六〇二～一六七一）が、元和五年（一六一九）、駿河から紀伊和歌山に移封された。頼宣は紀州の初代藩主に就任した後、新宮に伝わる徐福伝説を聞き、非常に興味を示し、情熱を注いで徐福の墓を造らせたと言われている。記録によると、「頼宣は三回に亘り、熊野巡視をしている。速玉神社に徐福来熊の図を献納したりなどして徐福の信仰に並々ならぬ熱意を示している」［新宮市史編さん委員会　一九七二：九五二］とされる。現存する「秦徐福之墓」という墓碑は当時、頼宣が儒臣の李梅渓に命じて、筆を執らせたものである。

写真 4-5　秦徐福之墓（2016 年 8 月 11 日撮影）

徐福墓の建立については、数多くの史料に記載されている。徐福墓は時間の経過に従い、建立・崩壊・修復という歴史を繰り返してきた。ここで、既存する史料を踏まえ、徐福墓の建立経緯を整理してみよう。天保一〇年（一八三九）に完成した『紀伊続風土記』には、徐福墓の歴史が詳細に記録されている。当該書は当時の紀州藩で、儒学者の仁井田好古を主任として、編纂された紀伊国の地誌である。当該資料の巻八一・牟婁郡第一三・新宮村方、上熊野地・徐福墓の項目には、以下のように述べられている。

徐福墓は永山の東、上熊野地の中の方田中にあり。其地を楠の藪といふ。舊楠數株あり。今皆枯れて朽たる株あり。應安元年、僧絶海明國に行きて、大祖に見ゆ。大祖徐福か事を尋ね、絶海詩を以て答ていふ。「熊野峯前徐福祠、満山薬草雨餘肥。只今海上波濤穏、萬里好風須早歸」。太祖和韻を與ふ。「熊野峯前血食祠、松根琥珀也應肥。當年徐福求仙薬、直到如今竟不歸」。豊臣家慶長年間、新宮修営の棟札に「築徐福之墓、遺千古之名、書如皇之、曾辨萬世之徳」とあり。又寛文雑記に、楠藪の地は徐福の廟なりと申し伝ふとあり。又同記に新宮の末社を書せし中に、徐福祠あり。南龍公の時、石を此地に建させられ、石面に「秦徐福之墓」という五字を刻めり、近き頃新宮城主水野氏碑を建て、徐福の事を書せり、碑文を左に載す。(6)〔和歌山県神職取締所　一九一〇：一〇四〕

『紀伊続風土記』に述べられているように、応安元年（一三六八）、絶海中津は明の国に渡り、永和二年（一三七六）、英武楼で明太祖に謁見した。そのとき太祖に熊野の徐福の古祠のことを尋ねられ、『応制賦三山』という応制詩を詠んだ。太祖はこれに次韻する『御製賜和』を吟じた〔絶海　一九七三：一九二七〕。この二首の漢詩から、少なくとも室町初期以前に熊野地域にはすでに徐福祠があったことが分かる。また、豊臣家慶長年間（一五九六〜一六一五）新宮修営の棟札の記録を分析すると、おそらく室町時代の末期ごろ、すでに徐福墓はあったことも確認できる。

周知のように、二〇〇四年七月、紀伊山地の霊場と参詣道は、ユネスコ世界遺産に登録された。二〇〇五年一〇〜一一月、「世界遺産登録特別展　熊野速玉大社の名宝――新宮の歴史とともに」をテーマにした展示会で、約七〇〇点の国宝が出展された。当時の特別展に展示された名宝については、『熊野速玉大社の名宝』という書籍にまとめられている。『紀伊続風土記』に書かれた慶長年間の修営の棟札の記録から、徐福之墓が築かれていたことが分かる。この棟札は、二〇〇五年の特別展に出展された。さらに、『熊野速玉大社の名宝』という書籍にも、その図版（写真4―6）〔和歌山県立博物館　二〇〇五：一二〕と解説がある。写真に示したように、棟札の中心部には、「築徐福之墓、遺千古之名、書如皇之、曾辨萬世之徳」と書かれている。また、当該棟札に関する解説によると、「この棟札は、慶長八年六月に熊野速玉大社（新宮）内にあった証誠殿の修造に関するもので……（中略）同社に現存する棟札のなかでは、最も古く……」〔和歌山県立博物館　二〇〇五：一八五〕とされる。このようなことを勘案すると、慶長八年（一六〇三）に、徐福の墓が築かれたことは確かである。徐福の墓を築く目的の一つには、徐福の遺徳を永遠に伝えるという祈願もある。棟札の内容から、徐福の功績を顕彰する活動は、当時からすでにあったと読み取れる。

徐福墓の歴史は『紀伊続風土記』の記録によると、室町時代の末期にさかのぼれる。『熊野年代記』の延喜二十年の箇条には「十月徐福ノ塚ニ竹子生大サ七八寸」〔熊野三山協議会　一九八九：三四：一〇五丁〕と記載されている。この記録は延喜二〇年（九二〇）のことで、慶長年間新宮修営の棟札よりおよそ七〇〇年程前である。つまり、平安中期には徐福を祀る塚がすでにあったということになる。しかし、この徐福塚がいつ徐福墓となったのかについては、史料が不十分であるため、判明しにくい。

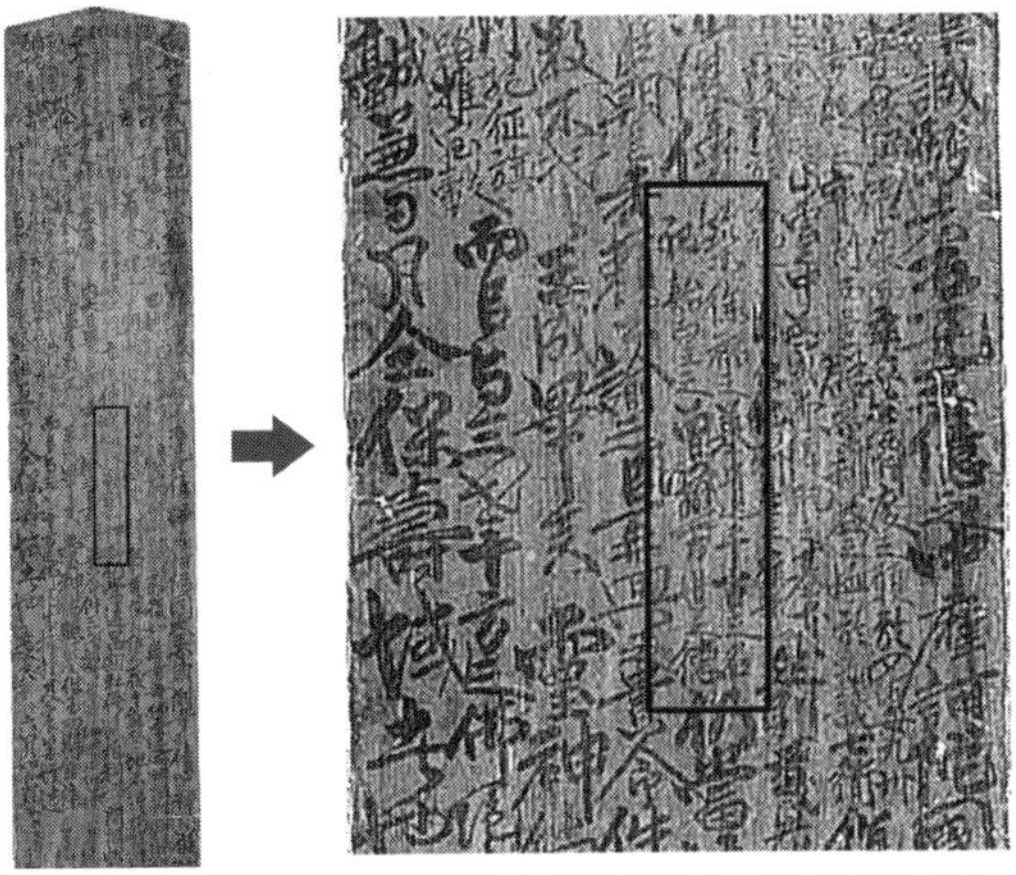
写真 4-6　慶長八年の棟札（『熊野速玉大社の名宝』より）

もちろん、平安中期の徐福塚にせよ、室町末期の徐福墓にせよ、現在の徐福墓とは別物である。だが、これらの記録は新宮における徐福の功績を顕彰する活動（墓・塚などの建立）が古い歴史を持つことを証明している。現存する徐福墓については、徳川頼宣が儒臣の李梅渓に「秦徐福之墓」という五文字を書かせたということが一般的に認められている。しかし、当時徐福墓を建てさせたかどうかについては、詳細な記載がないため、未だに解明できていない。

現存する徐福の墓碑は、徳川頼宣により建立されたという説がある。また紀伊新宮五代藩主水野忠昭（一七〇〇〜一七四九）によって建立されたという説もある。『岡家文書』によると、元文元年（一七三六）、「水野忠昭、楠藪へ秦の徐福の石塔建つ」〔新宮市史史料編編さん委員会　一九八六：八五〕とされる。つまり、藩祖徳川頼宣の時代より約

写真 4-7　大正 5 年「秦徐福之墓」保存修復記念
（仲田恵子氏提供）

写真 4-8　明治 30 年代の「秦徐福之墓」
（仲田恵子氏提供）

一〇〇年後に、水野忠昭藩主が「楠藪」（旧地名、徐福墓の現在の場所）で徐福の石塔を建てたと読み取れる。だが、「頼宣は儒臣李梅渓に書かせて、青石にまで刻ませたものを、機会を逸してそのまま和歌山に置いておったものか、それとも李梅渓の書が残っていたのを忠昭が藩祖の意を汲んで新たに彫刻、建立したものかは判明し難い」［新宮市史編さん委員会 一九七二：九五一―九五二］。徐福墓の建立経緯は複雑だが、古い歴史を持つ徐福墓は、徳川頼宣を代表とする為政者たちが新宮市の徐福伝説を重視した証しだと考えられる。

大正時代に入ってから、徐福の顕彰活動はより一層盛んになった。初代新宮徐福会の仲田玄会長のご子息の妻である仲田恵子氏の研究によると、この徐福墓は「一九一四年（大正三）か、大正の初めの頃からか、一暴漢がこの墓碑を近傍の田の中に投げ捨て去り、土中に埋もれたありさまになっていました。そのさまを見た、近隣に住む、保田宋次郎氏は憤慨し、高本繁吉・西川千代吉・土山壽郎・山中利喜松の四氏と共に、田の中の〈秦徐福之墓〉の墓碑を引き上げます。一九一五年（大正四）、熊野地青年会創設。前記の五氏（保田・高本・西川・土山・山中）が、熊野地青年会を立ち上げ、御大典記念事業として〈秦徐福之墓〉墓碑の傷を修復し、元の場所に安置します。その周りに楠の木などを移植し、境内全体を修復」［仲田 二〇一六］したとされている。また当時、「玉置西久氏より楠十三本寄贈され青年会で植栽」〔新宮徐福協会　二〇一〇：一五〕された。さらに、前述の五氏からなる熊野地青年会は大正五年（一九一六）に、「秦徐福之墓」の保存修復を記念するために、写真を撮った（写真4―7）。この写真から一〇〇年前の徐福墓の形態が読み取れる。辺鄙な所にある徐福墓は、楠の木陰に鎮められている。一〇〇年が経ち、楠の木は鬱蒼たる巨木になり、今も徐福墓を守っている。さらに、仲田恵子氏のご自宅で、明治時代の徐福墓の写真（写真4―8）を見た。当時、徐福の墓の周辺は田んぼであった。また墓碑の左右に立っている楠の木は、現在のような巨木ではなかった。筆者が新宮市で調査した二〇一六年と二〇一七年、いつ徐福墓を訪れても、お墓の前には香花と水などが供えられていた。周辺の住民D氏（七〇代、女性）に尋ねると、「徐福墓が建立されて以来、香花が絶えることがなく、人々はその遺徳をしのんでいる」との返答があった。

新宮市の徐福墓はかなり古い歴史を持ち、その建立経緯も非常に複雑である。しかし、時代が変わっても、徐福墓に対する情熱を、為政者はじめ一般庶民も注ぎ続けている。室町時代に詠まれた漢詩は言うまでもなく、静かに徐福墓を守る人々も多くいる。特に近代に入って、熊野地青年会の有志が発起した徐福墓の保存と修復を契機に、新宮市の徐福顕彰活動も活発になった。

4　七塚之碑

現在、「秦徐福之墓」の右隣には、徐福に随行した七重臣の「七塚之碑」が祀られている。この石碑は、大正五年（一九一六）、熊野地青年会により建立された。高さ一〇一センチ、幅四八センチで、「秦徐福之墓」と同じ緑色片岩で造られたものである。

昔、この地（楠藪）に、七重臣を祀るという七つの小円墳が、徐福墓を中心（北極星）として、北斗七星の形に造られていたと言われている。熊野速玉大社所蔵の『新宮本社末社図』には当時の徐福墓と七塚の様子が描かれている。「この図は、嘉永七年の熊野速玉大社（新宮）修造の完成を記念して作成されたものと伝えられている」〔和歌山県立博物館　二〇〇五：一八四〕。この絵図は、嘉永七年（一八五四）ごろの作品だと言われ、着色された鳥瞰図である。この絵図には、熊野速玉大社の末社である阿須賀神社に祀られている「徐福宮」と、楠藪に位置する「徐福墓」や「徐福臣七塚」がはっきり描かれている。絵図に示した七つの小円墳からなる「徐福臣七塚」と「徐福墓」の位置は現在徐福公園に建立されている「七塚之碑」と「徐福墓」とほぼ同じ場所である。

かつて北斗七星の形に並んでいた七つの塚は、詳細な時期は不明だが、『新宮本社末社図』が描かれた嘉永七年（一八五四）以降には、なくなったと推定される。それゆえ、大正四年（一九一五）、徐福墓保存会が結成された翌年の大正五年（一九一六）七月一〇日、熊野地青年会が境内に「七塚之碑」を建立した〔新宮市史史料編編さん委員会　一九八六：一五九〕。元は北斗七星の形に並んでいた七つの小円墳をひとまとめにして、合祀されるようになった。この「七塚之碑」は、徐福の従者の碑とも呼ばれ、当時、紀州藩の儒臣に取り立てられた芳川頼正が揮毫したものである。現在、「秦徐福之墓」の右隣に設置されているが、「七塚之碑」は建てられた当時、写真4—7に示したように、「秦徐福之墓」の左側に建立されていた。

また、昭和初期、地元の学者の間に、七塚之碑に関する興味深い話があった。和歌山市生まれの「歩く百科事典」と呼ばれた南方熊楠（一八六七〜一九四一）は、牟婁郡新宮町（現在の新宮市）生まれの郷土史家小野芳彦（一八六〇〜一九三二）に、新宮の七塚について問い合わせたことがある。その往復書簡の内容が『熊野史——小野翁遺稿』に詳細に記録されている。昭和五年（一九三〇）九月四日の南方からの来書には、「徐福の墓の隣に七塚と書いた石碑があり、これはいつのことであろうか」という質問が書かれている。小野氏はこれに応える手紙で、「上熊野地阿須賀神社境内から、中熊野地の方へかけ、飛び飛びに七つの古墳群のものがあって、七塚と呼び、秦の徐福に連れて来られた童男童女など従者の墓と語り継いでいるので、前年熊野地の有志が、時の内相芳川氏に〈七塚碑〉と揮毫してもらい、かの秦徐福之墓の隣に建てたのである」と返信した。また、この返答には、「七塚は新宮ばかりでなく、外にもアチコチにある。あれは北斗七星を祭りたるもので、徐福などに関係したものではない」という柳田國男の見解も述べられている〔小野　一九三四：五七五―五八四〕。

その返信に書かれていたように、柳田國男は日本全国に散在する七塚に関する伝説を取りまとめ、『日本伝説名彙』に「七塚」や「七人塚」や「七騎塚」などを独立の項目として、それらの伝説を「塚の部」に収めている〔日本放送協会　一九五〇：三三二―三三五〕。当該書によると、長野県、静岡県、岐阜県、和歌山県、岡山県などの地域に、悪霊鎮めのためか、遺徳しのびのためか、さまざまな七塚に関する伝説が語り継がれている。また、柳田國男は『七塚考』に、「境の塚の数を七つにし、又は一つある境塚にして之を七人塚若くは七人御先など〻呼ぶのは、何れも北斗鎮護の神徳を体現したもので、所謂七星の剣先を以て害敵を征服せんと企てた法術に因るのであらう。従つて天然の地形ならば兎に角、人の作つた塚ならば其七座の位置関係は略〻亦天上の星の形と一致させてあつて、北辰に該当する一塚を首座として居るに相違ない」〔柳田　一九六三（一九一五）：五〇五〕と述べている。

前述のように、新宮市に伝わる七塚は、かつて北斗七星の形に並んでいた。しかも、柳田が指摘した通り、この地域に北極星（北辰）に該当する徐福墓も祀られている。これは奈良時代に民間で盛んであった北極星を神格化した妙見信仰と関係があると推測される。徐福墓（北極星）と七塚（北斗七星）が築かれた経緯について、おそらく昔この地域に徐福伝説があり、語り継がれる長い年月の間に、徐福を神として祀るようになり、北斗七星の鎮護の説と結合して、いつの間にか徐福墓を鎮護する七塚が北斗七星の形に造られたと想像できる。徐福に随行してきたと言われる七重臣を祀る七塚は、おそらく妙見信仰の影響を受け、元々の徐福伝説と結合して生じたものであろう。

大正の初めごろ、七塚の祟りについて、『熊野実業新聞』に掲載されたことがある。雑賀貞次郎が当該新聞の「伝説及俗謡」欄に載せた内容を抄出した。

熊野の七つ塚　紀州東牟婁郡新宮町の、秦の徐福の墓の周圍にも七塚があつて、徐福に殉死した七人の家臣を葬り祀ると云うて居る。現今僅かに面影を遺すは三四あるのみ。往時此塚を発掘して古刀劍類陶器等を出した事があつたが、之に携つた者忽ち疫病に罹つた為、直ちに元の如く埋めたと言傳へ、今に至るまで怖れて其塚に手を觸れる者が無い。［雑賀　一九一六：五七］

古い時代から新宮市には徐福に随行した七人の家臣を祀る七つ小円墳の塚があり、大正の初めには三、四しか残っていなかった。その塚を発掘した者が、七塚の祟りで疫病にかかったと言われている。正に、その事件と言伝えを背景に、古くからこの地に埋葬された徐福と七人の家臣らの遺霊を慰めるため、疫病など引き起こさないため、徐福墓の修復を始めた。また、それを契機に、昔この地にあった七つの小円墳を合祀し、「七塚之碑」を建立した。「七塚之碑」は建立されて以来、約一〇〇年の間、元徐福墓の左側に置かれていたのに対して、現在は墓の右隣に移転されている。

古い記録と民間の言い伝えに残った北斗七星の形に造られた七つの小円墳は、いつの間にかなくなった。だが、現在徐福公園に整備された不老の池では、七重臣が有する七つの徳を象徴する石柱が、かつての七塚の代わりに、「秦徐福之墓」を鎮護している。前述のように、不老の池は現在七重臣の遺徳をしのぶ場だけでなく、人々の興味を引き、ロマンを持つ伝説を自分の身で体験する場とも認められている。北斗七星の形は以前と同じであるが、七塚という小円墳から七つの石柱に変わった。大正初年の七塚の祟りの記録と現在不老の池の隣に設置する案内板の内容を比較してみると、一〇〇年の時差があり、住民の心境が違ってきている点に注目すべきである。「今に至るまで怖れて其塚に手を触れる者が無い」という状況であったのに対して、地元の人々は七本の石柱に触れると、その徳を授かることができるということを信じるまでになっている。このような変遷は、ぼろぼろの七つの小円墳（残りわずか三四）を合祀する「七塚之碑」が建立されて以後、以前のような疫病に罹る恐れがなくなり、一般市民の七重臣に対する親しみが高まったことを示している。

5　秦徐福碑

「秦徐福之墓」の左には、徐福の遺徳をしのぶ「秦徐福碑」という顕彰碑が建てられている。高さ二・五メートル、幅一メートルの黒色縞状石灰岩に碑文が刻まれている。この顕彰碑は元々天保六年（一八三五）、紀伊新宮九代藩主の水野忠央の命により造られ、儒者の仁井田好古が顕彰文を書いたものであった。しかし、その石碑は和歌山から海路運搬の途中に嵐のため海に沈んでしまった。現在の顕彰碑は、当時残されていた書により、昭和一五年（一九四〇）の紀元二六〇〇年記念事業として復元されたものである。

天保一〇年（一八三九）に完成した『紀伊続風土記』は、秦徐福碑という顕彰碑の碑文を書いた仁井田好古を総裁として編纂された地誌である。それゆえ、当該書に載せられた秦徐福碑の内容は信憑性が高いと認められる。その秦徐福碑の碑文の文末には「天保六年歳次乙未冬十月」〔和歌山県神職取締所　一九一〇：一〇五〕と記されているが、現在徐福公園に建てられている秦徐福碑には「天保五年甲午歳陽月」と書かれている。これはおそらく昭和一五年（一九四〇）、復元したときに書き直されたと推測できる。

以下に、徐福公園にある徐福墓と秦徐福碑の建立過程をまとめる。徳川頼宣は紀州初代藩主に就任している間（一六一九～一六六七）、「秦徐福之墓」という五文字を儒臣の李梅渓に書かせた。約一〇〇年後の元文元年（一七三六）、李梅渓の書が刻まれた徐福墓は、紀伊新宮五代藩主水野忠昭の命により、現在の場所に建立された。だが、大正初期、徐福墓の墓碑が付近の田圃に投げ込まれる事件があった。大正四年（一九一五）、地元の有志からなる熊野地青年会は、墓碑の傷を修復し、元の場所に安置した。秦徐福碑の顕彰文は天保六年（一八三五）に、紀伊新宮九代藩主水野忠央の命により、儒者の仁井田好古によって書かれたものである。しかし、顕彰文が刻まれた石碑は、海路運搬の途中、嵐で海に沈んでしまった。現在徐福公園に設置されている顕彰碑は、昭和一五年（一九四〇）に再建されたものである。

それでは、上述の徐福墓と秦徐福碑の建立経緯を合わせて分析してみよう。徐福墓は徐福を祀るお墓であり、秦徐福碑は徐福の功績を顕彰する石碑である。二つの石碑の建立時期と役割は異なっているが、いずれも徐福の遺徳をしのぶことがその目的である。また、双方とも当時の藩主の命を受け、造られたものである。だが、人為の要素にせよ、自然の関係にせよ、徐福墓と秦徐福碑は、それぞれ修復と再建の過程をたどった。その過程で、新宮市の徐福顕彰活動の参加主体は、上層にいる為政者から一般庶民に変わってきた。つまり、往古からの徐福伝説に基づき、建立されてきた徐福墓や秦徐福碑はその修復・再建を繰り返すことによって、地元の住民たちが、より直接に徐福顕彰活動に参加できるようになった。このような修復と再建活動を契機にして、徐福講や徐福供養祭、徐福盆踊りなどの記念活動の活発化が引き起こされたのであろう。

6　由緒板

徐福公園の門楼に入ると、左には平成六年（一九九四）、徐福公園の開園を記念し、中国山東省龍口市より寄贈された大理石の由緒板（写真4―9）が設置されている。縦一・六メートル、横三・二メートルのこの由緒板は、白大理石に黒大理石が嵌め込まれている。碑面の右半分には徐福の一生を紹介する碑文が刻まれ、左半分には徐福一行上陸の絵が彫られた。筆者は龍口市で実地調査をした際に、龍口市徐福研究会の秘書長を務める曲玉維氏に案内して頂き、地元の徐福伝承地を訪れた。曲氏は徐福園にある石碑を指さして、「この石碑は一九九四年に新宮市徐福公園に寄贈したものと同じです。そのとき、同じ石碑二基を造りました。一基は新宮徐福公園の由緒板で、もう一基は目の前のものです。前年、私は新宮の徐福公園に行ったとき、寄贈した由緒板を見ました。一緒に造られたのに、新宮の石碑はすでに風化してしまい、文字が読みにくくなりました。龍口の石碑を見てください、新宮のものと比べると、本当に新しいですよ[7]」と語った。

徐福公園の開園は、中日の徐福に興味を持つ人々をはじめ、各地からの観光客を新宮市に呼び込んでいる。由緒板が設置されたことは、中国と日本の人々の徐福伝説に対する情熱を表している。また、中日両国が友好関係を結んでいることを証明するものでもある。次に、龍口市より寄贈された由緒板の「説明の部分」と「上陸の絵」を紹介する。

1　説明の部分

由緒板の右半分は徐福の一生を紹介する碑文が刻まれている。その碑文には徐福の中国での生活、日本に渡来した理由、日本での文化の伝播などが詳細に記録されている。碑文の内容は次の通りである。

「徐福さん」と呼ばれて今も親しまれている徐福は、秦代の著名な方士で、中国・斉郡の徐郷県（現・山東省龍口市）で生まれました。幼少の頃から苦学し、学問に努め、その誠実な人柄は村人を窮状から救うなど、民衆からの信望は厚いものがありました。

当時、中国を統一した秦の始皇帝は、中央集権支配を強化するため幾度か全国を巡幸し、その功績や徳行を顕彰する碑を各地に建てたり、萬里の長城を築くなど、天下に武力を誇示し威厳を見せつけていました。中国の歴史書『史記』によれば、巡幸に出た始皇帝は「不老長寿」の仙薬を探し出そうと躍起になり、困った策士

写真 4-9　由緒板（2016 年 8 月 11 日撮影）

たちは方々を尋ねたあげく、今の龍口市内において、方士で名医の徐福に出会ったとされています。始皇帝から命を受けた徐福は、巨大な二層式の船を仕立て、東方海上の三神山（蓬萊、方丈、瀛州）にあるという不老長寿の仙薬を求め、三千人の童男童女を引き連れて船出したのです。

萬里の波濤を越え、絶海を渡り、蓬萊の国といわれる熊野にたどりついた一行は、この地に自生する「天台烏薬」という霊薬を発見しましたが、気候温暖、風光明媚、さらにはこの土地の温かい人々の友情に触れ、ついにこの地を永住の地とし、土地を拓き、農耕、捕鯨、紙すきなど当時の高度な中国文化をこの地に伝え、全国に広めたといわれています。

日本国内には徐福ゆかりの地がいくつかあり、それぞれ古くから地域伝承を育み、さまざまな文化が形成されています。特に熊野地方には、徐福渡来の地として数々の伝承資料が残されており、古くは鎌倉時代の文献にも見ることができます。また、阿須賀神社の蓬萊山の麓には「徐福の宮」があり、古くから徐福の功績をたたえ、尊信を受け継いできました。徐福が両国の永い歴史的交流の象徴として、さらには中日友好の掛け橋として大きな反響を呼び起こしています。

本公園内の「秦徐福之墓」の墓碑は、江戸時代初期に紀州藩祖徳川頼宣公が儒臣の李梅渓に筆を執らせ、建立を企図したものと伝えられており、傍らには徐福に随行した七人の重臣の「七塚之碑」も祀られています。墓碑が建てられて以来、今日まで墓前には香花が絶えることなく、人々はその遺徳を偲んでいます。

一九九四年（平成六年）八月十二日

徐福故里　中国山東省龍口市　寄贈

2　上陸の絵

この由緒板の左半分は江戸中期嘉永六年（一八五三）に刊行された『西国三十三所名所図会』には「新宮湊」〔暁二〇〇一：一二七—一二九〕の項目に松川半山（一八一八〜一八八二、江戸時代後期から明治時代にかけての大阪の浮世絵師）が描いた「徐福渡来」の挿絵が彫刻されている。当時の新宮湊は、「新宮の町より東十町許ニあり、朝夕商舟出入して交易し、頗る繁花の濱也[8]」とされる。この挿絵には徐福一行が新宮湊（熊野）に漂着し、黒い船から宝物などの荷物を降ろす情景が生き生きと描かれている。元禄一一年（一六九八）、長井定宗に編集された『本朝通紀』には、人皇第七代の孝霊天皇七二年（紀元前二一九）に徐福が来朝したことが記されている。『西国三十三所名所図会』に描かれた挿絵の右上隅には、『本朝通紀』の記載がそのまま書かれている。内容は以下の通りである。

本朝通紀・人皇第七　孝霊天皇七十二年秦徐福来朝、時始皇好仙術、東遊海上、於是使方士徐福将童男女千人入海、求蓬萊神仙不死之薬、徐福来朝遂不得其薬、畏誅不敢還、在熊野卒、子孫皆曰秦氏。

中国での徐福の故郷と言われる場所は、山東省龍口市と江蘇省連雲港市の二説ある。歴史上の徐福の故郷がど

写真4-10　上陸地記念碑（2017年8月9日撮影）

こであるかは、ここでは立ち入らないでおこう。いずれにしても、この由緒板は中日の友好関係を深める事物として、友好使者である徐福の功績を称えるものである。歴史上のことであれ、伝説上のことであれ、徐福のことは昔から新宮の地に根を下ろし、今日に至っても、中国と日本を密接につなぐ友好のシンボルとして活用されているのである。

　徐福一行の上陸地について、新宮市と熊野市に伝わる伝説によると、不老不死の仙薬を求め、徐福一行は三重県熊野市波田須町に辿り着いた。波田須に暫く住居し、後に新宮市の方に移住したと言われている。新宮市の徐福伝説について既述したように、新宮は徐福の終焉の地として、古くから徐福墓（徐福公園境内）と徐福宮（阿須賀神社境内）がある。それに比べ、三重県熊野市波田須町は、元は「秦住」また「秦栖」と書かれていた、秦の国の人がここに住んでいたという由来がある。波田須が徐福の上陸地と住居地であることは、古い時代から言伝えとして受け継がれてきている。徐福一行やそれらの子孫たちは波田須に住み着いた。だが、苗字は「徐」を使わず、故国の「秦」から羽田、波多、波田など「ハタ」と読む漢字を名乗っていたと言われている。

　新宮市にある徐福の上陸地は、熊野川河畔と言われている。熊野川河口の南、標高約五〇メートルの蓬萊山の麓には阿須賀神社が鎮座している。阿須賀神社には、徐福を祀る「徐福の宮」がある。地元では、徐福一行が蓬萊山を目指して、熊野川河畔から上陸したと信じられている。そのため、平成九年（一九九七）、地元の有志の奥野利雄・加藤恒久・西和代により「秦徐福上陸之地」記念碑（写真4―10）が寄贈され、熊野川河畔に建立された。

7　紀伊半島で発見された仙薬

新宮市には、ここで徐福が天台烏薬（写真4―11）という薬草を見つけたという言い伝えがある。徐福公園の徐福墓の周辺には七本の天台烏薬が植えられ、徐福に随行した七人の重臣を象徴している。筆者は新宮市で実地調査をした際、約三〇キロメートル離れた三重県熊野市波田須町にも訪れた。両地域の徐福伝説ゆかりの地を巡り、ある興味深いことに気づいた。新宮市の徐福公園と阿須賀神社、波田須町の徐福の宮と徐福神社、これらの徐福と縁がある所にはどちらにも天台烏薬が植えられている。天台烏薬の樹齢から推測すると、いずれも近年のことである。つまり、天台烏薬はある意味で徐福がこの地に存在した証しとして、現代でも紀伊半島で用いられている。

写真 4-11　天台烏薬（2017 年 8 月 9 日撮影）

天台烏薬、クスノキ科の常緑低木。原産は中国中南部、台湾であるが、江戸時代に薬用として輸入したため、現在では九州の他、和歌山県、大阪府、静岡県などでも野生化している。光のよく当たる環境を好み、高いものでは五メートルに達する……（中略）根を乾燥したものを漢方では烏薬と称し、精油を含有するので、鎮痛、興奮、健胃剤として、腹痛、胸痛、消化不良などの治療に用いる。なお、テンダイウヤクの名のおこりは、中国の浙江省の天台山に産する烏薬が良品であるところから天台の二字をつけたものである。〔小学館　一九八七ａ：三七四〕

天台烏薬は、クスノキ科に属する常緑灌木で、江戸時代に中国から輸入された薬木である。筆者は新宮市で実地調査の際、徐福伝説ゆかりの地を巡り、町中の民家の庭先にも天台烏薬が多く植えられていることに気づいた。地元の人に尋ねると、天台烏薬はずっと前から庶民の間で伝承されてきた薬草だということであった。科学的な薬効の成分や原理などが明らかにされていなかった時代、大正の初めごろから、天台烏薬は、健胃や鎮痛薬の民間薬として服用されていた。

実は、一九七二年九月に「中日国交正常化」がなされ、両国の不正常な関係が終了した。さらに、一九七八年八月に「中日平和友好条約」の締結に従い、中国と日本の関係は長い寒冬を乗り越え、ようやく暖春を迎えた。一九七八年一〇月、中国副総理を務めていた鄧小平は、「中日平和友好条約」の批准書を以て訪日した。当時の懇談会で、鄧小平は、訪日の目的は、「第一に、批准書を交換すること。第二に、日本の古き友人たちの努力に感謝を示すこと。第三に、不老長寿の薬を探すことだ[9]」と語った。鄧小平は懇談のとき、秦の始皇帝の命を受けた徐福が不老長寿の仙薬を探すため、日本に渡ったという故事を思い出し、それをジョークとして用い、訪日の目的の一つと挙げた。

その返礼として、瀬古新宮市長と山城新宮観光協会長は、翌年（一九七九）二月五日、東京の在日中国大使館を訪れ、文化担当の陳抗参事官に「鄧小平副首相に送って下さい」と、天台烏薬の苗木三鉢を手渡した。[10]このように、天台烏薬は新宮市の徐福伝説に登場した仙薬の役割を担っているばかりか、中日外交の面でも一役買ったのである。徐福伝説が二二〇〇年以上の歴史を経ち、二一世紀の今日でも役立っている理由は、おそらくその時代の要請に叶う変化の力を持っているからであろう。

三　徐福伝説と熊野信仰との関連

新宮市に語り継がれている徐福伝説の口碑は、現存する文献記録によると鎌倉時代にまでさかのぼることができる。だが、それより古く、文字に記録されていない言伝えがあるかどうかは、今の段階では断言できない。徐福伝説は古くからこの地で流行していた。また、熊野信仰はこの地で発祥し、三〇〇〇社以上もの熊野神社が全国に勧請されるほど盛んである。熊野信仰は熊野地域の信仰であったが、現在は全国的なものとなっている。それは日本人の信仰形態を構成する重要な部分である。紀州に伝わる徐福伝説は、この熊野信仰の形成と大きく関連していると言える。本節では無学祖元の漢詩を軸にして考察し、徐福伝説と熊野信仰の関係を見ていこう。

1　無学祖元の漢詩

無学祖元（一二二六—一二八六）は中国明州慶元府（今の浙江省寧波市）出身の臨済宗の僧侶である。彼は南宋が滅亡した一二七九年、元の支配から逃げ、鎌倉幕府第八代執権北条時宗の招きに応じて来日した。彼は、鎌倉の建長寺の住職を務め、後に円覚寺を開山した。その間に、無学祖元は紀州熊野にある徐福の祠を参拝している。彼が詠んだ漢詩の中に、徐福の霊祠に線香を献じる場面を描写しているものがある。その内容は以下のようである［上村　一九一九：二一八—二一九］。

写真 4-12　祖元禅師徐福祠献香詩の詩碑
（2017 年 8 月 9 日撮影）

写真 4-13　日本関西崇正会による中国獅子舞
（仲田恵子氏提供）

献香於紀州熊野霊祠
先生採薬未曾回、故國關河幾塵埃。
今日一香聊遠寄、老僧亦為避秦來。

昭和五六年（一九八一）に香港徐福会・日本関西崇正会（在日華僑）・徐福会（仲田玄会長）の寄付によって、無学祖元禅師が詠んだ徐福祠献香詩を刻んだ詩碑（写真4―12）が、阿須賀神社の徐福宮の傍らに建立された。翌年（一九八二）九月一日に行われた祖元禅師詩碑の除幕式典で、日本関西崇正会による中国獅子舞（写真4―13）が披露された。

現在、詩碑の傍らに祖元詩碑建立委員会のメンバーで新宮市の詩人である若林芳樹が書いた、無学祖元の漢詩の読み下し文と現代語訳の説明板が建てられている。その内容は、以下のようである。

祖元禅師徐福の祠に香を献ずるの詩
先生薬を採りて未だ曾て回らず、故国の山河幾度か埃さる。

今日一香聊か遠きに寄す、老僧も亦為に秦を避けて来る。

（大意）徐福先生は、不老長寿の薬草を採りに行かれてからまだ帰られません。

その後、故国中国の山河は、幾度も戦争があって混乱しています。

今日は、先生をお祀りする熊野の社に、はるかに香を捧げます。

老僧のこの私も先生と同じように、戦乱の故国を避けて日本にやって来ました。（若林芳樹　訳）

無学祖元は、紀州熊野の徐福の霊祠に面して、千年前に日本に渡来した徐福の境遇を自分の境遇と重ねていた。二人の来日の目的は、徐福にとっては秦の暴政を避けるためであり、無学祖元は元の支配から逃げるためであった。無学祖元の漢詩の存在は、一三世紀末期に紀州熊野に徐福を祀る祠があったことを裏付けている。さらに、無学祖元以降、中国元代の詩人呉莱の『聴客話熊野山徐市廟』〔呉　一九八九：八三〕や、絶海中津と明太祖との唱和詩や、林羅山の『倭賦』〔林　一九一八a：四〕など紀州熊野の徐福祠を詠う漢詩がある。それらもまた当時徐福の事績が中国人や日本人に広く知られていたことを証明している。

無学祖元の漢詩の収録状況に注目してみよう。一二八六年、無学祖元が建長寺で示寂した際、幕府の執権北条貞時から「仏光国師」という諡号が贈られた。徐福祠に線香を献じたことを詠った漢詩は、『仏光国師語録』に収録されている。『仏光国師語録』は無学祖元の語録であり、一〇巻から成っている。彼の死後、侍者の一真などによって編纂された。『仏光国師語録』は『仏光録』という別名がある。また貞治六年・応安三年版など幾つかの五山版があり、江戸に入ってからは、寛文四年・宝永二年・享保一一年の版もある。

『仏光国師語録』は多種の版本がある。昭和初期に発行された『大正新修大蔵経』にも、『仏光国師語録』一〇巻が収められている。『大正新修大蔵経』の中の無学祖元が詠んだ徐福祠の漢詩の題名は、『寄香焼獻熊野大權現』〔無学　一九六二：二二三〕である。さらに、「故國關河幾度埃」という一句は、『禅林文芸史譚』に収集された漢詩の「故國關河幾塵埃」と異なる。それに対し、阿須賀神社境内の徐福宮の近くに建てられた詩碑の内容は「故國山河幾度埃」とされる。この三つの詩文の意味はほぼ同じである。このように複数の句が存在するのは、この漢詩に幾つかの版本があるためである。

漢詩の内容からすると、紀州熊野に渡来した徐福が地元で祀られていたことは確かである。無学祖元は徐福を祀る霊祠に線香を献じている。その際に、避難のため日本に来たという徐福と共通する境遇を思い出し、この漢詩を詠んだに違いない。その詩の題名は「寄香燒獻熊野大權現」となっている。そのことは紀州熊野霊祠に祀られている徐福が、熊野大権現であったことを示している。無学祖元が漢詩を創作したのは、七〇〇年以上前のことである。この漢詩は仏学の論理を述べる仏光国師の語録に収められ、『大正新修大蔵経』に収録された。そのことによって、仏教圏で広く知られるようになった。このように七〇〇年前にすでに徐福が熊野大権現として祀られていたことは、熊野地域をはじめ、日本全域で一般的に認識されていたのである。この漢詩は、紀州の徐福祠の存在の真実性を裏付けている。それと同時に、鎌倉時代の熊野信仰の実態も表している。

2 『活所備忘録』の記録

無学祖元の徐福霊祠を詠んだ漢詩は、江戸時代に刊行された、那波活所の『活所備忘録』にも収録されている。この漢詩を収録した文集は他にもある。だが、那波活所は漢詩の後に注目すべき内容を付している。

那波活所（一五九五～一六四八）は、字道円、江戸初期の儒学者である。「一六三四年（寛永一一）には紀伊侯徳川頼宣に仕えて、その思想的ブレーンとなる。その著『人君明闇図説』は、紀州歴代藩主の教導書となる」[11]。この点から、那波活所は紀州藩に出仕し、徳川頼宣に重視されていたことが分かる。彼の『活所備忘録』（写本三冊）には、「圓覚寺の開祖佛光國師が香を紀州熊野の霊祠に献じた詩がある」［上村　一九一九：二一八］と上村観光[12]は指摘する。『活所備忘録』には、無学祖元の漢詩の全文をそのまま載せ、この詩の下に「此徐福為熊野神之證也、絶海告明太祖詩、本于此者必矣、中津無学四世之法孫也」［上村　一九一九：二一九］と書きつけている。確かに、那波活所が付記したように、無学祖元が徐福祠を詠った漢詩は、その死後、臨済宗の僧侶の間でよく知られていた。絶海中津と明太祖との唱和詩は、最も有力な証拠だと考えられる。

徳川頼宣は紀州藩主を務めていた間、徐福の遺徳を顕彰する活動に情熱を注いでいた。これは紀州にあった徐

と琉球）の国情と、その朝鮮との通交の沿革を記し、さらに使人接待の規定を収めている」〔申　一九九一：三〕と『海東諸国紀』を訳注した田中健夫は述べている。『海東諸国紀』には朝鮮の使者と日本の大名、日本文人などとの接触の記録や、その接遇方法が詳細に記載されている。またそれだけでなく、使者たちが自分の目で見た日本の国情や風俗なども書き付けている。この著書は室町中期の日本人の外交状況と国民生活などを反映したものだと言える。『海東諸国紀』の「日本国紀」の部分は、日本の初代天皇の神武天皇から述べられている。そして崇神天皇の条に、熊野権現と徐福との関係が書かれている。その内容は、崇神天皇のとき、「熊野權現神始現、徐福死而為神、國人至今祭之」〔申　一九九一：三一一〕というものである。この意味は「日本の第一〇代の崇神天皇（紀元前九七～紀元前三〇）のとき、熊野権現神が現れ始めた。徐福は死んで神と為り、国人は今に至るまで之を祀っている」となる。

これは、外国人の目から見た熊野信仰であり、徐福から発展した熊野信仰でもある。よく知られているように、熊野三山は従来から修験道と浄土信仰の中心的な霊場である。平安時代以降、皇族・貴族をはじめ、一般庶民も頻繁に熊野三山を訪れ、「蟻の熊野詣」と言われるまでの盛況となった。このように、熊野信仰は平安時代以降、日本人の心を深く支える信仰であった。その信仰の奥底には、徐福伝説を象徴する神仙思想が内包されている。中叔舟の記述によると、徐福は熊野の地で没し、熊野三山の神となった。そして権現という形式で人々の信仰を集めるようになったのである。

4　徐福伝説と熊野信仰を結びつける背景

一三世紀末期に無学祖元が書いた漢詩は、当時の熊野に徐福の霊祠があったことを示している。一五世紀中期の申叔舟は、徐福が死後に熊野権現神として地元で祀られるようになったと述べている。一七世紀中期の那波活所の備忘録は、紀州藩主に仕えた間の自らの考察に基づいており、無学祖元の漢詩は徐福が熊野の神であった証しだとしている。前後四〇〇年にわたり、中国人・韓国人・日本人それぞれが、熊野に徐福の霊祠があり、徐福は熊野の神または熊野大権現として祀られていると指摘している。これらの歴史的文献を踏まえ、徐福伝説と熊野信仰と結びつける背景を検討する。

1　熊野の権現信仰

熊野信仰というのは、熊野三山（本宮・新宮・那智）を中心にした信仰である。熊野は古くから神秘的な霊山とされている。特に、奈良時代以降、山岳信仰から発展した修験道の隆盛に伴い、熊野は代表的な霊山として、数多くの修験者（山伏）に修業の場として選ばれた。このようにして、熊野三山にまつわる熊野信仰は形成され、山伏に崇められた。熊野信仰の実態は神仏習合の思想であり、日本の神と仏教の仏を共に祀る信仰である。その表現形態は、神仏が仮の姿で現れる権現である。地元に伝わる徐福伝説では、徐福一行は熊野に上陸し、最先端の技術を地元の人々に伝授したという。この伝説は、徐福が神仏の仮の姿として出現し、地元の人々を救ったということを表している。徐福伝説に語られている徐福の業績は、権現の性格に符合するものである。つまりこの伝説は、徐福を熊野大権現として祀ることの妥当性を述べているのである。

2　熊野の地理的位置

堀一郎は紀州熊野についてこう述べている。「鬱蒼たる樹木に対する古代人の素朴な信仰が、その樹によりて作られた船を通じて海洋民族的な神秘感と共に根強く浸透していたことも窺われると共に、ここを舞台に活動する神々が、多くの他界、または他国との関係を有する」［堀　一九八三：七〇］。これは、「熊野の郷民の海洋族的性格としての発展、熊野の地理的条件および伝説全般の指向するところ」［堀　一九八三：六九］に関連すると考えられる。つまり、熊野は黒潮によって、外来文化の門戸となる地理的環境を持っている。これは、徐福伝説が熊野で展開された理由の大きな要素である。

3　常世信仰と神仙思想

日本の神話の神、大国主神と称される少彦名命は、「行至熊野之御碕、遂適於常世郷矣」［舎人親王　一八九七：三九］とされる。つまり、少彦名命は「熊野の御碕に行き至り、遂に常世郷に適《ゆ》きます」［小島　二〇〇六：一〇三］とされている。八世紀に成立した『日本書紀』の記述は、熊野地域が日本の神話時代から常世郷に結びついていたことを示している。少彦名命は常世の神であり、常世郷に住むと言われている。この記述から、熊野は常世郷ではないが、常世郷への入口であることが読み取れる。また、五来重によれば、常世は「海上他界観念」につながるとされる。五来は次のように指摘する。

海の彼方に祖霊の集る世界（常世）があって、何か人々に困難なことがあれば、「世直し」に来てくれる。そこには宝物が一杯あるし、不老不死であるというので、中国東方海上の楽土である蓬莱島とイメージがダブってしまった。琉球にはこの信仰が強くのこっていてニライカナイ（先祖の国）といい、お盆の精霊はそこから来ると信じて海岸で精霊迎えをする。日本でも宝船は海上他界のミロクの国から来ると信じられていた。［五来　一九八〇：二四〇］

常世信仰は徐福が生きていた二二〇〇年以上も前の中国だけではなく、日本でも古くから存在している。八世紀の『日本書紀』から熊野地域は常世と呼ばれる蓬莱山のイメージと結合していたことが分かる。このような思想的背景を踏まえると、熊野地域における徐福伝説の定着は、単純な口碑の問題としてではなく、信仰の面からも捉えられなければならない。新宮市には、日本一の一三三メートルの御滝を核とする那智大社がある。その御滝拝所への入り口に、御滝の水は「延命長寿の水」であるという案内板がある。これは、徐福が追求した神仙思想と関連していると推測される。

4 熊野修験者の布教

鎌倉時代以降、修験者は熊野信仰の教義を広げるため、全国の山岳を歩いて回る修業を始めた。布教団のような組織が成立し、熊野信仰は早いスピードで全国に広がった。天皇のような皇族や武士だけでなく、一般庶民へも布教は広げられた。修験者は熊野信仰の教義を述べる際に、熊野の過去の歴史などの事象を語ったとされる。そのような記録は多く見られる。熊野地域には徐福伝説、常世思想、さらに山岳信仰などがある。これらの思想や信仰が複合的・相互的に作用し、複雑な様相を持つ熊野信仰が形成されたのである。熊野信仰を布教する修験者(山伏)は、熊野の歴史や伝説などの知識を一般庶民に語っている。その際に語られた話の中には徐福伝説もあった。よって、徐福伝説が広がっていく大きな要因には熊野修験者の布教活動があったと言える。

長野覚は、大峯山信仰の形成を検討した際、その宗教的重層性を示す図(図4—2)を作成した。当該図によると、熊野三山の信仰は主に五つの宗教が重なった構成になっている。(1)アニミズム・シャマニズム・自然信仰。(2)神道。熊野坐神社(本宮)・熊野夫須美神社(那智)・熊野速玉大社(新宮)からなる。(3)道教・神仙思想。徐福伝承。(4)仏教—天台・真言密教。阿弥陀如来(本宮)・観世音菩薩(那智の青岸渡寺)・薬師如来(新宮)からなる。(5)修験道。滝衆(観世音菩薩)。以上の五つの宗教の融合によって熊野三山信仰が形成されたと読み取れる。また、「熊野や英彦山には、秦の始皇帝の命で不老長寿の仙薬を求め、徐市(徐福)が渡来してきたという伝承を根強く残している」

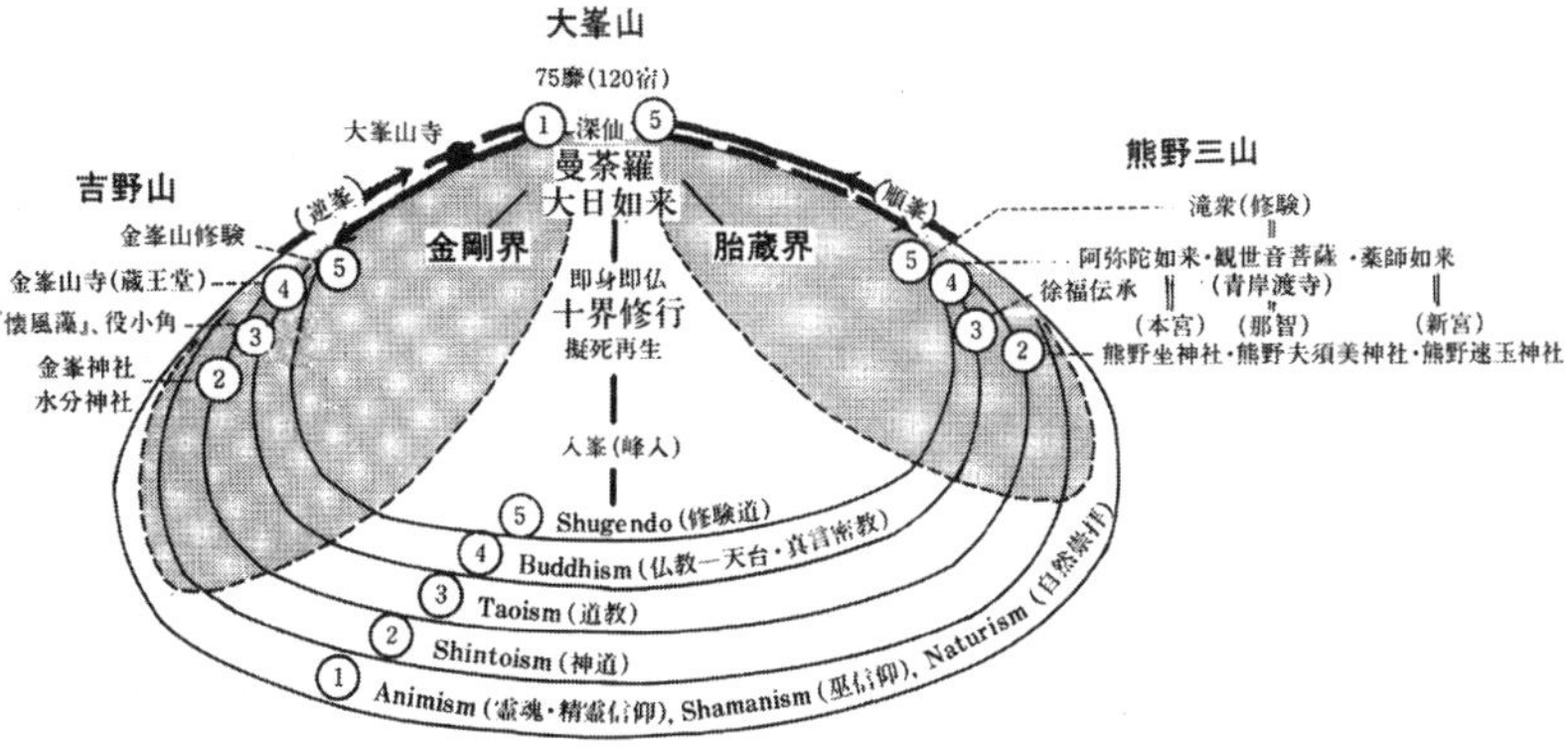

図4-2　大峯山信仰の宗教的重層性（[長野　1986：109] より）

[長野　一九八六：一〇九] と述べている。

また、五来重は熊野の徐福渡来説の成立には、熊野修験道の神仙思想・海上他界の常世信仰・来訪神（祖霊）の重層性があると指摘している。

海の彼方の常世を蓬萊とし、そこから福をもって来訪する神を迎える行事が、熊野の海岸に存在したことと、熊野修験道の神仙思想が結合して、富士山渡来の徐福が、熊野渡来の徐福に代ったのである。また一方では熊野の常世信仰は仏教の観音信仰と結合して補陀落信仰を生んだもので、徐福も補陀落も『日本書紀』の常世をのぞいては考えられない。[五来　一九八三：三六三―三六四]

このようなことを考慮すると、熊野における徐福伝説は、単純な先祖から伝えられてきた口碑だけではなく、神仙思想・常世信仰・祖霊信仰など幾つかの信仰の結合体であると言える。この伝説は一般的な口頭伝承ではなく、熊野修験道の信仰と密接に関連している。そのため徐福伝説は熊野地域にとどまらず、熊野修験の伝播に伴い、日本全国に伝えられていった。

文献記録によると、熊野の徐福渡来の伝承は、鎌倉時代中期にまでさかのぼることができる。無学祖元の漢詩はその証拠であるとされる。当時、熊野霊祠に祀られる徐福は熊野大権現と見なされている。このような徐福伝説と熊野信仰との結びつきは、現存する文献記録より古いものと考えられる。五来重が指摘しているように、伝承として伝えられている徐福伝説は幾つかの側面があり、複数の信仰の結合体とも考えられる。だが、徐福伝説が熊野三山信仰に取り込まれたことで最も肝心な点は、徐福伝説に内包する神仙思想である。

徐福伝説は、幾つかの性格を持っているが、熊野地域に根を下ろすことになった背景について、山本殖生は次のようにまとめて述べている。

熊野が早くから外来文化を受けいれやすい地勢をもっていたことが考えられる。また、熊野は古くから海上他界（常世）からの来訪神を迎え祀る蓬萊の地に想定されていた。そのことは、神仙思想を軸とする修験道の隆盛によって、より一層増幅され、熊野が理想の再生の神仙境（蓬萊の国）と考えられた。浄土教の高まりとも相俟って、熊野が〝現世の浄土〟として、多くの人々に崇敬されるに至ったからである。

そうした神仙境としての伝承的高まりが、鎌倉中期からの熊野信仰の庶民化のなかで、その先達である山伏によって再構築され、徐福の墓・祠という、より具体的な対象で熊野唱導のレパートリーに加えられ、流布した可能性がきわめて高いといわざるをえない。［山本　一九八七：九六］

長野と五来、山本の研究によると、徐福伝説とその裏に隠された神仙思想は、熊野信仰の形成に深い影響を与えた。熊野地域で定着した徐福伝説は、その元来の性格を保ちながらも、熊野信仰の祖霊信仰などと結合し、熊野修験者の活動によって広まっていった。伝説は熊野地域に根付き、熊野信仰と融合した。同様に、熊野信仰は、熊野が常世への入口とされて以降、中国の神仙思想の蓬萊山のイメージと習合していった。これは徐福伝説が展開する土壌となり、熊野地域に根を下ろす背景となった。また、熊野修験の発達に伴い、修験者は熊野の権現信仰を日本各地に流布するようになる。その際に、常世とかかわる熊野という話が、徐福が辿り着いた蓬萊山という解釈に置き換えられていった。日本全国に徐福が見つけたという仙薬が多くある。いずれも体力補充や健胃解熱などの薬効を持つ薬草であった。これは医薬の知識を持つ修験者が、伝説の伝播の主体であったためであろう。

四　新宮市の徐福顕彰活動の形成と変遷

和歌山県新宮市には往古から徐福伝説がある。地元の住民たちは、二二〇〇年前に渡来したと言われる徐福の功績を顕彰するために、昔から墓碑・顕彰碑などを造り、徐福の遺徳をしのんできた。（前述）今日に至っても、地元では毎年さまざまな記念活動を行っている。「熊野徐福万燈祭」はその代表的な一つとして、昭和三八年（一九六三）に始まった。二〇一九年現在まで、すでに五六回の祭りが行われている。「熊野徐福万燈祭」は、当初、「徐福祭花火大会」として開催された。その後、新宮仏教会の協力を得て、現在の「徐福供養式典」と翌日の「花火大会」からなる行事になった。

本節では、「熊野徐福万燈祭」の発端を振り返り、その形成過程を整理し、五六年間の変遷のプロセスとその背景を検討する。「熊野徐福万燈祭」の形成過程については、財団法人新宮徐福協会二〇一〇年改訂『徐福』[14]詳細版に記載されている。特に大正時代以降の新宮における徐福顕彰の歩みに関しては詳しく述べられている。筆者は二〇一〇年改訂版『徐福』や、昭和六一年（一九八六）に発行された『新宮市史・年表』、他の関連する書籍などから「熊野徐福万燈祭」の形成過程を整理し、その歴史と発展を巻末の資料3にまとめた（三六九頁参照）。当該図表は、徐福会の故仲田玄会長のご子息の妻に当たる仲田恵子氏提供の資料も参照して作成した。また、地元の『紀南新聞』と『熊野新聞』に掲載された「熊野徐福万燈祭」の形成と発展に関する新聞記事も参照した。

また、筆者は二〇一七年八月一〇日、新宮市での実地調査では新宮徐福協会代表理事の山口泰郎氏、新宮市議会議員の東原伸也氏、元新宮市経済観光部長の鈴木俊朗氏にご協力頂いた。午後一時から三時半まで、約二時間半の間、三氏の新宮市における徐福顕彰活動、「熊野徐福万燈祭」について詳細な話を聞いた。本節では、前述の書承資料と現場で収集した口承資料などをまとめ、「熊野徐福万燈祭」の形成と変遷の背景と過程を整理してみたい。

1　一覧表から見る「熊野徐福万燈祭」の歴史と発展

資料3は、「熊野徐福万燈祭の歴史と発展一覧表」と名付けたが、その歴史と発展を全般的に把握するために、新宮市における徐福顕彰の歩みも加えたものになっている。もちろん、新宮市における徐福顕彰活動の展開は、中日両国の政治状況と切っても切れない関係にある。本節では、約一〇〇年の間の、新宮市における徐福顕彰の歩みから、新宮市民がどのように徐福のことを取り扱っていたのかを明らかにする。また地元で始まった「熊野徐福万燈祭」の目的や仕組み、参加者がどのようなものであり、どのような変化があったのかを検討する。さらに、このような変化を誘発した要因を考察する。

資料3に示したように、大正時代に入って有志により徐福墓保存会が結成された。それ以降、新宮市における徐福の顕彰活動は、本格なものとなった。特に、戦後、昭和二三年（一九四八）に、以前の徐福講・盆踊りの会・徐福保存会が統合され、徐福維持保存会・徐福会が設立された。「熊野徐福万燈祭」の前身である徐福祭花火大会は、徐福会の主催により昭和三七年（一九六二）九月一日に始まった。当初は蓬萊小学校グラウンドで花火を八〇発打ち上げるという小規模なもので、公式なものではなかった。翌昭和三八年（一九六三）九月一日、徐福維持保存会（徐福会）主催、紀南・熊野新聞協賛の徐福花火大会として公式に開催され、地元ではこれを第一回徐福花火大会と呼ぶ。二〇一九年現在、「熊野徐福万燈祭」は、第五六回を数える。

公式に発表した第一回徐福花火大会の計画と仕組みについて、仲田恵子氏へ聞き取り調査を行なった。内容は以下のようなものである。当時徐福会の会長であった仲田玄氏は、新宮市民に「徐福」の名を広めるためと徐福顕彰維持活動を理解するために、地元の紀南新聞と熊野新聞の協力を得て、年一回の花火大会として、少しでも規模の大きな花火大会にする計画を立て、「花火一発寄進運動」を展開した。新宮市民に「寄付」を募り、九月一日、臥竜山（現・新宮市役所前・新宮福祉センター付近）で四〇〇発の花火を打ち上げた。[15]

第一回徐福祭花火大会と比べて、昭和三九年（一九六四）九月一日に行われた第二回大会は、より一層賑やかであった。第二回目の徐福祭花火大会は、第一回と同じく、仲田玄氏を中心とする徐福維持保存会（徐福会）の主催であった。だが、花火の打ち上げ場所は、丹鶴小学校下熊野川河原となった。大会の参加者は新宮市民が中心であったが、大阪から来た松山貿易会社宋世華社長を代表とする京阪華僑協会の有志九名も参加した。

第二回徐福祭花火大会は、五〇〇発の花火が打ち上げられ、一六〇基の灯籠をプロペラ船に引かせて流した。また、新宮仏教会の奉仕により、初精霊供養が行われ、その際に水施餓鬼法要としての灯籠流し（精霊流し）も行われた。水施餓鬼は新宮地域での古い習わしを持つ供養行事である。第二回徐福祭花火大会を契機に、昔から伝えられてきた水施餓鬼という仕来りが復活した（写真4―14）。夜には徐福墓の境内で御詠歌が唱えられた。民謡を流しながら、徐福の墓碑を中心に輪となり盆踊り（写真4―15）を行った。当時、盆踊りに参加した市民たちは、徐福の図案が描かれた浴衣を着ていた。仲田恵子氏への聞き取り調査によると、当時の市民はこの浴衣を喜んで着ていたという。現在でもその浴衣を着て盆踊りに参加する市民がいる。他に特記すべきこともある。それは、一九六五年の第二回徐福祭に参加するために大阪から来た宋世華氏ら華僑有志が、新宮市民の徐福供養への熱意に対して、三〇万円を

写真 4-14　徐福供養祭復活（仲田恵子氏提供）（1964 年 9 月 1 日撮影）

写真 4-15　徐福盆踊り（徐福の浴衣を着ている）（仲田恵子氏提供）（1964 年 9 月 1 日撮影）

新宮市に寄付したことである。その内訳は、祭典費用に一五万円、徐福廟再建の一助に一五万円であった。

　第一回と第二回の徐福祭花火大会は、徐福維持保存会（徐福会）の主催であったが、昭和四〇年（一九六五）の第三回花火大会からは新宮市と徐福会の共催となった。このような組織体制は昭和四二年（一九六七）まで続いた。昭和四三年（一九六八）からの徐福祭花火大会は、新宮市と徐福会の他、新宮市観光協会が加わり共催となった。各団体の協力を得て、徐福祭は次第に盛大になり、新宮市民の関心が高まった。それと同時に、在日華僑と台湾の中国人などにも注目されるようになった。特に、南海道大地震で倒壊した徐福廟の再建には、李建興氏を代表する台湾側が、膨大なお金を寄付した。

　ここで注目すべきことは、昭和四五年（一九七〇）から、徐福会が花火大会の共催から外れ、新宮観光協会と新宮市が花火大会の主催者になったことである。前にも述べたように、徐福会は徐福の功績を顕彰するため設立された民間団体である。新宮市における徐福祭花火大会は当初小規模なものから始まった。民衆の寄付を募り、次第に在日華僑の助力を貰い、また台湾側からの寄付金を集め、より大規模に行われるようになった。しかし、昭和二一年（一九四六）の南海道大地震で倒壊した徐福廟の再建を実行するには、新宮市からの支援は不可欠のものであった。

それゆえ、元々民間団体としての徐福会が主催する徐福祭花火大会は、徐々に新宮市との共催となり、その後新宮観光協会も加わるようになった。

しかし、理由は不明だが、昭和四五年（一九七〇）の徐福祭花火大会から、徐福会が共催者から外され、新宮観光協会と新宮市の主催になった。これはおそらく新宮市の行政政策としての地域振興という目的のためであろうと推測される。さらに、当時の『紀南新聞』の八月一四日・二一日・二二日の新聞記事に、徐福祭花火大会が大きく取り上げられ、地元の人々の注目を集めた。このような地元の新聞記事を通して、徐福祭花火大会を大いに宣伝することは、当時の主催者の目的もうかがえるであろう。確かに、マスメディアのピーアールにより、昭和四五年（一九七〇）の徐福祭花火大会は、四万人の市民を集めた⒃。当時の新宮市の人口が四万二〇〇〇人（一九七〇年の総務省統計局の国勢調査）であったことから、周辺の市町村や隣接県などからの観光客も大勢いたと考えられる。

徐福会の仲田玄会長は、昭和四六年（一九七一）八月六日の『紀南新聞』に、今年から「二回ある徐福祭」（仲田一九七一）と題した投書を載せた。二回とは、八月二一日の新宮市観光協会主催の徐福祭花火大会と、九月一日の徐福会主催の徐福盆踊りである。このような組織構成と徐福祭の仕組みは、昭和六三年（一九八八）まで続いた。この間に開催された徐福祭花火大会は、新宮観光協会の主催である。徐福柄の浴衣を着て、祭りに出た踊りの行列（写真4―16）は賑やかであった。徐福会主催の徐福盆踊り⒄（写真4―17）は、当時徐福墓を中心にした徐福廟の境内で行われた。その後、徐福公園の整備に伴い、境内に砂利が敷かれたため、踊りには不向きな場所になった。そして、公園の向かい側の駐車場に移動した。

平成元年（一九八九）、日本政府は各市区町村に対し地域振興のために、「ふるさと創生一億円事業」を行った。当時の新宮市はその一億円の内の五千万円を、新宮徐福協会の基本財産とし、同年一〇月一二日、財団法人新宮徐福協会を設立した。その後、恒例として開催されていた徐福前夜祭と花火大会を「熊野徐福万燈祭」として統合した。

その結果、新宮徐福協会の設立と共に、「熊野徐福万燈祭」も定着したのである。

財団法人新宮徐福協会が設立された翌年の平成二年（一九九〇）、熊野徐福万燈祭（第二八回新宮花火大会）は、新宮徐福協会と新宮観光協会の共催で行われた。当時の万燈祭は八月一九日と二〇日で行う予定だったが、台風の影響で、花火大会は二八日に延期された。八月一九日、予定通りに、午後三時から、徐福境内で仏教会の読経を中心とする徐福供養式典が行われた。四～五時は徐福祭り（竜踊り、徐福音頭）が行われた。徐福供養式典と徐福祭りの他、七時から竜、徐福立像、八咫烏神輿などを担いで練り歩く万燈パレードが、駅前広場から熊野速玉大社まで繰り出した。二八日、初精霊供養と先祖供養などのため、約一五〇〇個の灯籠を流した。花火大会は新宮川原で一二〇〇発の花火を打ち上げ、約四万五〇〇〇人が参加した。

写真 4-16　徐福祭り　徐福の浴衣を着て踊る行列（仲田恵子氏提供）（1986 年撮影）

写真 4-17　徐福盆祭り（仲田恵子氏提供）（1980 年代撮影）

写真 4-18　竜踊りパレード（仲田恵子氏提供）（1989 年撮影）

平成二年（一九九〇）の「熊野徐福万燈祭」は、平成元年（一九八九）と比べると、内容はほぼ同じだが、開催の時間が異なっている。「熊野徐福万燈祭」に統合された初年（一九八九）、徐福供養式典・徐福祭り（竜踊りなど、写真4—18）・万燈パレード・花火大会は一日で行われた。それに対し、平成二年（一九九〇）の万燈祭は、二日にわたって行われた。つまり、徐福供養式典・徐福祭り・万燈パレードからなる行事は一日目で、初精霊供養と新宮花火大会からなる行事は二日目に行われた。

「熊野徐福万燈祭」が始まって以来、一日に亘る「徐福供養式典」と「花火大会」は当初のままに行われてきた。だが、平成六年（一九九四）から、市民を盛り上げてきた徐福祭り（竜踊りなど）と万燈パレードの行事が行われなくなってしまった。現在万燈祭の一日目は、新宮仏教会の法要（読経）と参加者の焼香からなる供養式典である。この式典は、以前より静かになった。参加者は新宮市長、新宮徐福協会と新宮観光協会の職員たちである。時々、中国からの代表者と徐福に関心を持つ研究者が参加する場合もある。二日目の花火大会では、初精霊供養と徐福供養式典の後、五〇〇〇発の花火が打ち上げられる。参加者は毎年約五万人で、新宮市民をはじめ、近隣の奈良県・大阪府・三重県からの数多くの観光客が花火を楽しんでいる。[18] この面からみると、新宮市で行われる「熊野徐福万燈祭」は、かつての徐福の遺徳をしのぶことを中心とした行事から、市民が楽しむことをメインとする行事に変化してきたと言えるだろう。主催団体は最初の民間団体である徐福会から、新宮市と新宮観光協会の共催となった。このような変化から、行政側の参加度と支持が高いことが見られる。これは新宮市の地域振興と観光客誘致を目的とする行政の政策と密接な関係があると考えられる。

2　新宮市の徐福顕彰活動の各段階

和歌山県新宮市の徐福伝説は、古い歴史を持っている。これから、地元での徐福顕彰活動の始まりとして認められている徳川頼宣の江戸時代から現在にかけての約四〇〇年間、和歌山県新宮市における徐福顕彰活動の歩みを振り返ってみよう。大正時代から、熊野地青年会の有志が発起した徐福墓の保存と修復をきっかけに、新宮市の徐福顕彰活動も活発になった。その新宮市の徐福顕彰活動の展開として、「熊野徐福万燈祭」が加わった。筆者は、前述の顕彰活動に着目し、約四〇〇年間の歩みを六つの段階に区分した。そして、その形成と変遷を考察し、各時期の特徴をまとめてみた。

1　江戸初期～明治末期

紀州藩主徳川頼宣を代表とする為政者が新宮市の徐福伝説を重視し、徐福の遺徳をしのぶ墓碑、記念碑などを造り始めた。

2　大正初期～昭和初期

有志からなる熊野地青年会が、徐福墓保存会を結成し、徐福墓を修復し、七塚之碑を建立した。また、徐福信徒により徐福講が組織され、徐福の御詠歌を作って徐福供養祭を始めた。

3　昭和中期

徐福事跡顕彰会が設立され、徐福廟と徐福顕彰碑などが建立された。また、徐福会が結成され、万燈祭の前身である徐福祭・花火大会が開催された。それに加えて、日本と中華民国の「日華平和条約」締結以後、台湾との交流が多くなった。台湾側の寄付を受け、徐福廟の再建を計画した。

4　昭和後期

「日華平和条約」の終了と中日国交正常化に伴い、台湾出身者による徐福廟再建計画は中止されたものの、中国本国との交流が頻繁になった。徐福前夜祭に中国要素に富む竜灯踊りが取り入れられ、徐福祭は以前より賑やかになった。

5　平成初期

平成元年に財団法人新宮徐福協会が設立され、徐福前夜祭と花火大会を「熊野徐福万燈祭」と統合した。徐福供養式典は徐福祭り（竜踊り、徐福音頭）と万燈パレード（竜、徐福立像、八咫烏神輿など）と一緒に行われるようになった。夜は、花火大会が行われ、初精霊供養および精霊流しの行事が行われた。

6　平成中期～現在

徐福祭りと万燈パレードが中止された。徐福供養式典は徐福公園の境内で行われる新宮仏教会による読経を中心の行事となった。参加者は、中日の行政関係者を中心として、一般市民の参加度は低い。花火大会は、以前のまま初精霊供養や先祖供養などが行われ、毎年約五万人の参加者を集め、盛大な行事である。

この六つの段階の状況をまとめて分析してみると、新宮市における徐福伝説から展開した顕彰活動は、政治などの影響を受け、時代の要請に合わせて変化していることが分かる。また、筆者は、昭和三八年（一九六三）当初からの地元『紀南新聞』に掲載された「熊野徐福万燈祭」に関する記事を収集して分析を試みた。すると、当該行事はその仕組みをはじめ、参加者と目的などに変化があることが分かった。祭りへの参加目的はかつては徐福の遺徳をしのぶためであったが、現在は楽しむことがメインになった。このような変化を誘発した原因は、中日両国の政治状況や一般市民の考え方や祭りの組織団体の意図などと、緊密な関係があると推測される。

五　「熊野徐福万燈祭」の構造

第四節では熊野徐福万燈祭の形成と変遷を述べ、その変化をもたらした要因を検討した。本節では、二〇一九年現在まで、すでに五六回行われている「熊野徐福万燈祭」（前身：徐福祭花火大会）の構造を分析してみよう。前述のように、近年の「熊野徐福万燈祭」は、以前の行事と異なる部分がある。総じて言えば、一般市民の参加度が低くなった。もちろん、毎年約五万人の人が二日目の花火大会に参加していることは疑いの余地がない。しかし、このような参加は、徐福をしのぶためではなく、単に夏の風物詩としての花火大会を楽しむためである。以前のような万燈パレードなどの行事が中止され、徐福立像を担いで練り歩くような体験もできなくなった。つまり、自分の身をもって行事を体験する身体活動がなくなり、鑑賞活動を中心とする花火大会が、参加者の注目を集めるようになったのである。

恒例として定着した「熊野徐福万燈祭」は、近年開催期日も八月一二日と一三日と決められた（雨天順延）。八月一二日には徐福公園の徐福墓の前で徐福供養式典が開催され、一三日には熊野川河川敷にて花火大会が行われる。筆者は二〇一六年と二〇一七年、「熊野徐福万燈祭」が行われた際に、新宮で実地調査をした。二〇一八年の万燈祭の情報は、日本徐福協会の田島孝子会長と神奈川徐福研究会理事の津越由康氏より提供された。今まで収集した資料によると、近年の「熊野徐福万燈祭」はその実行委員会により主催されている。

「熊野徐福万燈祭」は昭和三八年（一九六三）に公式に発表されて以来、二〇一九年現在に至るまで、すでに五六回、開催されている。前述のように、「熊野徐福万燈祭」とその前身である徐福祭花火大会は、民間団体の徐福会の主催から、新宮市に属する新宮観光協会と新宮徐福協会の主催になった。また、賑やかな万燈パレードが一時的なものであったのに対し、供養式典と花火大会は、五六年前から今日に至るまで、毎年恒例の定着した行事である。とすれば、「熊野徐福万燈祭」の重要な行事として行われている徐福供養式典と花火大会の仕組みを考察する必要があると考えられる。

1　徐福供養式典

「熊野徐福万燈祭」の一環として重要な徐福供養式典は、徐福墓を中心として整備された徐福公園で行われる。二〇一六年と二〇一七年、筆者は新宮市で熊野徐福万燈祭に関する実地調査を行った。八月一二日の徐福供養式典に参加した人は、中華人民共和国駐日本大使館の代表、中国連雲港市贛楡区からの代表、日本関西崇正会代表、徐福研究会代表、新宮市民代表などであった。徐福供養式典（写真4―19）は地元の寺院の住職からなる新宮仏教会の協力によって執り行われた。

写真 4-19　徐福供養式典（2016 年 8 月 12 日撮影）

1　供物と供養幡の飾り方

八月一二日、徐福公園にある「秦徐福之墓」の前に多くの供物が並べられ、二二〇〇年前新宮の地に渡来したと言われている徐福の功績をしのぶために、徐福供養式典を行う。新宮市に住んでいる人々にとって、徐福は先進的な技術と五穀をもたらした尊ぶべき恩人であり、五〇年以上続いている供養式典もその気持ちを表す証しである。

当日、徐福墓の前に、地元のアスカフューネラルサプライという葬儀会社により、精霊棚が設置される。筆者は精霊棚の設置を撮影しながら、葬儀会社の

写真4-20　供物と供養幡の並べ方（2016年8月12日撮影）

職員に、葬儀会社が徐福供養式典に協力していることについて聞き取り調査を行った。精霊棚を用意している葬儀会社の男性職員S氏（五〇代、男性）は「うちの会社は、徐福供養式典が始まった当初から、ずっと徐福供養式典の準備を提供してきました。これはおよそ五〇年前の話かな」と語ってくれた。また、隣に立っていた女性職員Y氏（三〇代、女性）は、「この葬儀会社は平成二七年（二〇一五）に社名を変更しました。以前の社名は新宮公益社であったらしい」と語った。S氏とY氏の話によると、昭和三九年（一九六四）、第二回徐福祭花火大会が新宮仏教会の協力を得た時から、おそらく新宮公益社（現在のアスカフューネラルサプライ）という葬儀会社が、その精霊棚を準備してきた。

徐福供養式典の供物について、写真4―20に示すように、供物台には、まんとう、水、リンゴ、パイナップル、バナナ、花、こうや豆腐、のり、米、枝豆、なす、トウモロコシ、きゅうり、さつまいもなどの供物が並んでいる。前述の供物の外、供物台の上には、四つの蠟燭が置かれ、中央に焼香道具などが用意されている。また、供物台の右には「為秦徐福霊位追善佛果頓生菩提供養塔」と書かれた卒塔婆が立てられている。また、供物台の周りには、仏様の名前が書かれた供養幡が掛けられている。供養幡は供物台の三面を囲んでいる。残った一面は、徐福墓に面し、新宮仏教会の住職たちが並んで座り、徐福供養の法要を営む。筆者は供養式典に基づき、供養幡の飾り方を示す図4―3を作成した。

図4―3に示すように、掛けられている幡の四隅には仏教における四人の守護神と呼ばれる「四天王」、すなわち北方多聞天王・東方持国天王・南方増長天王・西方広目天王が飾られている。しかも、図4―3の点線の方位記号の通り、四隅の方位に該当する天王が配置されている。これは、この地で死去したと言われている徐福への追善

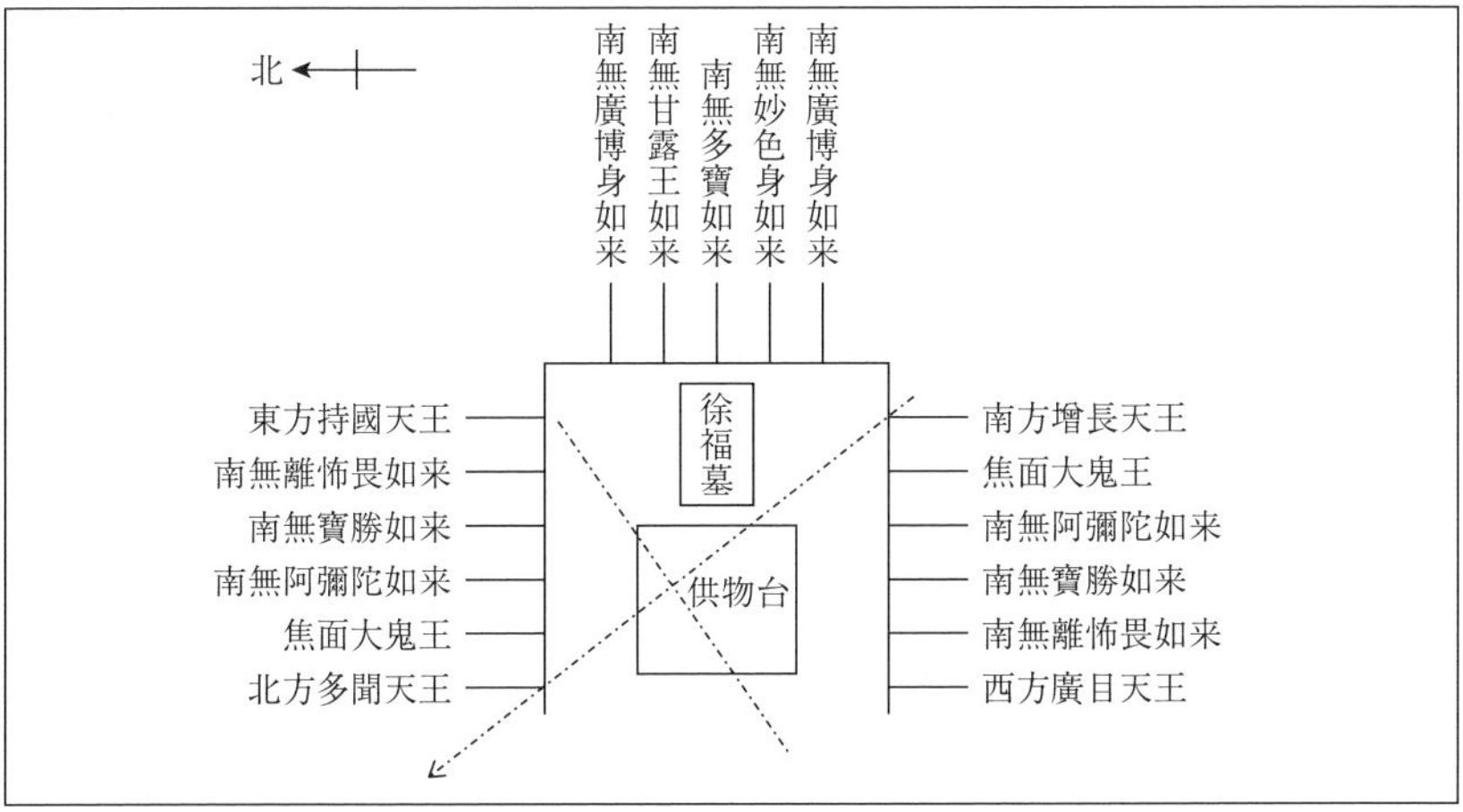

図 4-3　供養幡の飾り方（筆者作成）

供養であり、徐福の冥福を祈るために配置されているのであろう。四天王の他に、「七如来幡」も配置される。この七如来は、南無阿弥陀如来・南無宝勝如来・南無離怖畏如来・南無広博身如来・南無甘露王如来・南無多宝如来・南無妙色身如来のことである。この「七如来幡」は臨済宗の諸寺院のお盆の供養幡として用いられている。このような配置は、おそらく七如来様の功徳を受けるために、徐福供養台の周りに掛けられているのであろう。また、筆者が見た徐福供養式典では、四天王と七如来の配置だけでなく、焦面大鬼王も掛けられていた。さらに、同じ焦面大鬼王の供養幡は、二つあり、それぞれ北方多聞天王と南方増長天王の隣に配置されている。

それでは、供養幡の飾り方を分析してみよう。左に掛けられた供養幡の順序は、北方位から東方位へ、「北方多聞天王→焦面大鬼王→南無阿弥陀如来→南無宝勝如来→南無離怖畏如来→東方持国天王」である。それに対し、右に掛けられた供養幡の順序は、南方位から西方位へ、「南方増長天王→焦面大鬼王→南無阿弥陀如来→南無宝勝如来→南無離怖畏如来→西方広目天王」である。供養幡の順序から、供物台の左右に配置された供養幡は、四隅にある四天王の幡を除き、対称に配置されていることがわかる。これはおそらく供養式典での守護神のバランスを維持するためであろう。徐福供養式典の準備を提供する葬儀会社の職員に、供養幡の飾り方について聞いた。葬儀会社の職員B氏（四〇代、男性）は「供養幡の順序を正しく配置することは非常に大事です。いつも昔の供養式典のときに撮った写真を見ながら、今年も同じように供養幡を配置します」と語ってくれた。
供物と供養幡の飾り方から、毎年同じ供養式典の繰り返しという恒例の行事が行われていることが想像できる。また、葬儀会社と新宮仏教会は、五〇年前からすでに徐福供養式典に協力しているという。現在の徐福供養式典の情況から、最初の様子がうかがえるであろう。

2　徐福供養式典次第

徐福供養式典は、毎年ほぼ同じ流れで行われている。二〇一六年の供養式典の次第は、以下のようである。[19]
（現場で収集した資料に基づき、筆者作成）

14：00　仏教会入場
　　徐福供養式典は約一六名の住職からなる新宮仏教会によって執り行われる。
14：01　開式（仏教会着座後）
14：03　徐福協会代表理事挨拶
　　一般財団法人新宮徐福協会代表理事山口泰郎より挨拶する。
14：06　来賓挨拶
　　徐福ドラマ制作訪問団を代表して王智新より挨拶する。
14：09　メッセージ披露

今回の徐福供養式典の参加者に関する紹介（役職と名前だけ）。

14：12　主催者祭文

熊野徐福万燈祭運営委員長、田岡実千年新宮市長が「主催者祭詞祭文」を読む。

14：18　妙鉢

ある住職が妙鉢を打つ。

14：19　導師香語

導師（法会・葬儀を中心となって執り行う僧）が香語を語る。

14：20　読経

導師が語り終わると、仏教会の焼香が始まる。読経しながら、焼香する（臨済宗の経典である「大乗妙典観世音菩薩門品第25」を読む）。

14：24　焼香

仏教会が焼香終了した後、参列の人が呼ばれた順番通りに焼香する。（写真4－21）

14：34　妙鉢

14：35　仏教会退場

14：36　式典終了

二〇一六年の徐福供養式典は、約三六分間であった。新宮市では、五、六〇年前から、仏教的供養という方式で、この地で死去したと言われている徐福の冥福を祈っている。第四節にも、徐福供養式典の変化を述べたが、ここで、簡単にまとめてみよう。大正末期、徐福信徒により徐福講が組織され、九月一日を「八朔の日」と決め供養祭（徐福供養式典の前身）を始めた。当時、徐福の御詠歌を作ることも活動の一つであった。昭和中期に入って、徐福会が主催する徐福祭の一部として、徐福供養式典が始まった（復活とも言える）。当時、徐福墓の境内で御詠歌を唱え、民謡を流しながら盆踊りをした。平成初期になると、新宮徐福協会が主催する「熊野徐福万燈祭」の一部として、徐福供養式典は徐福祭り（竜踊り、徐福音頭）と万燈パレード（竜、徐福立像、八咫烏神輿など）と一緒に行われるようになった。だが、その後、徐福祭りと万燈パレードが中止され、徐福供養式典は徐福公園境内での新宮仏教会の読経を中心する行事となった。

「熊野徐福万燈祭」運営委員長の田岡実千年新宮市長は、式典で「主催者祭詞祭文」を読み上げた。次に、その一部を引用して、徐福供養式典の目的を述べ、新宮市における徐福の位置付けを検討してみる。

写真 4-21　焼香行列（2016 年 8 月 12 日 撮影）

始皇三十七年、あなたが万里の波濤を越えて、この地に参られ、不老不死の仙薬を求められてから、二千二百余年になります。あなたは、当時、未開であったこの地にとどまられ、土地を拓き農耕や捕鯨の術を教えられ、この土地の先覚者となられたのであります。

爾来、この土地の人々は、あなたのなした多くのご功徳に感謝し、あなたを偲び、墓前に香華を絶やすことなく心からお慕いして参ったのであります。（中略）

どうか、永く永く安らかに、そして新宮市の発展並びに日中両国はもとより、徐福の縁につながる多くの人々や、日本国内伝承地のより一層の繁栄と友好そして永遠の平和へのお導きとともにお護り下さらんことを祈念し、つつしんで祭詞といたします。

田岡実千年新宮市長が読み上げた祭詞では、徐福は新宮の地を拓いた先覚者とされている。祭詞に述べられているように、徐福は先進技術をこの地の人々に伝えたとされる。そのため、新宮市民に尊敬され、香花が絶えず供えられている。また、徐福を通して新宮市と日本国内の徐福伝承地との友好関係が深められてきた。さらに、中国の徐福伝承地との国際交流も深化させている。このように新宮では、徐福は古くからこの土地の恩人・先祖として知られた人物であった。また徐福は、新宮と国内外の交流を深めるキーワードとなり、現在の新宮市を繁栄させる役割も果たしている。新宮市の徐福伝説は古くから地元で言い伝えられてきた。その伝説は現在では、中国・韓国・日本の共通の話題として、徐福伝承地間の交流を盛んにさせ、地域間の絆となっている。このような役割を有するため、地元では積極的に徐福の供養が執り行われているのである。新宮市民は徐福を、二二〇〇年前の時を超え、親しみを込めて「徐福さん」と呼ぶ。また、徐福公園の周辺は徐福一丁目・徐福二丁目という地名になっている。このように徐福はより深く市民の生活に入り込んでいるのである。

2　花火大会

八月一三日の午後七時半から、熊野川河川敷で花火大会が行われた。これは「熊野徐福万燈祭」のもう一つの重要な行事である。花火大会が始まる前には、この土地の先祖と言われている徐福に関する供養式典が行われる。その次第は表4―1のようである。

午後七時三〇分に開始された新宮花火大会は、八時五〇分まで、約一時間二〇分にわたって行われた。花火が打ち上げられる前に、新宮仏教会による初精霊供養・ご先祖供養・慰霊祭が執行された（写真4―22）。これは前

表 4-1　新宮花火大会次第

時間	種目	提供者
7:30	開会	
7:31	初精霊供養・ご先祖供養・慰霊祭	新宮仏教会
	流し燈籠	初精霊を迎える皆様
7:41	追善早打（90 発）	精霊追善
7:45	ごあいさつ	主催者挨拶（新宮市長、新宮市観光協会長）
	点火式（仕掛・スターマイン）	新宮市長、新宮市観光協会長、新宮商工会議所会頭
7:58	同時早打（60 発）	地元各種団体の賛助
8:01	仕掛（スターマイン）	地元各種団体の賛助
8:27	仕掛（水上スターマイン）	地元各種団体の賛助
8:33	仕掛（スターマイン）	地元各種団体の賛助
8:47	仕掛 三社競艶（大スターマイン）	各団体、篤志家の皆様（上記以外）

（現場で収集した資料に基づき、筆者作成）

日に徐福公園で行われた徐福供養式典と似ているが、その供養の対象は少し異なる。徐福供養式典は徐福のみの式典であり、その霊魂を鎮める仏教行事である。式典の参加者は、中日の行政関係者たちと徐福に関心を持つ人々である。その人たちが徐福を供養する精霊棚で焼香する。一方、花火大会の際に執行される供養は、その年に亡くなった新宮市民の初精霊をはじめ、先祖供養と慰霊祭を併せて執り行われる。その参加者もその年に亡くなった新宮市民の親族（子孫たち）がメインとなり、死者の冥福を祈り、焼香を行う。ただしその供養に、徐福の供養も含まれていることは注目すべきであろう。このように徐福の供養は万燈祭で二日にわたり、二回行われる。

当日の供養式典は、前日の徐福供養式典より時間は短い。だが、その内容は前日とほぼ同じである。新宮仏教会の奉仕により読経が行われ、遺族が香を焚く。この行事が終わると、主催者が挨拶をする。その後、流し燈籠や「追善早打」の花火が行われ、花火が次々と打ち上げられる。毎年、花火大会は熊野川河川敷にて行われ、参加者は約五万人である。水上スターマインやナイアガラなど華やかな花火、約五〇〇〇発が打ち上げられる。ただ、二〇一八年は、河川改修工事の関係で例年の打ち上げ場所が変更され、花火のサイズは小さくなった。が、その分、花火の数は例年より多い六五〇〇発が打ち上げられた。また、音楽に合わせて打ち上げられる花火が初めて登場した[20]。長さ四〇〇メートルの「ナイアガラ」の滝という花火は、熊野大橋に流れ落ち、熊野川の水面を照らした。その様子はまるで本物の滝のようで、とても芸術性に富んだものである。近年、このナイアガラの滝（写真4―23）ように華やかな花火が、多く打ち上げられている。

新宮市民と帰省客を楽しませている花火大会はお盆の時期に合わせて行われている。だが、この花火大会が開催される目的は、単なる観光のためだけではない。徐福とこの地の先祖、さらに、その年に亡くなった新宮市民の霊を慰めるために行われているのである。この式典に新宮仏教会が参加したのは、第二回徐福祭花火大会（一九六四）からのことである。それ以来、徐福墓を囲んで執行される式典と熊野河川敷で行われる初精霊供養・

写真 4-22　花火大会当日の供養式典（2016 年 8 月 13 日撮影）

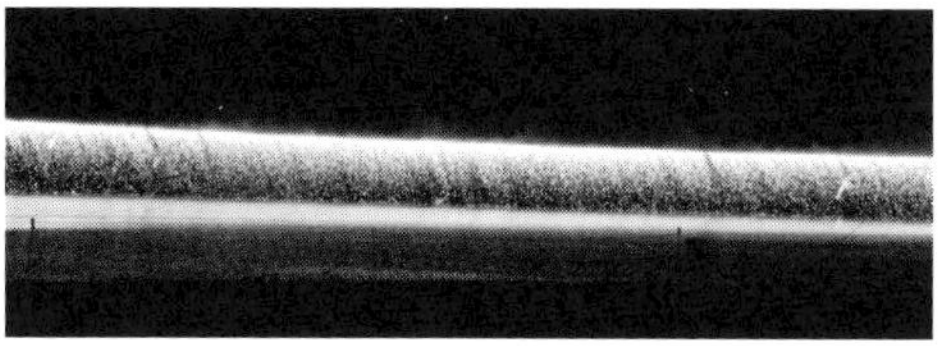

写真 4-23　「ナイアガラ」の滝の花火（2016 年 8 月 13 日撮影）

ご先祖供養・慰霊祭の行事は、新宮仏教会の奉仕により開催されてきた。すでに五五年の時が経過した。

筆者は二〇一七年八月、新宮で第五五回「熊野徐福万燈祭」に関するフィールドワークを行った。その際に、当時の新宮仏教会と徐福維持保存会によって作成された趣意書を確認できた。その趣意書は昭和三九年（一九六四）八月に供養式典を執行するための手書きの趣意書であった。これは初代徐福会の会長の仲田玄氏がご自宅で所蔵していたものである。ご子息の妻に当たる仲田恵子氏のご協力で、趣意書の内容を拝見することができた。その趣意書には、慰霊祭の執行について、以下のように書かれていた。

今年も懐しい先祖様のみたまや、新しく仏様になられた親しい人々のみたまをお迎えするお盆が参りました。ありし日の想い出を胸に、門に焚く迎火のかなた、もの云えぬ悲しさももどかしく、お出でになられたことでしょう。

お釈迦様の十大弟子のお一人である、モクレンさまが、あの世で大変苦しんで居られたお母様の御霊をお救いした故事に始まるこの仏教行事は、床しくも心温まる、日本の年中行事であります。

かつて新宮でも、木本でもが、同じ様に盆の十五日に御霊をお送りした後、提灯を一つ残して、九月一日まつり「八さく」という日に合同慰霊祭を行ない、花火を焚いて燈籠焼きをしたのだそうです。熊野市の花火もその「八さく」の行事が変化したものであります。

そこで、新宮でも十五日夜の精霊送りの提灯や船はあまりにも勿体ないではないかと云う声があり、あたかも其の日が徐福を祀る日でもある、縁に昔の行事を復活して、川原で合同慰霊祭を行なう事にしました。

御遺族の方々に御焼香をして頂いて御霊の平安を祈願。おなつかしい熊野八百万の神々や御先祖様に花火を捧げて心からなる御もてなしを致しましょう。そして、熊野の最も古い神様の御一人である徐福様を中心にした、国民外交につながるお祭に御協力下さいます様御願い致します。尚勝手なお願いで恐縮ですが、何分の御援助を賜りますれば幸甚の至りでございます。

合掌

昭和三十九年八月吉日

新宮仏教会

徐福維持保存会

この趣意書によれば、新宮市で以前から行われていた慰霊祭というお盆の時期の行事を、初精霊と徐福供養のために復活させたと考えられる。特に、新宮仏教会の奉仕で行われた初花火大会（第二回徐福祭花火大会）の内容を見ると、水施餓鬼法要としての灯籠流し（精霊流し）が行われたことが分かる。徐福は熊野の最も古い神として知られていた。その徐福の供養が、市民の先祖の慰霊と一緒に新宮仏教会の奉仕によって行われているのである。そうしたことが行われる背景には、地元の市民が徐福を自分たちの先祖のように思う感情があるだろう。徐福は当時、市民一般に知られており、尊敬されていた。合同慰霊祭が第二回徐福祭花火大会で復活したことは、地元の先祖と初精霊を供養すると同時に、徐福を供養する目的もあったことを強く示している。

第一回の徐福花火大会（一九六三年）と最初の徐福花火大会（一九六二年、公式に決められた呼称ではない）は、仲田玄会長を代表する徐福会や篤志家などの寄付で行われた。そのときに新宮仏教会の参加はなかった。このことからすると、徐福供養式典と慰霊祭の開催は、徐福会会長の仲田玄氏をはじめとする徐福会・徐福維持保存会の人々の努力の結果と言えよう。現在、徐福・先祖・初精霊の供養を目的とする花火大会は、新宮市民を楽しませる行事となり、お盆の時期の恒例行事として定着している。

3　「熊野徐福万燈祭」の役割

「熊野徐福万燈祭」はすでに五六年にわたって開催されてきた。この祭りの役割を考察するため、祭り開催の趣意書などの資料を収集し、地元の市民に対する聞き取り調査も行ってきた。ここからは、「熊野徐福万燈祭」を開催する主催者や参加者の心意の考察から、祭りの役割を明らかにしていく。「熊野徐福万燈祭」の役割を、以下の七つの側面に分けて検討してみよう。

1　徐福と祖先への供養

「熊野徐福万燈祭」は毎年、日本の伝統的なお盆の期間に開催される。二〇一六年と二〇一七年の徐福供養式典と新宮花火大会の際に、田岡実千年新宮市長は、「主催者祭詞祭文」を読み上げている。万燈祭の開催目的について、田岡市長は「二〇〇〇年前に、新宮の地に先進技術を伝えてきた徐福さんを悼むと共に、当地の初精霊をお慰めするため、会を重ねて来たもので[21]」あると述べている。また、花火大会の司会者は「花火大会の大義は徐福さんの御霊と初精霊の御霊をお慰めすることを目的としている」と紹介していた。この点からみると、「熊野徐福万燈祭」の最も重要な役割は、徐福とその年に亡くなった人への供養である。

2　地元風習の伝承

「熊野徐福万燈祭」を構成する徐福・先祖・初精霊の供養は、第二回徐福祭花火大会（一九六四年）から、新宮仏教会の奉仕により定着したものである。当初、この祭りは、徐福の遺徳をしのぶものであったが、その後、新宮仏教会の合同慰霊祭が取り込まれた。合同慰霊祭の前身は、新宮（熊野）地域で古い習わしとして伝承されていた水施餓鬼である。一九六四年、仲田玄会長などの有志によって徐福祭りが開催された。それを契機に、昔から伝えられてきた水施餓鬼という仕来りが復活したのである。水施餓鬼法要としての灯籠流し（精霊流し）の行事は一九六四年から始まった。現在「熊野徐福万燈祭」の固定行事として定着し、初精霊供養の不可欠な構成要素として毎年行われている。徐福の魂を鎮めるために始まった花火大会は、新宮市民のお盆の供養習慣と習合し、新宮市特有の形で行われている。このように、万燈祭は新宮の地にある伝統的な風習を伝承していく場を提供したと言えるだろう。

3　徐福伝説の伝承

徐福供養式典は「熊野徐福万燈祭」を構成する重要なものである。この式典は徐福公園の徐福墓を囲んで行われている。式典の開催場所は、徐福伝説を伝承するに最もふさわしい場所である。筆者は供養式典の参列者に聞き取り調査を行った。参列者の何人かは「二〇〇〇年前に、この地に渡来した徐福に感謝する気持ちを込め、供養式典に参加した」と語る。その話から、徐福とその伝説は、新宮で一般市民によく知られていることが分かる。さらに、その恩徳に対して今でも感謝している気持ちを持っていることも読み取れる。

「熊野徐福万燈祭」は徐福公園で開催される徐福供養式典と翌日に熊野川河川敷で行われる新宮花火大会からなる。この徐福の事績を称え、その霊魂を鎮める供養のための二つの行事に参加する人は、それぞれ異なっている。初日の徐福供養式典には徐福に関心を持つ人々が参加する。一方、翌日の花火大会は新宮市民と花火を見るために来た観光客である。このように異なる性格の二つの行事を行うことは、徐福伝説を伝承していくための、一つの有効な方法だと考えられる。伝説を単純に口から口へと伝承していくのは困難な状況にある。新宮市の場合、供養式典と花火大会のような行事を通して、一般市民の徐福に対する印象を深め、心の奥底から徐福伝説を身に付けて覚えていくことができる。万燈祭の目的はまさにここにあると言ってもよい。新宮市民の慰霊祭を含めて開催される花火大会であるが、「熊野徐福万燈祭」のネーミングはこの目的を端的に表している。また市民にも違和感なく受け入れられている。

4　徐福の顕彰

新宮市では徐福の恩徳を感謝するための活動が行われている。その顕彰活動は江戸時代から行われているとされる。「熊野徐福万燈祭」の前身は一九六三年に始められた「徐福花火大会」である。当時から、徐福の祭りを開催する際に、在日華僑をはじめ、台湾・香港・中国内陸から多くの人が訪れている。それは徐福の遺徳をしのぶためにきた人々である。二〇一六、二〇一七年に、徐福供養式典に参列した人は、新宮市市長をはじめとする公務員、徐福に関心を持つ市民、在日華僑や徐福研究家などである。参列者びは日本人だけではなく、わざわざ中国から来たという徐福村の人々もいた。

昭和三八年（一九六三）に、徐福維持保存会（徐福会）主催による徐福花火大会の開催が正式に発表された。それ以降、新宮市は地元の徐福伝説を収集し、一般市民に徐福伝説を紹介する講演会などを行っている。平成元年には財団法人新宮徐福協会が創立された。協会は徐福墓の復旧に着手し、中華風の華麗な楼門を建立し、徐福とその伝説を中心とする徐福公園を整備した。こうしたことは、数十年にわたる地元での徐福祭花火大会開催の蓄積によるものだと考えられる。二〇一八年八月一二・一三日、第五六回の熊野徐福万燈祭が開催された。徐福供養式典は、五六年前と同じく、徐福墓を中心とする場所で開催された。これは、地元の徐福顕彰の風習であると共に、徐福伝説を広く日本や世界に伝える方法でもある。

5　町おこしと市民生活の豊潤化

夏の風物詩として日本全国で行われている花火大会は、江戸時代ごろに定着したと言われている。当時の花火大会は、鎮魂または悪霊退散の目的をもって行われていた。だが、時代の変化に伴い、その目的も変化している。新宮市で行われる花火大会は、現在では地元の夏の風物詩となっている。それはすでに死者の魂を慰めるというものではない。それによって町おこしと町の活性化を図り、さらに市民の日常生活を豊かにする目的で行われているのである。

元新宮市経済観光部長の鈴木俊朗氏はその目的について「新宮市民およびお盆の時期に帰省した人々のため、ふるさとでの楽しみを提供する側面も持ち合わせる」[22]と語ってくれた。当初は徐福の御霊を慰めることを目的に始まった万燈祭であるが、今は市民全体の盆行事としての意味合いが強い。このように、お盆での初精霊や先祖の御霊をお迎えし慰めるという悲しさを、花火大会を通して和らげるという側面も見られる。花火大会では、夜店が熊野川河川敷に、約二〇〇メートルにわたって二列に並ぶ。夏の夜を華麗に彩る花火の輪を見ながら、夜店で買った唐揚げや串焼き、アイスクリームなどを食べる家族も多い。このような行事は、新宮という町の活性化に貢献している。また悲しいお盆を迎えた人にささやかな喜びをもたらすものでもある。

6　外交の面での活躍

新宮市では、国内外の都市との交流を進めるため、徐福伝説がよく利用されている。徐福供養式典の参加者を見てみよると、外交の面で果たしているこの伝説の役割の大きさが分かる。二〇一六年の徐福供養式典の参加者を見てみよう。当時、式典に参加した日本人は行政関係者（新宮市長と新宮市観光協会長など）と徐福に関心を持つ徐福研究者・新宮市民である。一方、中国人では徐福ドラマ制作訪問団一行と連雲港市徐福研究会の代表、さらに徐福村の代表が含まれていた。日本の行政関係者の参加は、元々彼らの仕事の一部である。ここに徐福研究会の代表、中華人民共和国駐日本大使館の代表、中国連雲港市からの代表などが参加しているということは重要な意味を有している。徐福供養式典は徐福の御霊を慰めるために行った行事である。だが、この場に中国の人が参加することによって、新宮市役所の職員をはじめ中日の行政関係者、市民が交流する場となっていると言えよう。国際的な属性を持つ徐福伝説は、古い時代から中国・韓国・日本の外交の話題として利用されている。現在の祭りの開催は、新たな形式で新宮と国内外の諸都市との交流を促進しているのである。

7　観光客の誘致

平成元年（一九八九）、財団法人新宮徐福協会が設立された。その際に、徐福祭りは元来一日で終わる行事が二日に分けられた。主催者である新宮徐福協会と新宮観光協会は、徐福祭りの時期を盂蘭盆会の時期と重ねあわせた。こうして夏に盛大な行事を催すことによって、新宮を盛り上げるという狙いがあった。それは、当時の祭りの盛況からうかがうことができる。万燈祭を主催する新宮観光協会と新宮徐福協会は、新宮市に属する団体である。盛大な万燈祭の開催は、新宮市の地域振興や観光客誘致という目的もあった。平成二年（一九九〇）、「熊野徐福万燈祭」に統合された祭りには四万五千人が参加している。それは、当時の祭りの盛況を表している。一九九〇年当時、新宮市の総人口数はおよそ三万八〇〇〇人であった[23]。新宮市民全員が参加したとは考えられないので、周辺の地域から多くの観光客が来たと推察できる。さらに、それ以降、毎年約五万人が参加していると地元の『紀南新聞』は伝えている。このことは、新宮市民をはじめ、近隣の三重県・奈良県・大阪府から来た数多くの観光客が花火を楽しんでいることを表している。

六　新宮市の徐福伝説に関する民俗文化

新宮市の徐福伝説は日本全国の伝承地の中で、とりわけ長い歴史を持っている。しかし、人々の生活と結びつき、民俗文化として形成されたのは、昭和以降のことである。地元で創られた民俗文化は、おおむね三つの種類に分けられる。それは信仰・観光・芸能の三種類である。徐福伝説はその中で多様な姿を見せる。本節では、この三つの面から徐福伝説にまつわる民俗文化を検討する。そして、その裏に隠されている新宮市民の心意や、各民俗事象の諸相を明らかにする。

1　「医薬の神」としての徐福

徐福は新宮市で「医薬の神」として祀られている。この信仰が、いつから始まったのかは不明である。だが、昭和の時代に一般的に信仰されるようになったことは間違いない。和田寛は、当時の市民の徐福に対する認識を、次のように記している。

秦の始皇帝の頃、不老長寿の霊薬を求めはるばる中国から渡来、熊野にとどまって農耕や捕鯨を教えたという。一説では、秦の始皇帝の暴政を逃れるため海を渡って来たという。新宮市に碑があり、「那智紙（徐福紙）」「ほねきり煙草」「徐福の七草」等がゆかりの物とされ、「徐福の露踏み」といって徐福塚の朝露を踏めばどんな重い脚気でもなおるといわれている。〔和田　一九七八：三二八〕

徐福が新宮に渡来し、さまざまな技術を伝来したという話は、昭和期から徐福墓がある地域では、よく知られていた。また、徐福塚の朝露を踏めば、どのような重い脚気でも治るという信仰は、民衆の間で広く信じられている。筆者は、仲田恵子氏からご主人の仲田拙雄氏の話を伺った。その話は徐福の墓碑周辺の薬草に関する話である。それは、以下のようなものである。

徐福の墓碑がある場所には、「一文字」と呼ばれる薬草が入れてある竹筒が幾つもぶら下がって並んでいたといいます。ある人が徐福塚のその薬草を頂いて持ち帰り、投薬すると病が平癒する。するとまた、新たに「一文字」を採取して徐福塚の筒に挿し戻し、お礼参りをするという風習があったそうです。（主人談）

「一文字」という薬草がどのような薬草なのかは、今の段階では不明である。住民は徐福墓碑の近くにぶら下がっている薬草を頂いて病を治し、その恩返しとして徐福塚の筒に新しい薬草を挿し戻すという行動をしている。こうした行動は、徐福が病にかかっている人々に霊薬を授けることを通して、地元の住民に崇められ、祀られる存在となったことを表している。このように、「一文字」を頂き、また返礼としてそれを奉納するという行為は、徐福と住民とのつながりを一層強化するものである。

写真 4-24　昭和期に徐福墓を参拝する婦人（仲田恵子氏提供）

仲田恵子氏の話によると、昭和の時代に徐福は病の治療に霊験を現すものとされていた。それだけでなく、家内の安全などの願い事をする参拝もよく見られたという（写真4―24）。「一文字」の正体が不明になった現在では、徐福墓の近くで薬草を頂くことは不可能となった。だが、今でも徐福は近隣の人たちに大事にされている。香花は絶えず供えられ、多くの人が祈願のため、徐福の墓碑を参拝する。これは先祖から伝えられてきた風習を身につけ、この地に鎮まる徐福の魂を守護しようとするからである。

筆者は徐福公園の周辺に住んでいる住民、店舗を開いている商人、徐福公園内の売店のスタッフや徐福公園駐車場の管理人などに聞き取り調査を行った。その聞き取りによると、家族の病や健康のために徐福墓を参拝する人は以前と比べて少なくなったという。徐福公園駐車場の管理人L氏は「新宮市には熱烈な信者さんがいます。一週間に二回ぐらい、お花をあげに来て、熱心にお祈りして、お墓の周りを綺麗にして、そういう方がいます。徐福に熱心な信者さんは、新宮でこのひとりだけです[24]」と語ってくれた。

L氏の話にあった熱心な徐福信者である谷口守見氏（七〇代、男性）の店を訪れた。徐福の信者になるきっかけを尋ねると、以下のように話してくれた。

ある方に付き添って、中国のチベットに行ったんです。その方は高い世界（曼荼羅）と問答のできる方ですよ。その方とは三回ほどチベット・ネパール・インドに行きました。それは四〇年前のことです。その方がたまま新宮に道場を開いて、私は霊学講習会でいろんなことを教わったんです。夜中の二時ごろかなぁ、その先生（新治末正先生）が「今から徐福さんにお参りしようか」ということで、僕みたいな信者さん七名でね。熊野に来たら、やっぱり徐福様とか、速玉様とか、神倉神社とか、色々ありますけれども、神倉様にご挨拶をなさるためにお参りします。徐福は熊野速玉大社などの神様と同じ神々と見られています。

それで、今から四〇年近くほど前のことで、夜中ですし、車で行こうか、ぼちぼち歩いて行こうかと思って、今みたいにあんなに立派じゃなかったもんで。夜中でも会うことができたんですよね。四〇年前には、楼門もない、何にもない、お墓だけですよ。自由に出入りできたんですよね。徐福さんの方に歩いていって、先生が曼荼羅で徐福さんと話したところ、「お、お前たち、よく来た、よく来た」と徐福さんはいったそうです。大変喜んでおられる声で。徐福のお墓の前に先生が立たれて、ずっと問答されたんですよね。それから、「今から二〇〇〇年前に三〇〇〇人ほどの者を連れてここに来た」と。ということで、ずっと歴史上の話を語られました。「ここに来たる七名の者、父方、母方の因縁により来たるものなり」と言われて、「もし病に苦しむものがあれば、この方を今から授ける」と。「しかし、その方を他人に教えたならば、その方は直ちに消え去るであろう」と徐福様が言った。「経済的に悩むものがあれば、この方を使ってください。ただし、この方を他の魂に伝えると、この方は直ちに消え去るであろう」と。

僕の家内のお父さんが胃がんになったんですよね。何とか助からないかなぁ、助けてあげたいなぁと思ったんです。そのとき、ある先生から昔ここでこんな方法を教えてもらったことを思い出しました。新宮の佐野にある医療センター（新宮市立医療センター）という病院に問い合わせたんですけれども、その間に僕は徐福様に会いに行って、その方を使って、徐福様にお願いしたんですよね。お父さんは胃がんということで、手術を受けたいんですけれども、台風がちょうど来てましたね、その手術のある薬が医療センターにはたまたまなかったんです。病院の先生は、台風が来たから仕方がない、一応血液検査をしてみようか。鉄分がずっと下がってました。家の近くの病院、串本病院からここに搬送してきたんだ。担当の先生が怒ってね、「何で血液検査もしないまま病院に送ってきたのか」。たまたまある薬が足りなかったので、一応血液検査しようかって。もしそのまま手術したら、死んでしまうです。それから一回入院して、鉄分をあげられ、その後手術をしたんだけれども、それが偶然じゃないですよね、結局、僕は徐福さんにお参りして、その秘法を使ってもらったんですよ。お父さんの生年月日、出生地、全部徐福さんに伝えてお願いしたんです。お父さんは今年九一歳、今も元気ですよ。あの薬は台風で届かなかった。届かなかったことはよかったわ。(25)

筆者は当日に駐車場管理人から徐福信者の話を聞いて、事前に連絡せずに急いで谷口守見氏の店を訪問したのである。そのためだろうか、以上の話を聞いた時、谷口氏の徐福に対する感謝の気持ちや徐福墓参りの熱心さに深く感じるものがあった。谷口氏にとっては、徐福は義父の命を救った神様である。徐福の墓参りは、「四〇年近く前に、先生と一緒に徐福の墓参りをしてから、ほとんど毎日行きます」という。普通は、「お参りするだけで、秘法は使いませんよ。よっぽどのことじゃないと、その方は、使いませんけれども、お花を換えさせていただいたり、お水を取り換えさせていただいたりします。昔はほとんど毎日行きましたが、今は週に一遍二遍ぐらいです」と語ってくれた。

二〇一七年八月一三日、筆者は谷口氏の墓参りに同行することになった。当日、午前一一時に谷口氏が徐福さんを参拝に来た。谷口氏は参拝前の掃除や準備などをした後、徐福墓を参拝した。その間の時間は約二〇分ほどであった。その参拝の仕方は五つの部分に分けられる。

（1）徐福墓と七塚之碑の周辺を水できれいに掃除すること

（2）徐福墓と七塚之碑に供える湯呑の茶碗を手水舎の水で丁寧に洗うこと（写真4―25）

（3）徐福墓と七塚之碑に水を捧げること（写真4―26）

写真 4-25　湯呑の茶碗を洗う谷口守見氏（2017 年 8 月 13 日撮影）

写真 4-26　水を捧げる作法（2017 年 8 月 13 日撮影）

写真 4-27　神木に禊祓いの言葉（2017 年 8 月 13 日撮影）

（4）楠の木の御神木に向けて（礼）、禊祓いの言葉を読み上げること（写真4―27）
（5）徐福の墓碑に向けて（礼）、禊祓いの言葉を読み上げること（写真4―28）

写真4-28　徐福墓に禊祓いの言葉（2017年8月13日撮影）

参拝の際に読み上げた内容は、神道の禊祓いの言葉であるという。こうした参拝では、それぞれ神木と徐福墓に対面し、日頃の感謝を捧げ、禊祓いの言葉を読み上げる。それを終えてから自分の祈願などを伝え、徐福の神意を聞くこととなる。さらに、谷口氏は「毎月二日と九日の日には、徐福様の御霊はこちらの楠の木の神木に降臨なさる。毎月のこの日はほとんどお参りに来ます。その日は一本のお酒（日本酒）をお供えさせていただきます。お酒を〈浄財〉の石箱の上に置きます。徐福の御霊は御神木に降臨し、お酒を目の前に置いているわけです」と話す。

谷口氏は四〇年近く前に新治末正先生（大阪出身）が曼荼羅で徐福と交流したことによって、徐福の神意を受け取った。それ以来、徐福さんのお参りを四〇年間、中断せずに行っている。当時からよく徐福墓に参拝に行ったが、徐福から授かった秘法（先生から習得）を使ったことはなかった。約一八年前に義父の病気で、その秘法を使った。その秘法のおかげで台風によってある薬が届かず、義父が救われたと谷口氏はしみじみと言う。谷口氏は、そのとき台風が発生したのは偶然ではなく、秘法を使って自分の祈願を徐福に伝えたためだと信じている。四〇年前に初めて徐福をお参りに来た際に聞いた徐福の話の通り、病に苦しむものがあるとき、この秘法で祈願すれば、病は治せる。谷口氏は、「その秘法を他人に伝えたことがない、これからも伝えない」と笑う。

谷口氏の話には、注目すべきことが一つある。それは自分の体験を通して徐福の霊験を感じていることである。

先生からの誘いで徐福さんの墓参りをしてから、徐福は谷口氏の生活に四〇年近く入り込んでいる。神様と問答できる先生を通して、谷口氏は徐福と交流する方法を身につけた。しかも、四〇年近く毎日徐福へお参りし、現在でも週に一、二回続けている。それは、心から徐福を尊敬し、徐福の信者としての敬虔を表している。谷口氏は義父の病気の際に、徐福から授かった秘法を使い、期待する効果が現われた。こうした自分の実践、体験が信仰を強くしているのである。

新宮市では徐福を「医薬の神」と崇めている。その信仰は、大正・昭和期までさかのぼることができる。当時、徐福の信者は数多くいたという。現在、徐福墓を中心に整備された徐福公園は、地域文化のシンボルとなっている。また、その公園は徐福の功徳をする場であり、徐福伝説を世に知らせる役割を担っている。谷口氏のような敬虔な信者は少なくなったが、今でも信者の純粋性は変わらない。谷口氏は四〇年前に徐福と出会ったことについて、「父方、母方の因縁」によると繰り返し述べている。また、徐福の霊験を他人に話す必要もないと考えている。かつて新宮市民は徐福を「医薬の神」として広く信仰してきた。だが、現在その信仰を持つ人は極めて少数の人になった。これは医学の発達によるものであろう。それにも関わらず、徐福を信仰する人たちは、今でも深く徐福の霊験を信じている。このような人たちの存在が、新宮市の徐福伝説を支え、発展させてきたのである。

2　徐福関連商品の開発

新宮市の徐福伝説を基に発展してきた民俗文化は、近年東アジアの各徐福伝承地に注目されるようになった。財団法人新宮徐福協会が新宮市の外郭団体として創立された。それ以降、協会は地域振興を目的として、徐福に関連する商品の開発に力を注いでいる。これらの商品の開発は、新宮市の徐福伝説を通して、地域振興を図ろうとする狙いがある。

写真4-29　徐福茶ティーバッグタイプ（2017年8月11日撮影）

写真4-30　徐福茶ボトルタイプ（2016年8月12日撮影）

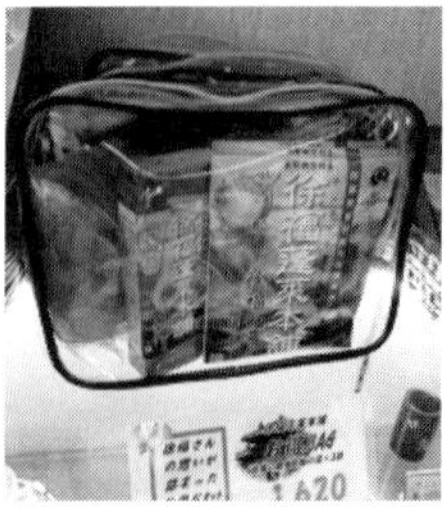

写真4-31　徐福蓬莱本舗（徐福の湯）（2017年8月11日撮影）

徐福公園には、徐福に関連する商品を販売する売店が設置されている。売店にある徐福の関連商品はおおむね五つに分けられる。（1）食品としての徐福サブレ・徐福の街（せんべい）、（2）飲料品としての徐福茶・徐福の里（日本酒）、（3）日用品としての徐福の湯（入浴剤）、（4）布製品としての熊野徐福染・徐福柄の衣服、（5）授与品としての長寿徐福御守・徐福絵馬である。これらの商品は新宮市内の商店で作られ、徐福公園で販売されているものである。徐福をキーワードとして、地元の地域振興をある程度促進させたと見られる。

新宮市では、徐福がこの地で見つけたという天台烏薬に関する商品が多く創作されている。徐福茶は新宮市地産のクスノキ科の天台烏薬の葉と熊野地方の番茶をブレンドした緑茶である。天台烏薬の根は昔から健胃の漢方薬として用いられてきた。また、徐福茶は甘さ控えめで、健康なソフトドリンクと言われる。現在徐福公園の売店でティーバッグ（写真4―29）とボトル（写真4―30）の二種類が販売されている。

実際に、天台烏薬の根が漢方薬に使われることは昔からあった。最近の研究ではこの漢方薬が肺がん細胞の増殖を抑える効能があることも判明した。このことを『朝日新聞』は次のように伝えている。

不老不死の薬として言い伝えられた漢方薬「天台烏薬」に、肺がん細胞の増殖を抑える効果があることを、岐阜大医学部第二内科の藤原久義教

写真 4-32　徐福の里（日本酒）（2017 年 8 月 11 日撮影）

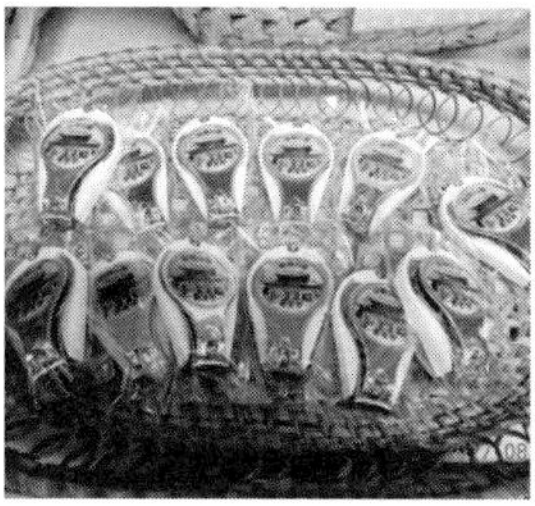

写真 4-33　徐福公園爪切り（2017 年 8 月 11 日撮影）

写真 4-34　徐福公園御守（2017 年 8 月 11 日撮影）

授と大野康医師、同大東洋医学講座の赤尾清剛助教授らのグループが突き止めた。抗がん剤治療の副作用を緩和するために漢方薬が使われることはあるが、漢方薬が直接、がん細胞を抑制するとの報告はほとんどないといい、手術が難しい患者への新たな治療法となる可能性がある。［朝日新聞社二〇〇三］

この研究には、和歌山県新宮市高田地区産の天台烏薬の根が使用されている。昭和末期には、新宮市の郊外にある高田地区で天台烏薬の苗木一七万本近くが栽培されていた。その葉を用いて作成された「徐福茶」、「徐福之精」（清涼飲料水）、「熊野の宝道」（お菓子）、「徐福の湯」（写真4―31）、「徐福の里」（写真4―32）などが販売されている。天台烏薬は、徐福が新宮市で見つけた仙薬と言われている。近年この漢方薬が医学的に肺がん・高血圧・アルツハイマー症・糖尿病などに効果があるとする研究が次々と発表されている。そこで、新宮市の支援を得て、さまざまな天台烏薬の根と葉を原材料にする飲料や食品が作られるようになった。天台烏薬に関する商品の開発は、地域振興の一つとされる。同時に、この地の徐福伝説を活性化させるものでもある。

また、徐福伝説は食品の生産開発にも利用されている。「徐福サブレ」・「徐福の街」などのお菓子が作られ、徐福公園の売店や地元のたちばな・福田屋などの菓子店舗で販売されている。さらに、さまざまな記念品や授与品なども開発

写真4-35　徐福寿司（駅前店）（2016年8月12日撮影）

された。徐福公園の写真がある爪切り（写真4—33）や缶バッジなどの記念品、徐福の写真が描かれている絵馬や御守（写真4—34）などの授与品は、公園の売店で販売されている。

新宮の徐福伝説を利用して最初に開発されたのは、徐福寿司である。徐福寿司は徐福店（本店）と駅前店（支店、写真4—35）という二つの店舗がある。現在、本店では寿司作りを中心として、販売は行っていない。支店はＪＲ紀勢本線新宮駅の東五〇メートルの所にある。筆者は数回訪れたが、いつも賑やかであった。店主の里中陽互氏（六〇代、男性）は、店について次のように話してくれた。「店は昭和二五年（一九五〇）に創業し、徐福墓を中心に整備した境内（以前の徐福廟、今の徐福公園）で店舗を開いた。だから、徐福寿司と命名した。その後、新宮市が徐福廟をきれいにするため、境内の店舗を園外、つまり、現在徐福公園の裏門にある本店の所に移動させた。店は移動したんだけど、店内に来るお客さんの量はあまり変わらなかった。そして、支店を駅前で開いたのは三五年ぐらい前のこと」[26]であった。

徐福寿司と命名したのは、単純に店が徐福公園の境内にあったことによるそうだ。店内のスタッフに聞いたところ、徐福さんにちなんで徐福寿司と名付けられた、徐福に関連するのは店の名前だけで寿司のメニューにはないとのことだった。里中氏は「黒潮に育まれた新鮮な素材の旨味と、徐福伝説に彩られたロマンあふれる深い味わいを楽しんでもらうこと、それが徐福寿司の創業以来の目標だ」と笑う。

現在、徐福寿司は新宮市の徐福伝説を基にした伝統的な南紀の名物店として広く知られている。特に、熊野新宮名物のさんま寿司を「さんまの姿」で出す寿司は、徐福寿司を代表するものである。創業七〇年近く、この店は「昔ながらの製法で作り上げた伝統の寿司店」であり、「郷土の味を味わうことができる寿司店」であるとの話を聞く。徐福寿司の評判の良さは、その店の位置にもかなり関係していると思われる。JR紀勢本線新宮駅を出ると、目の前に中国風の徐福公園がある。徐福寿司はそのすぐ近くにある。この地の利の良さが、地元の住民をはじめ、数多くの観光客を呼び込んでいるのである。このように徐福寿司の駅前店では寿司を食べることができる。一方、徐福公園の裏門にある本店は、持ち帰りの寿司作りが中心である。こうして、徐福寿司は徐福廟の建立・南海道地震での倒壊・再建という歴史を見つめ続けてきた。現在、徐福寿司は地元の住民の生活にしっかり根を下ろしている。この寿司店の知名度は徐福伝説より高いと地元の住民たちは言う。徐福寿司店は徐福伝説を食文化に融合させた。

こうした食文化の在り方も、地元の徐福伝説に由来する民俗文化の一つであると言えるだろう。

星野哲郎（作詞）、中村典正（作曲）、丸山雅仁（編曲）、鳥羽一郎（唄）

『徐福夢男～虹のかけ橋～』①
まぼろしの　く
不老長寿の　薬を求め
蓬莱めざして　船出した
三千人の　大ロマン
一つに束ね　舵をとる
徐福　徐福
徐福は秦の　夢男

『徐福音頭』②
ハー
不老長寿が　人間の
さいごに残る　ゆめならば
よろしい　わしが叶えましょうと
海州湾を　船出した
徐福　々々　徐福を乗せた船団の
白帆を偲ぶ　熊野浦
さあさよいよい　つれもって踊ろ
つれもって　く　さあ踊ろ

図4-4　『徐福夢男』と『徐福音頭』の歌詞
（鳥羽一郎CDより、筆者加筆作成）

3　徐福音楽の創造

新宮市の徐福伝説を基にした音楽を手掛けたのは、演歌歌手の鳥羽一郎である。一九九四年二月二一日、鳥羽一郎は『徐福夢男　虹のかけ橋』というアルバムを発表した。そのアルバムには、「徐福夢男」と「徐福音頭」の二曲が入っている。またそれぞれのカラオケ版と振付も付いている。この二曲は共に、新宮市の徐福伝説を素材にし、徐福らが不老長寿の仙薬を求めるため、船に乗って新宮の地に渡来したことを歌っているものである。徐福の新宮での生活を伝説や推測などに基づき、和やかな生活場面を描き出している。この二曲の歌詞は図4—4のようである。

この二曲は、日本全国の徐福伝承地では、新宮市の徐福伝説の代表曲として知られている。これらは新宮市の徐福伝説を歌っているのだが、徐福伝説としては他の伝承地にも共有できるものである。そのため､他の伝承地で流しても違和感がないと青森県中泊町の人たちは言う。また、歌曲という形式だけではなく、それを日本舞踊にアレンジした伝統芸能もある。それも各地で上演されている。こうした意味では、『徐福夢男』と『徐福音頭』は、新宮市の徐福伝説を全国あるいは世界に発信し、知らしめる媒体であると考えられる。一九九〇年代以降、中国の徐福伝承地では徐福伝説をモチーフにする徐福京劇や徐福舞踊や徐福詩歌朗読などが生まれている。これらは徐福伝説の知名度を上げる役割を果たしている。新宮市の徐福に関する音楽は、徐福伝説が民俗文化に転化した表現媒体の一つだと見られる。

おわりに

本章では、和歌山県新宮市における徐福伝説の伝承実態を検討した。新宮市には、往古から徐福伝説があり、それは地元住民の口々相伝によって、今日でも伝えられているのである。このような伝説に基づき、徐福の功績を顕彰する活動が、江戸時代ごろから行われてきた。本章では、古い歴史を持つ徐福墓をはじめ、現在新宮市徐福公園にある徐福の遺徳をしのぶために造られた徐福伝説にまつわる事物の歴史的経緯などを辿ってみた。また、すでに五六回開催されている「熊野徐福万燈祭」の形成と変遷を明らかにした。そして、現在新宮市で開催されている万燈祭の構造を分析し、その伝承実態と背景も検討した。さらに、近年では地元の徐福伝説は市民の生活に結びつき、さまざまな徐福伝説にちなんだ民俗文化が伝承され、開発されている。

徐福伝説の記念物は、新宮の地で静かに変わることなく徐福伝説を物語っている。それに対し､「熊野徐福万燈祭」は、その時代の要請に合わせて絶えず変化している。新宮仏教会の読経を中心とする「徐福供養式典」と翌日の花火大会は、死者への鎮魂の祈願を込めると共に、市民が楽しむ行事にもなっている。「熊野徐福万燈祭」は、この地の人々が自分の身をもって徐福伝説を体験し、徐福への敬意などを覚えていく行事である。この二つの行事のうち、「徐福供養式典」は、徐福公園で小規模に行われている。一方、翌日の花火大会は、毎年約五万人が参加する大規模な大会となっている。これは、「熊野徐福万燈祭」を主催する新宮市の地域振興と観光客誘致を目的とする行政の政策と密接に関係している。

現在の徐福伝説は、中日両国の間で交流のキーワードとして使われている。特に、平和という社会環境に適応するテーマだからこそ注目度が高いと考えられる。両国の人々の理解と友情を深めるため、共通の話題である徐福伝説は二一世紀の現在、政治・文化・観光などの分野に活用され、大いに取り上げられている。

「熊野徐福万燈祭」は五六年の歴史を持ち、徐福伝説に関心を持つ人々をはじめ、一般市民も参加できるような行事である。万燈祭は、徐福の遺徳を記念するために行われる祭祀活動だけではない。地元の風土に融合したもので、その年に亡くなった新宮市民を悼む初精霊供養などもその重要な行事として含んでいる。新宮市という行政の宣伝により、近年の花火大会の参加者は、五万人という膨大な人数に達している。新宮市は観光客誘致の政策を打ち出している。そのことが、祭りにとって非常に大きな力になった。

新宮市の人々は、徐福の渡来ということを素朴に信じている。そして徐福は医薬・捕鯨・製紙・製陶などの先進的な技術を伝授した人物として崇められている。新宮駅近くの徐福町と蓬莱町という町名はその遺徳を仰ぐしるしである。また、徐福公園・徐福寿司・徐福ホテルなどの命名は、徐福伝説が史実であるかどうかにかかわらず、新宮市の市民がその伝説を素朴に信じ、伝承していることを表している。

和歌山県新宮市に伝わる徐福伝説とその伝承形態は、古い歴史を持ちながら、現代社会に適応し、徐福伝説や徐福遺跡に観光という要素を加え、観光資源として活用されているのである。これが現在の新宮市における徐福伝説の伝承実態であり、その特徴とも言えるであろう。「熊野徐福万燈祭」の仕組みの変化からは、地元住民の徐福伝説に対する伝承の情熱と、彼らによって取捨選択された変化が推測できる。また、徐福伝説と熊野信仰とは深い関連がある。徐福は熊野に宿る神々の一つとして、新宮市であつく信仰されている。徐福伝説に関連する民俗文化は、新宮市の地域振興に利用されているだけでなく、徐福伝承地としての特徴をも示している。徐福関連商品の開発は、観光の振興に役立っている。そして、その開発を通して、伝統文化を発掘しようとする地元の人の強い意欲が形成されるのである。

注

(1) 「熊野」は広義に解釈すると、紀伊半島の南端部を占め、和歌山県南部・奈良県南部・三重県南部にまたがる地域である。狭義に解釈すると、和歌山県の熊野三山の本宮・新宮・那智の神社にある旧市町村であり、その中心は新宮市である。また、熊野の神は「神倉神社」に降臨し、後に「阿須賀神社」に移り、そして「本宮と速玉」に移ったと言われている。熊野信仰の発祥地と言われている阿須賀神社の一帯は昔から、「熊野村」と言われ、新宮町になったころには「熊野地」と呼ばれていた。現在徐福公園の所在地も旧新宮町に属する。

(2) 江戸時代新宮町の発展については、［角川日本地名大辞典編纂委員会　一九八五：一一五八］を参照。

(3) 新宮市の発足については、［新宮市史史料編編さん委員会　一九八六：一四一、一八三］を参照。

(4) 徐福が熊野の地（熊野地域、現在の和歌山県南部と三重県南部からなる地域。徐福伝説の伝承地としては和歌山県新宮市と三重県熊野市）で没したことは、［平凡社　一九八三：七三九］を参照。

(5) 楠藪という呼び方は、［角川日本地名大辞典編纂委員会　一九八五：五六四］を参照。

(6) 原文のまま引用し、句読点は筆者が付した。また、太祖和韻について、徐福公園にある石碑によると、内容は「熊野峯高血食祠、松根琥珀也應肥。當年徐福求僊薬、直到如今更不歸」である。

(7) 二〇一七年一〇月一一日、山東省龍口市での、曲玉維氏からの聞き取り調査による。話者の原文は中国語、筆者翻訳。

(8) ［暁　二〇〇一：一二七］の原文に基づき、筆者が符号を付けた。

(9) 鄧小平の訪日について、王泰平『人民網日本語版』評論（ウェブサイト）を参照。

(10) 鄧小平に天台烏薬を贈送したことは、［紀南新聞社　一九七九］を参照。
(11) 「那波活所」項目［小学館　一九八七b：五九五―五九六］を参照。
(12) 上村観光（一八七三―一九二六）は、臨済宗の僧侶であり、五山文学研究の開拓者と呼ばれている。
(13) 「活所備忘録」項目［日本古典文学大辞典編集委員会　一九八三：六五七］を参照。
(14) 『徐福』は財団法人新宮徐福協会により編纂された。本書は二〇一〇年詳細版を参考にした。当該資料は、新宮市の郷土史家・元新宮市立歴史民俗資料館長である奥野利雄をはじめ、元市職員の山口泰郎氏（現新宮徐福協会代表理事）、新宮市議会議員東原伸也氏などにより編集され、新宮市役所商工観光課の資料と新宮市立図書館所蔵資料などを参考に作成されたものである。残念ながら、刊行できず、内部資料として使用されている。
(15) 二〇一七年八月一五日、新宮市の仲田恵子氏のご自宅での聞き取り調査による。
(16) 徐福祭花火大会の参加者人数は、昭和四五年八月二六日の『紀南新聞』による。
(17) 二〇一七年八月一五日、新宮市の仲田恵子氏のご自宅で徐福祭りが開催された当時のことを紹介していただいた。当該写真は、仲田恵子氏の許可を得て撮ったものである。
(18) 観光客の出身地については、筆者の二〇一七年八月一三日に参加者へのアンケート調査による。
(19) 読経の経典は「大乗妙典観世音菩薩門品第二五」である。これは二〇一七年八月一二日、新宮仏教会の住職からの聞き取り調査による。
(20) 二〇一八年の花火大会の情況については、同年八月二六日にかながわ県民センターで行われた徐福研究会例会で、二〇一八年第五六回「熊野徐福万燈祭」について、日本徐福協会田島孝子会長と神奈川徐福研究会津越由康理事が話されたことに、筆者が加筆したものである。
(21) 二〇一七年八月一三日夜七時半前後、花火大会の際に、田岡実千年市長が主催者として読み上げた祭文の内容による。
(22) 二〇一七年八月一〇日、徐福公園で元新宮市経済観光部長の鈴木俊朗氏に対する聞き取り調査による。
(23) 一九九〇年の新宮市総人口数は日本の人口推移サイトによる。
(24) 二〇一七年八月一一日、徐福公園駐車場の事務室で、管理人に対する聞き取り調査による。
(25) 二〇一七年八月一一日、谷口守見氏の店で、当時の話による。
(26) 二〇一七年八月一二日、徐福寿司駅前店内で、里中陽互氏に対する聞き取り調査による。

第五章　佐賀県佐賀市の徐福伝説に関する民俗文化

はじめに

日本における徐福渡来伝承地は二〇か所以上あるが、二〇一七年六月と二〇一八年二月、筆者は徐福伝説の遺跡数日本一［彭　一九八四：二五三］の佐賀県の徐福ゆかりの地を訪れ、人々に語り継がれてきた徐福伝説の歴史と現状を考察した。筆者の現地調査と地元での聞き取り調査によると、佐賀市には数多くの徐福伝説にまつわる遺跡がある。徐福伝説に関する遺跡とは言い換えると、徐福伝説と関わりのある事物のことである。このような事物は伝説を思い出す端緒となり、梅野光興の述べている「記憶装置」という役割を果たしている。伝説の「記憶装置」とは、伝説を思い出す契機になるものを指す［梅野　二〇〇〇：二二五］。

佐賀市には徐福に関わるさまざまな地名や事物、伝説がある。浮盃《ぶばい》・寺井・千布《ちふ》という地名は、徐福伝説に由来すると言われ、古くから地元の人々に語り継がれてきた。事物としては、「徐福が持ってきた」と言われている樹齢二二〇〇年のビャクシンの古木がある。また、葦の片葉が筑後川の川面に落ちてなったと言われる「エツ」という魚や、徐福が見出した仙薬の「フロフキ」もある。伝説としては、徐福と地元の娘のお辰との悲恋伝説がある。

この伝説は、地元の住民たちに熟知され、言い伝えられている。さらに、佐賀市に伝わる口碑によると、徐福は不老不死の仙薬を探すため、金立山《きんりゅうさん》に登り、地元の金立神社の祭神となったと言われている。往古から住民たちの信仰を集め、「金立大権現」と呼ばれ祀られている。このように徐福伝説は、佐賀市においてさまざまな形で伝えられ、地元に融合し、生き生きと伝承されている。

佐賀市に伝わる徐福伝説とそれに関連する事物の物語などは、古くからある。それらに基づき、地元の金立神社には、徐福信仰を伝承する例大祭という恒例の行事がある。佐賀市では、古い時代から徐福は地元の人々に農耕の神として祀られている。旱魃のとき、徐福の御神体を金立山から沖ノ島へ運ぶという雨乞い行事が往古からある。これは、徐福渡来のルートと逆様である。地元の徐福伝承は古い歴史を持っている。こうした事情を考慮すると、徐福伝説を全般的に把握するためには、民間に伝えられている口承は言うまでもなく、文献として残された書承も分析しなければならない。特に、一般庶民が文字を書くことができない、また読めない時代では、知識人が書いた文献や図絵などが、当時の伝説や信仰などを記録する唯一の方法であったと考えられるからである。

本章は、佐賀県佐賀市に語り継がれている徐福伝説を取り上げ、この伝説の現在の様相をさまざまな視点から検討するものである。この伝説の様相を明らかにするためには、現在、語られている口碑だけでなく、歴史上の文献も併せて検討しなければならない。筆者は佐賀市において、伝説に関わる事物を調査し、地元の人たちに対する聞き取り調査を行った。さらに、それらの調査に歴史的文献の分析を加えて検討した。本書では、佐賀市の徐福伝説がこの地に定着し、語り継がれている背景や要因、その伝承形式を明らかにする。特に、一九八〇年に開催された金立神社例大祭の構造を考察する。また、現存する資料や動画などを分析し、例大祭の役割を検討する。地元に伝わるさまざまな徐福伝説は、語り伝えられていく過程で、地元の歴史と符合させるためやその合理性を高めるために、次第に変化している。今日佐賀県佐賀市における徐福伝説の伝承形式と、それに端を発した民俗文化の実態を明らかにすることが、本章の目的である。

一　佐賀市徐福伝説の概要

本節では、佐賀市において徐福伝説が伝わる地域とその内容を確認する。筆者の調査によると、佐賀市に語り継がれている徐福伝説の所在地は図５—１に示したように、主に諸富《もろどみ》町・金立町・富士町という三つの地域に分布している。次に、「徐福上陸地の二説」・「ビャクシンの古木と千布の地名由来」・「神としての徐福」という三つの部分から、佐賀市に伝えられている徐福伝説の概要を述べる。

図5-1　佐賀市の徐福伝説所在地地図（筆者作成）

1　徐福上陸地の二説

徐福一行の渡海について、中国には多くの出航伝説地がある。同様に日本でも渡来伝説地が多くある。徐福集団は三〇〇〇人の童男童女や百工、千人の水夫を含む、およそ五千人［呉　一九八八：一四］にのぼる膨大な船団であった。二〇〇〇年前の航海技術では、万里の波濤を越えて、思い通りに同じ所に辿り着く可能性は非常に低い。柳田國男は伝説の特徴を次のように述べている。一つは、人々がこれを信じること。もう一つは、絶えず歴史化・合理化される傾向があること［柳田　一九九〇（一九四〇）：三五—三九］である。日本の徐福渡来の伝説でも、このようなことが指摘できる。徐福ゆかりの地では人々は徐福渡来のことを深く信じている。さらに、徐福伝説は歴史化し、合理化されている。

日本全国で徐福上陸地とされるは四、五か所ある。同じ佐賀県でも二か所存在する。そのことは伝説が各地で歴史化、合理化された証拠であると言えよう。

佐賀市に伝わる徐福上陸の経路は二つある。その一つは、伊万里の波多津から上陸して、黒髪山↓武雄の蓬莱山↓杵島三神山↓竜王崎（船）↓寺井津《てらいつ》↓金立山という陸路で、仙薬を求めて探し歩いたと伝えられているルートである。また、佐賀県神崎郡の『金立山物語』の「徐福肥前国来訪」の記録によると、孝霊天皇七二年（紀元前二一九）に、「秦始皇帝の第三皇子の徐福を長とする男女五百人からなる一行は、大船二〇隻で伊万里湾に上陸し、黒髪山（山内町）・蓬莱山（武雄市）・金立山（佐賀市）に登った」［村岡 二〇〇二：一三］とされる。元佐賀女子短期大学の故坂田力三学長の「徐福伝説とその周辺」という論文にも『金立山物語』(1)の記録［坂田 一九七八：二二］が引用されている。

前述のように、徐福一行が陸路で竜王崎に着いたとする説があるのに対し、水路で有明海から上陸し、竜王崎に着いたという説もある。天保一二年（一八四一）、江戸時代の国学者、伊藤常足が執筆した九州全域の地誌『太宰管内志』下巻の肥前之三、佐嘉郡の「金立神」という箇条には徐福一行の金立山への仙薬探しのルートは以下の通りに記載されている。

> 権現（徐福）来朝之時、金銀珠玉の餝（飾）乗船、童男童女七百人、歌舞音楽を調へ、（有明海より）肥前ノ国寺井ノ津（諸富町）に御著船有り。浦人障を奉て饗するに、太子（徐福）喜て盃を浮へて興させ給ふ。其跡、一ノ島となる、今ノ浮盃ノ津是なり。寺井ノ津より白布千端を引はへ、其上を蹈て御輿を通し、金立山に移奉る」(2)［伊藤 一九八九：六二］。

一九世紀の伊藤の記述は、佐賀市民が今日も語り継いでいる、徐福が金立山に進入するルートとほぼ同じである。

徐福は有明海を北上し、海中の孤島である沖ノ島を経由し、竜王崎に辿り着いた。しかし、竜王崎付近は上陸するに適さなかったため、陸地に近づいた徐福一行は大きな盃を浮かべ、流れ着いた所を上陸地とするよう占った。それゆえ、筑後川河口にある徐福上陸地と言われている「浮盃」という地にその名が残されている。地元の伝説によると、「徐福はその地から上陸、生い茂る葦を手でかき払って通ったので、〈片葉の葦〉が生えるようになった」［坂田　一九八〇：一一三］とされる。また、筆者の実地調査で、筑後川の川面に落ちた葦の葉が「エツ（斉魚）」という魚になったという伝説が残っていることを確認した。佐賀市諸富町浮盃から上陸した徐福が、汚れた手を洗うために掘ったと伝えられている「御手洗井戸」がある。また、「手洗い」が訛って「寺井」という地名になったとも伝えられている。すなわち、徐福集団は有明海→沖ノ島→竜王崎→浮盃→寺井津→千布→金立山というルートで上陸したのである。このコースは現在の佐賀市に伝わっている徐福渡来の伝説と一致している。

2　ビャクシンの古木と千布の地名由来

佐賀市の徐福伝説は前述のものだけではない。諸富町新北《にきた》神社には徐福が中国から持ってきた種を植えたといわれている、樹齢二二〇〇年との言い伝えのあるビャクシンの古木がある。さらに、金立山へ向かう途中で、ぬかるんだ道を歩くために、千反の布を敷いたという伝説から、千布という地名が残っている。さまざまな困難を乗り越えた徐福は、地元の源蔵という人の案内で、金立山に行った。徐福は金立山でフロフキという薬草を見つけ出したが、不老不死の薬草ではなかった。

3　神としての徐福

地元の伝説によると、徐福は人々に稲作、機織り、医薬などに関する技術を教え、金立山で暮らし始めた。源蔵の娘のお辰は中国から来た、知恵に富む徐福に心を寄せた。徐福が金立の地を一時離れるとき、「五年後に戻る」との伝言が、間違えて「五〇年後に戻る」と伝えられてしまった。お辰は悲しみのあまりに、病に伏せ、ついに亡くなった。地元の人々はお辰をしのぶために、お辰観音像を作って祀っている。一方、徐福は金立山にある金立神社の祭神として祀られている。毎年春と秋に祭りがあるだけでなく、五〇年ごとに一回の金立神社例大祭が行われている。

二　佐賀市の徐福ゆかりの地とその伝説

前述のように、佐賀市に伝わる徐福伝説は、古くからある。それらは地元に存在する古木や井戸などの事物とつながり、地名の由来として語り継がれている。このような因縁を基にして、徐福伝説はこの地域に根付いてきた。そして、長い年月、地元の歴史と文化に融合し、生き生きと伝承されている。現在徐福は佐賀市の人々に神として祀られ、金立神社の大権現として人々の信仰を集めている。筆者は佐賀市に伝わる徐福ゆかりの地を訪れ、現地調査を行った。本節ではその調査に基づき、現場での聞き取りをまとめて分析し、徐福伝説伝承の現状とその形式を探ろう。

1　有明海から上陸した徐福一行

徐福一行の渡来については、既述したように、黒髪山からの陸路と有明海からの水路という二説ある。史料などに基づくと、有明海から上陸したルートが、佐賀市に伝えられている口承と一致する。もちろん、陸路のルートが間違いという意味ではない。本章では佐賀市の徐福伝説を中心に研究するため、佐賀市に語られている伝承をメインに考察する。

佐賀市に伝わる民間の口碑と史料などを整理すると、徐福一行は、有明海↓沖ノ島↓竜王崎↓浮盃↓寺井津↓千布↓金立山というルートで、金立の地に渡来し、仙薬を探したことになる。筆者は、この渡来ルートを地図に表記した。図5―2の通りである。

有明海の沿岸地域は、九州北西部に位置する。そこにある佐賀県佐賀市と福岡県八女市は徐福伝承地として有名である。佐賀市の徐福伝説では、「徐福の一行は、海路有明海に入り、一度は竹崎に上陸したが、その後、沖ノ島を通って三重津（諸富町寺井）に渡り着いた」［佐賀市　一九九四：三］と伝えられている。

従来、徐福の渡来ルートについては、日本各地でさまざまな説が述べられている。しかし、「イネの伝来ルート」と共通するところが多いという点は注目すべきことだと思われる。「イネの伝来ルート」については、次の五つの説がある。

図 5-2　徐福一行渡来ルート（筆者作成）

（1）中国から朝鮮半島を経由して北部九州へ
（2）中国の山東半島から直接北部九州へ
（3）中国の江南地方から東シナ海の黒潮に乗り直接北部九州へ
（4）台湾、南西諸島経由して北部九州へ
（5）有明海ルート

（1）から（4）までの説については、多くの研究者が論じているが、ここでは徐福と関わりのある（5）有明海ルートを分析する。「有明海ルート」

説を提唱したのは二〇〇五年に死去したサガテレビ元副社長の内藤大典である。内藤は「イネ伝来」の「有明海ルート」について、以下のように指摘している。

縄文時代晩期から弥生時代前期にかけて、日本の文化は大きく変容を遂げた。いうなれば古代の文化大革命である。それは経済的に言えば採集経済から生産経済への変容でもあった。この文化の大変容の要因は住みついていた在来人ではなく、渡来人によって移入された「稲作農耕文化」の影響が大きいと言われている。ということになると、この時期に渡来したと伝えられる「徐福集団」がなにか文化的役割を果したのではないだろうか?。(ママ)単なる推測とだけは言えない「イネの道」がこの有明海には通じていたかも知れない」。［徐福キャンペーン事務局　一九八九：五］

日本水田稲作の歴史については、約二六〇〇年前の菜畑遺跡の水田跡がこれまでに発見された中で最古の遺跡だと考えられている。この遺跡は徐福集団が渡来した紀元前二一九年よりほぼ四〇〇年古い遺跡である。考古発掘は歴史研究で非常に重要な方法である。だが、内藤の主張している「有明海ルート」は、考古遺跡に基づいて提唱されたものではなく、佐賀市の徐福伝説に基づき提唱された説だと考えられる。稲作の伝来について、中国内陸から伝来したという説は、中日の研究者の間で異論はない。すなわち渡来人が稲作の農耕技術を伝えたと断言できる。ところが、イネのルートはもともと既定のコースがない上、稲作の伝来は一回ならず、数多くの渡来人が長い年月を経て、徐々に伝えてきたと推測される。稲作が伝来された長い年月の間に、数多くの渡来人が徐福集団の一部として伝説に残されたと考えられる。

佐賀市における徐福集団渡来の伝説は、歴史史実であるかどうかに問わず、親から子へ語り継がれる中で定着した。徐福伝説と関連する記念物や祭祀活動などを通じて、地元の人々の記憶として蓄積されたのである。例えば、佐賀市では旱魃のとき、徐福の御神体を沖ノ島へ運ぶという雨乞い行事が往古からある。徐福一行が佐賀に渡来したかどうかという歴史的事件については断言できないが、徐福を雨乞いの神として祀る行事がそのときにはすでにあったことは明らかである。言い換えると、地元の人々は、信仰の対象として徐福を祭りながら、雨を降らせる行事で徐福への特別な感動を呼び戻すのである。雨乞い儀礼の詳細については後述する。

有明海から上陸した徐福一行について、もう一つ述べなければならない地元の習俗がある。有明海周辺では、漁船の右櫓漕ぎ風俗が残っている。内藤は「日本の漁船はほとんど左櫓（左漕ぎ）で、右漕ぎはきわめて稀である。右櫓は中国と日本では長崎の一部で、あと有明海に面した漁港の船に右櫓が多い」［内藤　一九八九：九］と述べている。筆者の知る限りでは、徐福渡来伝承地である青森県中泊町小泊の下前地区にも右櫓の習俗がある。漁船右漕ぎの仕来りを徐福一行が伝えたかどうかは分からないが、少なくとも中国と深い因縁があると推測される。

2　浮盃・寺井・千布という地名の由来

1　浮盃の地名由来

二〇一七年六月、筆者は日本徐福協会の田島孝子会長と一緒に、佐賀市に伝わる徐福一行の渡来ルートに沿って、佐賀市の徐福伝説の地を巡った。佐賀県徐福観光振興会澤野隆会長（七〇代、男性）が各地を案内してくれた。澤野氏は徐福一行の上陸地について、以下のように語ってくれた。

徐福は有明海に入り、どこから上陸するほうがいいか、それで占いが得意であった徐福は、船中から大朱盃を海に浮かべ、朱盃の流れにしたがって船を進めました。朱盃が流れ着いた所は筑後川下流の搦《からみ》で、それでこ

こから上陸したんです。この辺の地名は浮盃です。浮かぶ大朱盃という由来があるんです。(3)

浮盃という地名について、寛文五年（一六六五）に著された『肥前古跡縁起』には、「太子（徐福）悦び御盃を浮べ興ぜさせ給ふ其跡一つの島となる今の浮盃の津是也」［肥前史談会　一九七三：三八八］という地名の由来が記されている。また、浮盃津について、口碑では「昔から如何なる大潮や洪水でも、此津ばかりは盃のやうに起き上つて水害を免れると言傳へ、徐福を水害除の神と崇めてゐる」［佐賀県　一九二六：七七］とされている。これらの記述から、地元では徐福が古くから神として祀られ、人々の信仰を集めていることが垣間見える。

2　寺井の地名由来

徐福と関わりがあり、地名として残されているのは浮盃だけでなく、寺井という所もある。筆者は佐賀の実地調査の際、徐福が掘ったと言われている井戸を訪れた。現在、その井戸は、諸富町寺井の園田良秀氏宅に「御手洗井戸」（写真5―1、5―2）として祀られている。筆者は二〇一七年と二〇一八年の実地調査で、二回「御手洗井戸」を訪れたが、園田氏が不在のため、直接の聞き取り調査はできなかった。諸富町寺井津で生まれ育った園田氏は、幼いころに父から聞いた徐福渡来の伝説を次のように書いている。

徐福の船団が着いたのは、有明海の竜王崎（有明町）だったが、山が迫り上陸に適さなかったので、徐福は大きな酒盃を海に浮かべ流れ着いたところから上陸することにした。（中略）徐福一行は、永い航海で飲料水が不足していたため井戸を掘った。そして井戸の水で手を洗い、身も清めた。［内藤ほか　一九八九：一三二］

写真 5-1　徐福御手洗井戸（2018 年 1 月 31 日撮影）

写真 5-2　徐福御手洗井戸（2018 年 1 月 31 日撮影）

このように、地元の口碑によると、徐福がその水で手を洗ったので、「手洗い」となり、後に寺井の名が付いたとされる。

また、寺井の万福寺所蔵の「寺井由来」[4]によると、和銅三年（七一〇）、京太郎と町太郎なる者が、徐福の掘った井戸のことを知り、再びこの井戸を掘った。当時、行基菩薩が肥前に来て、天山から入江を眺めると、この地が光って照り輝いていたので、照江と名付けたが、徐福の井戸をあばいたというので、火災などが続発した。当時、この地の三つの寺の僧侶が相談して、地名を照江から寺井と改称し、人災・火災を避けるため、井戸を石蓋で覆った。このような一連の活動をみると、地元の住民はこの土地への信仰を古くから持っていたと考えられる。徐福が掘ったと言われている井戸の周辺の地霊を慰めるために、御手洗の井戸から寺井という地名に変わったと推測される。

その後、井戸の所在は不明であったが、大正一五年（一九二六）一〇月二一日、史跡調査により、この地が発掘された。すると地下三メートルの所に井の字形井戸角丸太の上に五個の石で覆われた神秘の古井戸が発見された。これが徐福の掘った井戸であろうということになった。そのため、「手洗い」が訛って「寺井」という地名になったと伝えられている。

このように、「寺井由来」には寺井という地名の由来が書かれている。

しかも、この書には和銅三年（七一〇）の徐福にまつわることが記録され、万福寺が所蔵しているものである。だが、『佐賀県近世史料』には万福寺の建立年代について、「天文元年建立」［佐賀県立図書館　二〇一四：一三五］と記録されている。つまり、天文元年（一五三二）に建立された万福寺が、いつの時期かに、和銅三年（七一〇）の徐福伝説から由来した井戸に関する「寺井由来」という資料を所蔵したことになる。万福寺の創建と寺井伝説とは八〇〇年以上の隔たりがある。この八〇〇年の間に、どのようなことがあったのかは、長い年月が経っているため、分からない。和銅三年（七一〇）の徐福伝説は、後世に人為的に作られ、地元の口碑として言い伝えられてきた可能性がある。史料が欠如しているため、明確な結論を出せないが、万福寺が所蔵する「寺井由来」は、当該地域の由緒が古い時代から徐福伝説と結びついていたことを証明するものである。

3　千布の地名由来

千布という地名の由来について、佐賀県徐福会の故村岡央麻会長は、その著書で「佐賀市から金立へ向かう途中に、千布という地名があります。これは徐福一行が上陸地から不老不死の薬草を求める金立山を目指したとき、道がぬかるんで歩きづらかったので、布を敷き敷きその上を進んだ。その千反にものぼる布に因んで千布という地名がついたといわれています。徐福の中国呼び〈シーフー〉と似ているところも気になります」［村岡　二〇〇二：一一］と述べている。佐賀市には、古くから千布という地名に関する口碑がある。千布村の名は『実相院文書』の中の応永三三年（一四二六）「常見家長寄進状」にあるのが初見である［佐賀県立図書館　一九七四：二一二］。千布の地名由来はおそらく後世の人が徐福伝説と結びつけて考え出したものであろう。

谷川健一は地名とその土地に住んでいる人々とのつながりについて、次のように述べている。

地名は土地につけられた名前であるが、古代人は土地にも魂があると考えていた。それは国魂と呼ばれていた。（中略）このように地霊もしくは土地の精霊に対する古代人の信仰があり、地名には地霊もしくは精霊が宿るものと考えられていた。私どもが土地に触れて共同感情が喚起するのを覚えるのは、地名を長く使用してきたからであるが、更にその根底に土地への信仰があるからである。歴史的な背景を持つ地名が、今日一部の人々が考えるような場所の認識のための符合にとどまらないのは当然である。［谷川　二〇一一：二〇九］

つまり、地元の住民たちは、この土地の精霊を慰めるために、あるいは共同の感情を喚起するために、地名という形で古い時代から伝えてきた信仰を守っているのである。

柳田國男は地名と伝説との関連について、『木思石語　三』で伝説の研究者に以下の助言をしている。

一方土地の歴史を学ぼうとする者にも、伝説から来た地名の趣旨を知ることは大なる参考である。というわけは一つ一つの伝説には、おおよそそれが盛んに流布した時代があるから、これに基いてその土地が開け、人がそんな名を付与した時代を、ほぼ推定することも不可能でないからである。［柳田　一九九〇（一九二八）：二〇七］

すなわち、伝説から由来した地名にとっては、伝説の流布した時代から、この土地を名付けた時代が推測できる。また、土地を名付けることによって、当時の信仰などを今日に伝えてきたのであろう。つまり、伝説は当時の信仰などを伝える方法として認められる。地名は当時の信仰などの痕跡を残し、伝説の真実性をも証明する。この面から考えると、伝説と地名は互いに補い合い、双方の妥当性を検証したとも考えられる。

写真 5-3　筑後川周辺の片葉の葦（東島邦博氏提供）

往古から語り継がれてきた徐福伝説は、佐賀市で浮盃・寺井・千布などの地名という形で定着し伝承されてきた。歴史もしくは伝説の背景を持っているこの地域では、徐福は地霊のような存在だと見込まれている。前述の分析から、浮盃・寺井・千布などにある徐福伝説には、古い時代から人々の信仰とつながりがあったことがうかがわれる。もちろん、地名として定着した信仰に限らず、神として祀られている信仰もある。徐福は金立神社の祭神である。また、地元の人に農耕・養蚕・織物・医薬の神として祀られ、「金立大権現」とも呼ばれている。

また、浮盃、寺井津、千布という地名は、二〇〇〇年前に渡来したと言われている徐福一行の伝説と密接な関係を持っている証拠だと考えられる。伝説はその合理化と信憑性を高めるため、よく地名と結びつき、地名の由来となって語り継がれている。このように、伝説は当該地域に定着し、口碑として代々に語り伝えられているのが一般的であろう。現在の時点から見ると、伝説は地名の由来である。しかし、当時の人々にとって、代々の口々相伝によって伝えられてきた伝説は、その地域の歴史であり、その地域に対する記憶である。佐賀市の浮盃、寺井津、千布という地名の由来は、正に徐福伝説とその地域とのつながりが古い時代からあったことを示している。

3　片葉の葦と筑後川の珍魚「斉魚」

徐福渡来伝承地としての佐賀市には、片葉の葦[5]（写真5—3）の伝説が残っている。東寺井に住んでいる原田角郎氏の話が『佐賀に息づく徐福』に次のように記載されている。

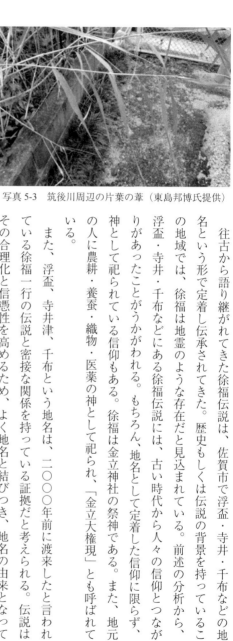

徐福の船が搦の所さい、はいってきた時、あの、押し分けてきたてですね。そいで、その葉が落ちたわけですね。落ちたとがえつ（斉魚）になって残ったとが、片葉の葦ちゅうて、あすこは、片一方だけ、葉っぱの付いた葦のずぅっと分布してですね。〔村岡　二〇〇二：一九〕

徐福上陸地と伝えられている浮盃周辺には、片葉しか生えない葦が多くある。また、筆者が中国江蘇省連雲港市贛楡県金山鎮徐福村で調査したときにも、徐福廟の周辺で同じ種類の葦を発見した。これが偶然かどうかは分からないが、少なくとも徐福と何か関連があるように思われる。

写真 5-4　筑後川のエツ（東島邦博氏提供）

1　珍魚であるエツ

佐賀に流布している「片葉の葦」の伝説によると、有明海から漂着してきた徐福一行は、浮盃の搦に上陸し、沿岸の生い茂る葦を手で掻き分けて通ったことから、葉身左右対称の葉が「片葉の葦」になったと言われている。また、落ちた片葉は有明海沿岸特有の「エツ」（写真5―4）という魚になったとも伝えられている。エツという魚について、『魚資料Ⅱ魚の生態・風俗誌等』に「ニシン目・カタクチイワシ科・エツ属。同族には本種のみ。日本南部から朝鮮半島、東シナ海、東南アジア、インドに分布。日本では有明海に多く生息する」〔日本水産広報室　一九八六：七三〕との記載がある。当該書のエツに関する風俗誌では「ナイフのような体形から、中国では〈刀魚〉の俗称がある」と述べられている。また、『魚の事典』によると、エツは「日本では筑後川・矢部川を中心に有明海奥部に多く分布するが、朝鮮や中国にも同属が分布する」〔能勢　一九八九：五八〕

魚である。つまり、エツは日本ではあまり見られない魚であるにもかかわらず、筑後川や矢部川の河口部沿岸を中心に、有明海奥部に多く棲息しているのである。

そればかりでなく、エツという魚は漢字で「斉魚」や「鱭」と書かれる。エツは有明海特産の珍魚として、漁民の間で斉の国から来た徐福と関係があることから、「斉に魚」もしくは「魚偏に斉（齋）」と書くと伝えられている。エツの棲息習慣とエツ漁について、小馬徹は、以下のように述べている。

> エツは、四月下旬頃から河口近くに集まり始め、六月から八月にかけて約二十キロメートルさか上って産卵する。産卵を終えると再び有明海に下る……（中略）長さ一五〇メートル、幅二メートルばかりの刺網で捕る。漁は、五月十五日に解禁され、七月半ばまで続けられる。筑後川がほとんど唯一の漁場だ。［田主丸町誌編集委員会　一九九六：一七］

エツは筑後川の初夏を代表する風物詩である。エツ料理は筑後川の名物であり、天ぷら、塩焼き、煮付け、刺身などがおいしいと地元の住民から聞いた。近年、佐賀市商工会と佐賀市諸富支所の支持を得て、佐賀市もろどみin食の会が主催する「佐賀市もろどみ徐福えつ銀色祭り」というエツの賞味を中心とする祭りが開催されている。エツという魚は初夏になると、有明海から筑後川に遡上する。このような棲息習慣があることから、漁獲時期の六月は、エツを味わう最高の月であると言われる。食膳に供するエツ料理は、地元の特産物販売などの活動と組み合わされ、佐賀市商工会などに活用されている。それゆえ、諸富町に特色ある「佐賀市もろどみ徐福えつ銀色祭り」が成立した。この祭りは諸富町の珍魚であるエツを宣伝する役割を果たしている。同時に、この祭りによって地元住民の生活に潤いと豊かさが加えられる。これは徐福と関わりのあるエツ伝説のロマンが伝承されている証拠だと考えられる。

2　片葉の葦

柳田國男は『片葉蘆考』で、「諸国七不思議の一つとして折々数えられる片葉の葦は、片目の鰻または片身の鮒など」〔柳田　一九九〇（一九一四）：五六三〕になったという伝説があると指摘している。佐賀市には片葉の葦とエツとを組み合わせた伝説がある。その伝説では、片目の魚ではなく、両目付きの斉魚になっている。柳田國男監修『日本伝説名彙』の「木の部」には全国の「片葉蘆」に関する伝説がまとめられている。そのうち、佐賀市の片葉の葦については、金立大権現（徐福）上陸のとき、「権現様が蘆を押わけ給ひしにより、片葉の蘆となった。雨乞いに権現様お降りのときは、この片葉蘆を取って帰り、祓のためにする」〔日本放送協会　一九五〇：八九〕との伝説と由来が記載されている。しかしながら、当該書によると、千葉県東葛飾郡葛飾村の片葉蘆は「（弘法）大師が杖を持って片葉を払はれたためだといふ」〔日本放送協会　一九五〇：八八〕。前述の伝説から、片葉の葦の伝説は主人公が徐福だけにとどまらず、弘法大師に変わった伝説もあると考えられる。

さらに、日本全国の片葉の葦の伝説だけでなく、同じ筑後川のエツの伝説の中にも、主人公が徐福ではなく、弘法大師である伝説もある。「筑後川の産地には、弘法大師が諸国行脚の途中、川を渡れずに困っていたとき、親切な漁師に助けられ、そのお礼に、岸辺のアシをむしって川に投げたらエツに変身したという伝説が残っている」〔小学館　一九八五ａ：五二七〕。この伝説は地元に伝わる徐福伝説と同じ類型である。つまり、エツという魚は葦の葉から変身したものである。この二つの伝説はどちらが先か分からないが、少なくとも筑後川には二種類の同じタイプの伝説が残っていることが分かる。これはおそらく徐福や弘法大師とは無関係であった伝説に徐福、あるいは弘法大師が入り込んだ可能性があると考えられる。弘法大師の伝説は日本全国各地にあるが、徐福伝説として有名な佐賀市に同じ話型の伝説が同時に存在することは、研究する価値があると考えられる。

また、小学館出版の『日本大百科全書 五』には、片葉の葦の伝説について、以下のように記述されている。

地勢や水流など自然環境のいたずらで、片方の葉しか茂らぬ葦。その奇形の由来を説明するため、さまざまの伝説が各地で生まれた。たとえば、弘法大師などの高僧もしくは源義経、熊谷直実など語物に伝えられる武将が、杖または軍扇でなぎ払ったため片葉の葦となった、というたぐいである。英雄の乗った馬がそれを食らったため、とする伝承もときたまみられる。〔小学館　一九八五b：三四七〕

日本全国の片葉の葦の伝説からみると、片方の葉しか生えない葦は、本来の姿ではない特殊なものである。つまり、日常的な姿とは異なるものであるから、神聖なものとみなされる。それゆえ、片葉の葦を語るとき、その神秘性を表すために、よく歴史上の偉い僧侶・英雄などとのつながりが語り物として説かれていると考えられる。片葉の葦と珍魚のエツとその組み合わせは、筑後川特有のものである。また、徐福渡来の伝説は古くからあり、いつの時期かに、徐福伝説のロマンを通して、地元の片葉の葦とエツを組み合わせて語るようになったと推測される。もちろん、これと似ている伝説は他の地域にもある。また、主人公が徐福ではなく、弘法大師などの偉人である伝説は、各地に散在している。佐賀市では、片葉の葦とエツを組み合わせて語る伝説が従来からあり、主人公が徐福に入れ替わった可能性が高いと推測される。なぜならば、伝説がある地域に根付いて長い年月、語り継がれるということは、当該地域の信仰と密接な関係があるからである。つまり、その地域に影響を持つ人物が、その伝説の主人公に取って代わると言えるだろう。佐賀市における片葉の葦やエツに関わる伝説などは、初めその主人公が徐福ではなかったものが、徐福に取って代わった可能性が高いと推測される。

これはおそらく徐福がこの地域の人々にとって、大きな影響を持つ特別な存在だったからであろう。その影響力は、徐福に対するあつい信仰によるものである。信仰の源は、金立神社に徐福が大権現として祀られていることである。佐賀市において、片葉の葦やエツなどの伝説の主人公が徐福であるのは、やはり信仰的な背景があるためである。古い時代から地名由来などと結びつき、今日でも語り継がれているのであろう。佐賀市の地元の人たちは、徐福の渡来によって、掻き分けた葦の片葉が筑後川特有のエツになったという話を子供の時分から聞くことによって、強く信じられる口碑として定着し、語り継いでいるのである。佐賀市の人たちは、地元に特有な片葉の葦や珍魚のエツの物語、また地名の由来などを心から信じ、生き生きと子孫に語り継いでいる。そのようなあり方が佐賀市における徐福伝説の伝承形式と言えるだろう。

4　樹齢二二〇〇年以上のビャクシン伝説

佐賀県佐賀市諸富町の新北神社には、樹齢二二〇〇年と言われる「ビャクシン」（写真5—5）の古木がある。このビャクシンは日本では珍しい古木であり、現地には「徐福が中国から持ってきた」という伝承が残っている。幹回り四・一メートル、枝張り六メートル、樹高二〇メートル。昭和五四年（一九七九）、町天然記念物に指定され、「さが名木一〇〇選」にも指定されている。「大きなこぶを抱え、上部にいくほど曲がりくねり青々と葉を茂らせた姿はまるで昇龍。〈飛龍木〉の別名もある」［佐賀新聞社　二〇一〇］。

写真 5-5　樹齢 2200 年のビャクシン（2017 年 6 月 23 日撮影）

新北神社の祭神は日本神話に登場する素戔嗚尊である。神社の歴史について、『佐賀県神社誌要』には「用明天皇のご創建にして、嵯峨天皇御再建あり、爾来國主に於て営繕に來れり、明治四年十二月郷社に列せらる、祭神倉稲魂命外十柱の神は無格社合祭により追加す」［佐賀県神職会　一九二六：四三］との記述がある。素戔嗚尊は日本記紀神話の神であり、日本の多くの神社に祀られている。大正一五年（一九二六）に発行された『佐賀県神社誌要』には、徐福のことは一切書かれていない。だが、「徐福が持ってきた」と言われているビャクシンの古木は、当該神社のシンボルとしてよく知られている。新北神社の参道を抜け、本殿の右側に巨木はそびえ立っている。このビャクシンは徐福伝説のいわれを持ち、新北神社の御神木として祀られている。

新北神社のパンフレットによると、新北神社は、用明天皇の御創建で嵯峨天皇の御再建であるという。また、「国内唯一、秦の始皇帝の命により仙薬を求め渡来した徐福手植えの伝説が残る御霊木が〈御神木〉である」とも述べている。前述のように、佐賀県神職会が大正一五年（一九二六）に編纂した『佐賀県神社誌要』には、新北神社の祭神は素戔嗚尊であり、明治四年（一八七一）、倉稲魂命と他の十柱の神を合祭するとの記述もある。『佐賀県神社誌要』とパンフレットの内容を比べると、九〇年前には徐福の記録が一言もなかったのに対して、現在のパンフレットでは、徐福の手植えだと伝えられているビャクシンを御神木として祀るとされていることが分かる。さらに、大串達郎氏は新北神社のビャクシンと徐福について、次のように述べている。

新北神社は「スサノオノミコト」と「徐福大権現」を合祭しており、徐福が中国の五穀とともに持ってきたビャクシンの種を植えたと伝えられる。「にきた」も、新しく来た渡来人を祀るという意味の響きがある。［佐賀新聞社　二〇〇八a］

新北神社に徐福大権現が祀られていることに関して、神社の由緒には一言も書かれていない。しかし、御神木として祀られているビャクシンの存在は、徐福が手植えしたという伝説が古くからあることを裏付けている。

筆者は二〇一八年二月、佐賀市で二回目の補充調査を行った。その際、佐賀県徐福会の大串達郎理事長（七〇代、男性）、佐賀県徐福会の水間祥郎理事（七〇代、男性）、徐福長寿館の廣橋時則館長（六〇代、男性）の三人のご案内を頂き、ビャクシンを御神木として祀っている新北神社を訪れた。ビャクシンの古木を守っている新北神社の川浪勝英宮司（六〇代、男性）は「諸富町内には多くの徐福伝説が残っているが、ビャクシンもその一つ。この古木は徐福さんが中国から持ってきた種を植えられたのだろう。幼いころからそういう話を聞いた」と語ってくれた。地元に語り継がれている古木のビャクシンに関する伝説は、川浪宮司の話と似ている。境内のビャクシンがいつ、誰によって植えられたのかについて、川浪宮司と佐賀県徐福研究会の方々に尋ねたが、具体的な資料はない、との返答であった。しかし、徐福が中国から持ってきた種を植えたという伝説は、一般的に地元の人々に受け入れられ、深く信じられている。

「飛龍木」と呼ばれているビャクシンは、正に飛龍の姿をしている、つまり傾斜した古木である。写真5—5に示したように、約五〇度の傾斜角度がある古木は、二二〇〇年間の風雨により、土壌が弛み倒れやすくなっている。それゆえ、このように「大きく傾斜した樹木は、転倒防止対策として支柱六本が設置（平成元年）されている」［松江二〇一〇：一〇五］。土壌改良や剪定などの治療によって、ビャクシンは枝葉に勢いを取り戻し、元気に生き返った。また、当該資料集には新北神社境内のビャクシンの「推定樹齢は一六〇〇年」［松江　二〇一〇：一〇五］であるとされている。この一六〇〇年というのは科学的な推定樹齢である。だが、地元の伝説によると、このビャクシンは徐福の渡来と同じ時代のものであり、二二〇〇年の樹齢があると言われている。言うまでもなく、科学的な推定は間違いではない。しかし、伝説でありながら、ロマンがあるからこそ、徐福とビャクシンの伝説が佐賀市諸富町で伝承されてきたのであろう。また、前述の川浪宮司の話を併せて考えると、新北神社の境内にそびえ立っているビャクシンは、諸富町の歴史と伝説を物語る古木として、地元の人々に守られているのであろうと思われる。

また、地元の佐賀新聞には、「十数年ぶりに樹木医の治療を受け、一皮むけた格好の古木に〈過度な栄養は厳禁で除草剤もダメ。自然の流れに任せ、大切に見守るだけです〉。川浪さんは温かいまなざしを向け」〔佐賀新聞社　二〇一〇〕る、とする記事がある。新北神社の川浪宮司と地元の人々の見守りのお陰で、徐福伝説とビャクシンなどの事物が地元で融合し、生き生きと伝承されているのだと、筆者は実感した。

5　金立山で発見された仙薬

金立山地域の口碑によると、次のような話が伝わっている。さまざまな困難を乗り越えた徐福一行は、地元の案内人の源蔵という人物の協力を得て、毎日懸命に金立山で不老不死の仙薬を探し求めた。そのとき、天から五色の雲に乗った弁財天女が現れ、仙薬「フロフキ」を授かったと言う。

伝説に登場した徐福と弁財天女が出会った場所について、佐賀県徐福研究会の会員である大野恭男氏はこのように記している。「金立山山頂から四～五十メートル下った辺り。東へ谷を降りると巨大な岩の裂け目からしたたる水場があります。この一帯が〈蓬萊島〉と呼ばれ」〔佐賀新聞社　二〇〇八b〕る所である。それゆえ、徐福が弁財天女から仙薬を授かった所は「蓬萊島」と名付けられた。

また、弁財天女から授かった仙薬と言われているフロフキは、実は寒葵（写真5―6）という植物である。この薬草はウマノスズクサ科に属する常緑の多年草である。寒葵という植物の方言の呼び方は、佐賀県の各地で異なっている。佐賀市では「くろふき」、三瀬・七山・山内では「ふろふき」、佐賀市・多久市では「ふろふし」、厳木では「ふろふちん」と呼ばれ、それぞれ異なる〔佐賀植物友の会　二〇〇七：五五〕。前述の寒葵の幾つかの方言の呼び方は、日本語の不老不死《ふろうふし》の発音と似ているため、「不老不死」に由来する可能性があると推測される。そのうえ、金立地区で語り継がれている伝説によると、徐福が仙人から授かったと言われている仙薬は「フロフキ」である。金立山周辺の各地域には寒葵に関する呼び方が複数あるが、本書では地元の口碑に定着している「フロフキ」という呼び方に統一する。

さらに、日本全国に伝わる徐福伝説にはさまざまなバリエーションがある。その中で徐福が秦の始皇帝の命令を受け、不老長寿の薬草を探すというのは、欠くことができないパターンである。しかしながら、地元の口碑（詳細は後述）によると、徐福集団が金立山で見出した「フロフキ」という薬草は、不老不死の薬草ではなかった。この薬草は万病の薬ではないが、現在地元では喘息と利尿などの民間薬として用いられている。

筆者が金立地区で「フロフキ」に関する実地調査をした際には、水間祥郎氏の案内を頂いた。水間氏は徐福が弁財天女から「フロフキ」を授かったことについて、次のように説明してくれた。

写真 5-6　寒葵＝フロフキ（2017 年 6 月 23 日撮影）

金立山の山頂には、石造りの金立神社があります。その昔は、湧出御宝石のそばに雲上寺があったそうです。また、金立神社から下ったところにある御湧水石、昔この辺りは蓬莱島と言われていました。そこには、徐福がフロフキを授かったという木造の弁財天があったそうです。その弁財天を雲上寺の住職が石造りにしたそうです。もともと御湧水石の辺りにあったんですが、心無い人が山頂から持ち出し、山麓の村を転々としました。今は、金立神社下宮の横の弁財天の建物の中に置かれています。(6)

弁財天女から授かった「フロフキ」に関する伝説が書かれた案内板は、現在の金立神社下宮に位置する弁財天という建物の前にある。そこには、当該伝説と石像の弁財天の由来が書かれている。内容は以下の通りである。

甲羅弁財天について

上宮のすぐ東の崖下の雲上寺時代庭園を成していた所で石の反り橋等架かり、その庭園内の中の島（蓬莱島）の上に弁財天を祀ってあった石像です。

弁財天については次のような伝説が残っています。

徐福さんが当山で幾日も幾日も不老不死の妙薬を探しあぐね、この東谷で当惑の体でいた時、眼前の一角に五色の雲が現れて天女が静かに下りて来て徐福さんに不老不死の妙薬（フロフキ）を授けられた処がこの蓬莱島であったとのことです。

当山では開山以来此処に弁財天が祀られていましたが、元禄年間（一六八八）に至り像も堂宇も腐朽したため、時の雲上寺の現住本瑞が石工に命じて弁財天の石像を建立したのです。その石像の裏面には明らかに年代、建立者名が記してあります。

記

甲羅弁財天

安政五戊午歳（一八五九）陽春吉辰 蓬莱島弁財天 当山現住本瑞建焉

霊験あらたかな弁財天で崇敬者多数で今日に至っています。

敬白

すなわち、金立山雲上寺の開山以来、蓬莱島の上には弁財天が祀られていたと推測できる。元禄ごろ、木像も堂宇も腐ったので、時の本瑞住職が新たな弁財天の石像（写真5―7）を建立して祀ったのである。しかしながら、「明治の初め神仏分離となり雲上寺が廃止されたあとも大正の中ごろまで残っていたが、その後、大正十二、十三年ごろこの石像は担ぎ出され、人の手を転々と渡り現在は、金立神社下宮の境内に祀られている。この観音はいわゆる甲羅弁財天と呼ばれ亀の甲羅の上に弁財天を安置してある」［佐賀市 一九九四：九―一〇］と言われている。

金立山雲上寺の盛衰について、真崎実央の研究では、以下のようにまとめられている。「雲上寺は金立山の座主坊として中世に栄え、妙楽寺、后寺という二つの大きな末寺をもった大寺院であった。雲上寺の本坊は、幕末まで存在の記録があるが維新の廃仏毀釈により廃寺となってしまった」［真崎 一九八七：四四］。また、正保五年（一六四八）に描かれたと言われている「金立神社縁起図」（後掲の写真5―11）からは、金立神社上宮の右側に「蓬莱島本地弁財天」と「妙楽寺」が配置されていたことが分かる。金立山雲上寺の由緒に関する記録は、明治時代の廃仏毀釈により、紛失してしまった。だが、前述の真崎の研究や現存する「金立神社縁起図」などの資料から、雲上寺の栄枯盛衰の歴史を辿ることができる。さらに、当時徐福と関連がある「蓬莱島弁財天」を祀る情況もうかがえるであろう。

写真 5-7　甲羅弁財天の石像（2018 年 2 月 1 日撮影）

金立山雲上寺の開山がいつなのかは分からない。しかし、少なくとも正保五年（一六四八）以前に徐福が弁財天女から仙薬を授けられたという伝説がすでにあったと推測できる。徐福は地元で金立神社大権現として祀られている。また、金立神社下宮には七福神の唯一の女神である弁財天の祠が安置されている。周辺の住民の話によると、金立神社下宮で祭神の徐福を祀るときには、仙薬を授けたと言われている弁財天も祀るという。地元の人々にとって、徐福は先進文明を持ってきた外来の神であるだけでなく、日本に根付いていた弁財天とも関連がある人物である。同時にさまざまなロマンあふれる伝説を残し、地元の生活に融合した人物でもあった。このようないわれがあることからも、地元では、古くから徐福を記念するさまざまな活動が中断せずに行われてきたのであろう。

6　徐福とお辰との悲恋伝説

佐賀市に語り継がれている徐福伝説は、仙薬探しの物語があるだけでなく、地元の住民とロマンティックな関係を持つ伝説も残っている。徐福伝説にちなんで千布という地名の由来は前述の通りである。金立町千布地区の口碑によると、徐福一行は不老不死の仙薬を探すため、千布に住んでいる百姓の源蔵に案内を依頼したと言われている。筆者の千布における実地調査で、千布の多くの人々が、徐福と源蔵の娘であるお辰との悲恋伝説を知っており、地元特有の物語としてよく語られているということが分かった。

千布の伝説によると、「源蔵が金立山への案内役を頼まれたとき、徐福一行を屋敷に案内し接待したという。源蔵の娘お辰を陪席させたことが縁で徐福との恋が実った」〔佐賀市　一九九四：五〕と言われている。源蔵の屋敷跡は金立町東千布（金立郵便局の辺り）にあると伝えられている。そのため、この近くに源蔵を記念する松が植えられ、「源蔵松」（写真5―8）と命名された。この松は「たびたびの災害で植え替えられ今は小さい松であるが、ここは徐福一行が案内役を探し求めたとき野良仕事をしていた百姓玄蔵《ママ》を発見したところといわれている」[7]〔佐賀市立金立公民館　出版年不明：二〕。

源蔵の案内で、徐福は金立山で弁財天女から「フロフキ」という仙薬を授かった。しかし、徐福が金立山で見つけた薬草は、不老不死の仙薬ではなかった。また、土地の口碑では、徐福とお辰との悲恋伝説について、次のよう

写真 5-8　源蔵松（2018 年 2 月 2 日撮影）

に語られている。源蔵の娘お辰は中国からきた知恵に富む徐福に心を寄せた。徐福一行が金立山で不老長寿の薬草を発見できず、金立の地を一時離れるとき、使者の「五年後に戻る」という伝言が「五〇年後に戻る」と誤って伝わった。お辰は悲しみのあまりに、病に伏せ、ついに亡くなった。いまわの際、お辰は「自分は思いがかなわず死出の旅路をたどるが、私の死後、私を祀ってくれる者があれば、参拝する人の願いをかなえてやる念願を持っている」［佐賀市 一九九四：五］という言葉を残して世を去った。

筆者は現地調査の際、東千布に位置する小さな観音堂を訪れた。この観音堂に祀られている観音の本体は、徐福の恋仲のお辰である。今のお辰観音像（写真5—9）について、周辺に住んでいる住民は「この一生徐福とは会えない悲しみを持っているお辰の死後、近郷の人々の間で相談し、お辰をかたどる観音像を建立して祀ったのが、今の観音像であると伝えられている」と言う。また、観音堂と観音像の修理について、現存する資料は「昭和五十八年二月にお辰観音堂が修理された」［佐賀市教育委員会 一九八三：一八］としている。さらに、平成三年には観音像の塗装修復がなされている。観音堂に立つ観音像は左手に酌の徳利（これは恋の糸口を作ったと言われ、当初源蔵の宅で接待に使われた）、右手に石楠花（これは金立山に咲き、二人の恋を象徴する花である）を持つ姿をしている。また、昭和四年（一九二九）に公刊された『金

写真 5-9　お辰観音像（『太古のロマン徐福伝説』より）

立山めぐり』によると、「立ち姿であるからこの邊の人たちはお立ち観音とも言ふ。恋やお産の御願に妙にきくとて人目を忍んだ参詣者が多い」〔北島　一九二九：二九〕と言われている。当時、多くの参詣者で賑わった情景が浮かび、地元の人々のお辰観音への敬意が推察できる。人目を忍んで参詣に来る人も多く、お辰観音が良縁やお産に関する祈願を頻繁に成就してくれることを証明している。

金立町千布にある観音堂の前には、徐福とお辰との悲恋伝説を説明する案内板が設置されている。内容は以下の通りである。

お辰観音

秦の徐福が不老不死の薬を求めて金立山に渡来し、この地の豪農源蔵宅に立ち寄った際、接待にでた源蔵の娘お辰と相見えそれが縁で二人の心が結ばれ恋仲となったものの、異国人でありまた身分の相異などからこの恋は結ばれぬままお辰はこの世を去った。

村人は、このお辰をあわれみ、お辰を形どる観音像を作り祀ったのがこの観音堂であり、今では縁むすびの仏として崇められている。

金立神社お下りの時はこの像を奉じて送迎するのがならわしとなっている。現在の堂は、延享二年（一七四五）建立され、その後二回改築された。

案内板の内容は、地元に伝わっている伝説とほぼ同じである。地元の人々はお辰と徐福との悲恋伝説をしのぶために、お辰観音像を作って祀っている。お辰観音が縁結びの神として祀られ、地元では結婚祈願が高い頻度で成就すると伝えられている。また、五〇年ごとに行われる「金立大権現のお下り」（徐福さんのお下り）のときには、必ずお辰観音を観音堂の外に運び、徐福さんと再会させる行事を行う。この行事がいつ定着したのかは不明だが、自然に定着した習わしであろうと思われる。口碑として地元で語り継がれている伝説には、誤って「五〇年後に戻る」との伝言がある。その伝言に基づいたものであろうか、実際に五〇年に一度の徐福との再会の祭りが往古から中断せずに行われている。五〇年に一回の祭祀活動の開催から、地元の人々の徐福とお辰に対する敬愛もうかがえるであろう。

また、伝説に登場した女主人公のお辰の名前について、三谷茉沙夫は「弥生時代の娘の名が、お辰というのもなんとも奇妙だが、こういう話が伝えられているうえに、観音堂まで実在するのは、徐福の存在がしっかり地元に根づいていることを物語っている」〔三谷　一九九二：二一七〕と指摘している。筆者が朝日日本歴史人物事典・新潮日本人名辞典・大日本百科事典・講談社日本人名大辞典・日本人名大事典などの辞典を調べた結果、父の源蔵という名前はおよそ江戸時代からあったことが推測できた。さらに、日本女性人名辞典や戦国人名辞典などの辞典をみると、お辰という名前もおそらく父親の源蔵と同じ時代の人名であると思われる。

地元に伝わる、源蔵とお辰と徐福との伝説の起源がいつなのかは、はっきりとは分からない。しかし、現存する資料と徐福にまつわる事物（観音堂などの建立）からみると、少なくとも江戸時代中期から前述の伝説があったと推測される。今まで収集した資料と筆者の地元での実地調査とを併せて分析すると、次のようなことが推測される。金立山周辺の徐福とお辰との悲恋伝説は、おそらく江戸時代中期から一般庶民に熟知されていた。地元の人々にとって、自らの土地と融合した伝説になったと考えられる。徐福とお辰との悲恋伝説については、観音像の建立にせよ、他の関連記録にせよ、地元の物語として語り継がれてきた風景が現在でも想像できる。

7　金立神社大権現としての徐福

佐賀市の徐福伝説は江戸時代、知識人をはじめ、民衆の間に流布していた。徐福が金立神社大権現として祀られていることは文献に記録されてはいない、だが、それはかなり古い時代からあったと地元の住民は言う。次に、金立神社の歴史を踏まえ、徐福が大権現として祀られる背景を検討する。

1　金立神社の歴史

佐賀平野の北部に位置する背振山系の南には標高五〇一・八メートルの金立山がある。金立山の山頂から山麓に至るまで、金立神社の奥の院、上宮、中宮、下宮が並んで鎮座している。金立神社では四体の神を祀っている。すなわち、日本記紀神話の「穀物の神」である保食神《うけもちのみこと》、「水の神」である罔象売女命《みずはのめのみこと》、天照大神の御子である天忍穂耳命《あめのおしほみみのみこと》と秦の時代に渡来したと言われる「農耕養蚕医薬の神」としての徐福である。金立神社の祭神は四体である。そのうちの一つである「金立大権現」は、資料記録や、地元口碑からすると、いずれも徐福のことを指すと古い時代から考えられている。徐福以外の三体の神は、記紀神話に記されている創世の神である。神代の神を祀る神社は日本全国各地にあるが、徐福を大権現として祀る神社の数は少ない。金立神社はその数少ない神社の一つである。また、記録によると、金立神社は元々保食神・罔象売女命・徐福という三体の神を祀っていたが、「明治四年十二月郷社に列せらる。祭神天忍穂耳命は無格社合祭により追加」〔佐賀県神職会　一九二六：四七〕された。それゆえ、現在の金立神社の祭神は四体となった。

金立神社は四体の神を祀っているが、「金立大権現」として祀られているのは徐福であり、徐福だけが金立神社の祭神であった。これについては、数多くの史料に記録されている。例えば、『佐賀市の文化財』は、金立大権現について、以下のように述べている。

旧藩時代、神社から提出している由緒書によると、金立大権現、即ち徐福だけが祭神として扱ってあるようであり、また、天和八年十二月に書いて、明治二十三年七月鍋島直大の意によって編集した「金立山注書」に載せてあるのも同様である。また、民間の口碑も〝金立山は秦の徐福〟と伝わって、その通りかたく信じられている。この神社の起原は孝霊天皇の代と伝わっており、およそ徐福の時代と合致する。これによると約二千年の歴史もつことになる。［佐賀市文化財編集委員会　一九六二：二三二］

金立神社の祭神が徐福であるということについては、江戸時代から詳細な記録があった。また、民間の口碑も現在と同じく、従来から「金立神社大権現は徐福さんである」と地元の人々が語り継いでいる。さらに、徐福一行の渡来について、大串達郎氏は次のように述べている。

> 上陸地は、筑後川の河口にあたり、地名は、大字寺井津東溺《ママ》、旧名を浮盃新津といいます。ここにあった金立権現神社の跡地には、「徐福上陸地」の石造の標識が立ち、金立神社跡の記念碑があり、現在も、五月に地元民により徐福をしのんで祭（権現祭）が行われています。［大串　二〇〇五：七三］

金立神社には奥の院・上宮・中宮・下宮の他、寺井下宮という末社がある。この寺井下宮は徐福上陸地の諸富町大字寺井津にある。寺井下宮の境内には「金立神社御舊蹟」と「徐福上陸記念碑」という二つの石碑が立っている。また、一九八九年には陶器製の約六〇センチメートルの徐福像が佐賀県多久市の人形師の倉富博美氏（六〇代、男性）によって制作され、境内のお堂に奉納されている。

現在の寺井下宮は、金立神社末社とも呼ばれ、金立神社下宮の旧跡となった。平成二八年（二〇一六）九月、寺井下宮に高さ約一〇メートルのコンクリートの鳥居が建立された。元の金立神社寺井下宮の建物は、素朴で古風な風

写真 5-10　諸富町東搦公民館（2018 年 2 月 5 日撮影）

格を持つため、屋根と柱からなる骨組みの部分が現在諸富町東搦公民館（写真5—10）の一部として移築され、使用されている。二〇一八年二月の補充調査の際、筆者は大串達郎氏のご案内を頂き、諸富町東搦公民館を訪れた。大串氏は、以下のように語ってくれた。

　諸富町東搦公民館は平成六年に新築されたんです。大正の初めに、今の上陸地、先日行った金立神社末社から、ここに移転されました。江戸時代中期、三〇〇年前ごろ、金立神社末社が徐福上陸地の所に建てられました。明治に入って、神社が廃止されてしまいました。大正の初めに、末社の建物の一部は、今の東搦公民館の所に移転してきたんです。平成五年に、建築しはじめ、六年三月に新築されました。だいたい一年かかりました。(8)

新築される以前の東搦公民館の様子について、森浩一の『図説日本の古代　第一巻　海を渡った人々』に、昭和末期の公民館の写真が掲載されている〔森　一九八九：一一二〕。

金立神社の創建時期は古く不明だが、『日本三代実録』には、清和天皇貞観二年（八六〇）二月八日条に、「正六位上金立神従五位下」〔経済雑誌社　一八九七：五四〕に昇叙された記事があり、さらに陽成天皇元慶八年（八八四）十二月十六日条では「従五位下金立神従五位上」〔経済雑誌社　一八九七：六四九〕となった記録がある。これらの記録から、当時の朝廷が同社を重視していたことがうかがわれる。金立神社の建立時期は明らかではないが、少なくとも貞観二年（八六〇）には創建されていたと推測できる。だが、地元の口碑によると、「この神社の起源は孝霊天皇の代と伝えられ、およそ徐福の時代と合致する。これによると、約二千年の歴史を持つことになる」〔坂田　一九八〇：一〇七〕と語り継がれている。

さらに、『歴代鎮西要略』には徐福が金立山に渡来したことについて、以下のような記述がある。「第七代曰、孝霊天皇御治世七十二年壬午、異朝秦始皇使方士徐福入東海求不老不死薬、徐士率童男童女数千入海、卒来止日本云云。筑紫肥前州金立雲上山、徐福止跡之霊地也」〔近藤　一九七六：一二〕。すなわち、孝霊天皇七二年（紀元前二一九）に徐福は秦の始皇帝の命を受け、不老不死の仙薬を探すために日本に渡来したと言われている。さらに、肥前の金立山（雲上寺）は徐福の足跡がとどまる霊地であるとも述べている。徐福一行が金立山に渡来したことについては、江戸時代に編纂された『太宰管内志』、『肥前古跡縁起』などの資料にも記録がある。前述の史料記録と地元に伝わる伝説を併せて分析してみると、金立神社は非常に古い時代から徐福を金立大権現として祀っている。また、地元の徐福渡来伝説の歴史は古い。ただ、各史料が編纂された時代を考察すると、徐福が金立の地に渡来したという話は、江戸時代に入ってから、一般庶民に熟知され、熱心に語り継ぐようになったと思われる。つまり、徐福伝説が地元で盛んに流布したのは江戸時代であろうと推測できる。

2　金立神社縁起図

正保五年（一六四八）に描かれたと言われている金立神社所有の絹本淡彩「金立神社縁起図」（写真5―11）は、絹布三枚継ぎ、縦一八一センチメートル、横一〇七センチメートルの掛け軸であり、現在佐賀県立博物館に展示されている。これは金立神社の祭神にまつわる絵画である。「金立神社縁起図」は上・中・下の三段に分けられている。この上段は上宮の景観、中段は下宮の景観、下段は徐福が浮盃江（諸富町）に上陸したときの様子が描かれている。この絵画は由緒ある金立神社の信仰を研究するときには、高い価値がある歴史的資料であると考えられる。当該縁起図

写真 5-11　金立神社縁起図
（佐賀県立博物館提供）

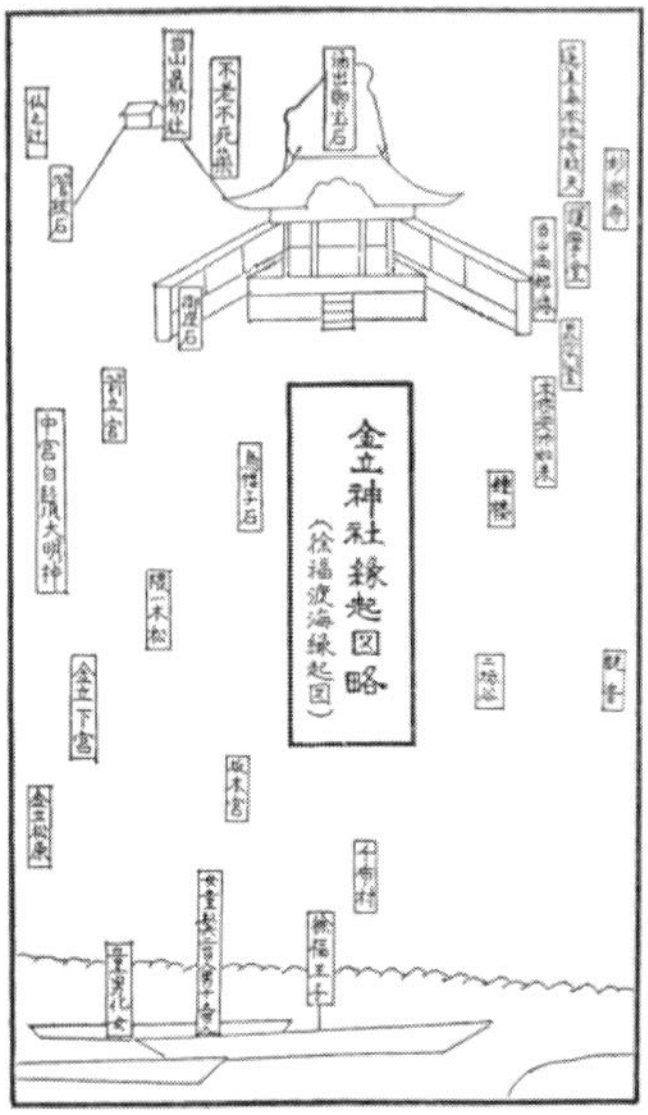

写真 5-12　金立神社縁起図略（『日本に生きる徐福の伝承』45 頁より）

は、昭和四七年（一九七二）二月一一日、佐賀県重要文化財に指定された。

江戸時代前期に描かれた金立神社縁起図は、徐福渡海縁起図とも呼ばれている。山本紀綱はその配置図（写真5—12）を作成し、当時の金立神社の様子と各社殿の位置などの把握に努めている。縁起図には、往昔の金立神社上宮（写真5—13）の壮麗な規模と徐福一行が浮盃江から渡来した様子が鮮麗に描かれている。縁起図の構図から、江戸中期には上宮の本殿、鳥居、「蓬莱島本地弁財天」、「護摩堂」、「本地薬師如来」などが配置されていることが分かる。特に、本殿と「当山最初社」の間に、「不老不死薬」が表記されている点は注目すべきである。佐賀市に伝わる徐福伝説がいつどのように成立したのかは、今の段階でははっきり把握できない。だが、縁起図が描かれた江戸時代には、徐福一行が有明海から渡来し、浮盃江から上陸してから、金立山で不老不死薬を探しに行ったという話が民間で広く信じられていた。徐福渡海縁起図という名称は、徐福と金立神社の縁起を証明している。

また、縁起図では建築物が鮮やかな赤色で描かれており、当時の金立神社繁栄の様子がうかがわれる。江戸時代、非常に繁栄した金立神社だが、明治時代には破壊されてしまった。その盛衰について、坂田力三は「この神社の座主坊は雲上寺といったが、明治維新の折、廃仏毀釈の風潮で破却され、その余波が神社本殿にも及び明治中頃には小さな拝殿の奥に、自然石に刻み込んだ宝殿が残っていただけであった。現在の石造の神殿と拝殿は明治三十年代に建造されたものであり、これは他に類のない建造物である」［坂田　一九八〇：一〇七］と述べている。このように、当時配置されていた「蓬莱島本地弁財天」と「本地薬師如来」などの建物も明治時代に壊された。

久野俊彦は縁起について次のように述べている。

写真 5-13　金立神社上宮（2017 年 6 月 24 日撮影）

> 縁起とは、ものごとが何かの縁によって起こることという原義から、事物の起源や始まり、特に寺院の起源や来歴を意味する。仏寺における寺院縁起の影響で、神社でも鎮座創建の奇縁を示した祭神に関する神社縁起が作成された。縁起の内容には、過去から現在までの歴史的事実を順次記述した歴史的縁起と、中心的人物の活動の発端・展開・結末を逸話に盛り込んで描いた物語的縁起がある。［久野　二〇〇九：一二］

寺社の創建などの縁起が盛んに作成されたのは、中世や近世に入ってからのことだろう。当時の金立神社の縁起図も、江戸時代初期に描き出されたものである。その縁起図では浮盃江に渡来して、仙薬を探した徐福が主祭神であり、大権現と呼ばれている。

「金立神社縁起図」には、江戸初期の金立神社の盛況が記録されている。また、縁起図から、徐福渡来の伝説が当時、金立神社の由緒と結びつき、掛け軸という形で語り継がれていたことが垣間見える。これに関する詳細な記録はない。しかし、神社に関する者が祭りや特別な集まりのときに、信者たちに掛け軸を見せながら、神社の由緒などを説明することがあったと推測される。縁起図は神社の由緒であり、掛け軸や絵巻物などのような形で描かれている。中世・近世には神社の氏子たちが信者などに絵解きをしたことがよくあったと言われる。金立神社でも金立神社の縁起を説く際には、掛け軸を見せていたのである。そして、徐福一行が浮盃江に渡来したことを契機に、弁財天女の加護に恵まれたこと、フロフキを手に入れたこと、後に金立の神、つまり金立大権現となり、今日に至っても祀られていることを順次に説明していったのであろう。現在、「金立神社縁起図」は佐賀県立博物館に保存されている。この縁起図が発見された場所は金立神社下宮である。博物館に移転される以前の縁起図は、掛け軸として信者たちに見せられていた。その縁起図を用いて由緒が語られたと推測される。

3　「湧出御宝石」と「御湧水石」からなる陰陽石

金立神社本殿や拝殿などは破壊されたが、上宮の背後にある巨石「湧出御宝石」（写真5―14）は現在も場所を変えずにそびえている。また、「金立山注書」の解題によると、金立神社は「はじめ社殿のうしろにある頂部に常に水をたたえた湧出御宝石を祭神とする農耕の神であったが、徐福伝説と結び（つき）徐福を祀るようになった」［神道大系編纂会　一九八七：一五、括弧内筆者加筆］とされる。資料記録や、口碑伝承では、徐福は金立神社の祭神であり、金立大権現とも言われる。地元の人々からは「徐福さん」と親しみを込めて呼ばれている。金立神社の本殿などは歴史の流れの中で破壊されたこともあった。しかし、金立神社のシンボルである湧出御宝石は神社創建されて以来、その繁栄と衰退を静かに見つめ続けているのである。

湧出御宝石について、地元では次のような興味深いことがあったという。

一九八八年秋、梅原猛先生が徐福のシンポジウム調査のために金立神社に来られた時、湧出御宝石を見られ、陰陽の考えのある中国の神仙思想がこの中にあると一目で徐福伝説を信じられました。これに相応しい陰石があるはずだと言われ、上宮より五〇m程下がったところに、どんな旱魃の時もきれいな水が湧き出ている大きな石があり、これではないかと神社の総代が案内したところ、まさしく陰石とうなずける石の割れ目から水がにじみ出ていました。土地の古老の話では、この神水をくみ取り、上、下宮の神社にあげている。戦争中は、出征兵士の家に、武運長久を祈り一升瓶に入れて持っていったということです。土地の人たちはあまりにも巨大なその石の姿に、男女を表す陰陽石とは夢にも思わずに梅原先生の指摘に驚かれていました。［村岡二〇〇二：一五］

写真 5-14　湧出御宝石（『弥生の使者徐福』より）

写真 5-15　御湧水石（2017 年 6 月 23 日撮影）

筆者は実地調査の際に、澤野氏と大串氏らのご案内を頂き、二回その陰陽石を訪れた。確かに、梅原の指摘通り、上宮の後にある自然石の陽石である「湧出御宝石」を見つけ、五〇メートルほど下ったところに自然石の陰石である「御湧水岩」（写真5―15）も見つけることができた。地元の水間氏は「この御湧水石あたりは、昔は蓬萊島と言われていました。そこには、徐福がフロフキを授かったという木造の弁財天があったそうです」と語っている。口碑に語り継がれた徐福伝説は、一九八八年に梅原の「陰陽の考えのある中国の神仙思想」という指摘から、再び注目されるようになった。これはおそらく自然物を神の依代として崇拝した古い祭祀の形態（自然崇拝）であろう。

4　徐福信仰定着の背景

以上に述べたように、徐福伝説が佐賀市で定着したのは、かなり古い時代のことであった。徐福伝説とその信仰が金立山周辺で定着される背景と理由は、四つの面から捉えられる。

（1）佐賀平野で縄文時代から弥生時代に移行する際に、渡来人によって稲作の農耕文化が伝来した。徐福一行の渡来は、その時期に符合し、歴史的な面でその信憑性が疑われることが少なかった。（2）北九州に属する佐賀は、従来渡来人と異国民の漂着が頻発する地域である。このような地理的な位置は徐福渡来の可能性を示唆する。また渡来人などにより徐福伝説（最新情報など）が伝来した可能性もある。（3）徐福が出航した際に、同行した各種の技術者と持ってきた五穀の種は、佐賀の稲作農耕技術を上達させたと江戸時代の人々は深く信じていた。徐福伝説に隠されている情報は、この地の徐福渡来説の合理性を高める。（4）江戸時代の旱魃の際、雨乞いの神として、口碑に伝わる徐福の御神体を徐福渡来の沖ノ島に運ぶと、雨乞いの祈願がよく成就した。このような霊験により、江戸時代において徐福伝説は知識人をはじめ、民衆の間でもよく知られるようになったのであろう。

以上の四つの背景は、徐福伝説が地元に定着する要因である。また徐福が金立大権現として祀られる前提でもある。梅原猛は金立山頂上にある湧出御宝石と御湧水岩は、陰陽石を構成し、中国の神仙思想の考え方が入り込んでいると解釈した。これは徐福の渡来と金立神社の徐福信仰の合理性を裏付けている。徐福は霊験を現す神として、江戸時代に地元で崇められていた。信仰の奥底に潜んでいる現実的な需要は、徐福信仰をこの地に定着させた。そして民衆とその子孫代々は、畏敬の気持ちによってあつく信仰する。

8　徐福が発見した古湯温泉

佐賀県中東部、嘉瀬川上流の標高二〇〇メートルの所に、美人の湯として有名な古湯温泉がある。古湯温泉は金立山の西に位置し、古くから徐福が見つけた温泉と言われている。アルカリ性単純温泉であり、その自然景観と泉効は抜群である。そのため、近くの熊の川温泉と共に、昭和四一年（一九六六）七月二二日、厚生省から国民保養温泉地に指定されている。

地元の民間口碑では、徐福が古湯温泉を発見する過程やその荒廃や再興などの変遷について、以下のように語られている。

秦の始皇帝の命で不老長寿の霊薬を求めて、有明海の寺井津浮盃に上陸した徐福は、金立山にたどりつき、北山の翁として、浮世を忘れて暮らしていた。ある日、湯の神が現れ、翁にむかって、「この山中の西北のあたりに黄金の霊が湯となって湧きだすところがある。必ず行ってその源をうがち、これを広めて多くの人を救われよ」と告げて消え去った。やがて、翁は、山道を踏みこえ谷川のほとりにたどり着き、緑の苔むす岩の間から湯がわきだしているのに行きあたった。翁はこれこそ神のお引き合わせと大いに喜び、ささやかな庵をたて「湯守り」となった。以来、幾多の荒廃、再興を繰り返しながら古湯権現山の実相法師らにより守られてきたが、元禄の大地震で城山が崩れて、温泉は塞がってしまった。その後、八八年をへた寛政三年（一七九一）の春、古湯村の稲口三右衛門が小田の水道に鶴が脛を浴して数日の間に、傷が治り飛びさったのをみて、不思議に思い指をひたしてみたところ、少し温かったので、クワで辺りを掘つたところ、古い松の角材がでてきた。この松材は、往時、浴室を修理した木材で、とりさった後から湯が湧きだした。そこで、稲口三右衛門は清存法師と相はかり、村人と協力して浴室を再興した。この温泉を鶴の湯といい、のちに鶴霊温泉と称した。［富士町史編さん委員会　二〇〇〇b：六二四―六二五］

伝説に伝われているように、徐福は不老不死の霊薬を探すため、金立山に辿り着き、湯の神の啓示を受け、温泉の源を発見したと伝えられている。その後、この温泉は地震などの災害で埋没してしまった。しかし、江戸時代に稲口三右衛門が再び発見し、鶴霊泉と呼ばれるようになった。鶴霊泉の由来は、由来書として文字に書かれ表装されている。これは現在、元湯旅館に掛けられている。その内容は、以下のようなものである。

古文書に依れば、人皇七代孝霊天皇七二年、秦の始皇帝第三皇子徐福が命を受け、不老不死の薬草を求めに吾国に渡来した。後に九州不死火の前萩の郡鯖岡に舟を着けて上陸し、金立山の峰に登り住む。或時霊夢に依り川上川の上流に黄金の湯の湧き出づるのお告げに探し求めるに岩間に湯の噴き出るを発見す。徐福は神慮の湯を守りて、ほとりに庵し、土民の外傷、ヒフ病、骨休み等の湯治に供していた。以来幾星霜のうちに、天災地変に依り埋没したと在る。その後寛政三年の春古湯村の庄屋稲口三右エ門が、岩間の水道に足を傷ついた鶴が脛を浸していたが幾日かの後、傷も癒えて飛び去って行くのを見て、岩間に降り立ち手を浸してみるに温い湯が湧き出ていたので、これぞ昔徐福の発見した湯だと歓び再興した。

以来この湯を鶴霊泉と云う。

昭和四十一年、厚生省より国民温泉保養地に指定され今日に至る。(9)


富士町大字の古湯の貝野地区の山下三好氏所蔵の「古湯の出湯のいわれ書」［富士町史編さん委員会　二〇〇〇a：七八二］によると、古湯温泉は徐福のころから存在した古い温泉である。だが、その由来については、いつの時期までさかのぼるのかは定かではない。『富士町史』の古湯温泉に関する記述によると、「江戸時代中期の元禄十六年（一七〇三）この地を襲った大地震により、古湯の西に位置する城山が崩壊し、源泉が埋没し、古湯の地名だけが残ったという」［富士町史編さん委員会　二〇〇〇a：四一六］。その後、寛政三年（一七九一）、鶴が足を水道に浸けているのを見た古湯村の庄屋、稲口三右エ門が、その辺りを発掘すると、温泉が湧出したと言う。鶴との因縁があるので、この温泉は「鶴の湯」または「鶴霊泉」と呼ばれている。

「古湯の出湯のいわれ書」によると、徐福は金立山で「北山の翁」と自称し、浮世を忘れて暮らしていたとされる。その後徐福はここに庵を建て、ここの湯守となったと言われている。筆者はこの元湯旅館を訪ねた。口碑に伝わる徐福が「徐福温泉恵比寿」という祠に祀られ、江戸時代に温泉を再発見した稲口三右エ門が薬師如来と一緒に堂内に祭祀されているのが見られた。徐福が発見したと言われている古湯温泉は、鶴霊泉のみならず、古湯地域の温泉を指す。鶴霊泉が発見され、荒廃・再興などさまざまな変遷を経て、再び発掘されたのは、江戸時代寛政三年（一七九一）のことである。

古湯温泉が発見された詳細の年代は不明である。しかし、現存する資料記録や民間口碑には徐福が温泉を見つけたという伝説がある。そのことから、この温泉はかなり古いものだと考えられる。文政一二年（一八二九）、第九代小城藩主の鍋島直堯が、小城藩の山内地域を巡見している。その折りの同年三月一六日、鍋島直堯が古湯村湯場に立ち寄ったという記録がある。[10]この記録から江戸時代に温泉が存在していたことは確実である。

古湯温泉の源泉は徐福によって発見されたと言われている。徐福と関係が深い温泉は鶴霊泉に属する鶴霊温泉の他、英龍泉として有名な英龍温泉がある。英龍泉は、明治時代に川上実相院の英龍僧正が掘り出したため、英龍泉と呼ばれるようになった。英龍温泉は当初、木造の公衆浴場であった。昭和四三年（一九六八）三月、県補助金・国民年金特別融資金などの補助を得て、国民保養センターとして「古湯温泉館」が開設された。場所は、もと「英龍温泉」の敷地千平方メートルを借りた。築面積六八〇平方メートル、鉄筋三階建ての浴場となった。英龍温泉のパンフレットによると、古湯の英龍泉が湧出したのは慶応三年（一八六七）のことである。平成二五年（二〇一三）のリニューアルによって「英龍温泉」の名称が復活した。現在、古湯温泉センター（現 英龍温泉）にある扁額「英龍泉」は、同僧正の真筆であり、センター前の薬師如来も同僧正の勧請である。[11]

英龍温泉には英龍泉と徐福泉という二つの泉源がある。英龍泉の発掘は明治時代のことであり、徐福泉より古い。徐福が古湯温泉を発見したという伝説は、地元で古くからあった。だが、実際に「徐福泉」と名付けられる温泉が湧き出したのは、つい近年のことである。昭和六三年（一九八八）、現在英龍泉の隣にある旧富士小学校の校庭の片隅で、ボーリングが行われ、湧き出した泉源があった。この発掘された泉源は「徐福泉」と名付けられた。源泉が「徐福泉」と命名されたのは、地元の人々が徐福を湯の神として祀っているからである。このような形で徐福の恩徳と人徳はしのばれている。

現在、古湯地域には、「旧町有の四源泉があり、泉質は単純温泉、温度は三五〜四三℃、湧出量は毎分約六七〇ℓである。温泉は集中管理のもとに一〇軒の旅館、三軒の保養所と一般民家や温泉スタンドへも配湯されている」［山村 二〇一五：二三六］とされる。鶴霊泉や英龍泉、徐福泉などの古湯温泉は、皮膚病や創傷に特効があるため、全国の観光客の人気を集めている。山村順次の統計によると、「古湯の宿泊客数は約六万人、日帰り客は一〇万人が来訪しているとされる」［山村　二〇一五：二三六］。

筆者は二〇一八年二月、鶴霊泉と英龍泉を訪れ、古湯の町で有名な古湯権現山公園に登った。公園の入口には「彦山大権現」という鳥居が建立されている。石段の周りには仏教と関連する石塔などの痕跡が残っている。日本では非常に長い間神仏習合の時代が続いた。佐賀市富士町でも同じく、神仏習合の風潮があった。天山・古湯・三瀬を経由し、北上して脊振山に至る山々は、修験者が重要な行所として修行をしていた場所である。古湯権現山も同様に修験道の行所の一部であった。神仏習合の信仰や山岳信仰を持った信者たちがここに集まってきた。保元二年（一一五七）に華山院牛尾山別当坊の院主であった琳海の修行道を見ると、彼も古湯権現に登っていることが分かる。そのことについて、『富士町史』は以下のように述べている。

佐賀県内では最近まで牛尾山を基点として「回峰行」が施行されていた。『歴代鎮西要略』によると、保元二年（一一五七）に華山院家忠が牛尾山別当坊を再興、その時琳海を院主とした。その琳海が脊振山系を中心とする肥前東部の霊峯を数々修行、永暦元年から応保二年（一一六〇〜六二）の回峯した記録が牛尾神社に残されている。この記録による順路は脊振山系の岩戸河内山―脊振山上宮―仁位山―菩提寺山―千年嶽―金立山―高野嶽―三瀬―古湯権現―熊野河―河上水摩手山権現―今山釈迦嶽―清水山―天山―作礼嶽―牛尾山と記されている。［富士町史編さん委員会　二〇〇〇b：三八六―三八七］

このように、古湯権現山は古くから神仏習合と山岳信仰の伝承地であり、権現様が現世に現れる場所であった。公園入り口には「彦山大権現」の鳥居がある。英彦山（標高一一九九メートル）は、福岡県・大分県にまたがる北九州の最高峰で、神話と伝説を秘める霊山である。羽黒山（山形県）と熊野大峰山（奈良県）と共に「日本三大修験山」

写真 5-16　徐福の木像（左）（2018 年 2 月 3 日撮影）

と称され、古くから山伏の修験道場として栄えてきた。

英彦山神宮の銅鳥居は昭和一四年（一九三九）に国指定重要文化財に指定された。この銅鳥居は、寛永一四年（一六三七）に佐賀藩初代藩主の鍋島勝茂（一五八〇―一六五七）によって建立された青銅製の鳥居である。その鳥居について、佐藤孝は「英彦山の勅額〈銅華表〉すなわち大鳥居は、この寛永十四年島原の乱の鎮圧出動命令によっての出兵に際し、彦山に祈願し、大願成就を祈った鍋島勝茂が、寄進したものである」［佐藤　一九八五：一五三］と述べている。また鳥居正面の「英彦山」の扁額は、享保一四年（一七二九）に霊元法皇によって書かれたものである。

佐賀藩初代藩主の鍋島勝茂が銅鳥居を建立して以来、鍋島家は英彦山に対し、あつい信仰を持つようになった。そのことは、歴代の為政者をはじめ、民衆の英彦山信仰にも強い影響を与えた。これについては、『彦山権現霊験記』などの資料記録で、その一端をうかがうことができる。歴代の佐賀藩主は、英彦山権現を熱心に信仰していた。そのため、佐賀県内には彦山大権現を勧請した神社が多く存在する。古湯の町の「彦山大権現」も鍋島家の彦山信仰の影響を受け、勧請された神社であろう。

近世には、数多くの彦山神社が存在していたが、明治時代に、神仏分離・廃仏毀釈の影響で、多くの社寺が壊された。だが、富士町は山の深くにあり、古湯の権現社は神宮寺を持つような大きな社寺でもなかったため、大きな影響はなかったようである。明治二三年（一八九〇）の佐賀県市町村宗教状況が『存置社寺調査』にまとめられている。明治二三年六月八日の当該資料の記録によると、小城郡南山村大字古湯七二九番に位置する彦山社は、当時無格社として祭祀されていることが分かる。[12]

平安時代末期の琳海の修行道の記録と明治時代の存置社寺の記録を併せて分析すると、彦山社は平安時代末より古くからあった。また、神々が仮の姿をもってこの世に現れるという権現信仰があり、古湯権現山と命名され、祭祀されていたのであろう。江戸時代の霊場信仰や山岳信仰など、修験者（山伏）は、九州の脊振山系を中心とする修行をした。その際に、英彦山信仰や古湯権現山や徐福伝説などのある金立山を巡回することは稀なことではなかった。

古湯権現山は、その山名の通りに、古湯温泉の神々が降臨する山であり、古い時代から地元の人々や温泉を守ってきた山であった。標高約二〇〇メートルの古湯権現山の山頂には、徐福を湯の神として祀ってきた庵が建てられている。この庵には、徐福の木像（写真5―16）が配置され、地元の人々によって大切に祀られている。地元に伝わる口碑によると、徐福は古湯温泉を発見して、ここに庵を建て、湯守となったと言われる。現在、古湯権現山に祀られている徐福の木像は、地元の言い伝えの通り、湯守として古湯地域の温泉を守っている。このように地元の人が徐福を祀るのは、「伝説そのものを守ろう」という意識ではなく、徐福に対する感謝や恩返しからであろう。徐福の木像がいつ、誰によって、何の目的で作られたのかは、不明である。ただ、徐福の木像を古湯権現山の山頂に祀っているということは、地元の人々が徐福を重視している表れであろう。

二〇一八年二月、筆者は古湯権現山を訪れた。小さな権現社が山頂に祀られていることが分かった。権現社には四体の木像が祀られている。徐福の木像は、社殿の中央の位置に安置されている。毎日新鮮な榊・線香・水・果物などの供物が供えられ、境内は、綺麗に掃除されている。筆者が訪れた際には、権現社の社殿に、三番組・四番組・五番組の掃除当番と書いてある木製の札があった。

古湯地域には、古湯権現山に徐福を湯の神として祀る木像があるだけでなく、鶴霊温泉と英竜泉の湯元にも、徐福の祠がある。また、それぞれの温泉再興に貢献した人たちの像が安置されている。彼らは湯の神として、薬師如来と一緒に温泉の守護神として祀られている。このように、徐福が神の啓示により、古湯温泉を発見し、病気の人々を治療したという伝説が古くから語り継がれている。また、徐福は湯守となり、この地域の人々にとって大切な温泉の源を守っている。徐福泉の命名や今日に伝わるロマンに溢れるさまざまな伝説の存在は、地元の人々が徐福を恩人と見なし、湯の神として祀っていることを裏付けている。

三　一九八〇年金立神社例大祭の構造

金立神社では、徐福を金立大権現として古くから祀っている。佐賀県佐賀市で、「徐福さん」を祀る最も盛大な行事は、五〇年ごとに行う「金立神社例大祭」である。この例大祭が、いつから始まったのかは、書物資料が充分でないため、不明である。だが、地元の口碑によると、金立神社には古くからこのような祭祀活動があった。

一九八〇年に執行された例大祭は、ちょうど徐福が金立の地に渡来してから二二〇〇年に当たるという年に行われた。それゆえ、盛大な祭りが行われた。当時、佐賀県教育局局長、佐賀女子大学学長、佐賀県民俗学会会長を務めていた坂田力三は、二二〇〇年大祭の主催者の一人であった。彼は大祭の趣意書や行事日程などの内容を「金立神社二千二百年大祭余録」〔坂田　一九八〇：一一三―一二〇〕という論文に詳細に記載している。本節は、坂田の論文記録に、他の書類や当時の動画などの資料を加え、例大祭の構成と流れをまとめたものである。

一九八〇年に開催された金立神社二二〇〇年大祭は、四月二七日から二九日まで三日間であった。五〇年に一回の例大祭であったため、膨大な労力と経費が掛かったと想像される。金立神社の氏子や、郷土史家はもちろんのこと、徐福伝説を幼いころから聞いて育った市民の奉仕や協力があったおかげで、往古から語り継がれてきた例大祭が執行されたのである。金立神社二二〇〇年大祭は、地元の信仰を深める祭祀活動である。同時に、古くから伝えられてきた徐福伝説をしのぶ思いが込められている。本節では、大祭の開催意向書などを用い、実際に執行された三日間の例大祭行事をふり返る。

1　金立神社例大祭の歴史と由来

ここでは、五〇年ごとの恒例として定着してきた金立神社例大祭の歴史と由来について、考察する。

大正一五年（一九二六）に編纂された『佐賀県神社誌要』は、金立神社について、以下のように述べている。

> 創建年代詳かならざるも、孝霊天皇七十二年二月初午日なりと傳ふ、さらば其日を鎮座日として五十年毎に大祭を行ふを例とす。（中略）秦の徐福來りて此地に止まりしより同人をも合祭せり、爾来同國地頭の尊崇篤く、就中鍋島直茂治藩以来本社の祭祀に重さを置かれ、社殿の造営祭費の供進は固より、山林田畑の神領を寄進せらる、されば旱魃の年には祈雨の爲め親しく神前に祈願せられしこと屢にて、浮杯津下宮沖神島の御神幸は皆藩命によれりと云ふ。［佐賀県神職会　一九二六：四六―四七］

金立神社には、神社の創建年代に関する詳細な史料はない。口碑によると、創建は人皇第七代孝霊天皇七二年（紀元前二一九）のことであったと伝えられている。また、金立神社が五〇年ごとに大祭を行うという仕来りは、古くからあると地元の氏子や信者たちは言う。江戸時代以降、徐福は雨乞いに霊験のある神として、佐賀藩をはじめ、周辺の地域の人々に崇められ、地元の人々の信仰を集めていた。当時、佐賀藩の藩祖に当たる鍋島直茂をはじめ、歴代藩主は金立神社を重視した。社殿に神領を寄進し、熱意をもって社殿の営造に取り組んでいた。江戸時代の金立神社最盛期の光景を記録した「金立神社縁起図」（前掲、写真5―11）には、往昔の壮麗な金立神社上宮と徐福一行が浮盃江から渡来した様子が鮮麗に描かれている。佐賀藩藩主をはじめ、地元の人々の金立神社へのあつい崇敬がうかがえるのである。

金立神社の大祭が五〇年に一回執行される由来や、その発展についての詳細な資料はない。ただ、この祭りの由来は徐福とお辰との悲恋伝説と深い関係があると推測される。地元の源蔵が渡来してきた徐福一行を案内し、金立山まで仙薬を探しに行ったと言われている。源蔵の娘に当たるお辰は、知恵に富む徐福に一目ぼれ、徐福と恋仲となった。だが、徐福が金立山で見つけた「フロフキ」は本物の不老不死の薬草ではなかった。それゆえ、徐福は一時金立の地を離れ、本当の仙薬を探しに行くと決めた。しかし、「五年後に戻る」という伝言が「五〇年後に戻る」と誤って伝えられてしまった。それを聞いたお辰は、病に倒れ、悲しみのあまり亡くなった。この伝説は地元の人々に熱心に語り伝えられていて、小さな子どもにも分かりやすい物語である。

ここで五〇年に一回の大祭と「五〇年後に戻る」という伝言の関係について、検討する余地がある。ここに出てきた五〇という数字は共通するモチーフである。五〇年に一回行われる大祭で欠かせない行事は、徐福の御神体をお辰観音と再会させる行事である。この行事は、正に徐福とお辰との悲恋伝説の「五〇年後に戻る」という伝言とリンクしている。そのため、大祭において五〇年に一回、徐福とお辰を会わせる行事が行われるのである。お辰は江戸時代の名前であろうと推測される。このことを勘案すると、徐福とお辰の悲恋伝説は、古くから五〇年ごとに行われていた大祭に合わせて、生み出された伝説である可能性が高い。

また、『佐賀県神社誌要』に述べられているように、金立神社には五〇年に一回の大祭だけでなく、旱魃のときに執行される雨乞い行事も昔からあった。雨乞い行事は大祭の「お下り」と「お上り」に類似している点が多い。このことについては後述する。金立神社の雨乞い行事は古い時代から有名であった。旱魃の際には藩主の参詣も行われている。地元の口碑や史料によると、正徳年間・享保年間・明治初期・大正時代・昭和初期に雨乞い行事が実施されたことがわかる。

江戸時代中期（一七一六年ごろ）に書かれた『葉隠』にも正徳三年（一七一三）に雨乞い行事が行われた記録がある［山本　二〇一七：八三］。近年行われた雨乞い行事は、昭和一四年（一九三九）の旱魃時のことであった。実地調査の際に、地元の人々はこの雨乞い行事が行われるようになったきっかけについて、次のように語ってくれた。「徐福は非常に金立の地が気に入り、しかもお辰との恋もあり、それでもう秦に帰りたくないと思っている。しかし、雨乞い行事を行うとき、徐福の御神体が金立神社上宮から有明海に運ばれると、徐福は秦に帰されるのではないかと思い、妨害のために雨を降らせるのだ」と。

以上の史料記録や言伝えを分析すると、大祭・雨乞い行事・悲恋伝説には密接な関連があると考えられる。その関係をまとめてみよう。金立神社には五〇年に一回の大祭が古くからあった。一方、金立神社の雨乞い行事の開催は、いつから始まったのかがはっきり分からないが、江戸時代に行われるようになったことはまず間違いがないと考えられる。それに、雨乞いの霊験の合理性が加わり、江戸時代には徐福とお辰との悲恋伝説が利用されるようになった。悲恋伝説は、再構築された可能性が高いと推測される。また、それにまつわる地名の由来譚も多く、地元の娘との恋愛物語がその信憑性を高めた。このように、徐福伝説は地元の風土と融合し、生き生きとした伝説になったとも言えるであろう。往古から伝えられてきた金立神社例大祭は、五〇年に一回、恒例として行われている。さらに、雨乞い行事や地元の娘との悲恋伝説が生み出され、より合理的に徐福伝説が説かれるようになったと考えられる。

2　金立神社二二〇〇年大祭趣意書

一九八〇年の例大祭を行うために、同年一月、金立神社二二〇〇年大祭奉賛会がその開催趣意書を発行した。趣意書の内容は、坂田の論文［坂田　一九八〇：一一三―一一五］に記載されている。以下の通りである。[13]

五穀豊穣の佐賀平野を一望に見おろす霊峰金立山（海抜五〇〇余米）の山頂に鎮座ましませる金立神社は、孝霊天皇七十二年（紀元前二一九）の創立と伝えられ、その祭神は保食神《うけもちのかみ》、罔象女神《みづほのめのみこと》と秦の始皇帝の命をうけ多くの善男善女を相従えて不老不死の霊薬を探し求めて金立山に来った徐福神の御三体を合祭し、清和天皇貞観二年（八六〇）には従五位下を、陽成天皇元慶八年（八八四）には従五位上を賜り、大正五年（一九一六）に至りて更に天忍穂耳命《あめのおしほみみのみこと》を合祭して、五穀の神、水の神、武の神、海上安全の神としてあがめられ、豪族領主の崇敬とくに篤く、旧佐賀藩以降は、とくに社殿の造営田畑など神領の寄進も行われ、新旧正月五日間には金立神社参詣の帰りには、山中に自生するシャクナゲの枝を携えて帰る信者の数もおびただしく『御山は人の崩るるばかりなり』との記録も残されている程の信仰をあつめて参りました。

特に五〇年毎には神徳をたたえるための大祭の行事が遠い祖先から現在まで受け継がれて参りました。

当年はその二二〇〇年の大祭の年にあたり、氏子一同はこの歴史的伝統をうけつぎ、五〇年後の世代へのバトンタッチを行なうべき重大なる責務を負わされております。従いまして、ここに氏子崇敬者ともども相つどい、この重責を果すべく鋭意努力を続けておりますが、過ぐる敗戦以来は、世相も一変し、神社の田畑神領は失なわれ、加うるに神饌幣帛料もなくなり伝統の神事には、多額の経費と物を必要としその遂行を危ぶむ声も少くありませんでしたが、私達の遠い祖先から受け継いできた尊い伝統をここに途絶させることは、何としても避けなければならないとの結論に達し、大祭を敢行することに決定しました。

もとより、この大行事を遂行するためには多くの方々の精神的、物質的両面からの篤きご協賛を得なければ、とうてい実施することはできません。

幸い、皆さま各位の深きご理解とご援助に基づきまして、徐福神渡来の古事にのっとり、山頂の上宮から有明海上陸の地、佐賀郡諸富町寺井に至る御神幸の大行事を成功させたいと、その準備を進めております。

どうか皆々様の篤き敬神の誠によるご協力とご協賛をいただきますよう、関係者一同心からお願い申しあげる次第でございます。

昭和五十五年（一九八〇）一月吉日

3　一九八〇年金立神社例大祭の仕組み

昭和五五年（一九八〇）に開催された金立神社二二〇〇年大祭は、四月二七日から二九日まで、三日間行われた。坂田力三は「金立神社二千二百年大祭余録」に、一九八〇年例大祭の詳細を記録した。その中に、金立神社大祭「お下り」の経路が、四枚の路線図で示されている。筆者はその路線図を図5―3に簡略にまとめた。次に、例大祭が行われた流れに従い、当時の様子を再現してみよう。[14]

写真 5-17　神輿を担ぐ青年氏子たち
（『佐賀に息づく徐福』より）

四月二七日（日）第一日目　雨

金立神社上宮本殿で祭事が執行され、車両で中宮まで下山。中宮から下宮までの下山は、約三〇〇人の氏子からなる神幸大行列で歩く予定であったが、雨のため中止。

10：30　徒歩行列で中宮から金刀比羅神社入口まで。

行列参加者：神官、塩湯、金幣、祭主神官（御神体）、白幣、坂田大祭委員長、役員二名。（共八名）

金刀比羅神社入口からは、再び車両で下山。

11：00　下宮に到着。下宮で「式年祭」が執行。千布の浮立《ふりゅう》・櫟の木の獅子舞が奉納される予定であったが、雨のため中止。

夜に入って、雨が上がり、特設の舞台で婦人会などによる踊り。「のど自慢大会」という前夜祭が開催され、下宮境内は人だかりになる。午前中奉納できなかった千布の伝統芸能である浮立を披露。その後、千布のお辰観音の前でも奉納される。

四月二八日（月）　第二日目　曇のち晴

「お下り」
金立神社下宮にて神事が行われる。
6：30　上宮から下宮まで下った徐福の御神体が、お祓いを受け、神輿に収められる。
6：50　下宮から出発。神輿を担ぐ青年氏子たち（写真5―17）などからなる徒歩大行列が千布のお辰観音堂までの約一・五キロを歩く（写真5―18）。約一時間をかけた神幸行列。千布御旅所でしばらく休憩して、千布婦人会のお酒・お茶などの接待を受ける。
8：35　千布御旅所から出発。行列に参加した稚児（総七五名、内九名が寺井まで参加）と地元婦人会の手踊り隊は千布御旅所までの参加。行列本隊は全員が車に分乗し、千布御旅所で乗車→福島橋・尼寺を通過→駄市川原の祇園社前で下車。
8：50　駄市川原の祇園社前から、福田を通過し、長瀬御旅所まで約一・五キロを徒歩行列。
10：05　長瀬御旅所に到着。仮設の祭壇に神輿を安置し、御旅所祭が行われる。

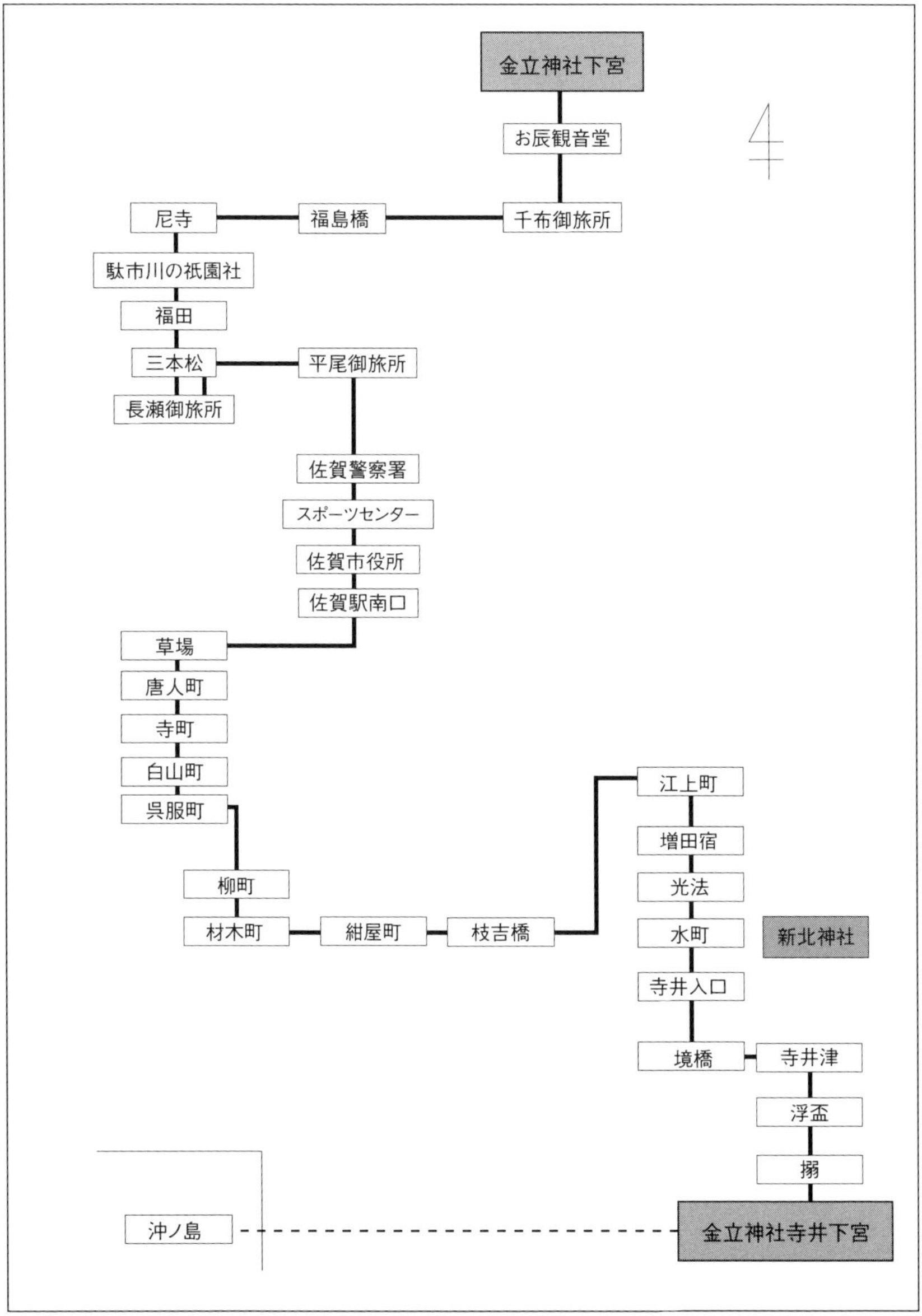

図 5-3　1980 年金立神社例大祭「お下り」経路（筆者作成）

10:25　三本松から全員車に分乗し、東方平尾部落を通過し、平尾御旅所で下車。
10:30　平尾御旅所に到着。御旅所祭が行われる。
11:20　平尾御旅社から出発。車両で佐賀警察署・スポーツセンター・佐賀市役所を通過（市長をはじめ、勤務の手を休めた職員の歓迎を受ける）。佐賀駅南口→草場→唐人町→寺町→白山町→本町→呉服町→柳町→材木町→紺屋町を通過し、今宿に到着。その時、神官を乗せた一台のオープンカーのエンジントラブル発生。
12:30　今宿から出発。車両で枝吉橋→江上町→増田宿→光法→水町を通過する。
12:50　寺井入口に到着。新北神社の参道に入って、境橋で金立地区の氏子から諸富町の氏子へ神輿の引継ぎが行われ、神輿は台車に移される。「新北神社」の祭り法被を着た七〇余名の男女児（小学一年生〜三年生）が綱を引く。行列がゆっくり動き始め、金立神社寺井下宮へ進んでいく。寺井津→（諸富町氏子の出迎え）→浮盃→搦を通過し、金立神社寺井下宮に到着。
16:00　金立神社寺井下宮に到着。沖ノ島へ渡り神事が行われる。

「お上り」
17:50　浮盃の寺井下宮より全行程、車両にて金立神社下宮へと上る。
18:55　金立神社下宮に到着。

記

二千二百年大祭日程

写真 5-18　金立神社 2200 年例大祭行列（『佐賀に息づく徐福』より）

四月二十七日　前夜祭
四月二十八日「お下り」「お上り」本祭
四月二十九日　上宮還幸

金立神社二千二百年大祭奉賛会々長　中尾都昭
〃　委員　坂田十太郎
（中略）
〃　大祭実行委員一同

金立神社二二〇〇年大祭の実行委員会は、一九八〇年一月に趣意書を提出した。地元の有志の協賛を求め、四月下旬に開催する大祭の準備をしていた。大祭奉賛会は地元の有志によって設立された。同会は昭和五年（一九三〇）四月に開催された金立神社二一五〇年大祭を基に、二二〇〇年大祭の成功に向けて積極的に活動し、努力してきた。また、金立神社の氏子や信者たちは、古くから伝わる歴史的伝統を継承している。一九四五年の敗戦以来、神事が衰微するという状況で、幾多の困難を超えて大祭を執行したのであろう。こうしたことを考えると、古い時代から伝えられてきた徐福信仰は、地元では数多くの信者を集めていると言えるだろう。

四月二九日（火）　第三日目　晴

10：00　金立神社下宮にて還御の神事が行われる。下宮から中宮までの一キロは、二日目のお辰観音堂までの「お下り」と同じ行列配置である。千布の浮立が先払いをして、厳かに出発。

11：30　金立神社中宮に到着。

11：40　中宮から、宮司と役員代表数名によって、車両で金立大権現の御神体を上宮までの還御が行われる。

13：00　関係者一行は車両で下宮に到着。金立神社二二〇〇年大祭を終了、解散。

第二日目の「お下り」の千布御旅所で行われた神事について補充しておこう。金立神社下宮から出た神輿は金立地域の青年氏子たちに担がれる。徒歩大行列は千布のお辰観音堂まで進む。実は、氏子たちが到着する前、お辰はすでに観音堂より出て、千布御旅所で徐福の神輿を待っている。神輿は千布御旅所で休憩するが、そのときに徐福とお辰が対面するのである。これは地元に伝わる「五〇年後に戻る」という伝言と一致している。つまり、五〇年が経ち、大祭を契機に、徐福とお辰とようやく再会するという設定である。

また、第二日目の下宮からお辰観音堂までの「お下り」と第三日目の下宮から中宮までの「お上り」（還幸）は、同じ行列の配置であった。行列には二七の部門の人たちが配置されている。人数が多いのは神輿を担ぐ氏子（二五名）、稚児（七五名）、婦人会（八〇名）である。婦人会は石楠花の花をかざして行列の最後で踊りながら進んでいく。総勢三〇〇余人の大行列が延々と二〇〇メートルも続く。昔のままの裃、陣羽織、稚児行列があり、最後を地元婦人会の手踊隊が徐福伝説を織り込んだ歌に合わせて踊りながら続く。その華やかな姿と衣裳が行列に花を添え、一大絵巻を展開する。こうして行列は千布のお辰観音堂へと進んで行く。

4　金立神社例大祭の役割

金立神社例大祭は五〇年ごとに開催される祭りである。地元の徐福信仰を喚起し、共同体のつながりを深める役割を果たしている。また郷土文化を継承し、徐福伝説を伝承する場にもなっている。金立神社例大祭は、この地を守る徐福への感謝であると共に、豊作の祈願も込められた儀式である。このような盛大な祭祀活動を通して、徐福伝説とその信仰を後世に伝えていくことが、例大祭の目的だと考えられる。

1　郷土文化の継承

例大祭では浮立という千布の伝統芸能が奉納される。浮立は「風流系の民俗芸能。太鼓を中心に構成され、佐賀県を中心に福岡県、長崎県に分布し、田楽と念仏踊の要素が多分に認められる」［小学館　一九八八：六六五］。佐賀県の浮立は全国的に有名で、特に面浮立はその代表的な民俗芸能として広く知られている。金立神社例大祭で奉納される「お下り」と「お上り」の先払い浮立は、金立町千布地域の伝統的な千布浮立である。これは、「江戸時代末期の大干魃の時に当時の千布村の西原家・堤家・早田家を中心に全村あげて雨乞いのために金立神社に奉納したのが始まりとされており、西原家・堤家・早田家が市川の浮立や大和の浮立を千布村に持ち込んだものと言われている(15)」。

このように、千布浮立は江戸末期から奉納が始まったもので、金立神社の大権現である徐福に捧げる舞踊である。千布浮立は五〇年に一回の金立神社例大祭に奉納される。だが、それだけではない。地元では豊年感謝の意を表すため、毎年の秋にも奉納される神事芸能である。この民俗芸能の中には、徐福を雨乞いの神のみならず豊作の神としても広く信じる信仰が垣間見える。浮立を捧げることによって、豊作をもたらしてくれる徐福に感謝を表す。そうした江戸時代からの習わしを伝承しているのである。千布浮立は地元の郷土文化の一種として祭りの場で奉納される。これは昔からの伝統を守ると共に、より多くの人々にこの文化を伝える目的もある。

2　しのばれる徐福とお辰観音

徐福とお辰との悲恋伝説は、地元で広く知られている。現在、お辰観音堂が建立され、お辰観音は縁結びの神として祀られている。現在、五〇年に一回行われる例大祭は、徐福のお辰への伝言（五年後に戻ってくる）が伝え間違いによって五〇年後となった、この物語にちなんだものであろう。例大祭がいつから開催されているかは不明である。だが、江戸時代の資料に雨乞いの祈願の記録が残っていることから、当時にはすでに例大祭が行われていたと考えられる。例大祭には徐福の御神体をお辰観音と再会させる行事がある。これは、五〇年に一回の徐福とお辰との再会を果たすためである。人々の二人の悲恋伝説に対する同情の気持ちも込められている。徐福の御神体をお辰観音堂までに運び、徐福とお辰との再会の行事を行う。その後神幸行列は千布御旅所で休憩して、千布婦人会のお酒・お茶などの接待を受ける。このように、徐福とお辰の二人の時間を作りあげるという物語性に富む行事である。これはこの地の人が徐福とお辰をしのび、その悲恋伝説を深く信じている証しであろう。

3　徐福一行が伝えた技術への敬意

地元の伝説によると、徐福は農耕・医薬・養蚕・織物などの技術を住民たちに伝えたという。そのため、徐福は「金立大権現」として古くから祀られている。一般的に日本の神々を仏教の仏や菩薩が化身の姿で現れるものは権現と呼ばれる。徐福が権現と呼ばれているのは、人々の間で徐福が神仏の化身であると認識されているからである。江戸時代の旱魃の際に、徐福の御神体を金立神社上宮から徐福上陸の有明海に運ぶと、雨乞いの祈願がよく成就したとされる。そのため、徐福は「農耕の神」・「雨乞いの神」・「金立大権現」と呼ばれるようになった。このように徐福の伝承はさまざまな側面を持っている。中国人としての徐福は、地元の日本人にも親しまれ、あつく信仰されている。佐賀平野における稲作の歴史はかなり古い。その佐賀に農耕の技術を伝えたとされる徐福は、「農耕の神」とも見なされている。農業を主産業にする金立神社周辺では、徐福を「農耕の神」として祀っている。それは、徐福に豊作を祈願したり、雨乞いをしたりするとそれが成就すると考えているからである。五〇年に一回の例大祭で、三日にわたり続けられる行事は、徐福がこの地を守ってきたことに対する感謝と敬意を込めて催されているのである。

4　徐福信仰の伝承

佐賀の徐福信仰は、江戸時代に全盛期に達した。明治維新の際には、廃仏毀釈により金立神社は破壊された。明治期に例大祭が開催されたという記録は見つかっていない。地元の人々に対する聞き取り調査では、昭和五年（一九三〇）には確かに行われたという。金立神社例大祭の特色は五〇年ごとに行われるということにある。日本の伝統的な祭りは一般的には毎年執り行われる。日本では五年、一〇年、一二年に一度というような祭りは少なくないが、五〇年に一回だけ開催される祭りは極めて少ない。五〇年に一回だけ開催される祭りは、さらに少ない。五〇年に一回の大祭というと、人生に一回しか体験できない通過儀礼のようなものであると言っても過言ではない。たとえ二回体験できたとしても、五〇年前の祭りの記憶を思い返すのは困難である。このような困難な状況にあるにも関わらず、金立神社の例大祭は、地元の人々の記憶により受け継がれてきた。そして人々にとっては人生の重要な一環となっている。古くからの徐福信仰は世代を越えて、例大祭の場で喚起され、現在の形式で伝承されている。

5 深まる共同体のつながり

金立神社例大祭の神幸行列は、神輿を担ぐ氏子（両親の揃っている独身者に限る）・稚児・婦人会の手踊・先徒歩・太鼓・笛・賽銭箱など二七の役が配される。当時の写真と画像を確認し行列は組まれる。その堂々とした大行列は金立神社下宮からお辰観音堂へと移動しながら、大絵巻を展開する。神幸行列を見ると、金立神社の神官と氏子をはじめ、婦人会などの団体、楽器演奏の村人などが積極的に参加していることが分かる。七五名の稚児には、その親が付き添って全員参加していた。親子が共に例大祭に参加することは、生まれ育つ土地を知る有効な方法であろう。代々続いてきた例大祭を自分の体験を通して、受けついでいく。そして地元の風習を学ぶことはとても有意義なことである。五〇年に一回しかないからこそ、若者の参加が必要である。これは、地元の金立神社の神事を受けつぐ形式であり、共同体としてのこの地の人々を結びつける機会でもある。金立神社例大祭は、五穀豊穣を祈る祭りとして、五〇年ごとの四月中旬に開催される。その祭りの開催に伴う準備も地元の主催者をはじめ、行列に参加する村人が担っている。そうした活動は、参加者同士のつながりを深め、村の絆を強める役割を果たしている。

四 佐賀市の徐福伝説に関する民俗文化

佐賀市の徐福伝説は江戸時代に、佐賀藩藩主をはじめ、一般庶民の間にも広まっていった。またその伝説が数百年にわたり伝承されていく間に、徐福は神仏の化身と見なされ、地元の人々の信仰を集めるようになった。このあつい信仰を背景に、徐福に関する民俗文化が生まれ、現在一層盛んになる傾向が見られる。

1　「農業の神」・「雨乞いの神」としての徐福

伝説に登場する徐福渡来の時代は紀元前三世紀のことである。だが、伝説が地元の生活に取り込まれ、信仰の面で発展したのは江戸時代以降のことである。佐賀県佐賀市を中心とする佐賀平野では、昔から稲作を中心に栄えてきた。伝説では徐福一行がこの地に渡来し、当時の人々に農耕や稲作などの技術を教えたとされる。この伝説は、現在でも地元で口碑として親から子へと伝えられている。「農業の神」と「雨乞いの神」として祀られる徐福に関する祭祀活動は、五〇年に一度の金立神社例大祭で行われる。だがそのよう盛大な神事にとどまらず、江戸期の旱魃の際にも、雨乞い行事が執り行われている。

地元の口碑や史料によると、旱魃のときには、徐福の御神体を神輿に乗せ、有明海の沖ノ島まで運ぶとされる。この行事は古くから行われてきた。このルートは徐福一行渡来のルートとは逆のルートになる。この雨乞い行事は五〇年ごとに行われている金立神社例大祭の金立大権現「お下り」と重なる所もある。金立大権現「お下り」は雨乞い行事のように神輿を沖ノ島まで運ばずに、寺井下宮で沖ノ島への渡り神事を行う。雨乞い行事は古くから旱魃のときには、徐福の御神体を沖ノ島まで運んでいる。一方、旱魃でないときや、権現の渡来をしのぶ例大祭のときには、雨を降らせる徐福の功徳を忘れないように神事だけを行う。このように、佐賀市の徐福伝説は、以前から農耕の知恵と風俗習慣を含むものとなっている。また、精神的な信仰だけでなく、実際の生活にも影響を及ぼしているのである。

2　徐福長寿館の徐福伝承

金立山山麓にある徐福長寿館（写真5―19）は、地元の徐福伝説を伝承し、広める場となっている。平成七年

写真 5-19　徐福長寿館（2017 年 6 月 24 日撮影）

（一九九五）に落成した施設である。徐福長寿館には、この地の徐福伝説を収集して語り継ぐコーナーが幾つもある。そのコーナーをあげると（1）徐福夢の探訪、日本全国に点在する徐福伝説の紹介、（2）アニメーション「徐福ものがたり」、（3）連雲港市との友好都市交流情報コーナー、（4）連雲港市製作大理石の徐福像、（5）徐福関連植物、（6）映像装置「徐福あれこれ」、（7）徐福展示室、（8）お土産・書籍販売[16]などである。これらのコーナーでは、佐賀市の徐福伝説だけでなく、日本全国の徐福伝承地にも触れている。筆者がここを訪れた際には、職員の東島邦博氏が佐賀市民の夫婦二人（四〇代）を案内していた。東島氏は徐福夢の探訪のコーナーで徐福一行の渡来の上陸地を紹介し、全国の徐福ゆかりの地の地図を見せながら、分かりやすく解説を行っていた。このような形で、徐福伝説を来館の人に紹介し、地元の徐福伝説を広報しているのである。

佐賀市と中国江蘇省連雲港市とは姉妹都市である。姉妹都市の締結経緯は、次の通りである。「連雲港市との交流のきっかけは徐福である。徐福の故郷であるといわれる連雲港市と、渡来・定住伝説がある佐賀市は、研究を通じての交流から市民間の交流を発展させてきた。一九九七年九月に設置された友好都市検討懇話会の答申を受けて、一九九八年一一月二七日に友好都市締結がなされた[17]」ということである。

また徐福長寿館と「金立公園・徐福の里薬用植物園」には、佐賀市の友好都市で徐福の生まれ故郷の連雲港市から寄贈された徐福の石像がそれぞれ一体ずつある。徐福長寿館の像は一九九五年、徐福長寿館落成の記念に、連雲港から徐福石座像（写真5—20）が寄贈されたもので、現在、館内で展示されている。この石像は、連雲港市産の大理石で作成された二・五トンの座像である。また、金立公園・徐福の里薬用植物園に立っている徐福石立像（写真5—21）は、二〇〇五年に同じく連雲港市から寄贈されたものである。この石像は、徐福村の所在地である贛楡県産の石で作製されたもので、贛楡県徐福村の徐福石立像と同じデザインである。徐福長寿館館内の徐福座像は、友好都市締結の二年前に、薬用植物園の徐福立像は、友好都市締結後七年に、寄贈されたものである。このように両市の友好関係の締結に、徐福伝説が大きな役割を果たしたのである。徐福伝説は佐賀市と他の都市との交流を促進させ、徐福長寿館と関連団体の活動を支えている。

現在、徐福長寿館は、地元の徐福伝説を来館の人々に紹介すると共に、日本および中国・韓国の徐福伝承地にも情報を発信している。館内では講座やイベントなどが定期的に行われている。例えば、中国語講座・徐福さんの折り紙講座・山野草講座・お気軽レシピ講座・バラ講座・笑える講座、徐福春の大感謝祭・徐福秋の大感謝祭、不老長寿の薬草教室・園芸教室・ミニ門松つくり教室・徐福しめ縄教室などである。これらのイベントは、地元の婦人や子供などに人気があるという。徐福長寿館で開催される講座やイベントは、徐福伝説を広める目的を持

写真 5-20　徐福石座像（2018 年 2 月 2 日撮影）

写真 5-21　徐福石立像（2018 年 2 月 2 日撮影）

ち、この地域の人々の交流の場として活用されている。このような活動を通じて、人々は自然に徐福伝説と親しむようになる。これは、新たな伝承形式だとも言えよう。このような伝承形式は、以前に比べ、より深く心の奥まで浸透させる可能性があると考えられる。徐福伝説は、徐福長寿館で新しい形式で伝承され、同時に新たな民俗文化も生み出している。

3　徐福関連商品の開発

佐賀市の徐福関連商品の開発は、佐賀県徐福会の故村岡央麻副会長が中心となり盛んに行われるようになった。佐賀の伝統銘菓で有名な村岡屋は、和洋菓子の製造と販売を行う菓子の専門店である。現在、佐賀県（二四店舗）・福岡県（三店舗）・長崎県（三店舗）計三〇店舗を展開している。昭和六三年（一九八八）に村岡央麻氏が社長に就任した。そして平成元年（一九八九）に伝説銘菓「徐福さん」（写真5―22）が開発され発売を始めた[18]。

筆者は二〇一七年六月、澤野隆氏の案内で、田島孝子会長と共に村岡屋を訪問した。村岡屋の本店は佐賀駅から南に四〇〇メートルほど離れた所にある。店に行ったのは、朝九時前後であった。そのとき村岡屋には数名の客がいた。店内には、徐福に関連する商品である伝説銘菓「徐福さん」・徐福餅（写真5―23）などの菓子が並んでいた。店内のスタッフはこれらのお菓子について「これは徐福に思いを馳せて創作した伝説銘菓ですよ」と話してくれた。伝説銘菓「徐福さん」を開発したのは、元佐賀県徐福会の副会長を務めた村岡央麻氏である。

この他にも諸富町では、地元の徐福伝説にちなんだ徐福饅頭が開発され、うさぎや菓子舗で販売している。また、金立町徳永には創立一五〇年の徳永飴屋がある。二〇一八年二月、水間祥郎氏の案内を頂き、徳永飴屋（写真5―24）を訪れた。七〇代のおばあさんが手作りの飴を製作している（写真5―25）。徳永飴は「徐福直伝の飴」であるという。おばあさんは「この飴は麦芽糖の水あめを引いて作った飴です。これを食べると、産後の人に良くお乳が出

写真 5-25　手作りの飴を製作しているおばあさん（2018 年 2 月 2 日撮影）

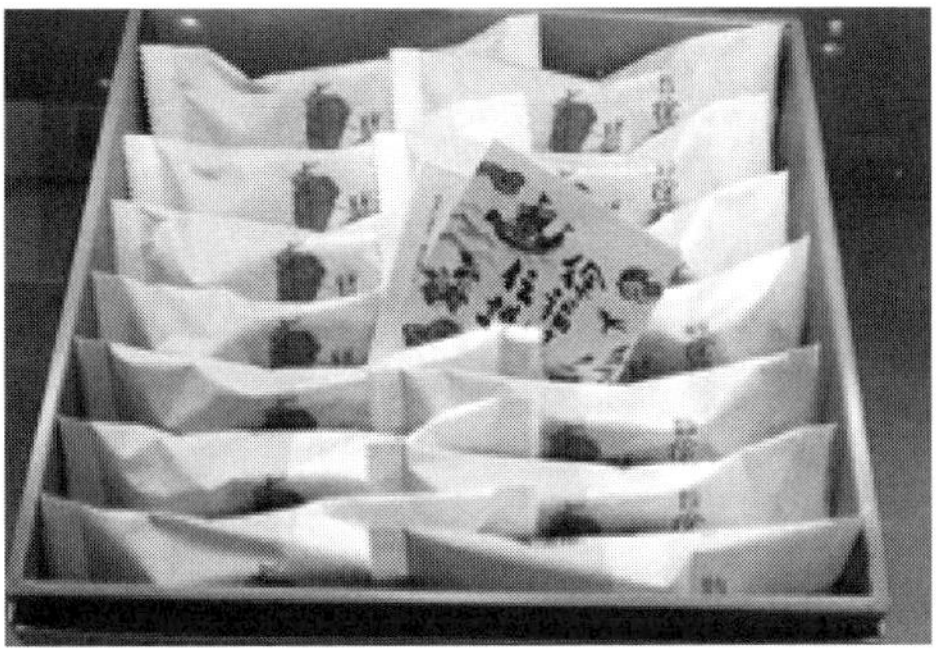

写真 5-22　伝説銘菓「徐福さん」（2017 年 6 月 24 日撮影）

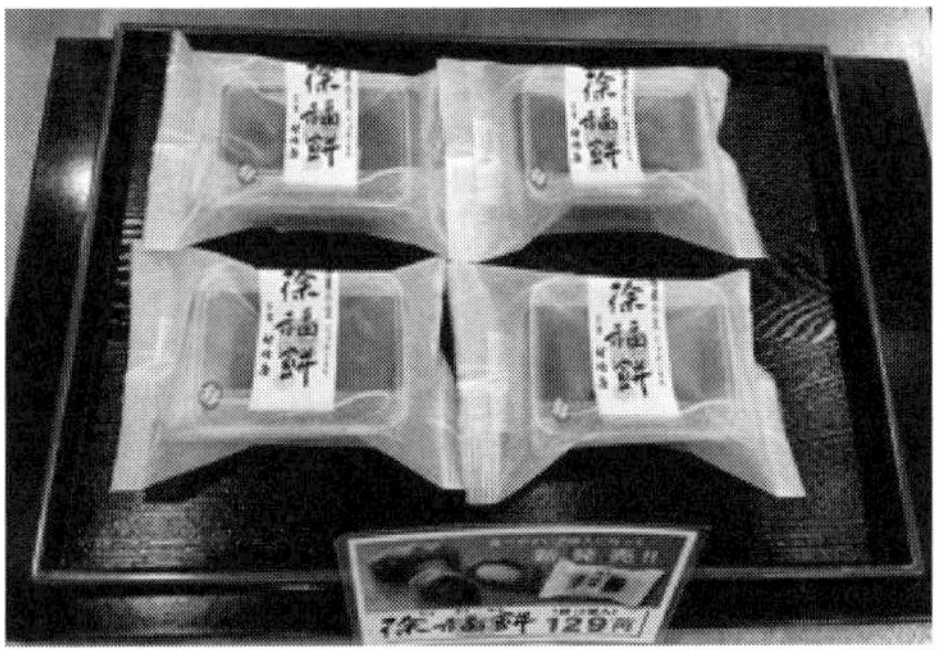

写真 5-23　徐福餅（2017 年 6 月 24 日撮影）

写真 5-24　徳永飴屋（2018 年 2 月 2 日撮影）

る[19]」と笑う。

このように、佐賀市では徐福伝説が広く知られている。また伝説に関連する民俗文化は、ぞれぞれの形式で地元の人々の生活と結びついている。伝説にちなんだ食物などが意識せずに人々の身のまわりに存在し、見慣れたものとなっている。徐福伝説を詳細に語れる人は地元でも少ない。だが、多くの人が徐福という名とその伝説を聞いた経験を持っている。それは、徐福伝説とそれに関する民俗文化が、自然な形で人々の間に浸透していることを物語っている。

おわりに

佐賀県佐賀市には、数多くの徐福ゆかりの地とそれにちなんだ伝説が存在する。佐賀市の徐福と関わりがある伝説は七つに分けられる。それは、(1)徐福上陸地、(2)地名の由来、(3)片葉の蘆とエツ、(4)ビャクシン伝説、(5)仙薬フロフキ、(6)お辰との悲恋物語、(7)金立大権現である。これらの伝説の流れは、徐福一行が渡来してから金立山に至るまでの仙薬探しの物語が順に展開されているように思われる。本章では、佐賀市に伝わる個別の徐福伝説の展開を考察した。この七つの伝説を総合的に分析してみると、徐福一行の上陸からの物語が順番を追って展開されていることが分かる。

このように、これらの伝説は発端から結末まで完全なストーリーを構成しているのである。このことは、徐福の上陸から仙薬探しまでの伝説の地が、この物語に関する知識を持った人たち、あるいは金立神社の氏子や信者たちの介在によって、作られてきた可能性を示している。縁起図は下宮で保存されている。その縁起図は金立神社の由緒に当たる主祭神の徐福渡来のストーリーを信者たちに絵解きするのに使われたと推測される。佐賀市での徐福伝説が物語のように展開されていることは、偶然のことではない。つまり、なんらかの意図を持った宗教者や、力を持つ人たちの活動の結果、このような物語が佐賀市を中心に展開してきたのだと考えられる。

記憶装置としての位置づけを持つ徐福伝説は、佐賀市の徐福ゆかりの地域の人々にとって往古の歴史記憶でもある。周知のように、渡来人が農耕などの技術をもたらし、日本を縄文時代から弥生時代に移行させた。そのため、稲作歴史の古い佐賀平野では、徐福が渡来人の代表として、地元の人々の信仰を集めたことも想像できる。先進文明をもたらしたと言われている徐福に対し、人々は尊敬と畏敬の念を抱いている。そして、徐福伝説は、地元に根付いて語り継がれ、地元と融合し、生き生きとした伝説になった。

佐賀市に伝わる徐福伝説を総合的に考察すると、地元に古くからある徐福信仰と切っても切れない関係がある。地元の信仰を集める金立神社では、徐福は金立大権現として古い時代から祀られている。このような信仰の源があるからこそ、徐福は地域の人々にとって、影響力を持つ特別な存在と認められているのである。そうした徐福の大きな影響力が、初めは徐福と関連性を持たなかった伝説や地名由来の伝説を徐福が主人公の話に変えた理由であると考えられる。佐賀市では、片葉の葦やエツなどにまつわる伝説の主人公の多くは徐福であるとされている。これは徐福信仰という信仰的な背景を基にしているものである。そのため、徐福は古くから地名由来として認められ、今日でも語り継がれることになった。

また、民間伝承として伝わる徐福伝説は、関連する事物によって、地元の人々に記憶として刻み付けられている。雨乞い行事と金立神社例大祭は、祭りという形で地元の人々の徐福に対する記憶（特別な感動）を呼び戻す。往古から伝えられてきた行事の開催は、金立大権現としての徐福に対する敬意の表現だけでなく、先祖たちから伝えられてきた信仰伝承の現れである。つまり、雨乞い行事と金立神社例大祭が行われる時期になると、徐福伝説にちなんだ事物は、その伝説に対する記憶を思い出す糸口となり、古くからの徐福信仰の記憶を喚起させながら、また新たな信仰の記憶を構築する。このような役割機能を持つため、地元の人々は、これらの事物を大切に守り続けているのであろう。筆者には、それらの事物が、古くから伝えられてきた徐福伝説を代々、静かに語ってきたように感じられる。これは、おそらく佐賀市における徐福伝説の伝承形式であろう。

佐賀市の徐福伝説は、江戸時代に定着し、民衆の間で広く知られていた。徐福の渡来人としての性格や、伝説に語られる各種の技術者の同行は、徐福伝説が佐賀市で根付くための土壌となった。江戸時代に、徐福は霊験あらたかな雨乞いの神として崇められ、民衆の信仰を集めていた。そのため、徐福は金立神社大権現として祀られた。地元の住民は情熱を注ぎ、五〇年に一回の例大祭を執り行う。佐賀市に伝わる徐福伝説は、口頭伝承として地元に定着し、民衆の信仰の奥底で深く信じられている。

徐福伝説は時代の移り変わりによって変化している。だが、人々の徐福信仰は口碑の言い伝えの中から生まれ、地元の人々の生活と融合している。そのため、徐福伝説にちなんだ民俗文化は、地元でさまざまな形式をとって展開している。人々は心の奥底に徐福信仰を持っているからこそ、それに関する民俗文化を受け入れたのだと推測される。伝説はロマンを呼び起こす。ロマンと捉えているからこそ、佐賀市では、古い時代から徐福を祀るさまざまな行事が中断せずに行われているのであろう。

注

（1）筆者は佐賀市内の図書館で、『金立山物語』を探してみたものの、見つからなかったため、佐賀市徐福長寿館の担当者に連絡し、当該書の有無を確認して頂いたが、残念なことに見つけることはできなかった。当該書があるかどうかは確認できないが、数人の研究者が引用していることから、その記述の存在は明らかである。しかし、当該書が現存するかどうかは未だに不明な状態である。研究者らの論文や書籍などに『金立山物語』が引用されていることは、少なくともそのときに、当該書があったか、あるいは彼らがこの物語を見たこと、聞いたことがあったと推測できる。

（2）原文のまま引用し、筆者が句読点と括弧内の内容を付した。
（3）二〇一七年六月二三日、諸富町での、澤野隆氏からの聞き取り調査による。
（4）筆者は実地調査の際に、万福寺所蔵の「寺井由来」の有無とその内容を確認できなかった。本書は坂田力三の「金立神社二千二百年大祭余録」［坂田　一九八〇］の記述を参照した。
（5）筆者が佐賀市で実地調査を行ったのは二〇一八年二月という冬の時期であったため、緑色の葦の写真は撮れなかった。本章に載せた緑色の葦の写真（写真5―3）は徐福長寿館の職員である東島邦博氏より提供して頂いたものである。
（6）二〇一八年二月一日、金立神社下宮での、水間祥郎氏からの聞き取り調査による。
（7）原文のまま引用した。引用文は「玄蔵」と書いているが、源蔵と同じ人物である。
（8）二〇一八年二月五日、諸富町東搦公民館での、大串達郎氏からの聞き取り調査による。
（9）原文のまま引用したが、句読点は読みやすいように適宜、筆者が付した。
（10）鍋島直堯が古湯村湯場に立ち寄った記録は［富士町史編さん委員会　二〇〇〇a：四〇一、四〇七］による。
（11）英龍泉に関する記述は［富士町史編さん委員会　二〇〇〇b：六二五］による。
（12）『存置社寺調査』明治二三年六月八日の記録は、［富士町史編さん委員会　二〇〇〇b：三七六］による。
（13）原文のまま引用したが、句読点、振り仮名、西暦は筆者が適宜付した。
（14）昭和五五年（一九八〇）の例大祭の内容については［坂田　一九八〇］、その他の資料による。
（15）「さがの歴史・文化お宝帳」（佐賀市地域文化財データベースサイト）による。
（16）徐福長寿館内の施設については、『佐賀市徐福長寿館展示ガイド』案内書（佐賀県徐福会作成）を参照した。
（17）佐賀市と連雲港市と姉妹・友好都市を締結する経緯は、佐賀市国際交流協会ホームページを参照した。
（18）村岡屋ホームページを参照した。
（19）二〇一八年二月二日、徳永飴屋での聞き取り調査による。

終章

本書では、徐福に関する文献資料を整理し、実地調査と併せて日本の徐福伝説の発生・伝播・変化・伝承などに関し、多角的に考察を加えた。日本全国の徐福伝承地を全て考察することは不可能である。そこで、本書では、伝承地として代表的な青森県中泊町・和歌山県新宮市・佐賀県佐賀市を事例として取り上げた。徐福伝説が各伝承地で、地元の人々に受け入れられる理由や背景を検討した。また、徐福に関する祭祀活動や派生した民俗文化などに対する考察を行い、現在の徐福伝説の伝承形式を解明した。

日本の徐福伝説は長い歴史を持っている。伝説はその歴史の中で、発生・伝播・変化などの過程をたどる。現在、徐福伝説の伝承は、人々の心意の記録として解読されることが重要であると考えられている。それは柳田國男の民俗学で重視されている庶民の生活、庶民の立場での伝承そのものの形式である。だが、これらの伝承は、伝承者がなくなるに従い、伝承の中断という危機に瀕している。このような状況も、本書が徐福伝説の現在の伝承に重心を置いて研究する理由となっている。次に、「日本の徐福伝説」・「徐福伝承地の特徴」・「徐福伝説の時代における特徴」・「徐福伝説の現代的役割」という四つの側面から本書の結論を概括する。最後に、本書に残された課題を提示する。

一　日本における徐福伝説の形成

日本の徐福伝説は古い時代からあり、時代の移り変わりに伴い、さまざまな変化を起こしてきた。本節では、伝説の発生・伝播・変化・伝承という四つの視点から、日本の徐福伝説の実態とその形成過程を明らかにする。

1　伝説の発生

日本の徐福伝説は、徐福東渡という歴史上の事件から生み出された伝説である。この伝説は、中国の『史記』を代表とする歴史書や徐福東渡を詠んだ唐詩宋詞などが日本に伝来したことによって発展していった。また、日本で発生した徐福伝説は、真言宗の僧侶寛輔が提唱したものである。その伝説が中国に逆輸入され、中国で広く伝えられた。つまり、日本に渡来したという徐福伝説は、中日の頻繁な交流による結果もたらされたものである。中国の北宋前後になると、徐福が日本に東渡したということは、一般的に受け入れられている。鎌倉時代に入ると、日本では徐福伝説の伝承地や徐福祠などの記念物が出現し、徐福伝説が一層流行した。

2　伝説の伝播

日本各地に分布する徐福伝説の伝承地の分布には二つの特徴がある。(1)日本列島沿海に散在している。(2)山岳信仰の強い社寺と関わりが深い。第二章第三節で、日本各地の徐福伝説の伝承地を図2―3に示した。その地図から、日本の徐福伝説伝承地は主に黒潮と対馬海流に洗われる海岸と島々に分布していることが分かる。古来、中国大陸と朝鮮の人々が、海を乗り越え、黒潮と対馬海流に乗って日本に漂着することは稀なことではなかった。これらの異国民の漂着地は、古くから先進文明の門戸であり、外国の最新情報を受け入れる要所である。徐福伝説が渡来人の漂着が頻発する沿岸地域に分布していることは、徐福一行が膨大な人数と船団を抱えていたことと深い関連がある。さらに、日本の入華僧（使者・商人ら）や中国の渡来人などが、徐福伝説をもたらした可能性が高いと言える。このように、渡来人や外来情報は海辺の町に最初に伝来するのである。このことが、渡来人と関わる徐福伝説が海辺の町に多く存在する要因の一つになったと考えられる。

徐福伝説のもう一つの特徴は山岳信仰の霊山の周辺に集中していることである。徐福の日本渡来説を最初に提唱したのは、真言宗の僧侶寛輔である。彼は日本の富士山を蓬莱山と定め、徐福とそれらの子孫が秦氏として富士山麓に定住しているとした。日本の徐福伝承は修験道から出たものと言える。これは山岳を修験の場とする修験道と深い関係を持っているからである。徐福伝説とその伝説が内包する神仙思想は、日本の熊野信仰などと融合したものである。それを、修験者が持ち歩いて全国に伝播したと見られる。小泊村の尾崎神社の徐福伝承は尾崎一族により紀州和歌山から伝えている。そのことは、徐福伝説と修験者との関係を示す代表的な事例の一つだと考えられる。

3　伝説の変化

徐福の日本渡来説が一〇世紀に提唱されて以降、日本や中国、朝鮮での徐福伝説は徐々に変化していった。一三世紀になると、徐福らが定住した場所は、富士山から紀伊熊野となった。現在、山梨県富士吉田市と和歌山県新宮市の二つの地域に徐福墓がある。徐福終焉の地という伝承は両地域で定着している。それ以降、日本の徐福伝説は外来文化の影響や、修験者の活動により伝播し、全国に展開していった。徐福渡来の伝説だけでなく、その伝説を証明するとされる事物も各地域に存在している。各地の徐福伝説は、地元の事物と結びついて当該地域に特有な伝説であるという形をとる。こうして徐福が上陸してからの物語は、各地でさまざまな形式で展開することになった。

江戸時代に入り、徐福伝説を記録する図書が多く編纂された。徐福伝説は一般庶民に熟知され、熱心に語り継がれるようになった。『菅江真澄遊覧記』の記述から、当時の徐福伝説が流行していた様子がうかがえる。さらに、朝鮮通信使と日本文人との筆談文献を見ると、徐福を話題とした論争が多いということも分かる。従来、徐福伝説にまつわる論争は、渡海先の所在に関するものであった。だが、日本と朝鮮の知識人の関心は、徐福の渡海先から、徐福が持っていた逸書へと移って行った。当時の徐福伝説は、文化の面において外交のキーワードとして利用されていたのである。このような政治的状況の中で、江戸時代の徐福伝説は先進文明の証しという役割を果たしていた。

4　伝説の伝承

日本の徐福伝説の伝承地は二〇数か所にのぼる。各地域ではそれぞれの形式で、徐福伝説を守っている。伝承地には徐福研究会が設立されている場所もある。会のメンバーたちは徐福伝説を語り伝える取り組みだけでなく、徐福伝説の研究にも努力している。日本の徐福伝説の伝承は、各地域の人々によって語り継がれているが、徐福研究会の活動は、そうした伝承の手助けにもなっている。次に、江戸時代以降、各地域の徐福伝説を伝承する方法に関し、以下の四つの側面から各伝承地における徐福の伝承活動の展開を整理してみた。

1　図書編纂の隆盛

江戸時代に入ると、徐福伝説を記録する図書が各地で現れ、その地域の徐福伝説が記されるようになった。『熊野年代記』・『本朝通紀』・『紀伊続風土記』などの図書は、紀伊熊野の徐福伝説を記録している。また、『新宮本社末社図』・『西国三十三所名所図会』には、江戸期の和歌山県新宮市の徐福墓と徐福が上陸する様子が描かれている。『肥前古跡縁起』・『太宰管内志』・『歴代鎮西要略』などの図書は、佐賀の徐福伝説を記録している。さらに、正保五年（一六四八）に描かれたと言われている金立神社所有の絹本淡彩「金立神社縁起図」（別名「徐福渡海縁起図」）には、徐福を主祭神として祀る金立神社の縁起が描かれている。徐福一行が有明海から上陸し、浮盃・寺井・千布などの地域を経由して、後に金立山で仙薬を探したという伝説は、金立神社の縁起に取り込まれた。それは「金立神社縁起図」に鮮麗に描かれている。

江戸後期、菅江真澄は寛政八年（一七九六）に津軽半島を巡歴した際、青森県旧小泊村に一泊した。『菅江真澄遊覧記』は小泊村の徐福伝説を最初に記録した書物である。それ以前、当該地域では徐福らが権現崎に漂着したという伝説は口々相伝によって民間で語り継がれていた。昭和の時代に編纂された『北津軽郡神社誌』には、徐福が権現崎に漂着したことが尾崎神社の縁起として記録されている。さらに、近年に出版された『小泊村史』は、徐福と尾崎神社との関係を解き明かしている。この地の徐福伝説にかなりの紙幅を割き、徐福伝説のあり方とそれに関する民俗文化を説明している。

以上のように、江戸時代の徐福渡来伝説は貴族や知識人だけが関心を持つ伝説ではなく、地元の人々も注目する伝説となった。こうして広く人口に膾炙していった。知識人は民衆の関心に答えるため、あるいは、当時の為政者の命などにより、徐福伝説に関するさまざまな図書を編纂した。この時代に徐福伝説関係の図書の編纂は隆盛を極めた。

2　記念事物の建立

日本において徐福に関連する記念事物を建立することは、徐福伝説を伝承する一つの形式だと考えられる。これらの記念事物の中には、江戸時代の新宮市と富士吉田市の徐福墓のような古い遺跡もあれば、また近年に建立された徐福像のような記念物もある。筆者の調査によると、日本の徐福墓と徐福祠がある伝承地は、秋田県男鹿市門前町・富士吉田市小明見・山梨県富士吉田市福源寺・三重県波田須町丸山・和歌山県新宮市徐福公園・和歌山県新宮市阿須賀神社の六か所である。それに対し、徐福像がある伝承地は、北海道富良野市（一基）・青森県中泊町（二基）・山梨県富士吉田市小明見（一基）・和歌山県新宮市（一基）・岡山県倉敷市（一基）・宮崎県延岡市（一基）・福岡県八女市（一基）・佐賀県佐賀市（六基）・鹿児島県いちき串木野市（二基）の九か所であり、合計一六基の徐福像がある。

各伝承地では、政府の支援と徐福研究会の助力で、徐福伝説に関連する徐福像やその他の記念物が次々と建立されている。徐福の記念事物の近くには、その地域の徐福伝説や記念事物の建立などの歴史を説明する案内板が設置されている。このように、日本全国の徐福伝説は、民間の徐福に関心を持つ有志からなる徐福会や政府の支援を得て、その情報を世界に発信している。これらの記念事物によって、地元の人々は古くから語り伝えられてきた徐福伝説に親しむことになる。また、この地を観光で訪れた人々はこの記念物を見て徐福伝説を知るのである。

3　祭祀活動の開催

日本の徐福伝説の伝承地では、徐福らの遺徳をしのぶ祭祀活動を開催する所が多くある。古くから伝承されてきた祭祀活動がある一方、徐福伝説の長い年月の蓄積によって近年になって発展してきたものも多くある。徐福伝説で語られることの一つに、徐福らが持ってきた先進文明がある。そのため、各地域では先進文明をもたらした徐福に感謝の気持ちを込めて祭祀活動を行うことが多くある。また、ある地域では徐福を神として祭っている。このような地域での祭祀活動は信仰の一環として考えられる。本書では「中泊徐福まつり」・「熊野徐福万燈祭」・「金立神社例大祭」という三つの祭りの構造を検討した。

日本では、この三つの伝承地の他に、徐福と関連する祭祀活動を開催する伝承地が二つある。一つは福岡県八女市の「童男山ふすべ」という祭りである。八女市の徐福伝説は、江戸時代初期の『北筑雑藁』・『筑後地鑑』などに見られる。地元では、童男山古墳の石棺は、徐福や童男童女が乗ってきた船が石化したものだと語られている。祭りの舞台は六世紀後半ころに造られた童男山古墳で、この祭りは一九四八年から開催されている。毎年一月二〇日に八女市立川崎小学校の小学生が火を起こして煙をくすぶらせる祭りである。もう一つは、鹿児島県いちき串木野市の「徐福花冠祭」という祭りである。この地の徐福伝説は、江戸後期に薩摩藩によって編纂された『三国名勝図絵』に記録されている。ここでは、徐福は稲作や五穀などを伝えた大恩人として伝承されている。地元の伝説によると、徐福は荘厳な霊峰（冠嶽）に至り、ここで封禅の儀を行い、己の冠を山頂に奉納したので、以来この山を冠嶽と呼ぶようになったとされる。この伝説を踏まえ、「徐福花冠祭」が二〇〇二年から開催されている。毎年四月中旬に、冠嶽展望公園で徐福（石像）に花の冠を捧げる感謝の祭りを行っている。

4　民俗文化の創造

日本の徐福伝承の形式の重要な一つに、徐福伝説に関する民俗文化の創造という形式がある。例えば、徐福の渡来伝説を基に、「徐福音頭」や「徐福夢男」などの歌曲が創作されている。また、これらの作品が日本舞踊と結びつき新たな踊りが生まれた。これは小泊婦人会と下前婦人会によって踊られるもので、「中泊徐福まつり」で上演されるのが恒例となっている。

また、各地域では地元の徐福伝説を踏まえ、さまざまな徐福の関連商品が創作されている。徐福伝説には不老長寿の仙薬を探すというパターンがある。そのため、各地域に徐福が見つけたという仙薬が作られた。これらの薬草を原材料にするお茶・入浴剤・お酒・お菓子なども多くある。徐福と関わりがある商品の開発・創作は、徐福伝説伝承地で共通して行われている。このように、町おこし・村おこしのために徐福伝説は利用されるのである。

二　徐福伝承地の特徴

本書では、青森県中泊町・和歌山県新宮市・佐賀県佐賀市を調査地として選定し、各地域の徐福伝説・徐福の祭祀活動・徐福関連の民俗文化を文献資料と実地調査を通して考察を行った。次に、この三つの伝承地における徐福伝説の特徴を整理し、それぞれの地域における徐福の位置づけを検討する。そして徐福伝説に関する祭祀活動の開催と民俗文化の創造の分析から、徐福伝説の伝承方法とその現代的活用を明らかにする。

青森県中泊町小泊村の徐福伝説が文献記録に記載されたのは、江戸時代後期のことである。一方、平安時代であるという説もある。徐福は農業や漁撈などの先進的な技術を地元の住民に伝えたと言われている。そのため、徐福はこの地の恩人と見なされている。また「航海安全の神」として尾崎神社で祀られている。二〇一三年、徐福来町二二二二周年を記念して、地元の徐福伝説を取り上げた「中泊徐福まつり」が開催された。毎年八月二七日前後に、徐福の里公園で開催されている。この祭りは、町おこしと地元の徐福伝説を伝承する目的で創造された行事である。参加者は、毎年約三〇〇人（高齢者・婦人達・一六歳以下の子供を中心）と小規模な行事である。この祭りは、古くから伝えられてきた徐福伝説を地元の住民が語り継ぐもので、特に若者にこの伝説を知ってもらうことを目的としている。徐福伝説を広報する祭りの場で、地元の郷土伝統芸能が上演される。これらの郷土芸能は徐福の石像を中心に整備された臨時舞台で行われている。このように徐福伝説は地元の伝統芸能や住民生活と融合しながら、生き生きとした形で伝承されている。

和歌山県新宮市の徐福伝説は、日本全国の徐福伝説の伝承地の中でも最古の歴史を持っている。鎌倉時代の無学祖元が詠んだ徐福祠の漢詩をはじめ、熊野の徐福伝説は中・韓・日の数百年の交流の中で多く取り上げられている話題である。徐福は新宮に渡来し、この地の人々に医薬・捕鯨・製紙・製陶などの先進的な技術を伝授した人物として地元の人々から崇められている。昭和期には、徐福は「医薬の神」として、広く信じられていた。現在、新宮市に徐福を尊敬し、定期的に徐福墓を掃除し、香花を奉納する敬虔な信者がいる。徐福はこの地に技術を伝えてきた恩人であり、同時に先祖としても祀られている。一九六三年から行われている徐福祭花火大会は、一九八九年に熊野徐福万燈祭と改称された。それ以降、祭りは毎年お盆の時期の八月一二・一三日に開催されている。徐福の御霊と初精霊の御霊を慰めるために、新宮仏教会が奉仕する合同慰霊祭が取り込まれた。また、この祭りの一環としての花火大会には、新宮市民や帰省した人々、さらに近隣からの観光客など約五万が参加する。この花火大会の目的は地元の徐福伝説を広報するというだけではなく、観光客を誘致することに重点があると見られる。新宮市では、徐福伝説が観光と交流の文化要素として活用されていることが分かる。

佐賀県佐賀市の徐福伝説が文献に記録されたのは、江戸時代に入ってからのことである。地元に現存する資料や民間口碑によると、江戸時代には徐福伝説が地元で流行していたと考えられる。佐賀の伝説で、徐福は農耕・医薬・養蚕・織物などの技術を住民たちに伝えたとされ、「金立大権現」として古くから祀られている。正保五年（一六四八）に描かれた金立神社所有の絹本淡彩「金立神社縁起図」には、金立大権現としての徐福の渡来ルートが描かれている。この信仰は古くから地元の住民の心に根付いていた。そのため、徐福は「農耕の神」、「雨乞いの神」として、地元であつく信じられている。金立神社例大祭は古くからの徐福信仰を喚起させ、地元の人々の先祖に対する記憶（伝承）を刻み付ける。例大祭は五〇年ごとに開催される。金立神社の神官・氏子・信者をはじめ、この地の住民が積極的に参加する。一九八〇年の例大祭は、四月一七～一九日に行われた。神幸行列の参列者は三〇〇名、見学と観光を目的に国内外から来た人々は約一万人に達した。参列者にとって、五〇年に一回の例大祭は神聖なもので、金立大権現に感謝する行事である。また見学者と観光客にとっては、例大祭は人生に一回しか見ることができない行事で、貴重な体験と思われる。金立神社例大祭は従来の祭礼の仕来りを伝承し、住民はあつい信仰心を持っている。そうしてこの祭りの行列は華やかに展開されていく。

また、この三地域の徐福に関連する事物の建造と民俗文化の創造に注目すると、それぞれの特徴がみられる。青森県中泊町では、地域振興と地元の人々の生活を豊潤にする目的で、徐福に関連する薬草などを商品化している。和歌山県新宮市は、日本最古の伝承地であるという誇りを持っている。そして徐福を観光の文化資源として利用し、観光と外交の面に活用している。一方、佐賀県佐賀市は、往古から伝えてきた徐福伝説を守るという目的が強く見られる。徐福伝説に関連する民俗文化は、自然な形で人々の間に浸透しているのである。三つの地域にある徐福をしのぶ祭祀活動の目的と役割を考察すると、園田稔の「祭りの現象学」という観点に符合する。つまり、徐福を祀ることを契機として、地元の人々が群れ集まる。祭りとは、それに参加することによって、「互いに快い興奮と開放感とを味わい合うことのできる」〔園田　一九九〇：四九〕ものである。

さらに、伝承地の地域間相互の関連について、二つの面から分析することができる。（1）伝説の伝播による関連。和歌山県の熊野信仰の伝播に伴い、熊野地域で流行していた徐福伝説が修験者によって青森県中泊町小泊村の尾崎神社に伝えられている。つまり、修験者の力によって、徐福伝説は小泊の地に根を下ろしたと推測される。徐福が尾崎山で見出した仙薬は、滋養強壮の薬効がある。こうした薬草は山岳で修業する行者が好んで食べていたものである。このことは修験者の運搬によって徐福伝説が尾崎山の周辺で定着したことを裏付けている。（2）現代の交流による関連。日本における徐福伝説が中国と韓国の徐福伝説と異なるのは、日本が徐福一行の目的地であったことにある。そのため、日本各地の徐福伝承地は徐福一行の上陸地・通過地・定住地などと位置付けられている。現在、徐福伝説は伝承地間の共通する話題として、交流を盛んにさせ、地域間の絆となっている。特に、二〇一六年に日本徐福協会が設立されて以降、日本全国の各徐福研究団体の連携が深められた。また中・韓・日の徐福文化の発展、および世界遺産登録を目指す目的で、各団体の活動が推進されている。

徐福伝説が和歌山県・青森県・佐賀県それぞれに定着する理由には、各々の原因と背景がある。和歌山県の徐福伝説は、熊野信仰と強い関連を持っている。その信仰が、徐福伝説に内包される神仙思想と一緒になり、和歌山に定着したと考えられる。青森県の徐福伝説は、熊野信仰を持つ修験者の伝播により熊野信仰と共に尾崎神社に伝来されたと推測される。佐賀県の徐福伝説は、徐福伝説の渡来人の性格や各種の技術者の同行がその背景にある。そのようなことが徐福伝説が根付く土壌となった。徐福は霊験がある雨乞いの神として崇められ、その伝説によってより定着したと思われる。

三　徐福伝説の時代における特徴

日本の徐福伝説の発生・伝播・変化・伝承形態の変化に関しては、徐福伝説がその時代の要請に応じて生じたものであると言えよう。本節では、東アジアを代表する中国・韓国・日本における徐福伝説の各時代の特徴とその時代背景を検討する。この特徴は、二〇〇〇年以上の歴史を持つ徐福伝説が三国の人々に注目され、現在でも語り継がれている源泉だと考えられる。

1　伝説の発生に見る中国古代の神仙思想

徐福伝説の成立に不可欠な時代背景は、秦の始皇帝またはその時代における神仙思想への執着という社会環境である。秦の始皇帝は長い群雄割拠の時代を終わらせ、全国の統一を成し遂げた。始皇帝は、土地と人民を征服するという目標を達成した。だが次の願いであった不老登仙という願望がなかなか叶わず、不満を募らせていた。秦の始皇帝は、始皇帝としての権威を長く持ち続けるため、五回の巡遊を行っている。そのうち三回は斉の地であった。斉は山東半島の北部沿岸地域にある。古くから不老不死の薬を探す風習があり、神仙思想が広く浸透している地域であった。秦の始皇帝は斉・燕の地から多くの方士を呼びつけ、不老長寿の仙薬を探すように命じた。徐福はその一人であり、始皇帝に一番信頼された方士でもある。これは徐福を仙薬探しに随行させた人数やかかった費用などから、ある程度推測することができる。

歴史上では、秦の始皇帝の命を受けた徐福は、三〇〇〇人の童男童女と五穀の種と百工などを携え、東海にある三神山を目指して出航したとされる。徐福伝説はこの徐福東渡の事件に基づいて作り上げたものである。後世に神秘化され、誇張化されていった。徐福伝説の源をさかのぼっていくと、伝説の奥底には、秦の始皇帝の時代、熱狂的に流行した神仙思想が潜んでいる。

2　日本渡来説に見る日本中古の中国崇拝

徐福東渡という歴史上の事件から派生した徐福伝説は、古くから中国の文人の推測が重ねられて発展してきたものである。当初、徐福の目的地（渡海地）については統一された場所はなかった。徐福の日本渡来説は、一〇世紀日本真言宗の僧侶寛輔によって提唱され、その後東アジアに広がっていった。

寛輔は徐福たちが富士山麓に定住したとする説を唱えた。ただし、この説は徐福東渡という事件から千年後の一〇世紀に初めて唱えられたものである。つまり、その説は徐福らが日本の富士山にたどりついたという歴史の真実を追求するものではなく、その裏に隠されている中国崇拝という心理を表したものである。徐福の日本渡来説は、時代の要請に合わせて作られたものである。日本で広がり、その後、中国に逆輸入されたものと推測される。

日本では七世紀の初めから九世紀の遣隋使・遣唐使、ならびに留学生などが中国大陸との間を往復した。派遣された使節は、中国大陸の先進的な技術や文化や政治制度などを学習している。このような仏教の経典などの収集を目的とした交流は約三〇〇年続いた。徐福の日本渡来説が提唱されたのは、遣唐使の派遣が停止された以降の話である。約三〇〇年の中日の交流を通して、中国の知識人たちが論じていた徐福東渡のことが、日本に伝わったのである。日本の富士山の徐福伝承は当時、頻繁に行われた中日交流の結果であろう。

また、この説の奥底には、日本人の中国崇拝の気持ちがうかがえる。徐福東渡の目的地を日本の富士山とすることで、中国の皇帝をはじめ、貴族や知識人の関心を引こうとしたのである。徐福の渡海先が富士山であれば、中国と親しくすることができると考えた。さらに、日本の東アジアにおける地位も向上する。この伝説は、当時の日本人の中国を崇拝する心理の一つの表れであった。つまり、当時の社会の要請に応じて創作されたものである。

3　中日の漢詩に見る日本中世の文芸状況

徐福が日本に東渡したことは、中国の北宋前後（平安時代後期）に一般的に受け入れられている。その後の中日の知識人が詠んだ漢詩には、徐福と日本とを結びつけた詩が多く見られるようになる。当時、中日の知識人が創作した漢詩は日本中世の文芸の状況を示している。

遣隋使と遣唐使の約三〇〇年の入華学習によって、日本の文化は平安時代後期に外来の中国文化を受容し、日本特有の「国風文化」を形成した。さらに、鎌倉時代に入ると、以前の正式な使者の代わりに、僧侶の入華人数が増えた。また宋日貿易という形で中日の交流は続いた。『日本刀歌』という詩は、徐福の日本渡来伝説に言及し、中国・韓国・日本で激しい論争を引き起した。この漢詩は、元々精巧な日本刀を称賛するものである。その日本刀は当時宋日貿易によって、商人が日本から輸入してきたものである。『日本刀歌』は精緻な日本刀を下地として展開している一方、徐福が焚書坑儒以前の書物を日本に持っていったという話も取り上げている。これによって、中国文化の一部の損失をもたらしたという側面を嘆いた。

日本は当時、国風文化が大きく発展していた。自国の特色が見える文化は平安時代から発展し、鎌倉時代に至ると、さまざまな分野でその成果が示された。当時の徐福に関連する漢詩には、日本の徐福伝説を詠む漢詩がある。同時に、日本の文芸の状況を示しているものも少なくない。

4　日朝の筆戦に見る日本近世の文化争古

本書の第一章第二節の「逸書にまつわる筆戦」の部分において、江戸時代に朝鮮通信使と日本の知識人が、文化の歴史の古さを競う（争古）筆戦をしていたという文献記録を整理し、考察を加えた。東アジアの交流が頻繁になると、徐福伝説は中国・朝鮮・日本の三国の使者や文人らの交流の話題となった。そうしてこの伝説は、さらに各地に広まっていった。江戸時代、日本文人と朝鮮通信使との筆談資料に、徐福にまつわる内容が数多く残されている。筆談は、中国語の「此時無声勝有声」（此の時、声無きは声有るに勝る）に言われているように、まさに声無きものである。ただし、声ある会話より臨場感と緊張感に富む雰囲気が感じられる。

江戸時代に書かれた朝鮮通信使と日本の文人との筆談資料には、徐福が持ってきた逸書という話題に関する論争がよく出て来る。朝鮮通信使は、『日本刀歌』の「逸書が日本に存する」ことを切り口として、逸書の有無を日本の筆談相手に尋ねた。それに対し、日本の文人らは、徐福が持ってきた尚書百篇は確かにあるが、秘蔵されて閲覧することができないと述べている。筆談だからこそ、臨場感に溢れる文献が残ったのである。これは日本近世における日朝の激しい筆戦の様子を示している。

5　各地の伝承に見る日本現代の友好交流

現在、日本各地の徐福伝説の現状を見ると、徐福は友好の使者として各地域で利用され、その情報が中国・韓国に向けて発信されていることが分かる。中日国交正常化と日韓国交正常化以降、日本は中国と韓国との両国の人々の相互の理解と友好の推進に努めてきた。そのため、姉妹都市を締結して、中国と韓国との結びつきを強めている。佐賀県佐賀市は、一九九八年一一月二七日に中国江蘇省連雲港市と姉妹都市の提携を結んだ。福岡県八女市は二〇一二年五月三日、韓国慶尚南道巨済市と姉妹都市の提携を結んでいる。この四つの都市は、いずれも徐福伝説の伝承地である。同じ伝承の存在が、姉妹都市提携の動機となり、現代の友好交流を促進するツールともなっている。

現在、活動を行っている徐福研究会と組織は、中国では二二団体（香港一・台湾一を含む）、と韓国では七団体、日本では一八団体ある。これらの研究会と組織は、いずれも各国の友好協会と政府の支援を得ている。活動としては三国の親睦活動や徐福研究の国際フォーラムなどの定期的開催である。徐福は中・韓・日友好のシンボルとなり、地域間の交流を活発にする役割を担っている。日本の徐福伝説の伝承地では、徐福伝説を地元の文化要素として世に発信し、徐福をキーワードにする観光活動も積極的に取り組んでいる。

以上の五つの視点から、徐福伝説の時代における特徴を検討した。徐福伝説が持っている固有の特徴は、各時代・各地域の要求に応じて自在に変化できるということである。こうした特性を生かして、各地域における徐福伝説は、民衆の日常生活に密着し、地元の風土と融合してきた。この伝説は、自身の持つ不思議な力を発揮しながら、各地域で自由に利用されているのである。現在の徐福伝説は中国・韓国・日本の間で三国交流のキーワードとして使われている。これは現在の平和という社会環境にふさわしいテーマであり、この三国の人々の理解と友情を深めるために役立っている。共通の話題としての徐福伝説は二一世紀の現在、政治・文化・観光などの分野に活用され、大いに取り上げられている。

四　徐福伝説の現代的役割

徐福伝説はその発生から二〇〇〇年以上の歴史の波に洗われてきた。二〇〇〇年来、徐福伝説は時代と地域の要請に応じて変化している。この柔軟な特徴を持っているということが、徐福伝説が現在でも生命力を保っている理由であろう。歴史と伝説という二重性を持つ徐福伝説の現代的役割は、四つの面から解読できる。

（1）地域の人たちのアイデンティティーを示す役割。つまり、自分たちが共通で同一性を有しているという認識を持つための徐福伝説。伝説はこの地域の祖先の記憶が基礎となる。現在に伝わる伝説は、ある地域の過去にあった事件、あるいはその事件に対する記憶を固定するものである。

（2）人々の祈願を満たす役割。つまり、人々の信仰の補助としての徐福伝説。伝説の中には元々地域の民間信仰に基づいて成立したものもある。特に、和歌山県新宮市と佐賀県佐賀市では、徐福は住民の祈願をよく成就するとされ、数多くの信者を集めている。

（3）観光資源としての役割。つまり、町おこし・村おこしとして利用される徐福伝説。現在徐福伝説は各地域で、観光の面に活用され、地域振興の推進の一助となっている。また、徐福伝説を基に創作された商品は、地元の住民の生活を豊かにする。それだけでなく、観光客が地元の伝統風土を理解するための新たな方法にもなっている。

（4）異文化を理解する役割。つまり、国の壁を乗り越え、国際的な視点で見る徐福伝説。徐福伝説は中国・韓国・

日本の三国にまたがる伝説である。共通する徐福伝説は、伝承地の間の国際交流を深める。このように、三国の伝承者の心の動きを読み取れるばかりか、異文化理解に新たな見方を提示している。

以上の四つの役割を持っているからこそ、徐福伝説は二〇〇〇年にわたった現在でも伝承されているのである。現代の徐福伝説は、中国・韓国・日本の各徐福伝承地で活用され、地域間の絆を深めている。そして地域社会の活性化をも促している。

五　今後の課題

本書は、日本における徐福伝説のあり方を検討し、そこから派生した民俗文化を考察したものである。しかし、深く研究することができなかった点も幾つかある。その中で、重要な課題を以下に述べていく。

(1) 中国と韓国における徐福伝説に関しては、第二章で述べたが、詳細な考察を行うことができなかった。いずれ、中国と韓国の徐福伝説の伝承地を訪れ、地域ごとの実地調査を行いたいと考えている。その調査を基に、それぞれの伝説が／どのような背景で発生したのか／その地域で自ら発生したのか／それとも外来文化の影響があったのか／あるいは時代の要請に応じたものなのか／などについて、これからの研究で解き明かしてみたい。

(2) 本書では、日本における徐福伝説の伝播について、黒潮と対馬海流に深い関連があると述べた。ただ、これらの海流が、伝説の伝播に与えた影響の具体的な内容を記述することはできなかった。また、沿岸に分布している深層原因についても本書では突き止めることができなかった。これを今後研究の課題としていきたい。
（3）日本における徐福伝説の伝播について、修験者が山岳で修験する際に、徐福伝説を共に伝えていたと述べた。だが、修験者は具体的にどのように徐福伝説を伝えたのかは、本書では論述を展開しなかった。日本の修験道は大別すると、当山派（真言宗系統）と本山派（天台宗系統）に分類される。しかし、大峯山・英彦山・熊野三山・出羽三山などの霊山を拠点にする修験もある。徐福伝説と熊野三山信仰との関係については、本書では少し触れたが、その他の修験信仰は検討できなかった。これは今後の研究で解かしていきたい。
（4）本書では、三つの調査地を選定したが、日本にある徐福伝説の伝承地は二〇か所以上ある。その他の伝承地の徐福伝説について、本書の第二章で一覧表を作成したが、実地調査を行えなかったため、詳細的な研究はできなかった。他の伝承地の徐福伝説は、本書で検討した三つの調査地と異なるところがあるのか／伝承地の地域間のつながりはあるのか／あるとすればそれはどのようなものなのか／などについてもこれからの課題としたい。

あとがき

本書は、二〇一九年に神奈川大学に提出した博士論文を基に、加筆・修正して出版したものです。本書を出版するにあたって、お世話になった多くの方々に、心より感謝を申し上げます。

指導教官の小熊誠先生は、二〇一六年、わたくしが博士後期課程に入学してから、研究の面だけでなく、生活の面でも温かく見守ってくれました。特に、博士論文を執筆した最後の数か月間、緊張で不安な日々に、先生からは貴重な意見をいただきました。さらに「生活にメリハリをつけることは大事なことだ」と励ましてもらいました。小熊先生のおかげで、体調を崩すことなく、博士論文を提出することができました。また、本書の出版についても、先生は熱心に出版社と連絡していただき、本当に助かりました。いくら感謝しても足りません。満腔の謝意を込めて、小熊先生にお礼を表させていただきます。

また、博士後期課程において、神奈川大学大学院歴史民俗資料学研究科の佐野賢治先生、安室知先生、前田禎彦先生から貴重なアドバイスをいただきました。さらに常光徹先生の講義を二年続けて受講し、先生からは、口頭文芸に関する知識を教えていただきました。同時に、投稿論文の修正や博士論文の構成にも貴重なアドバイスをもらいました。研究科の昆政明先生には、調査地の知り合いの方と連絡していただきました。そのおかげで、調査は順調に進みました。ゼミや講義でご指導をいただいた先生方のコメントは、本書の随所に織り込まれています。ご指導をくださった先生方に、改めて感謝の言葉を申し上げます。

さらに、中国の徐福伝承地で調査を行った際に、お世話になった地元の人々にも感謝を申し上げます。中国、江蘇省連雲港市でのフィールドワークの際には、中国徐福会副会長と連雲港市徐福研究所所長を務める張良群先生から貴重な資料や意見をいただきました。厚くお礼申し上げます。また、連雲港市贛榆区党史地方史の陳博林副主任、贛榆区徐福文化陳列館の銭強館長、山東省龍口市徐福研究会の曲玉維秘書長、浙江省慈溪市徐福研究会の畢徳祥会長などの方々に深い謝意を捧げます。

次に、日本各地の徐福研究会のメンバーの方々に感謝の言葉を申し上げます。神奈川徐福研究会と日本徐福研究協会会長を務める田島孝子会長をはじめ、日本全国の徐福情報を提供してくれた伊藤健二事務局長、お爺さんのように温かく接してくれた三田満氏、河野通廣氏、津越由康氏、貴重なアドバイスをくださった前田豊先生と写真を提供してくれた逵志保先生、池上正治先生など、本当にありがとうございました。また、和歌山県新宮徐福協会の山口泰郎代表理事、津越紀宏氏、須川康広氏、仲田拙雄氏と仲田恵子氏ご夫婦、佐賀県徐福会の大串達郎理事長、廣橋時則館長、水間祥郎氏、澤野隆氏、小泊の歴史を語る会の柳澤良知会長などの方々は、時間を惜しまず、調査案内や資料を提供してもらいました。感謝の意を込めてお礼を申し上げます。

三年半の日本での留学生活において、歴史民俗資料学研究科の皆様に大変お世話になりました。特に、博士論文の日本語を修正していただいた西田英明さん、いつも笑顔で応援してくれた小村純江さん、同じ研究室でお互いに激励しながら同期卒業した包周娜さん、面倒をみてくれた英萄さん、後輩の陳華澤さんとゼミ生の皆さんに心より感謝の意を表します。

本書の研究を順調に進めることができたのは、以下の機関と財団からのご支援があったからです。日本文部科学省から外国人留学生学習奨励費（二〇一六年度）、ロータリー米山記念奨学会からロータリー米山記念奨学金（二〇一七〜二〇一八年度）、神奈川大学日本常民文化研究所非文字資料研究センターから奨励研究費（二〇一七年度）をそれぞれいただきました。特に、著者が所属する横浜ロータリークラブのロータリアンの人たちは、家族のような雰囲気で応援してくれました。カウンターの河原功さんは、両親のように見守っていただき、例会後は、いつも駅まで送ってくれました。この場を借りて、河原さんの支えに深く感謝を申し上げます。また、歴代会長である加藤和之さん、小倉正さん、小此木歌藏さんをはじめ、ロータリアンの井上誠一さん、青井茂樹さん、梅村東さん、土屋敦彦さん、清水良夫さんなどの方々の応援により、ロータリー米山奨学生としての生活を充実して有意義に過ごすことができました。これらの奨学金と研究奨励費のおかげで、勉強と研究に専念でき、各地の実地調査も順調に行うことができました。ここに、以上の方々や奨学金の担当者に心から感謝を申し上げます。

そして、いつも無条件に応援してくれた夫の陳学垚さんと、人生の道でいつも私を理解し、支えてくれた両親に深く感謝を捧げます。

最後に、本書の上梓は、風響社の石井雅社長のお力添えをいただき、実現することができました。心より石井社長と編集スタッフの古口順子氏のご尽力に謝意と敬意を表します。

華　雪梅

二〇二〇年二月二九日

中国・常州にて

参考文献

日本語文献（五十音順）

赤崎敏男
二〇〇五「八女の徐福伝説」『徐福さん――伝承地に見る徐福像と徐福伝説』五九―七〇頁、大阪：徐福友好塾。
暁　鐘成
二〇〇一『西国三十三所名所図会』京都：臨川書店。
朝日新聞社
一九八七「文様・海賦」『朝日新聞』八月二三日（東京版朝刊）記事。
二〇〇三「漢方薬で肺がん細胞抑制　天台烏薬、臨床試験へ」『朝日新聞』一〇月一九日（東京版朝刊）記事。
新井白石著／市島謙吉編輯・校訂
一九〇六『新井白石全集』第四、東京：吉川半七。
いき一郎
一九九六『徐福集団渡来と古代日本』東京：三一書房。
いき一郎編訳
一九八四『中国正史の古代日本記録』福岡：葦書房。
池上正治
二〇〇三「徐福と青森の小泊」『アジア遊学』五二号、四八―五一頁、東京：勉誠出版。
二〇〇七『徐福――日中韓をむすんだ「幻」のエリート集団』東京：原書房。

二〇一八「土佐の徐福伝承を探る」『土佐地域文化』（田園特集）一三号、一―一三頁、高知：朝倉精舎。
井澤蟠龍著／白石良夫校訂
一九八九『広益俗説弁』東京：平凡社。
伊藤亜人ほか監修
二〇一四『韓国朝鮮を知る事典』新版、東京：平凡社。
伊藤常足
一九八九『太宰管内志』下巻、東京：文献出版。
岩佐 正ほか校注
一九六五『神皇正統記 増鏡』（日本古典文学大系）八七、東京：岩波書店。
梅野光興
二〇〇〇「解釈の技法・記憶の技法――高知県大豊町の蛇淵伝説」小松和彦編『記憶する民俗社会』一九一―二三〇頁、京都：人文書院。
梅原 猛
一九九〇「徐福伝説の意味するもの」安志敏ほか著『徐福伝説を探る』九―三〇頁、東京：小学館。
一九九八「徐福伝説が意味するもの」内藤大典編『虹を見た』一八―二〇頁、福岡：海援社。
衛 挺生
一九七七『神武天皇＝徐福伝説の謎』東京：新人物往来社。
江上波夫ほか監修
一九八三『中国秦・兵馬俑』大阪：大阪二十一世紀協会。
王 金林
一九九二『邪馬台国と古代中国』東京：学生社。
汪 向栄
一九九〇「中国の徐福学」安志敏ほか著『徐福伝説を探る』二二一―二二九頁、東京：小学館。
王 麗萍
二〇〇二「入華僧寛輔に関する二三の史料」『アジア遊学』二二号、五〇―五七頁、東京：勉誠出版。
王 勇

二〇〇二「遣唐使廃止後の海外渡航の物証――道賢をめぐる人間関係を中心として」『アジア遊学』二二号、三六―四九頁、勉誠出版。

欧陽　修
二〇一五「日本刀歌」川合康三編訳『新編中国名詩選』（下）、二六九―二七三頁、東京：岩波書店（岩波文庫）。

大形　徹
二〇〇〇「始皇帝の不死幻想」『月刊しにか』一一巻二号、五四―五九頁、東京：大修館書店。

大串達郎
二〇〇五「佐賀と徐福――佐賀平野の徐福伝説」『徐福さん――伝承地に見る徐福像と徐福伝説』、七一―七五頁、大阪：徐福友好塾。

奥野利雄
二〇〇二『ロマンの人・徐福』、新宮：学研奥野図書出版。
二〇〇五「新宮の徐福さん」『徐福さん――伝承地に見る徐福像と徐福伝説』五二―五八頁、大阪：徐福友好塾。

小野芳彦
一九三四『熊野史――小野翁遺稿』新宮：和歌山県立新宮中学校同窓会。

学研パブリッシング
二〇一五『絶景ドライブ一〇〇選』東京：学研マーケティング。

角川日本地名大辞典編纂委員会
一九八五『角川日本地名大辞典三〇　和歌山県』東京：角川書店。

川島秀一
二〇〇三『漁撈伝承』東京：法政大学出版局。

上村観光
一九一九『禅林文芸史譚』東京：大鐙閣。

北島磯次
一九二九『九州行脚　第三巻　金立山めぐり』佐賀：佐賀堂文庫。

北津軽郡教育会
一九三七『北津軽郡神社誌』北津軽郡：北津軽郡教育会。

紀南新聞社
一九七九「喜んで受け取る　鄧副首相へ天台烏薬」『紀南新聞』二月九日記事。
一九九〇「徐福供養の盆踊り」『紀南新聞』九月四日記事。
許　玩鐘
二〇〇五「韓国の〈徐福伝説〉考」『口承文藝研究』二八号、八〇―九五頁、東京：日本口承文芸学会。
久野俊彦
二〇〇九『絵解きと縁起のフォークロア』東京：森話社。
熊野三山協議会
一九八九『熊野年代記』新宮：熊野三山協議会。
経済雑誌社
一八九七『国史大系　第四巻　日本三代実録』東京：経済雑誌社。
小島憲之ほか校注・訳
二〇〇六『日本書紀（1）』新編日本古典文学全集、東京：小学館。
小島美子ほか監修
二〇〇九『祭・芸能・行事大辞典　下』東京：朝倉書店。
小泊網おこしはやし保存会
二〇一八『小泊網おこしはやし保存会の足跡』中泊町（青森県）：小泊網おこしはやし保存会。
小泊村史編纂委員会
一九九八『小泊村史』下巻、小泊村（青森県）：小泊村。
五来　重
一九八〇『修験道入門』東京：角川書店。
一九八三「徐福伝説」『熊野市史』上巻、三五〇―三六四頁、熊野：熊野市。
近藤瓶城
一九七六『歴代鎮西要略』上巻、東京：文献出版。
雑賀貞次郎
一九一六「熊野の七つ塚」『郷土研究』三巻一〇号、五七頁、東京：郷土研究社。

佐賀県
一九二六『佐賀の栞』佐賀：佐賀県。
佐賀県神職会
一九二六『佐賀県神社誌要』佐賀：佐賀県神職会。
佐賀県立図書館
一九七四『佐賀県史料集成』古文書篇・第一五巻、佐賀：佐賀県立図書館。
二〇一四『佐賀県近世史料』第十編・第三巻、佐賀：佐賀県立図書館。
佐賀市
一九九四『太古のロマン――徐福伝説』佐賀：佐賀市。
佐賀市教育委員会
一九八三『金立・久保泉地区文化財要覧』佐賀：佐賀市教育委員会。
佐賀市文化財編集委員会
一九六二『佐賀市の文化財』佐賀：佐賀市教育委員会。
佐賀市立金立公民館
出版年不明『ロマンの里――金立地区の文化財』佐賀：佐賀市立金立公民館。
佐賀植物友の会
二〇〇七『佐賀の植物方言と民俗』佐賀：佐賀植物友の会。
佐賀新聞社
二〇〇八a「寺井の地名の由来に」（特集「徐福を歩く」）『佐賀新聞』六月二日記事。
二〇〇八b「妙薬〈フロフキ〉を授ける」（特集「徐福を歩く」）『佐賀新聞』七月二一日記事。
二〇一〇「新北神社のビャクシン」（特集「のこしたいさがの木」）『佐賀新聞』四月三〇日記事。
坂田力三
一九七八「徐福伝説とその周辺」『佐賀民俗学』二巻、一〇―二五頁、佐賀：佐賀民俗学会。
一九八〇「金立神社二千二百年大祭余録」『佐賀民俗学』四号、一〇五―一二五頁、佐賀：佐賀民俗学会。
笹本直衛
二〇〇五「八丈島と徐福」『徐福さん――伝承地に見る徐福像と徐福伝説』一九―二五頁、大阪：徐福友好塾。

佐藤　孝
一九八五　『英彦山の史跡と伝説』福岡：葦書房。
佐藤　信ほか編
二〇〇八　『詳説日本史研究』東京：山川出版社。
司馬　遷
一九二七　『史記』（第六）、巻一一八「淮南衡山列伝」塚本哲三編『漢文叢書　第一二』二四九―二九七頁、東京：有朋堂。
小学館
一九八五ａ　『日本大百科全書　三』東京：小学館。
一九八五ｂ　『日本大百科全書　五』東京：小学館。
一九八七ａ　『日本大百科全書　一六』東京：小学館。
一九八七ｂ　『日本大百科全書　一七』東京：小学館。
一九八八　『日本大百科全書　二〇』東京：小学館。
徐福キャンペーン事務局
一九八九　『ノート　弥生の使者徐福』福岡：西日本新聞社。
新宮市史史料編編さん委員会
一九八六　『新宮市史　年表』、新宮：新宮市。
新宮市史編さん委員会
一九七二　『新宮市史』新宮：新宮市役所。
新宮徐福協会
二〇一〇　『徐福』（詳細版）、未刊行文書、新宮：新宮徐福協会。
申叔舟著／田中健夫訳注
一九九一　『海東諸国紀』東京：岩波書店（岩波文庫）。
神道大系編纂会
一九八七　『神道大系　神社編四五』東京：精興社。
菅江真澄著／内田武志・宮本常一編訳
一九六七　『菅江真澄遊覧記　三』東京：平凡社。

一九六八　『菅江真澄遊覧記　五』東京：平凡社。
菅原富夫
二〇〇四　「徐福と静修熊野神社」『郷土をさぐる』二二巻、一五八―一六三頁、上富良野町：郷土をさぐる会。
絶海中津
一九七三　「蕉堅稿・御製賜和」『五山文学全集』二巻、一九二七頁、京都：同朋舎。
園田　稔
一九九〇　『祭りの現象学』東京：弘文堂。
谷川健一
二〇一一　『谷川健一全集　第十五巻　地名二　地名伝承を求めて――日本地名研究所の歩み』東京：冨山房インターナショナル。
田主丸町誌編集委員会
一九九六　『田主丸町誌　第一巻　川の記憶』福岡：田主丸町。
張　吉忠ほか
二〇〇三　「塩山は東渡した千童の故郷」『アジア遊学』五二号、八八―九一頁、東京：勉誠出版。
趙　泰億輯／大槻盤渓写
一八二二　『江關筆談』東京：早稲田大学図書館所蔵。
陳　寿
一九七二　『三国志』（二）（和刻本正史・影印本）、東京：古典研究会。
陳　舜臣
二〇一〇　『中国の歴史』（二）、東京：講談社（講談社文庫）。
塚原　熹
一九一〇　「濟州島に於ける秦の徐福の遺蹟考」『朝鮮』四巻六号、四〇―四一頁、朝鮮雑誌社。
逵　志保
一九九一　『徐福伝説考――「徐福渡来説」の謎を追う』東京：波乗社。
二〇〇四　『徐福論――いまを生きる伝説』、東京：新典社。
二〇一四　「熱田神宮と徐福伝説」愛知県立大学歴史文化の会編『大学的愛知ガイド――こだわりの歩き方』五六―五八頁、

京都：昭和堂。
東奥日報社
一九九八「漂着ごみ続々」『東奥日報』二月三日記事。
舎人親王ほか著
一八九七『国史大系　第一巻　日本書紀』東京：経済雑誌社。
鳥羽一郎
一九九四　CD『徐福夢男――虹のかけ橋』CRDN―一三二一、東京：日本クラウン株式会社。
内藤大典
二〇〇八『吉野ヶ里と徐福――佐賀平野で始まった弥生文化』福岡：西日本新聞社。
内藤大典ほか編
一九八九『弥生の使者徐福――稲作渡来と有明のみち』佐賀：東アジア文化交流振興協会。
仲田恵子
二〇一六「新宮の徐福」『日刊熊野新聞』八月一一日記事。
仲田　玄
一九七一「二回ある徐福祭」『紀南新聞』八月六日記事。
長野　覚
一九八六「日本の山岳交通路としての修験道の峰入り道に関する研究」『駒澤地理』二二号、一〇三―一二〇五頁、東京：駒澤大学文学部地理学教室。
中泊町合併記録誌編さん委員会編
二〇一六『中泊町合併記録誌』中泊町（青森県）：中泊町合併記録誌編さん委員会。
中泊町役場編
二〇一三『広報　なかどまり』一〇月号（通算一〇三号）、一―三頁、中泊：青森県北津軽郡中泊町。
ニーダム、ジョゼフ著／坂本賢三ほか訳
一九八三『中国の科学と文明　第一一巻　航海技術』東京：思索社。
日本古典文学大辞典編集委員会
一九八三『日本古典文学大辞典　第一巻』東京：岩波書店。

日本水産広報室
　一九八六『魚資料II　魚の生態・風俗誌等』東京：日本水産株式会社。
日本放送協会
　一九五〇『日本伝説名彙』東京：日本放送出版協会。
能勢幸雄ほか
　一九八九『魚の事典』東京：東京堂出版。
白　居易
　一九八九「新楽府五十首・其四」『白楽天全詩集 第一巻』二四五―二四七頁、東京：日本図書センター。
羽田武栄・広岡　純
　二〇〇〇『真説「徐福伝説」』東京：三五館。
八丈町教育委員会
　一九七三『八丈島誌』八丈島：八丈島誌編纂委員会。
服部亜由未
　二〇一一「大正・昭和初期の鰊漁業の衰退にともなう漁家経営の変容――北海道高島郡南家を事例に」『人文地理』六三巻四号、三〇三―三二三頁、京都：人文地理学会。
林　復斎
　一九一三『通航一覧』第三巻、東京：国書刊行会。
林　羅山著／京都史蹟会編
　一九一八a『羅山林先生文集』巻一、京都：平安考古学会。
　一九一八b『羅山林先生文集』巻二、京都：平安考古学会。
肥前史談会
　一九七三『肥前叢書』、熊本：青潮社。
福田アジオ
　二〇一六『歴史と日本民俗学　課題と方法』東京：吉川弘文館。
福永光司
　一九九〇「徐福と吉野ヶ里遺跡の墳丘墓」安志敏ほか著『徐福伝説を探る』一八九―二一九頁、東京：小学館。

富士町史編さん委員会
二〇〇〇a 『富士町史』上巻、富士町（佐賀県）：富士町教育委員会。
二〇〇〇b 『富士町史』下巻、富士町（佐賀県）：富士町教育委員会。
古家信平
二〇〇一 「口承と書承」佐野賢治ほか編『現代民俗学入門』東京：吉川弘文館。
平凡社
一九八二 『青森県の地名』（日本歴史地名大系第二巻）、東京：平凡社。
一九八三 『和歌山県の地名』（日本歴史地名大系第三一巻）、東京：平凡社。
洪 淳晩著／渡 昌弘訳
一九九六 「徐福集団の済州島渡来説」『研究紀要』二四号、一〇五―一二九頁、岡崎：岡崎地方史研究会。
洪 淳晩
二〇〇三 「済州島の徐福伝説について」『アジア遊学』五二号、一三一―一三五頁、東京：勉誠出版。
堀 一郎
一九八三 「日本に於ける山岳信仰の原初形態」和歌森太郎編『山岳宗教の成立と展開』東京：名著出版。
毎日新聞社
二〇〇〇 「ＡＯＭＯＲＩ 二〇〇〇」『毎日新聞』（地方版 青森、特集・神社仏閣）、七月二〇日記事。
前 千雄
二〇〇四 『新宮・熊野今昔写真帖』松本：郷土出版社。
前田 豊
二〇一六 『徐福と日本神話の神々』東京：彩流社。
真崎実央
一九八七 「雲上寺と金立山」『歴史研究』三一六号、四四―四五頁。
松江正彦ほか
二〇一〇 「巨樹・老樹の保全対策事例集・新北神社のビャクシン」『国土技術政策総合研究所資料』五六六号、一〇五頁、日本：国土交通省。
松下見林

一九〇一　『改定史籍集覧　第二〇冊　異称日本伝』東京：近藤活版所。
三谷茉沙夫
一九九二　『徐福伝説の謎』東京：三一書房。
宮田　登・小松和彦監修
二〇一六　『青森ねぶた誌』（増補版）、青森：青森市。
無学祖元語／侍者一真等編
一九六一　「仏光国師語録　第八」高楠順次郎編『大正新脩大蔵経　第八〇巻』二一一—二二七頁、東京：大正新脩大蔵経刊行会。
村岡央麻
二〇〇二　『佐賀に息づく徐福』佐賀：佐賀県徐福会。
茂在寅男
一九八九　「縄文・弥生時代の日中交流の船と航海」『歴史読本』三四巻九号、一五五—一六三頁、東京：Ｋａｄｏｋａｗａ。
森　浩一
一九八九　『図説日本の古代』第一巻（海を渡った人びと）、東京：中央公論社。
柳澤良知
二〇〇五　「小泊の徐福伝説」『徐福さん——伝承地に見る徐福像と徐福伝説』一〇—一八頁、大阪：徐福友好塾。
柳田國男
一九六三　『定本柳田國男集　第十二巻』東京：筑摩書房。
一九八九　『柳田國男全集』一、東京：筑摩書房。
一九九〇　『柳田國男全集』七、東京：筑摩書房。
山上　貢
一九七三　『新編津軽三十三霊場』弘前：陸奥新報社。
山村順次
二〇一五　『四七都道府県温泉百科』東京：丸善出版。
山本殖生
一九八七　「熊野新宮の徐福伝承雑考」『熊野誌』三三号、八六—九七頁、新宮：熊野地方史研究会。
山本常朝述／田代陣基筆録／菅野覚明ほか訳・注・校訂

二〇一七　『葉隠――新校訂　全訳注（上）』東京：講談社（講談社学術文庫）。
山本紀綱
一九七五　『徐福東来伝説考』東京：謙光社。
一九七九　『日本に生きる徐福の伝承』東京：謙光社。
横手　裕
二〇〇八　『中国道教の展開』東京：山川出版社。
横堀克己
一九八四　「不老長寿の薬求めて来日した伝説の道士〈徐福〉は実在」『朝日新聞』四月一九日記事。
吉川忠夫
二〇〇二　『秦の始皇帝』、東京：講談社（講談社学術文庫）。
吉田賢抗
一九七三　『新釈漢文大系　三八　史記一（本紀）』東京：明治書院。
吉田靖雄
二〇〇四　「近年中国における徐福研究の盛況と『史記』記事の吟味」『大阪教育大学紀要』第II部門　五三巻一号：五一―六八頁。
李　白
一九九〇　「古風五十九首・其三」『李白全詩集　第一巻』三八―四一頁、東京：日本図書センター。
和歌森太郎
一九七〇　『津軽の民俗』東京：吉川弘文館。
和歌山県神職取締所
一九一〇　『紀伊続風土記』第三輯　京都：帝国地方行政學会出版部。
和歌山県立博物館
二〇〇五　『熊野速玉大社の名宝』和歌山：和歌山県立博物館。
和田　寛
一九七八　「和歌山の民話・伝説」安藤精一編『和歌山の研究　第五巻　方言・民俗篇』一八七―三四二頁、大阪：清文堂出版。

中国語文献（ピンイン順）

安 作璋
一九九一「序」山東省徐福研究会・龍口市徐福研究会編『徐福研究』一―二頁、青島：青島海洋大学出版社。

班 固
一九六四a『漢書』第四冊、北京：中華書局。
一九六四b『漢書』第六冊、北京：中華書局。

陳 寿
一九六四『三国志』第五冊、北京：中華書局。

範 曄
一九七三『後漢書』第十冊、北京：中華書局。

胡 榘修／方萬里・羅濬纂
一九九〇『宝慶四明志』『宋元方志叢刊』第五冊、北京：中華書局。

逵 志保
二〇一七「日中邦交正常化前後的徐福伝承考証」『中国贛榆第十届徐福故里海洋文化節』論文集、九六―九八頁、大陸橋視野雑誌社編印。

羅 其湘
一九九五「徐福東渡的考証――両千多年前中日友誼史話」『達蓬之路――徐福與慈渓大蓬山』一五―一九頁、慈渓：慈渓市対外文化交流協会。

羅 其湘・汪 承恭
一九八四「秦代東渡日本的徐福故址之発現和考証」『光明日報』四月一八日記事。

彭 定求
一九八〇『全唐詩』、北京：中華書局。

彭 雙松
一九八三『徐福即是神武天皇』、苗栗（台湾）：富蕙図書出版社。
一九八四『徐福研究』、苗栗（台湾）：富蕙図書出版社。

曲 玉維

盛　鑫夫
二〇〇七『追随徐福東渡行』青島：中国海洋大学出版社。
盛　鑫夫
二〇一二『徐福東渡研究概述』寧波：寧波出版社。
盛　鑫夫ほか編
二〇一四『徐福東渡伝説』杭州：浙江撮影出版社。
司馬　遷
一九六三ａ『史記』第一冊、北京：中華書局。
一九六三ｂ『史記』第十冊、北京：中華書局。
万松浦書院編
二〇一五『徐福辞典』、北京：中華書局。
汪　向栄
一九九三「徐福――日本的中国移民」『徐福研究十年』七―四一頁、南京：南京大学出版社。
王　輯五
一九八四『中国日本交通史』、上海：上海書店出版。
王　勇
二〇一六『歴代正史日本傳考注・漢魏両晋南北朝巻』上海：上海交通大学出版。
衛　挺生
一九五〇『日本神武開国新考』香港：香港商務印書館。
呉　傑
一九八八『全国第一回（首届）徐福学術討論会論文集』徐州：中国鉱業大学出版社。
呉　萊
一九八九「淵穎集・巻四」『四庫全書』第一二〇九冊、五七―八四頁、上海：上海古籍出版社。
夏　征農・陳　至立主編
二〇〇九『辞海』第六版、上海：上海辞書出版社。
義楚
一九九〇『義楚六帖』京都：朋友書店。

于　欽
一九九〇　「齊乘」『宋元方志叢刊』第一冊、五〇九―六三七頁、北京：中華書局。
楽　史
二〇〇七　『太平寰宇記』第二十四巻、北京：中華書局。
張　良群
二〇一二　『徐福與韓国』北京：五洲伝播出版社。
二〇一六　『当代中日韓徐福文化交流図志』北京：中国文聯出版社。

韓国語文献

李　徳懋
一九九七a　「盎葉記　三」『国譯青荘館全書九』第五十六巻、四二一―六三頁、民族文化推進会編。
一九九七b　「蜻蛉國志　二」『国譯青荘館全書一一』第六十四巻、一三一―四五頁、民族文化推進会編。

ウェブサイト（五十音順）

青森県中泊町ホームページ〈人口〉項目（二〇一八年一〇月二〇日参照）
http://www.town.naKadomari.lg.jp/index.cfm/8,11441,11,html
あおもりポテンシャルビューホームページ〈中泊町労働力人口の推移〉項目（二〇一八年一二月一三日参照）
http://www6.pref.aomori.lg.jp/p-view/tokei/shichoson-transition/nakadomari/ID7O1AQ.html
王　泰平 2008「1978 年日本の旅：鄧小平氏が訪日で学んだもの」『人民網日本語版』評論（二〇一八年九月二七日参照）
http://j.people.com.cn/95911/95954/6545780.html
冠嶽山鎮国寺頂峰院ホームページ〈霊峰冠嶽と徐福〉項目（二〇一九年三月二八日参照）
https://www.chingokuji.org/jyofuku/index.htm
小泊村プレゼントコーナー　健康ドリンク「徐福伝説」（二〇一九年一月一六日参照）
http://www.aomori-net.ne.jp/~kampura/backnumber/kodomari/kodomari.html
佐賀市国際交流協会ホームページ〈姉妹・友好都市〉・〈連雲港市（中国 江蘇省）〉（二〇一九年二月九日参照）
http://www.sagakokusai.jp/main/32.html

さがの歴史・文化お宝帳〈千布浮立〉項目（二〇一八年一二月一〇日参照）
https://www.saga-otakara.jp/search/detail.php?id=1760
島田市観光協会ホームページ〈蓬莱橋〉項目（二〇一九年二月九日参照）
http://shimada-ta.jp/tourist/tourist_detail.php?id=2
Japan Knowledge Lib 日本大百科全書〈中泊町〉項目（二〇一八年一〇月九日参照）
https://japanKnowledge.com/lib/display/?lid=1001000306438
日本徐福協会ホームページ〈会則〉項目（二〇一八年九月一七日参照）
http://blackcamel83.sakura.ne.jp/concept.html
日本の人口推移サイト　〈和歌山県新宮市の総人口の推移〉項目（二〇一八年六月一五日参照）
https://population-transition.com/population-1417/#19802040
ねぶた画廊〈竹浪魁龍　秦の徐福と権現崎〉項目（二〇一八年一一月四日参照）
http://nebuta-garou.tugaru1.com/cgi-bin/display/display.cgi?dir=/html/common/pic/1997%E5%B9%B4%EF%BC%88%E5%B9%B3%E6%88%909%E5%B9%B4%EF%BC%89%2F%E9%9D%92%E6%A3%AE%E8%8F%B1%E5%8F%8B%E4%BC%9A&maker=%E7%AB%B9%E6%B5%AA%E9%AD%81%E9%BE%8D&title=%E7%A7%A6%E3%81%AE%E5%BE%90%E7%A6%8F%E3%81%A8%E6%A8%A9%E7%8F%BE%E5%B4%8E
宮島観光協会ホームページ〈宮島の七不思議〉項目（二〇一九年三月二九日参照）
http://www.miyajima.or.jp/legend/legend_miyajima7.html
村岡屋ホームページ〈村岡屋企業情報〉項目（二〇一九年二月一三日参照）
https://www.muraokaya.co.jp/corporate/index.html
山本次夫『男鹿門前徐福渡来伝説』（秋田県男鹿温泉郷　元湯雄山閣のパンフレット）（二〇一九年三月二七日参照）
http://xufujapan.sakura.ne.jp/img/oga.pdf#search='%E7%94%B7%E9%B9%BF%E9%96%80%E5%89%8D%E5%BE%90%E7%A6%8F%E6%B8%A1%E6%9D%A5%E4%BC%9D%E8%AA%AC'

		8月12～13日	熊野徐福万燈祭を新宮市観光協会等との共催で開催。 神奈川徐福研究会より4名、日本関西崇正会より3名、香港徐福協会より1名ほか参加。
平成26	2014	8月12～13日	熊野徐福万燈祭を新宮市観光協会等との共催で開催。 中国駐大阪総領事館より2名、日本関西崇正会より2名、ほか参加。
		11月7～16日	光の祭典（徐福公園楼門ライトアップ）。
平成27	2015	8月12～13日	熊野徐福万燈祭を新宮市観光協会等との共催で開催。 連雲港市贛楡区より2名、神奈川徐福研究会より4名、日本関西崇正会より2名、他が参加。
		10月15～17日	徐福文化会『一帯一路』交差点建設国際学術フォーラムへの参加。（中国連雲港市）
平成28	2016	8月12～13日	第54回熊野徐福万燈祭運営委員会主催。 中華人民共和国駐日本大使館　陳浄文化参事官、中国連雲港市贛楡区、日本関西崇正会、中国徐福ドラマ制作関係者、神奈川徐福研究会、他が参加。12日、徐福公園にて徐福供養式典、新宮仏教会協力。 13日、熊野川河川敷にて新宮花火大会・熊野徐福万燈祭。 新宮仏教会の奉仕による初精霊供養や先祖供養、慰霊祭が営まれ、遺族らが故人をしのんで焼香する。 参加者約5万人、5,000発の花火が打ち上げられる。
		12月7日～	光の祭典（徐福公園楼門ライトアップ） 29年1月10日まで
平成29	2017	2月27日	徐福講演会開催：「八丈島の徐福伝説」講師：笹本直衛氏（元八丈町長　日本徐福会顧問）。
		8月12～13日	第55回熊野徐福万燈祭運営委員会主催。 中華人民共和国駐大阪総領事館2名、日本関西崇正会2名、徐福研究家ほかが参加。2016年と同じ流れで行われる。
平成30	2018	3月23日	徐福講演会開催：「徐福ロマンを科学する」　講師：鳥居貞義氏（大阪徐福友好塾主宰）。 第56回熊野徐福万燈祭運営委員会主催。中国からの連雲港市人民代表大会常務委員会予算工作委員会の王洪欣主任ら合計約100人が参列。2017年と同じ流れで行われる。参加者約5万人、6,500発の花火が打ち上げられる。河川改修工事の関係で例年と打ち上げ場所が変わり、花火のサイズは小さくなったが、その分発数は例年より多い6,500発を打ち上げる。
		8月12～13日	音楽に合わせる花火の初上演。
平成31	2019	3月1日	徐福講演会開催：「韓国の徐福伝承について」　講師：赤崎敏男氏（八女徐福会副会長）。

＊1　本表は、筆者が財団法人新宮徐福協会2010年改訂未刊行の『徐福』詳細版・奥野利雄「新宮の徐福さん」・『新宮市史・年表』・『紀南新聞』・『熊野新聞』などの資料をもとに、徐福会の故仲田玄会長の義理の娘に当たる仲田恵子氏から提供された資料を取りまとめて加筆作成した。
＊2　周恩来に贈る贈答品については、仲田恵子氏より提供された資料を参照とした。
＊3　徐福会を解散することは、仲田恵子氏より提供された資料を参照とした。当時、新宮市・研究会・徐福会の協力の基で、新宮徐福協会を運営するために民間での活動は解散とした。（2019年4月、筆者作成）

平成 20	2008	8 月 12 日	熊野徐福万燈祭（徐福供養式典）。日本関西崇正会 3 名、神奈川徐福研究会 3 名来新。
		10 月 10 日	佐賀徐福国際シンポジウム参加。（山口泰郎理事他 1 名）。
		10 月 13 ～ 14 日	中国徐福会会長　劉智剛氏他 2 名来新。 当財団協会顧問　奥野利雄氏　中国徐福会（劉智剛会長）から永年の徐福研究実績に対し「栄誉証章」が贈られた。
		不詳	徐福公園周辺は住居表示が行われ、以前の徐福町という町名は「徐福 1 丁目・2 丁目」に変更された。
平成 21	2009	2 月 17 日	徐福講演会開催：「徐福を巡る人々」講師：新宮市図書館司書　山﨑泰氏。
		8 月 12 日	熊野徐福万燈祭（徐福供養式典）。日本関西崇正会 2 名、鳥居貞義氏（徐福友好塾主宰）、石川幸子氏（大阪府日中友好協会評議員）、中国連云港市人民政府弁公室副主任　秦国臣氏他 3 名来新。
		9 月 1 日	徐福盆踊り大会（徐福公園）。
		9 月 25 ～ 27 日	2009 中国徐福文化国際論壇参加（主催：中国徐福会） 山口泰郎・鈴木秀理事・津越紀宏（徐福協会担当）。
平成 22	2010	3 月 17 日	徐福講演会開催：「新宮産天台烏薬に関する研究について」講師：和歌山県工業技術センター　石原氏。 同時開催、「天台烏薬染め作品展」 染色家：仲田恵子氏。
		3 月 19 日	徐福講演会開催：―地域産業資源の振興を図る― 「地域資源を活用した元気な中小企業への支援」講師：和歌山県産業ブランド推進室　谷村守彦室長。 「天台烏薬を使った商品開発について」講師：京菓子司　永用哲也氏。
		8 月 12 日	熊野徐福万燈祭（徐福供養式典）。新宮市観光協会等との共催で開催。
		10 月 3 ～ 6 日	第 9 回東アジア徐福文化国際学術大会出席。（鈴木秀理事他 1 名）（10/3 ～ 4）。 場所：韓国済州島西帰浦市。主催：㈳済州徐福文化国際交流協会。
		10 月 21 日	上海航海博物館にて「徐福東渡図」見学。
		10 月 21 ～ 25 日	第 8 回贛楡国際徐福節（10/22 ～ 23）出席（山口泰郎理事他 2 名）。 場所：中国江蘇省連雲港市贛楡県金山鎮、主催：贛楡県人民政府、中国徐福会。
平成 23	2011	7 月 4 日	中華人民共和国駐日本国大使館園内に天台烏薬を植樹。 （曲来璞公使・二階俊博衆議院議員・田岡市長）。
		8 月 12 ～ 13 日	熊野徐福万燈祭を新宮市観光協会等との共催で開催。 中華人民共和国駐大阪総領事館総領事 鄭禅林氏ほか 3 名、日本関西崇正会より 2 名、香港徐福協会より 1 名、神奈川徐福会より 1 名、国内徐福関係者 2 名が参加。
平成 24	2012	8 月 12 ～ 13 日	熊野徐福万燈祭を新宮市観光協会との共催で開催。 中国山東省乳山市　王星洵氏ほか 6 名、日本関西崇正会より 3 名、香港徐福協会より 1 名が参加。
		9 月 1 日	徐福祭（盆踊り）、場所：徐福公園、300 人来場。
平成 25	2013	2 月 18 日	徐福講演会開催：「徐福と日本のイメージ～中国の伝統的周辺民族観の視点から～」講師：川野明正　明治大学法学部准教授。

		8月12日	熊野徐福万燈祭（徐福供養式典）。中国河北省徐福千童会一行5名、関西崇正会一行5名来新。
		8月20日	新宮花火大会。
平成12	2000	8月12日	熊野徐福万燈祭（徐福供養式典）。関西崇正会一行3名、中国連雲港市一行3名、中国徐福記念館一行2名来新。
		9月5日	青森県小泊村議長　升田金蔵氏他14名来新。 日中文化交流使節団28名来新。
		11月22日	串木野市「徐福まつり」へ奥野利雄理事他2名参加。
平成13	2001	6月8日	中国徐福会長　李連慶氏他10名来新。
		6月26日	中国連雲港市、膠南市、龍口市等、徐福ゆかりの地を訪問。（新宮市長、徐福協会役員、一般参加計11名）
		8月12日	熊野徐福万燈祭（徐福供養式典）。 香港徐福会長李子文氏他2名、台湾桃園市徐氏宗親会一行17名来新。
		9月1日	徐福盆踊り。
平成14	2002	2月20日	徐福講演会開催：「徐福伝説を新宮から―伝承の今を考える―」 講師：徐福研究家（日本徐福会理事）逵志保先生。
		6月19日	徐福国際フォーラム（中国・北京）に参加。（奥野理事他2名）。
		8月12日	熊野徐福万燈祭（徐福供養式典）。 関西崇正会一行5名、香港徐福会会長一行4名、台湾台湾徐氏宗親会一行15名来新。
		9月1日	徐福盆踊り。韓国済州島徐福文化国際交流協会4名来新。
		12月6日	天台烏薬の効能に関する講演会 講師：岐阜大学大学院医学研究科再生医科学　藤原久義　教授。
平成15	2003	3月28日	徐福講演会開催：「徐福のいま　～中国を歩いて～」　講師：作家池上正治先生。
平成16	2004	4月20～22日	中国贛楡県一行7名来新。
		8月12日	熊野徐福万燈祭（徐福供養式典）。日本関西崇正会2名、香港徐福会会長一行3名、滄州市徐福千童研究会会長一行3名、連雲港徐福研究会副会長一行6名、徐福記念館　田島孝子氏、日本徐福会副会長　三善喜一郎氏、日本徐福会理事　石川幸子氏、逵志保氏来新。
平成17	2005	2月24日	徐福　第75代　徐江田氏来新。 徐福講演会開催：「いまを生きる徐福伝説」　講師：逵志保先生。
平成18	2006	8月12日	熊野徐福万燈祭（徐福供養式典）。日本関西崇正会3名、連雲港市贛楡県副県長　胡英裏氏他5来新。
		11月18日	天台烏薬染物教室（講師　仲田恵子理事）。
		11月21～22日	中国河北省塩山県徐福千童研究会長　湯洪榜氏他4名来新。雑誌『中華遺産』取材のため。
平成19	2007	3月25日	徐福講演会開催：「徐福渡来説と東アジアの民族意識」講師：武庫川女子大学教授　柴田清継先生。
		12月11～12日	徐福フォーラムIN神奈川（神奈川県横浜市） 山口泰郎理事発表「熊野新宮における徐福関連の詩碑について」。

平成 2	1990		熊野徐福万燈祭（第 28 回新宮花火大会）、新宮徐福協会と新宮観光協会の共催。 19 日、午後 3 時から、徐福境内で仏教会の読経を中心に徐福供養式典。4 ～ 5 時徐福祭り（竜踊り、徐福音頭）。7 時から万燈パレード（竜、徐福立像、八咫烏神輿など）
		8 月 19 ～ 20 日（PR）	28 日、初精霊供養流燈、先祖供養流燈など合わせて約千百個ある。花火大会は新宮川原で 1,200 発を打ち上げる。約 45,000 人参加。（台風の影響で、花火大会は 28 日に延期） この年から、熊野徐福万燈祭は徐福供養式典と翌日の花火大会という 2 日で行う活動になる。（雨天順延）
		9 月 1 日	徐福の墓碑の周りを輪で囲み、徐福音頭などを流しながら、徐福供養の盆踊りを行う。約千人の踊り子が参加。
		12 月 3 日	中国徐福祭（連云港市開催）に参加のため訪中。（西耕作理事長他 6 名）。
平成 5	1993	2 月 27 日	徐福公園建設着工。
		8 月 12 日	熊野徐福万燈祭（徐福供養式典）。
平成 6	1994	5 月 22 日	「徐福夢男」・「徐福音頭」発表会（歌：鳥羽一郎）
		6 月 15 日	徐福公園竣工。（楼門　高さ 9m 幅 11m）
		8 月 12 日	熊野徐福万燈祭（徐福供養式典）。 徐福のお墓を中心に整備された徐福公園オープン。およそ 6 億円を投じた。 国内外より多数の関係者を招いて完成記念行事を挙行（中国、台湾、香港、国内徐福ゆかりの地等）。 中国龍口市より寄贈された由緒板（石碑、大理石、縦 1.6m、横 3.2m）除幕。
平成 7	1995	8 月 12 日	熊野徐福万燈祭（徐福供養式典）。 徐福公園オープン 1 周年記念行事として、「ファッション ライブ パフォーマンス」開催。「新宮から世界へ　徐福から世界へ」をテーマにしたファッションショー開催。 香港徐福会来新。
		10 月 24 ～ 29 日	中国山東省龍口市、膠南市、江蘇省連雲港市、徐福村等、徐福ゆかりの地を訪問。 （徐福協会役員、一般参加計 14 名）。
平成 9	1997	3 月 26 日	「徐福像」建立（台座 0.5m 1.9m 立像）除幕式（制作：仲弘一氏）。「不老の池」整備（$52m^2$）。 阿須賀神社付近の熊野川河畔に、「上陸の地記念碑」（約 $2m^2$）建立（奥野利雄・加藤恒久・西和代氏寄贈）。
		3 月 29 日	徐福国内伝承地（京都府伊根町）訪問。
平成 10	1998	1 月 23 日	徐福講演会開催：「天台烏薬の活性酸素消去作用」　講師：岡山大学教授　森昭胤先生
平成 11	1999	5 月 14 日	徐福サミット IN 新宮開催。香港徐福協会 3 名、日本徐福会 24 名、徐福国内伝承地（串木野市・佐賀市・伊根町・富士吉田市・八丈町・小泊村・熊野市）より 9 名が参加。

		9月1日	祖元禅師碑建立除幕式。阿須賀神社境内に徐福をしのぶ無学祖元の詩碑を建立。高さ1.58m、幅1.02m　揮毫:香港徐福会会長林建同氏。(香港徐福会40万、日本崇正会100万、費用200万円)。
		9月	新宮市に伝わる徐福渡来の話をNHKテレビで放映（解説：前川昭世　新宮市史資料編委員）
昭和59	1984	3月11日	佐藤春夫の「徐福の船」(雑纂詩集の中の詩）作曲発表会。(日本徐福会・世耕政隆名誉会長)（新宮高校教諭　山崎裕視氏作曲）歌：はまゆう合唱団。場所：新宮職業訓練センター、聴衆：200人。
		4月18日	和歌山県と中国山東省が「友好提携」を県庁で調印。
昭和60	1985	6月	阿須賀神社に徐福の宮を地元篤志家（山本源一氏）の寄付で再建。
		8月	徐福祭に香港徐福会より2名来新。江蘇省連雲港市で徐福研究会発足。
昭和61	1986	2月	中国画報に『徐福ものがたり』掲載される。
昭和62	1987	8月31日	徐福前夜祭に竜灯踊り、チャイナドレスを着た子供たちの踊り披露。関係課協議「徐福の担当を当分の間企画課で行う。」
		9月1日	徐福祭に「竜踊り」(徐福会）を取り入れる。
昭和63	1988	3月22日	市長が千穂小学校図工クラブの生徒より、切り絵集『徐福さん』を託される。(於市長室) 文化講演会　講師：岡本好古氏　（於職訓センター） 「新宮と徐福をおもう」(「徐福渡来伝説（移郷のひと）より」)
		4月18日	仲間氏より徐福会の浴衣（一組）を託される。
		8月7日	香港徐福会（席正林会長）14名が徐福祭のため来新。 駅構内で新宮チャイナクラブ。新宮徐福会による歓迎セレモニー。
平成元	1989	8月20日	この年､徐福祭･花火大会を「熊野徐福万燈祭」と名付けて統合する。(第27回新宮花火大会）新宮市と新宮観光協会共催。 香港徐福会、関西崇正会代表55人来新。 午後3時から、徐福供養式典、新宮仏教会の協力による読経および焼香。佐藤春夫の「徐福の船」に曲を付け、曲披露。 4時から、徐福の墓での竜踊り（山東省淄博市で造られた竜1対、初めてのお披露目)、徐福盆踊り（徐福音頭)。 5時半から、万燈パレード、200～300人参加。(徐福像の山車・八咫烏の神輿など)。 7時から、新宮川原にて1,200発の花火大会。初精霊供養および精霊流し。
		9月4日	徐福墓地境内に600人が徐福盆踊り参加。
		10月12日	財団法人新宮徐福協会設立（徐福研究会・新宮徐福会統合)。ふるさと創生1億円事業の内の5千万円を基本財産とする。 財団法人新宮徐福協会設立、徐福前夜祭と花火大会を「熊野徐福万燈祭」と統合する。 統合の時に、徐福会を解散する*[3]。 徐福会主催の9月1日盆踊りはなくなり、徐福信徒による御詠歌もなくなる。

			務理事、商工会議所副会頭、前川、辻本、辻。「規約の審議。趣意書の作成。委員会の構成（常任委員会に一任）。『徐福』の小冊子（前川真澄著）の再版（翌年、1969 年 11 月 1 日、第五版発行）。
		9 月 1 日	第 6 回花火大会と徐福祭を行う。花火大会に新宮市観光協会共催に入る。
昭和 45	1970	8 月 24 日	花火大会が観光協会と新宮市の主催になる。（新宮徐福会はずれる）
昭和 46	1971	8 月 6 日	今年から 2 回ある徐福祭と PR。8 月 21 日に新宮市観光協会主催の徐福祭花火大会、9 月 1 日に徐福会主催の徐福盆踊り。
		8 月 21 日	徐福祭花火大会、新宮市観光協会主催。徐福祭に在阪華僑代表来新。午後 2 時に徐福境内で新宮仏教会による徐福供養。7 時から 9 時まで、新宮川原で初精霊供養仕掛花火約千発が打ち上げられる。
		9 月 1 日	徐福盆踊り、徐福会主催。徐福の御詠歌を唱えて徐福の供養をする。新宮仏教会奉仕の法要、各種民謡踊り。（1988 年まで）
		不明	1971 年（昭和 46 年）「中日国交正常化」に向け、国・県（和歌山）より徐福会・仲田玄会長に依頼が有り、日本から中国・周恩来国務総理に贈る贈答品を依頼され、3 点用意する*[2]。 ・秦徐福碑の拓本（仲田拙雄・作）
		不明	・秦徐福の版画（杉本義夫・作）・写真 ・那智黒石・山形 50 ～ 60cm の物（三重県熊野市神川町産）
昭和 47	1972	9 月 30 日	谷泰雄市長、徐福廟再建計画の中止を議会で表明。 中日国交正常化（9 月 29 日締結）と日華平和条約の終了。
昭和 48	1973	8 月 21 日	徐福祭に在日華僑代表徐礼緒氏来新。
昭和 49	1974	8 月 20 日	香港から徐福祭日本訪問団（香港徐氏宗親会）一行 50 名、関西華僑団千永善氏他 9 名が来新する。 21 日に歓迎会を開催。
昭和 50	1975	8 月 21 日	徐福祭に香港各界徐福使節日本訪問団および在阪華僑 22 名来新。
昭和 51	1976	8 月 21 日	徐福祭に香港からの徐福視察団 15 名、京阪神華僑代表 6 名が来新。徐福廟再建について協議。香港徐福会理事長林建同氏、同幹事長丁椿恩氏、同委員席正林氏「建物内部および付属施設は、香港および世界華僑において個々に寄付する。世界華僑会議にも協力を要請する」
昭和 54	1979	2 月 5 日	在日中国大使館の陳抗参事官を頼んで、鄧小平副首相に瀬古市長・山城観光協会会長が天台烏薬を贈る。
昭和 56	1981	8 月 8 日	徐福祭に香港徐福会 30 名、関西華僑徐礼緒来新。
		8 月 20 日	日本崇正会および香港徐福会より長提灯 8 基寄贈される。
昭和 57	1982	5 月	阿須賀神社境内に無学祖元禅師の徐福をしのぶ詩碑が建つ。費用約 200 万円、うち香港徐福会 40 万円、在日華僑 100 万円を拠出。揮毫：香港徐福会会長林建同氏。9 月 1 日に除幕式。
		6 月	江蘇省連雲港市金山郷贛楡県徐阜村発見。
		6 月 3 日	瀬古市長が、来日中の趙紫陽国務院総理に「天台烏薬」を贈る。

昭和 16	1941	3 月 12 日	中華民国国民政府駐日大使褚民誼氏が徐福廟に参拝。
昭和 21	1946	12 月 21 日	南海道大地震M 8.1 により、徐福廟の塀と楼門など倒壊。
昭和 23	1948	不明	徐福講、盆踊りの会、徐福保存会が一緒になり、徐福維持保存会・徐福会が設立される。会長（仲田玄）
昭和 26	1951	不明	徐福の祭り復活（盆踊り）、9 月 1 日法要。
昭和 27	1952	8 月 5 日	日本と中華民国が「日華平和条約」を締結した。
昭和 30	1955	不明	徐福会再結成（仲田玄中心）。
昭和 36	1961	不明	「徐福廟復興期成同盟会」を設立。会長（新宮市長木村藤吉）。
昭和 37	1962	9 月 1 日	第 1 回徐福祭花火大会開催（徐福会主催）、打ち上げ花火 80 発、場所：蓬莱小学校グラウンド（小規模、未発表）。
昭和 38	1963	9 月 1 日	第 1 回徐福花火大会（徐福会主催：公式発表、紀南・熊野新聞協賛）地方新聞社などの協力を得て、「花火一発寄進運動」と名打って、市民の皆様に「寄付」を募り、少しでも規模の大きな花火大会にする計画を立てた。打ち上げ場所：「臥竜山」（現・新宮市役所前・新宮福祉センター付近）、打ち上げ花火 400 発。
昭和 39	1964	6 月 28 日	中華民国婦人代表使節一行来新、徐福の墓に参拝。
		9 月 1 日	第 2 回花火大会会場を丹鶴小学校下熊野川河原に移す。（徐福会主催）松山貿易会社宋世華社長ら京阪華僑協会の有志 9 名が来新。 新宮仏教会の協力で、水施餓鬼法要、初精霊供養と灯籠流し法要など加えた。 花火 500 発、プロペラ船に引かせ流した灯籠 160 基。 夜には徐福境内での民謡盆踊り。 宋世華氏ら華僑有志は 30 万円を（祭典費用に 15 万円、徐福廟再建の一助に 15 万円）新宮市に寄付した。
昭和 40	1965	9 月 1 日	第 3 回花火大会と徐福祭を行う（新宮市と新宮徐福会共催）。花火打上げ場所を速玉大社横川原に移す。日本で初めて中国仕掛け花火を打ち上げる。在日関西華僑（団長：于永善氏）50 人参加。 「徐福音頭」発表（新宮徐福会）（鈴木義夫作詩・北原雄一作曲・山本たつの振付）。
昭和 41	1966	9 月 1 日	徐福境内に僧絶海と明の太祖の碑を建立、祭りに合わせ、除幕式。（書　福嶋俊翁（徐俊翁）花園大学教授）（高さ 0.9m 幅 1.24m）。
昭和 42	1967	1 月 17 日	徐福の墓が新宮市指定文化財になる。
		8 月	市は徐福廟再建計画を立てる。実行委員会を作る。
昭和 43	1968	5 月 9 日	台湾より、台湾瑞三鉱業公司社長（台湾中央銀行理事および台湾省政府顧問）の李建興氏来新。 市長、助役と面接し、徐福廟建設について協力の申し出。建設予算 1 億円（5 千万円台湾側で募金。残りの 5 千万円は早い時期に日本側で募金するよう要請）。
		8 月 22 日	第 1 回徐福廟再建実行委員会開催。 市長、助役、総務部長、議長、副議長、観光協会長、副会長、同専

資料3　熊野徐福万燈祭の歴史と発展一覧表*[1]

和暦	西暦	日付	活動
大正4	1915	7月13日	熊野地青年会が、放置されていた「徐福塚」を元の位置に安置(明治末期から大正初めにかけて徐福境内が荒らされ、塚が付近の田圃に投げ込まれるという事件があった)。 大島清次郎氏所有土地100坪を、保田宗次郎名義で購入。 玉置西久氏より楠13本寄贈され青年会で植栽。
		11月	徐福墓保存会が結成され、墓域の拡張をする。
大正5	1916	7月10日	熊野地青年会が境内に「七塚之碑」を建立。
大正6	1917	不明	塚町に「徐福重臣塚」を祀る。保田宗次郎が隣接地(7176–4番地・$330m^2$)を寄付。
大正13	1924	9月3日	前川真澄らの提唱により、「新宮保勝会」を設立、会長木村藤吉新宮町長。(新宮観光協会前身)。
大正14	1925	11月	熊野地青年会員高木繁吉、西川千代吉、山中利喜松、土山寿郎、保田宗次郎発起人となり、「徐福保存会」を結成、400円余を募金して隣接地100坪余を購入、境域を拡大整備する。
大正15	1926	不明	徐福信徒により徐福講が組織される。9月1日を「八朔の日」と決め供養祭を始める。徐福の御詠歌つくる。
		12月	新宮保勝会による『徐福』(第一版)、発行(前川真澄著)。
昭和10	1935	7月14日	中華民国神戸副領事　藩氏、徐福廟に参拝。 尾崎作次郎・脇村市太郎氏が隣接地(7179－1番地・$512m^2$+$135m^2$)を寄付(境内489坪となる)。
昭和12	1937	4月	徐福の墓入口に中国風楼門の「徐福廟」を建設。
昭和13	1938	1月27日	『新宮市誌』発行(徐福にいういて1章を割く)。
昭和14	1939	12月3日	徐福研究家植野徳太郎中将が来新。
		12月4日	植野中将徐福墓に参拝。「徐福事績宣揚期成同盟会」(後の徐福事跡顕彰会)ができる。
昭和15	1940	1月13日	徐福事績宣揚期成同盟会の第1回理事会が開催される。会長(新宮市長)。
		4月23日	前川良澄理事、NHKより「徐福の話」放送、新宮の徐福伝説を広報する。
		5月1日	「徐福事績宣揚期成同盟会」を「徐福顕彰会」に名称変更する。
		9月1日	徐福供養法要(読経、御詠歌)。
		11月5日	境内に仁井田好古撰文の「徐福顕彰碑」(秦徐福碑)が建立される。(皇紀2600年記念事業徐福事蹟顕彰会建立)平戸吉蔵氏寄付による。(台湾で木材業経営。寄付金640円30銭)。

1. 佐賀に伝わる「徐福」の足跡と文化を探求 2. その歴史的な意義と県内各地に点在する数多くの伝説を基に、新しい事業の創出 3. 徐福関連施設の有効活用 4.「佐賀の徐福さん」を国内、海外へ発信 5. 文化交流、徐福関連事業を通じて佐賀の観光浮揚と地域経済の活性化	1. 徐福文化の歴史的な伝承の検証と学習事業 2.「徐福さんの佐賀」への案内、ガイドおよび広報事業 3.「徐福さんゆかりの地」観光拠点の整備協力と活性化に係わる催事事業 4. 徐福関連商品開発および販売事業	歴代会長：宮崎茂・木下棋一郎・村岡央麻・澤野隆 1980 年佐賀県徐福研究会 →1989 年佐賀県徐福会と改称 →2010 年 NPO 法人佐賀県徐福会成立
		以前：串木野市徐福資料館（館長：三善喜一郎） 2018 年、いちき串木野市観光交流課に徐福の事務局を設置
日本、中国、韓国の徐福関係団体などが協力して徐福文化の発展、および世界遺産登録を目指し、その活動を推進する。	1. 国際シンポジウムの参加などによる、国際文化交流 2. 国内各地区徐福研究団体主催のイベントに対する連絡調整等を行うなど、文化交流の促進。 3. 各地の徐福伝説の整理 4. 毎年 1 回の総会	会員：以上各団体の会長。個人会員：澤野隆（佐賀県）、石川幸子（大阪府）、逵志保（愛知県）、池上正治（東京都）、壱岐一郎（東京都）、笹本直衛（東京都八丈島） 任意団体
		2007 年活動停止
		1998 年活動停止
		現在継続
		現在継続
		2007 年活動停止 2008 年徐福さん振興会と改称
		活動停止

13	佐賀県	佐賀県徐福会	1980	大串達郎	廣橋時則	64名
14	鹿児島県	いちき串木野市	2018	田畑誠一	奥の園陽介	
15	全国	日本徐福協会	2016	田島孝子	伊藤健二	20（団体・個人）
16	全国	日本徐福会	1991	厳谷大四 早乙女貢		
17	東京都	東京徐福研究会	1988	茂在寅男 荒竹清光		
18	東京都	扶桑徐福史研究室	2004	壱岐一郎		
19	山梨県	富士山徐福館	1991	土橋　寿		
20	宮崎県	日本徐福会宮崎支部	1991	淵肋次男 （支部長）		
21	神奈川県	秦の始皇帝と徐福を語る会	2002	山本弘峰		

＊本表は、日本徐福協会の伊藤健二事務局長に提供して頂いた資料を参考として作成した。本表の配列は北から南へ、団体から個人へ、現在活躍から活動停止へという順番で並べた。日本徐福研究家の池上正治氏と八女徐福会の赤崎敏男副会長をはじめ、日本各地の徐福研究会からの意見と資料の提供を受けた。（2019年4月、筆者作成）

設立目的	主な活動	備考
小泊の郷土史（徐福伝説、太宰治の子守タケさん、網おこしはやし等）の研究	中泊町と協力して徐福イベント等の開催	
	「徐福塚」の再建管理	
富士山麓の徐福伝説の研究	徐福に関してのフォーラム、講演会等の開催	歴代会長：宮下長春・土橋寿・桑原忠則 副会長：勝俣源一 1991 年日本徐福会山梨支部（会長：宮下長春）→1993 年富士吉田徐福会と改称
1. 神奈川県内の徐福伝承地の探求等 2. 日本国内および中国国内の徐福研究を行う各種団体との交流	徐福講演会（年に 3 回） 徐福学習会（年に 3 回）	一般社団法人　神奈川県日中友好協会に属する
丹後地方の徐福伝承の研究を行い、併せて日中の友好を促進	徐福イベントの開催	1994 年設立の「丹後徐福研究会」（会長　石倉昭重）を再建
		市長は会長を担当 2001 年熊野徐福振興会 熊野市観光スポーツ交流課に徐福の事務局を設置
1. 徐福に関する顕彰事業 2. 徐福に関する研究事業 3. 徐福顕彰公園の建設事業 4. 目的を達成するために必要なその他の事業	1. 講演会の実施 2. 徐福公園の整備 3. 毎年実施される「万燈祭」の協力	設立最初：歴代市長は会長を担当 歴代代表：西義弘 1948 年新宮徐福会（会長：仲田玄）、1987 年新宮徐福研究会（会長：奥野利雄） 一般社団法人 新宮市商工観光課に徐福の事務局を設置
		副会長：三野吉照、横山鐵蔵 、久世征志
1. 徐福の研究と顕彰活動 2. 日本・中国・韓国等の徐福会、研究会、研究者との交流活動 3. 徐福を通じての国内、国際文化交流活動 4. 童男山・犬尾城址保存会との協力	1. 童男山ふすべ（毎年 1 月 20 日）の実施 2. 講演会等の研究活動	副会長 赤崎敏男、中村芳子、下川軍一
徐福伝説「童男丱女岩」がある天山の環境保持。	天山のハイキング道の整備、植樹、案内板の設置など。	歴代会長：大江和美・藤野貫治 副会長：井上知義、櫻田勝利

資料２　日本全国の徐福研究会一覧表

番号	都道府県	名称	成立年	会長	事務局長	会員数
1	青森県	小泊の歴史を語る会	1977	柳澤良知		
2	秋田県	男鹿徐福顕彰会	2005	山本次夫		
3	山梨県	富士山徐福学会	1991	早川　宏	早川　宏	6名
4	神奈川県	神奈川徐福研究会	2003	田島孝子	伊藤健二	20名
5	京都府	丹後徐福研究会	2018	井上正則	江原英樹	18名
6	大阪府	徐福友好塾	2001	鳥居貞義		
7	奈良県	奈良徐福研究会	2005	益田宗児		
8	三重県	熊野市役所	2010	河上敢二	橋本　蓮	
9	和歌山県	新宮徐福協会	1989	山口泰郎	須川康宏	13名
10	宮崎県	徐福さん振興会	2008	亀山　勉	森　憲一	
11	福岡県	八女徐福会	2013	熊谷恒樹	櫻木　誠	25名
12	福岡県	天山ふれあい会	2005	井上元生		30名

7. 金立公園・徐福の里薬用植物園にある徐福像（2005 年、連雲港市寄贈） 8. 諸富町サイクルロード徐福像の陶板レリーフ（1990 年） 9. 筑後川昇開橋にある徐福像（2012 年、慈渓市寄贈） 10. 徐福上陸地記念碑（2005 年、世界徐氏宗親総会寄贈） 11. 神明井樋橋の欄干に飾られている徐福伝説の陶板画（1993 年、諸富南小学校の児童たちが作った、紙芝居のイラストをもとにした） 12. お辰観音像（1745 年） 13. 古湯権現山にある徐福を湯の神として祭る木像（不詳）			
1. 徐福像（2000 年、日本最大（像高 6m、台座 2m）、徐福求仙登蓬莱之像） 2. 冠嶽園内の徐福像（1992 年） 3.「方士　徐福登陸の地」標識（建造年不詳）		徐福花冠祭 4 月中旬 2002 年	薩摩藩『三国名勝図絵』（1843 年）

＊10　『熊野波田須　徐福伝説の里を訪ねて』案内書（熊野市役所作成）を参照した。

＊11　『徐福』案内書（新宮徐福協会作成）、佐賀市［一九九四］『太古のロマン　徐福伝説』を参照とした。

＊12　池上正治［二〇〇七］の『徐福』214-216 頁を参照とした。石像の建造年は池上正治氏に提供した情報による。

＊13　池上正治［二〇一八］の「土佐の徐福伝説を探る」を参照した。

＊14　宮島観光協会ホームページを参照した。

＊15　現地『徐福伝説之碑』の碑文を参照した。

＊16　『徐福と童男山古墳』案内書（「八女市山内町内会」と「童男山・犬尾城址保存会」の共同作成）、赤崎敏男の「八女の徐福伝説」を参照した。

＊17　大串達郎［二〇〇五］の「佐賀平野の徐福伝説」、村岡央麻［二〇〇二］の『佐賀に息づく徐福』、『徐福長寿館　展示ガイド』、『徐福ゆかりの地探訪　佐賀市久保泉編』（佐賀県徐福観光振興会作成）を参照した。

＊18　徐福像の碑文と冠嶽山鎮国寺頂峰院ホームページを参照した。

19	鹿児島県	いちき串木野市＊18	1. 孝霊天皇の時代、徐福は不老不死の妙薬を求めて、いちき串木野市の照島に辿り着いて上陸した。 2. 合併される以前のいちき（市来）町の地名は、「徐市が来た町」（徐福の別名は徐市）。 3. 徐福は荘厳な霊峰に至り、封禅の儀を行い、己の冠を山頂に奉納したので、以来この山を冠嶽と呼ぶようになった。 4. 徐福はさらに北に進み、冠の紫の紐を置いたということから、この山は紫尾山と命名された。
		南さつま市坊津町	1. 坊津から不老不死の薬草を探して入山した徐福が、薬草が見つからず、数年前に上陸した坊津が見えた峠に戻ってきた。 2. 徐福はがっかりして倒れてしまった。「がっかりする」を坊津で「がっくいする」という。その峠を地元で「がっくい鼻」と呼ぶ。

＊1　本表は、日本徐福協会の伊藤健二事務局長に提供して頂いた資料を参考として作成した。

＊2　菅原富夫［二〇〇四］の「徐福と静修熊野神社」を参照した。徐福像に関する情報は、池上正治氏に提供して頂いた。池上正治氏の意見では、神社のご神体は徐福像ではなく、童男童女の像であろうとされる。

＊3　山本次夫の『男鹿門前徐福渡来伝説』（秋田県男鹿温泉郷　元湯雄山閣の案内書）を参照した。

＊4　笹本直衛［二〇〇五］の「八丈島と徐福」、八丈町教育委員会（1973・1983 改訂版）の『八丈島誌』を参照した。

＊5　『富士山徐福』案内書（富士山徐福学会作成）を参照した。

＊6　現地看板、島田市観光協会ホームページを参照した。

＊7　逵志保［二〇一四］の「熱田神宮と徐福伝説」56 － 58 頁を参照した。

＊8　菟足神社看板を参照した。

＊9　京都府伊根町の徐福案内書 2 部（丹後徐福研究会作成）を参照した。

徐福の石像（1998 年、2m）			
徐福顕彰碑（1993 年）			『虚空蔵山・鉾ガ峰の縁起』
蓬莱岩（北端の聖崎）			
徐福の碁盤石	シナカズラ（シマサルナシ） （地元の呼名：コッコー）		
1. 徐福堂（2008 年） 2. 徐福像（2008 年、銅像） 3. 徐福岩（2000 年八幡宮に移奉） 4. 徐福伝説之碑（2000 年）	ハマユウ（浜木綿）		
童男丱女（カンニョ：揚巻髪の女の子）船繋石	エヒメアヤメ（愛媛アヤメ）		『筑前国続風土記』（1700 年ごろ）
1. 童男山古墳（6 世紀後半頃に造られた） 2. 徐福と童男童女の石像（2003 年）		童男山ふすべ 1 月 20 日 1948 年	1. 真辺仲庵『北筑雑藁』（1675 年） 2.『筑後地鑑　上巻』（1683 年） 3.『筑後志　巻三』（1777 年） これ以降も各書に記載
			『山内町史』下巻　（1977 年） 『金立山物語』（出版年不詳）
1. 金立神社（建立年代不詳） 2. 絹本淡彩金立神社縁起図（1648 年頃） 3. 甲羅弁財天（1688 年） 4. 徐福長寿館（1995 年） 5. 金立神社寺井下宮にある人形師の倉富博美による徐福像（1989 年） 6. 徐福長寿館館内にある徐福像（1995 年、連雲港市寄贈。連雲港市産の大理石で作成した石像、2.5 トン）	カンアオイ（寒葵） （地元の呼名：フロフキ、クロフキ）	金立神社例大祭 （50 年に一回） 4 月 27 ～ 29 日 不詳	1. 山本常朝『葉隠』（1716 年ごろ） 2. 伊藤常足『太宰管内志』（1841 年） 3.『佐賀県神社誌要』（1926 年）

12	岡山県	倉敷市[*12]	真言宗安養寺に徐福の石像が祭られている
13	高知県	佐川町[*13]	1. 徐福一行が暴風雨に遭い、土佐の宇佐に漂着した。 2. 徐福は虚空蔵山に登ったが、仙人に会えず、この地を去ったという。
14	広島県	廿日市市 宮島町[*14]	「蓬莱岩」は徐福が来たことに由来する。
15	山口県	上関町祝島	徐福が使ったとされる碁盤石が残されている。
16	宮崎県	延岡市[*15]	1. 八幡宮のある今山は蓬莱山とも呼ばれる。 2. 今山から上陸した際、徐福は今山の麓の岩（徐福岩）に船を繋ぎ止めたという。
17	福岡県	筑紫野市	徐福の船を、ここの巨石に繋いだ。
		八女市[*16]	1. 地元では、童男山古墳の石棺は、徐福や童男童女が乗ってきた船が石化したものだとの語られていた。また、戦前まで古墳内部で火をたく子供達の遊びがあったようだ。 2. 1948 年、「徐福の船が難破し、徐福が海岸に打ち上げられたが､住民の介抱むなしく息を引き取った」とする「童男山物語」が成立した。これをきっかけに、八女市立川崎小学校の小学生が紙芝居を行う「童男山ふすべ」の行事となった。
18	佐賀県[*17]	伊万里市	1. 伊万里の波多津から上陸。 2. 伊万里湾を見下ろす不老山に仙薬を求めた。 3. 黒髪山を登り、山頂にある天童の岩周辺で仙薬を探し求めたが、見つけられなかった。 4. 道を東にとって、武雄市の蓬莱山を登った。 5. 武雄温泉に入って疲れを癒した。
		武雄市	蓬莱山周辺で仙薬を得られず、東の杵島方面に向かった。
		佐賀市	1. 沖ノ島を経て､（諸富町寺井津の）浮盃に漂着して上陸した。 2. 寺井津で手を洗った。 3. 新北神社にあるビャクシンを植樹した。 4. 千反の布を敷いて金立山へ向かう。 5. 片葉の葦とエツ。 6. お辰との恋愛物語。 7. 古湯温泉の発見。 8. 金立神社大権現。 9. 農耕の神・雨乞いの神。 10. 農耕など技術の伝来。 11. 船の右櫓伝統の伝来。 12. 徐福が直伝の「徳永飴型」。 13. 久保泉町の崇福寺は｢ス ー フ ー ジ｣と呼ばれ､｢徐福の屋敷｣と言わている。ここから「徐福の墓石」と思われる墓石が発見され、中国秦代の半両銭も出土した。

1.蓬莱橋（1879年、1965年にコンクリートの橋脚に変えた。） 2. 徐福お立ち台（年代不詳）			
現在の熱田神宮			漢詩集『東海瓊華集』（室町時代中期）
菟足神社			『牛窪記』 （1696 年ごろ）
与謝蕪村の画『方士求不死薬図』（1755 年ごろ）			
1.「秦の始皇帝の侍臣、徐福着岸の趾」の碑（不詳、新井の海岸に建てられている） 2. 童男女一対の木像（不詳、新井崎神社のご神体） 3.「新神口碑記」の碑（2007 年）	1. 黒茎のヨモギ（黒茎蓬） 2. 九節のショウブ（九節菖蒲）		『新神口碑記』 安政 6（1859）年
1. 徐福の宮は神社合祀により 1907 年に移転。戦後の 1957 年に分祀・再建。 2. 徐福の墓（1907 年）を移転した「徐福の宮」跡地に建立。 3. 徐福が焼いたとされる御神宝「摺鉢」。 4. 秦の半両銭（徐福の宮の前の道路工事で出土）。	1. アシタバ（明日葉） 2. トチバニンジン（トチバ人参） 3. テンダイウヤク（天台烏薬）		
1. 秦徐福之墓（1736 年一説） 2. 秦徐福碑（1940 年復原）（旧 1835 年） 3. 徐福像（1997 年） 4. 七塚之碑（1916 年） 5. 不老の池（1997 年） 6. 徐福公園（1994）（旧徐福廟、1937 年） 7. 由緒板（1994 年、龍口市寄贈） 8. 阿須賀神社の徐福宮（1985 年復原） 9. 秦徐福上陸之地記念碑(1997 年)	テンダイウヤク（天台烏薬）	熊野徐福万燈祭 8 月 12 ～ 13 日 1963 年	1. 古地図(1644 年)に「徐福宮」の記載 2. 無学祖元『献香於紀州熊野霊祠』（1279 年前後） 3. 絶海中津と明太祖の唱和詩『応制賦三山』・『御製賜和』（1376 年） 4. 林羅山『倭賦』（1612 年） 5. 松下見林『異称日本伝』(1688 年) 6. 長井定宗『本朝通紀』(1698 年) 7.『西国三十三所名所図会』(1853 年)

7	静岡県	島田市*6	1. 大井川河口から徐福が薬草を探しに来た。 2. 蓬莱橋は長い木の橋＝長生きの橋（世界一長い木造歩道橋、全長 897.4m)。 3.「蓬莱の島台」という高台＝徐福のお立ち台。この高台から富士山が見える。
8	愛知県	名古屋市 熱田区*7	1. 熱田の地は昔「蓬莱島」と呼ばれていた。 2. 熱田神宮が建てられた地は徐福が上陸の地と言われる。 3. 徐福は童女 500 人を連れて海島を得て戻らなかった。それが熱田神祠（現在の熱田神宮）である。
		豊川市 小坂井町*8	1. 徐福一行が熊野からこの地に移り住んだ。 2. 古社の菟足神社の創始者は秦氏と伝えられている。 3. 三河地域は昔から綿や絹の織物の製造が有名。「秦」･「羽田」･「羽田野」などの姓が多い。徐福の子孫がこれらの姓を名乗ったという。
9	京都府	与謝野町	施薬寺に徐福の絵が保存している。
		伊根町*9	1. 徐福一行は常世島と呼ばれる冠島で仙薬を見つけ、丹後半島へ上陸した。 2. 伊根町新井の海岸に「ハコ岩」と呼ばれる所に漂着した。 3. 医薬・天文・占い・農業・農耕など多くの技術を伝えた。 4. 新井崎神社の祭神であり、産土神として祭られている。 5. 新井崎神社を童男童女宮と呼ばれる。徐福が携わった 3,000 人の童男童女にちなんだ名という。 6. 長徳 4（998）年、神として迎えた徐福が、ハシカの流行を抑えた。徐福はハシカの神として祭られている。
10	三重県	熊野市 波田須町*10	1. 波田須は、もと「秦住」と書かれ、徐福の上陸地と住み着いた場所と言われている。 2. 地元に在住する 3 軒に焼き物の製法を伝えた。 3.「釜所」の地名はその由来である。 4. 製鉄・捕鯨・医薬などの技術を伝えた。 5. 波田須町の丸山を「矢賀の蓬莱山」と呼ぶ。
11	和歌山県	新宮市*11	1. 熊野川に漂着して上陸した。 2. 熊野川河口にあるお碗を伏せたような山は蓬莱山として呼ばれている。 3. 蓬莱山を背に阿須賀神社の別宮としての徐福宮に祭神として祭られている。 4. 神倉神社の山頂には元徐福祠があったが火災に遭い、その後修復されて現在の神倉神社に合祀されているという。 5. 熊野速玉大社の神宝館には「徐福の馬鞍」、「徐福木板浮彫人物像」、「徐福神輿」などが保存されている。 6. 医薬の神として祭られている。 7. 農業・漁法・捕鯨などの技術の伝来。 8. 製紙の技術を村人に伝え、「徐福紙」と呼ばれているが、「那智紙」･「音無紙」の名で知られている。

徐福関連建造物（建造年など）	仙薬	祭祀活動 実施月日 開始時期	文献資料
ご神体（徐福像の説。古老の話では、明治時代開拓時に持参した）			
1. 徐福木像（不詳） 2. 権現崎徐福上陸の岬（標柱）（1995 年） 3. 徐福像（2002 年） 4. 徐福の里公園（2004 年）	1. 行者ニンニク 2. トチバ人参 3. 権現オトギリ草	中泊徐福まつり 8 月 27 日 2013 年	菅江真澄『菅江真澄遊覧記』（1796 年ごろ）
徐福塚（2005 年復元、旧永禅寺内）			菅江真澄『男鹿五風』（1810 年、徐福塚の絵図と記述）
			若一王子縁起絵巻（1641 年）
伝説を唄った民謡の碑（青ヶ島を遠望できる海岸）	アシタバ（明日葉）別名「ハチジョウソウ」（八丈草）		『伊豆海島風土記』（1781 年） 滝沢馬琴戯作『椿説弓張月』（1805 年）
1. 徐福墓（推定江戸時代中期、小明見の太神社境内） 2. 徐福祠（徐福雨乞い地蔵）（1998 年） 3. 徐福像（1998 年） 4. 福源寺の鶴塚（1698 年）および鶴塚碑（1798 年） 5. 徐福碑（1999 年、北口本宮冨士浅間神社境内、徐福顕彰奉賛会建立、碑文は中国仏教会長であった趙樸初の作）	コケモモ（苔桃）		1.『義楚六帖』（10 世紀） 2.『鶴塚碑』 3.『富士古文献』（『宮下文書』とも呼ぶ。徐福が書いたと記されているが、近年偽書説がある）
波多志神祠（江戸後期に徐福秦大明神が祭られていた。1965 年祠を再建。河口湖浅間神社境内）			
徐福子孫の墓と墓碑（1554 年）			
宝蓮寺の仏像			『宝蓮寺真名縁起』
唐土大明神像＝始皇帝像（火災により焼失、写真が残る）			『唐土大明神之由来書』（1755 年）

資料1　日本全国の徐福伝説一覧表*[1]

番号	都道府県	伝承地	徐福伝説
1	北海道	富良野市*[2]	静修熊野神社（明治時代に宮城県熊野神社から分神、大正時代移設）のご神体が中国風で、徐福の可能性。
2	青森県	中泊町 大字小泊 （旧小泊村）	1. 権現崎に漂着して上陸。 2. 漁法・航海術・農業・薬草などの技術伝来。 3. 尾崎神社の脇侍として祭る。 4. 航海安全の神。 5. 船の右櫓伝統の伝来。
3	秋田県	男鹿市*[3]	徐福塚がある。
4	東京都	北区	若一王子社（現王子神社）の由緒を示す縁起絵巻。
		八丈町 八丈島*[4]	1. 徐福は熊野に留まったが、童女500人は八丈島、童男500人は青ヶ島へ。 2. 童男童女はそれぞれの島の祖先となったという。
		青ヶ島村	3. 一緒に住むと海神の祟りがあるが、年に一度童男は八丈島に渡ることが許される。
5	山梨県*[5]	富士吉田市	1. 徐福一行が富士山麓に定住した。 2. 徐福が鶴となり飛びかっていたが、死んで葬られた。 3. 富士山は「東海中の蓬莱山」と言われている。 4. 機織りの神。 5. 雨乞いの神。
		富士河口湖町	1. 徐福の子孫は秦氏もしくは羽田氏と称する。 2. 養蚕・機織り・農業などの技術を教えた。
		山中湖長池村	1. 長池は「長生き」にちなむ地名、長生村とも呼ぶ。 2. 老巨木のイチイの根元には、羽田家の先祖（徐福という）が埋葬されている。
6	神奈川県	藤沢市	徐福子孫の墓（妙善寺）がある。
		秦野市	徐福がインド人僧侶から預かったインドの仏像を、始皇帝子孫が秦野に持ってきた。
		相模原市 （旧藤野町）	徐福が、秦始皇帝の像を当地に残す。

資　料

図

表

写真・図・表一覧

写真

ラ

ワ

マ

ヤ

ナ

ハ

タ

サ

カ

索　引

著者紹介

華 雪梅（か・せつばい　Hua Xuemei）

1990年、中国山東省生まれ。

2019年、神奈川大学歴史民俗資料学研究科　歴史民俗資料学専攻博士課程修了。博士（歴史民俗資料学）。

2020年1月より江蘇理工学院外国語学院講師。

主要論文に、「宋代来華日僧筆談述略」（『東亜的筆談研究』王勇編、浙江工商大学出版社、2015年）、「和歌山県新宮市における徐福伝説について ──「熊野徐福万燈祭」を中心に」（『歴史民俗資料学研究』第24号、2019年）、「徐福伝説と航海信仰に関する一考察──青森県中泊町小泊村を事例に」（『青森県の民俗』第14号、2019年）、「佐賀県佐賀市における徐福ゆかりの地とその伝説」（『非文字資料研究』第18号、2019年）など。

徐福伝説と民俗文化　地域から東アジアとの交流を探る

2021年3月10日　印刷
2021年3月20日　発行

著者　華　雪　梅
発行者　石　井　雅

発行所　株式会社　風響社

東京都北区田端4-14-9（〒114-0014）
TEL 03(3828)9249　振替 00110-0-553554
印刷　モリモト印刷

ISBN978-4-89489-279-8 C1039